PROF. DR. ULRICH SCHULZ-BUSCHHAUS

(1941–2000)

Der vorhergesehene und dennoch jähe Tod von Ulrich Schulz-Buschhaus hat eine schmerzliche Lücke gerissen: in seinem großen Freundeskreis und im Kreis von vielen Herausgebern von Zeitschriften und von Sammelwerken. Der Dahingegangene war vielerorts ein geschätzter und begehrter Mitarbeiter – mit seinen problembewussten Aufsätzen sowohl als mit seinen scharfsinnigen, im Detail strengen und schöpferisch dem besten Wissenschaftsethos verpflichteten Rezensionen. Diese bildeten sein ureigenstes Genre und seinen Beitrag zum Leben seiner Fachdisziplin: Besprechungsaufsätze, präzise gesagt, die sich von der Kritik am gewählten Buch immer mehr zu Aufsätzen über allgemeine Fragen ausweiteten, ohne doch den Anlass der kritischen Auseinandersetzung je aus den Augen zu verlieren.

Als der Tod Schulz-Buschhaus vom Schreibtisch verdrängte, hatte unser Gelehrter nahezu zweihundert Aufsätze und über zweihundertfünfzig Rezensionen beisammen. Sein Forschungsgebiet erstreckte sich von der Epoche zwischen Renaissance und Barock (in dem seine Dissertation angesiedelt war) bis in die jüngste Moderne, mit Schwerpunkten im spanischen Barock (Gracián), in der französischen Moralistik und dem Fin de Siècle (alle Proustianer erinnern sich an seine geistreichen Beiträge zu den Publikationen der Marcel Proust-Gesellschaft und seine erfrischende Teilnahme an den einschlägigen Colloquien – auch über kulinarische Fragen). Einen vierten Schwerpunkt bildete der Kriminalroman seit dem Buch über dessen „Formen und Ideologie" (1975), dem viele Sonderbetrachtungen nachfolgen sollten.

Von seinen fast unzähligen Stellungnahmen zu den verschiedensten Problemen seiner (wie er gerne sagte) „Wissenschaftsdisziplin" verdient im Sinne dieser Zeitschrift besondere Beachtung sein Plädoyer für eine prononciertere Verbindung zwischen Romanistik und Komparatistik. Und schließlich sei innerhalb seiner ästhetischen Reflexion das Kontinuum der „Poetologie" nicht vergessen, umso weniger, als die Herausgeber der für ihn geplanten Festschrift aus guten Gründen das Thema und den Titel „Poetologische Umbrüche" gewählt haben.

Die nachlebende Romanistik wird sich mit der Aufgabe zu beschäftigen haben, aus seinen Aufsätzen einige homogene Bände zusammenzustellen, so wie er es selbst für einen seiner Lieblingsautoren, für Flaubert, getan hat.

Mit der Zeitschrift ›Sprachkunst‹ fühlte sich Schulz-Buschhaus besonders eng verbunden. Sie verdankt ihm die Überlassung von drei wichtigen Aufsätzen (darunter einer über seinen Vorzugsautor Erich Auerbach) und einundzwanzig Besprechungsaufsätzen. Der Erinnerung an ihn widmet ›Sprachkunst‹ deshalb den vorliegenden Halbband mit dem Abdruck einer seiner letzten Arbeiten, ›Weltliteratur und Globalisierung‹. Mit voller Konzentration und ohne eine Spur von Ermüdung widmet sich in ihr Schulz-Buschhaus einer besonders schwierigen Aufgabe: einem *review article* über einen dreisprachigen Kongress, der 1998 in Saarbrücken stattfand. Nach einer von Ironie gewürzten Einleitung über die antiphilogische Schlamperei der Redaktion des Bandes folgen wahrhaft atemberaubende Hypothesen über das unterschiedliche Verhältnis der Vertreter der drei teilnehmenden Nationen zum aufgegebenen Fragenkomplex, der sich so in seiner ganzen Brisanz enthüllt.

Wir sind sicher, den Lesern mit diesem Aufsatz den Dahingeschiedenen „at his best" vor Augen zu führen und – leider – den unersetzlichen Verlust zu verdeutlichen, der uns alle betroffen hat.

Hans Hinterhäuser (Wien)

In memoriam

WELTLITERATUR UND GLOBALISIERUNG

Notizen zu einem komparatistischen Sammelband

Von Ulrich Schulz-Buschhaus †

Wenn die Allgemeine und Vergleichende Literaturwissenschaft (hier kurz Komparatistik genannt) nach dem gegenwärtigen Zustand – nicht zuletzt auch den Statusproblemen – der Literatur fragt, kommt sie nicht umhin, an jene gesellschaftlichen Prozesse zu denken, die wir mit dem Begriff Globalisierung zusammenzufassen pflegen: Bei der Diskussion über die Rahmenbedingungen, welche für alle literarische (wie künstlerische) Aktivität heute gegeben sind, hat dieser Begriff in gewisser Weise die Rolle übernommen, die während den siebziger und achtziger Jahren des 20. Jahrhunderts einst der Antagonismus kapitalistischer und sozialistischer Gesellschaftssysteme innehatte. In der Tat begegnet der Komparatist hier erneut ähnlich vielen und folgenreichen Problemen. Schafft die Globalisierung etwa erstmals auf breiter Basis die Prämissen, die nötig sind, um weltweit – im *global village* – das alte Ideal von Weltliteratur zu verwirklichen? Oder droht sie, eben dies Konzept durch fortschreitende kulturelle Konzentration und „Standardisierung" insgeheim zu unterminieren, wie Erich Auerbach fürchtete, als er schon Anfang der fünfziger Jahre vermutete, „daß auf einer einheitlich organisierten Erde nur eine einzige literarische Kultur, ja selbst in vergleichsweise kurzer Zeit nur wenige literarische Sprachen, bald vielleicht nur eine, als lebend übrigbleiben" könnten: „Und damit wäre der Gedanke der Weltliteratur zugleich verwirklicht und zerstört"[1]). Welche Bedeutung mag die Vielfalt lokaler Partikularitäten, die unterschiedlichen Traditionen entstammen, angesichts des Drucks bewahren, der mit enormer Dynamik von den Vereinheitlichungstendenzen des Globalen ausgeht? Oder sollten die Phänomene des Lokalen gerade umgekehrt durch die Ausweitung des Blicks beispielsweise auf postkoloniale Emanzipationsbewegungen größere Beachtung erhalten, welche ihnen allererst die Chance verliehe, transkulturell anerkannt zu werden?

---

[1]) Erich Auerbach, Philologie der Weltliteratur, in: Ders., Gesammelte Aufsätze zur Romanischen Philologie, Bern und München 1967, S. 301–310, hier: S. 301.

Mit solchen Fragen, die der Alternative oder auch Interferenz von literarischer Multikulturalität und Unikulturalität gelten, verbindet sich das Problem zu bestimmen, welche Wirkung die Rahmenbedingungen der Globalisierung in der Struktur der von ihnen betroffenen Texte hinterlassen. Tangieren sie letztlich vielleicht bloß die Selektion und Zirkulation der Werke im internationalen Verkehr oder greifen sie, wie immer vermittelt, in deren Poetik selbst ein? In beiden Fällen – im zweiten mehr, im ersten weniger – wäre zu klären, welche Modifikationen von Poetik und literarischem Feld (im Sinne Bourdieus) den Globalisierungsvorgängen überhaupt spezifisch zugeschrieben werden können. Wo liegen die distinktiven Momente, denen die rezente Literatur im „Zeitalter der Globalisierung" eventuell neue oder jedenfalls epochal charakteristische Züge verdankt? Möglicherweise in einer gegenüber früheren Epochen prononcierten Neigung zur Zwei- und Mehrsprachigkeit oder eher im Rückgang sprachlicher Diversität? Und wie verhält die Literatur sich in der Konkurrenz mit den moderneren, vor allem ökonomisch potenteren Medien der globalen Kultur- und Bewusstseinsindustrie? Sucht sie mehr und mehr, an deren Erfolg gleichsam mimetisch teilzuhaben, oder rekurriert sie lieber auf das, was ihr differentiell zu Eigen ist, um gegen die schnellen Medien die Kraft ihrer reflexiven Langsamkeit auszuspielen?

I.

Mit dem Themenkomplex, der von diesen und verwandten Fragen gebildet wird, befasst sich ein jüngst erschienener Sammelband[2]), dem ein 1998 in Saarbrücken veranstaltetes komparatistisches Kolloquium vorausging, das zunächst unter dem besonders zeitgemäß formulierten Titel ›Globalisierung – eine Herausforderung für die Literatur‹ stattfand. An dem Band muss auch für den, der ihn nur kursorisch liest, sofort zweierlei auffallen. Zum einen enthält er eine Reihe höchst bedenkenswerter Beiträge, die oft schon deshalb aufschlussreich wirken, weil sie im Hinblick auf ihr *Sujet* meines Erachtens produktive Fragen zu stellen verstehen, bevor sie ihnen dann teils ebenso erhellende und zu weiteren Überlegungen anregende Hypothesen nachfolgen lassen (wäre dem nicht so, würden wir den Band kaum zum Anlass einer detaillierten Auseinandersetzung nehmen). Zum anderen dürfte jeder Leser, der noch einen Restbestand an philologischem Bewusstsein kultiviert, durch die geradezu aggressive Missachtung eines solchen Bewusstseins erschreckt werden, welche die nicht bloß nachlässige, sondern schlechthin mangelhafte Redaktion des Bandes offenbart. Nun kann man gewiss sagen, dass gesteigerte Ansprüche philologischer Akkuratesse – von Ausnahmen wie den älteren Jahrgängen der Zeitschrift ›arcadia‹ abgesehen – wohl nie zum Habitus der Disziplin

---

[2]) Literatur im Zeitalter der Globalisierung, hrsg. von Manfred Schmeling, Monika Schmitz-Emans und Kerst Walstra (= Saarbrücker Beiträge zur Vergleichenden Literatur- und Kulturwissenschaft; Bd. 13), Würzburg (Königshausen & Neumann) 2000, 318 S.

Komparatistik gehört haben, welche neben ihren wissenschaftlichen Aufgaben stets auch die kulturdiplomatische Pflicht erfüllen musste, Völker zu verbinden, und daher in manchen Belangen gewöhnt ist, Nachsicht zu üben und von dieser Nachsicht gleichzeitig ihrerseits ein wenig zu profitieren. Im vorliegenden Fall vollziehen Zahl und Art der Errata jedoch so etwas wie einen qualitativen Sprung, der zu denken gibt, ja womöglich als Symptom begriffen werden kann, das durchaus auf den hier verhandelten Gegenstand selbst zu verweisen scheint.

Dabei präsentiert der Band seine Errata in allen nur vorstellbaren Modi. Manche sind von ganz elementarer Natur und verraten in erster Linie die betriebsame Eile, mit der man die Ergebnisse zahlloser Kolloquien und Kongresse – unterstützt von den Erleichterungen des Computerdrucks – heute auf den akademischen Markt zu lancieren pflegt, zumal dann, wenn ihre Thematik dem Marktgesetz der Aktualität gehorcht. So geht auf das Konto der Schnelligkeit, in der die wissenschaftliche *écriture* den neuen Informations- und Kommunikationsmedien nachzueifern strebt, wahrscheinlich die Unmenge simpler Verschreibungen, welche die Textgestalt deformieren und oft unzuverlässig machen. Da wird S. 85 – in dem sonst ausgesprochen interessanten Artikel ›Literature as Secret History‹ (83–97) von Joel Black – einmal Beaumarchais' „*Le Mariage de Figaro* [...] whose title character is in may [!] ways a self-portrait" (recte: many) erwähnt, oder wenige Sätze zuvor ist für Beaumarchais 1775 „the same year as the premier [!] of his play *Le barbier de Seville*" (recte: première, um die Theaterpremiere vom Premierminister zu unterscheiden)[3]. In Paul Corneas an sich plausiblem Aufsatz ›Le „sérieux" et le „rhétorique": alternative ou impasse?‹ (115–124) lesen wir mehrfach statt (recte) hypostases „hyposthases" (117ff.), statt (recte) façon „facon" (118ff.), während – auf einer anderen, semantischen Ebene gesehen – der Begriff „transgressives", wie Cornea ihn verwendet, kaum als ein geeignetes Synonym für die universalen „valeurs [...] transcendantes" taugen dürfte (vgl. 115). Zu den ansonsten empfehlenswerten Beiträgen zählen gleichfalls ›Globalisation et résistances locales. Jalons d'une poétique interculturelle en Amérique latine et dans les Caraïbes‹ (221–237) von Hans-Jürgen Lüsebrink und ›Globalisierung im Spiegel literarischer Reaktionen und Prozesse‹ (285–315) von Monika Schmitz-Emans. Trotzdem bringt Lüsebrink es fertig, ein kurzes spanisches Zitat mit drei Errata zu schmücken (vgl. 229): „reercusiones" (recte: repercusiones), „variadisimos" (recte: variadísimos), „complejisimas" (recte: complejísimas; fehlerhaft etwas weiter oben auch „sans plis [!] aucun" für [recte] pli). Schmitz-Emans tut es Lüsebrink gleich, indem sie einen schönen Calvino-Text, der von Gaddas ›Quer pasticciaccio brutto de via Merulana‹ handelt, brutal verunstaltet (vgl. 308): „il mondo come im [!] ‚sistema di sistemi'" (recte: un), „le [...] divagazioni diventanto [!] infinite" (recte: diventano), „Da qualisiasi [!] punto" (recte: qualsiasi). Dazu kommen bei Schmitz-Emans merkwürdig agram-

[3]) Selbstverständlich wäre es pedantisch, hier außerdem noch das Fehlen des *accent aigu* bei Séville zu monieren oder gar zu fragen, weshalb in der einen Titelformulierung die Majuskel „Mariage", in der anderen die Minuskel „barbier" stehen.

matische Fügungen, die sogar den Haupttext ihrer Abhandlung durchziehen und – wie ich vermute – ebenfalls als Konsequenz exzessiver Geschwindigkeit zu erklären sind. So trifft der Leser hier beispielsweise auf die folgenden Satzmonstren: ein „Visualtext-Gebilde [...] das [Anschluss ohne Komma] zwölf international gebräuchlichen [!] Logos [...] zeigt" (292); „das Spektrum der Bewertung von Globalisierungsprozessen [...] reicht von emphatischer Affirmation bis zur [!] zeit- und kulturkritischen Mahnungen" (290); „Unsere Einstellung gegenüber sogenannten Werken ändern [!] sich als Folge des Wissens um deren medial bedingter [!] Unabschließbarkeit" (289).

Nicht weniger merkwürdig, ja im Hinblick auf das Thema des Buchs einigermaßen paradox wirkt der Umstand, dass die meisten der Errata, die den Leser immer wieder in ein Gefühl der Unsicherheit stürzen, fremdländische Wörter und Namen betreffen, welche man eigentlich dem Bereich des Globalen zurechnen sollte. Bestätigt und verstärkt wird dies Paradox durch die Indifferenz (Inkompetenz?), die viele Autoren daran hindert, den – manchmal krassen, auf jeden Fall aber fundamentalen – Unterschied zwischen Originaltexten und Übersetzungstexten wahrzunehmen: jenen Unterschied also, der genau genommen den Anfang aller kritischen Lektüre und Interpretation bedeutet. Schon im Vorwort der Herausgeber ist solcherart ahnungslos von „Giulio Camillos ‚Théâtre de la Mémoire'" die Rede (vgl. 14), so als handelte es sich bei dem Begriff des *Teatro della memoria* um den Titel einer französisch verfassten Schrift[4]) (ähnlich pflegen meine Studenten den „Roland furieux" eines gewissen „Arioste" zu erwähnen, wenn sie Titel und Namen aus französischer Sekundärliteratur übernehmen). Cornea bietet für seine Argumentation wichtige Passagen von Searle, Putnam oder Stanley Fish in französischer Version, ohne den Namen eines Übersetzers, der er wahrscheinlich selber ist, zu verraten. Das Extrem frommer Übersetzungsgläubigkeit erreicht Wladimir Krysinski (›La fin du siècle: systèmes littéraires et „régimes globalitaires"‹, 147–158), wenn er –im Kontext sonst wieder durchaus akzeptabler Überlegungen – Milan Kundera nach einer deutschen, Octavio Paz nach einer französischen und Jurek Becker nach einer (in der Bibliographie dann ungenannt bleibenden) englischen Ausgabe zitiert.

---

[4]) Als kleiner Hinweis zur besseren Rezeption eines kulturgeschichtlich überaus bedeutsamen Werks sei hier die folgende Anmerkung gestattet: Die Herausgeber beziehen sich nach einem Beitrag von Paola Mildonian (›La dialectique du global et du local au seuil de l'âge moderne et les perspectives interdisciplinaires de la thématologie‹, 159–179) auf den vor allem von Frances A. Yates erschlossenen und von Lina Bolzoni edierten Traktat ›L'idea del theatro‹ (Palermo 1991, ursprünglich Venezia 1552), in dem Camillo den Entwurf der wunderbaren mnemotechnischen Konstruktion seines *Teatro della memoria* schildert. Über Camillo hat Bolzoni auch eine Monographie verfasst: II teatro della memoria. Studi su Giulio Camillo, Padova 1984. Außerdem dürfte der Begriff durch Leonardo Sciascias Rekonstruktion der in den frühen dreißiger Jahren gerichtlich verhandelten Gedächtnis- bzw. Vergessensaffäre Bruneri–Canella unter dem Titel ›Il teatro della memoria‹ (Torino 1981) prominent geworden sein.

II.

Hat der Leser erst einmal die Verstörung überwunden, welche die anti-philologische Redaktion des Sammelbands mit sich bringt, und dafür Vergnügen an einem mitunter amüsanten Ratespiel um den präzisen Wortlaut fremdländischer („globaler") Zitate gewonnen, kann er in diesen Kongressakten jedoch – wie gesagt – gehaltvolle Betrachtungen finden, die zur aktuellen Lagebestimmung der Literatur wesentliche Argumente beitragen. Von selbst versteht sich, dass die wesentlichsten unter ihnen zunächst die prinzipielle Wertung des Globalisierungsprozesses in dessen Bezug zur literarischen Evolution betreffen. Hier gibt es in der Tat ein breites Spektrum der Meinungen, das – um Schmitz-Emans sinngemäß zu zitieren und gleichzeitig grammatisch zu verbessern – „von emphatischer [?] Affirmation bis zu zeit- und kulturkritischen Mahnungen reicht" (290). Dabei tritt ein verblüffend scharf konturierter Unterschied zutage, was die national-kulturelle Anordnung dieses Meinungsspektrums angeht: Die nicht unbedingt „emphatische", wohl aber anpassungsbereite „Affirmation" kennzeichnet vorwiegend die deutschsprachigen Stellungnahmen, während die französischsprachigen praktisch ausnahmslos einen äußerst kritischen Ton anschlagen.

Nach den Diskursverhältnissen, welche die gegenwärtigen Wirtschaftswissenschaften prägen, ist ohnehin klar, dass ein Betriebswirt wie CHRISTIAN SCHOLZ (›„Ein Gespenst geht um in Europa: Globalisierung" – Reflexionen eines Betriebswirtes‹, 39–47) die Dinge unter den Stichworten von Entgrenzung, Mobilität, Flexibilität, Abbau hierarchischer Strukturen, „Legitimitätserosion" und „Vergangenheits-Zukunfts-Asymmetrie" (vgl. 43ff.) sehr positiv sieht: Für ihn ist die „Globalisierung" im Vergleich mit dem „Gespenst des Kommunismus", wie es ein vormals berühmtes Manifest beschwor, „viel weniger ein böses Gespenst als ein guter Geist auf dem Weg zu einer neuen faszinierenden und schillernden globalen Gesellschaft" (46). Das Positive zu sehen, sind indes auch die deutschen Medien- und Literaturwissenschaftler bemüht. HERMANN ROTERMUND (›Neues Medium – neue Kunstform? Zur Einwirkung des Internet auf die Literatur des Typographeums‹, 75–82) feiert die Überlegenheit der digitalen Medien über die nach seiner Prognose bald endende Kultur von Schriftlichkeit und schriftlicher Linearität: „Das Buch der Bücher ist eine Idee der Vergangenheit, an deren Stelle die Realität des Computernetzes getreten ist", welche die Literatur allenfalls noch – gemäß dem Muster von Literaturverwendung in Film, Funk und Fernsehen – „in einer dienenden oder korrespondierenden Funktion" benötigt (vgl. 82).[5]) Unter den zünftigen

[5]) Zur Illustration der Korrespondenz zwischen den – für ihn ebenfalls schon überlegenen – älteren technischen Medien und angeblich vielen von diesen Medien abhängigen „literarischen Formentwicklungen" nennt Rotermund eine Reihe von Namen, bei denen mir jedoch zumindest die Erzliteraten Faulkner und Beckett fehl am Platz zu sein scheinen (vgl. 82). Was Beckett anbelangt, halte ich es für plausibler, den „Sekretär von Joyce" mit K. LUDWIG PFEIFFER genau umgekehrt als Exponenten einer – von Pfeiffer freilich kritisierten – extremen Ausdifferenzierung des Literarischen von allen anderen künstlerischen Medien einzuschätzen, dem das Schreiben schließlich „zur lähmenden Obsession [...] gerät"; vgl. PFEIFFER, Das Mediale und das Imaginäre. Dimensionen kulturanthropologischer Medientheorie, Frankfurt/M. 1999, S. 285 passim.

Literaturwissenschaftlern legt Horst Steinmetz [›Globalisierung und Literatur(geschichte)‹, 189–201] Wert darauf zu zeigen, wie eben „Globalisierung […] die Bedingungen und Chancen, Differenzen zu erkennen und anzuerkennen", schaffe, und betont dementsprechend, „daß unter Globalisierung ausdrücklich nicht ein ausschließlich unifizierender, totalisierender Prozeß verstanden werden *darf*, der die Welt vereinheitlicht" (vgl. 192f., Kursivierung U. S.-B.). In die gleiche Richtung weisen manche Argumente, die – freilich umsichtiger differenzierend – Schmitz-Emans geltend macht. Sie hat sich für ihre essentiell optimistische Haltung vor allem von Ulrich Beck, teils auch von Lyotard, inspirieren lassen und möchte das Spezifische der „globalisierte[n] Gesellschaft" in deren Prägung „durch Kontingenzerfahrungen" erblicken; denn „Globalisierung" impliziere „doch unter anderem die Aufhebung kultureller Hegemonien, die Relativierung kulturspezifischer Werte und Weltanschauungen, die Dehierarchisierung verschiedener Denkweisen, also die Einebnung von ‚Hierarchien' im Bereich der Normen, ethischen Begriffe und symbolischen Ordnungen" (286). So habe die literarische „Imagination" an den „Globalisierungsprozessen" nicht allein „Anteil"; man könne vielmehr sogar darüber spekulieren, „ob und inwiefern Globalisierung im Medium Literatur antizipiert worden ist": Als Exempel solcher Antizipation soll dann die allerdings recht ungenau und oberflächlich interpretierte *Ficción* ›Tlön, Uqbar, Orbis Tertius‹ von Borges dienen (vgl. 287f.).[6])

Ganz anders fällt die Beurteilung der Globalisierung in den französischsprachigen Beiträgen aus[7]), insbesondere bei Krysinski sowie in einem Essay von Mireille

---

[6]) Die Ungenauigkeit beginnt schon damit, dass an der Schöpfung Tlöns eine „Geheimgesellschaft" keineswegs „gemeinsam […] arbeitet": In Wahrheit erstreckt sich die Arbeit der gnostischen Weltenschöpfer, die mit einem ‚nicht existierenden Gott' konkurrieren, seit den „principios del siglo XVII" über mehrere Jahrhunderte. Vor allem lässt sich kaum behaupten, dass dieser Welt-Entwurf wirklich „umfassend" sei und dass sich in ihm eine „Universalsprache […] als *koiné* in allen Bereichen menschlicher Kommunikation und Praxis" etabliere. Eher liegt die Pointe des Tlön'schen Universums doch in der grandiosen Einseitigkeit des Idealismus und Nominalismus, durch die seine Bewohner charakterisiert werden, als seien sie Adepten der psychologischen Logik und Erkenntnistheorie des vorletzten Fin de siècle. In deren Geist versagt die Sprache Tlöns, welche nur begrenzte Funktionen erfüllt, ja auch vor der Aufgabe, materielle Identitäten zu konstatieren. Im übrigen hat Tlön es bereits deshalb schwer, die „Globalisierung" zu „antizipieren", weil den Tlönisten die Perzeption räumlicher Dauer und Kausalität überhaupt unzugänglich ist: „no conciben que lo espacial perdure en el tiempo". Vgl. dazu Jorge Luis Borges, Ficciones, 17. Aufl., Buenos Aires 1973, S. 22 und 24f.

[7]) Den Aufsatz ›Un discours globalisant: l'intermédialité générique de la parodie‹ (181–187) von Zacharias I. Siaflekis kann man hier bloß bis zu einem gewissen Grad als Ausnahme gelten lassen, da er die Thematik des Bandes nur sehr am Rande berührt. Siaflekis vertritt die Meinung, dass gerade die Parodie einen sowohl intermedialen wie globalisierenden, da unter Umständen verschiedene Literaturen in Bezug setzenden Charakter aufweise. Dabei fragt man sich, weshalb ein solcher Charakter mit gleichem Recht nicht auch anderen Formen von Hypertextualität – der Travestie, dem Pastiche, dem Supplement, der Fortsetzung usw. – zugeschrieben werden sollte. Insgesamt erscheint Siaflekis' Beitrag angesichts der großartigen Bestandsaufnahme dieser Formen, die wir Gérard Genettes ›Palimpsestes‹ (Paris 1982) verdanken, einigermaßen überflüssig.

Calle-Gruber (›Pour une analytique de la globalisation – Littératures de l'altérité: l'exemple d'Assia Djebar‹, 205–219). Wenn Krysinski im Anschluss an Gilles Deleuze und speziell an Ignacio Ramonets ›Géopolitique du chaos‹ (Paris 1997) von „régimes globalitaires" spricht, möchte er den seines Erachtens ‚totalitär' gewordenen Charakter des nunmehr global herrschenden Kapitalismus in (die im deutschen Sprachraum offenkundig verdrängte) Erinnerung bringen. Damit geht seine Deutung der „mondialisation" und ihrer Konsequenzen in eine Richtung, welche jener, die beispielsweise Schmitz-Emans einschlägt, genau entgegengesetzt ist. Wo Schmitz-Emans sich über die „Aufhebung kultureller Hegemonien" freut, welche angeblich im Zeichen der Globalisierung stattfindet, konstatiert Krysinski melancholisch das Regime einer kulturellen „hyperhégémonie". Weit entfernt, die „Dehierarchisierung verschiedener Denkweisen" zu fördern, ist sie gleichsam die Garantin einer kapitalistischen „pensée unique" und bildet die Stereotypen von Sprachregelungen aus, die für Krysinski einen „discours du pouvoir" im Sinne Foucaults oder – falls man den Begriff von Roland Barthes vorzieht – einen „discours encratique" ergeben (vgl. 151f.).

Gegenüber solchen totalitären bzw. ‚globalitären' Sprachen der ökonomisch-politischen Macht kann Literatur, wenn man sie denn ernst nimmt, nur in ein Verhältnis radikaler Opposition treten. Sie wird dann zu einem Ort des Widerstands und erhebt einen Souveränitätsanspruch, den Calle-Gruber, die im Gegenpol der Globalisierung ebenfalls eine Differenzen nicht kultivierende, sondern vernichtende Kraft („un mécanisme d'intégration ou d'arasement des signes de différence, mené à l'échelle du globe terrestre") sieht (vgl. 206), noch steigert. Nach ihrem poetologischen Konzept würde die „formidable résistance", die dem literarischen Text zu Eigen sein kann, nicht darin bestehen, auf eine ‚Herausforderung' (wie man euphemistisch zu sagen pflegt) oder (ehrlicher formuliert) auf ‚Zwänge' zu ‚antworten', als wäre Globalisierung etwas naturgesetzlich Vorgegebenes: „Quelle *réponse* littéraire à la globalisation: la littérature a le devoir de non-réponse" (208). Statt sich gehorsam durch Antworten zu rechtfertigen, habe die Literatur eher die Aufgabe, ihrerseits eine *„analytique de la globalisation"* zu entwickeln, die sich – wie leider ein wenig vage à la Derrida angedeutet wird – „dans la textilité du texte littéraire" abspielen soll (vgl. ebenda). Bemerkens- und bedenkenswert erscheint im übrigen, dass auch deutsche Literaturwissenschaftler gelegentlich wenigstens partiell zu typisch französischen Positionen überwechseln, sobald sie sich der französischen Sprache bedienen und dadurch in einen anderen Diskurs- und Argumentationszusammenhang als den heute in Deutschland üblichen geraten. Das ist hier exemplarisch bei Lüsebrinks Darstellung von ‚Globalisierung und lokalem Widerstand' der Fall. Lüsebrink schildert die komplexen und teils indirekt verfahrenden Widerstandsstrategien, welche die Literatur der Karibik gegen die „globalisation médiatique, économique et politique" (232) richtet, insbesondere am Beispiel der Werke von Édouard Glissant und Patrick Chamoiseau, die alles bloß Folkloristische früherer Emanzipationsphasen zu vermeiden suchen, und macht ansonsten gleich den französischen Kollegen durchgängig die dunklen

Seiten der polit-ökonomischen Entwicklung bewusst: vor allem mit der wichtigen Bemerkung, dass die Globalisierung insofern nichts völlig Neues darstellt, als sie eine über Jahrhunderte dauernde Vorgeschichte hat, die Kolonisierung und Kolonialismus heißt.

Wie lässt sich der frappante Gegensatz zwischen den Urteilen, die deutsche und französische Literaturwissenschaftler über die Globalisierung und die „mondialisation" abgeben, indes erklären? Falls man ihn nicht für einen Zufall halten will, der allein durch die personelle Zusammensetzung des Saarbrückener Kolloquiums zustande gekommen ist, bieten sich zu einem Erklärungsversuch vielleicht die folgenden Motive an. Bei den französischen Stellungnahmen wären die wesentlichen Gründe wohl auf der literarischen Seite zu suchen, genauer gesagt: in dem – verglichen mit den deutschsprachigen Ländern – außerordentlich hohen kulturellen wie gesellschaftlichen Stellenwert, welcher der Literatur als Institution in Frankreich nach wie vor zukommt. Wie speziell der Essay von Calle-Gruber verrät, nützt er nicht nur den selbstverständlich gleichfalls vertretenen traditionalistischen Poetiken; vielmehr zieht aus ihm gerade die kunstautonome Literatur der extremen Moderne – vom *Nouveau Roman* über die Gruppe *Tel Quel* bis hin zur manieristisch literarisierten Philosophie Derridas – ein Pathos von Souveränität, das sich mit jenem kritischen Elan gegen die Phänomene der globalen Kulturindustrie oder den weltweit entdifferenzierenden Primat der Ökonomie wenden lässt, der unter deutschsprachigen Autoren allenfalls einmal – und dann dank einer anderen ideologiegeschichtlichen Konstellation – durch Adorno/Horkheimers ›Dialektik der Aufklärung‹ und manche späteren –, Adorno'schen Schriften zum Ausdruck gekommen ist.

Im deutschen Sprachraum, wo Literatur wie überhaupt Sprache und Schrift weniger gelten, müsste man die wichtigeren Motive eher im Hinblick auf die Globalisierungsseite bestimmen. Aufschlussreich sind dabei möglicherweise zwei Indizien, die mir zu denken gegeben haben: zum einen das bei Schmitz-Emans erkennbare Bemühen, sich nicht dem Verdacht „einseitig kulturkritischer Akzentuierung" (287) bzw. von „einseitig kulturpessimistischen Einschätzungen" (299) auszusetzen, zum anderen Steinmetz' euphorischer Hinweis auf die Tendenz „zu einer [...] Schwächung des Nationalstaates, zur Denationalisierung", welche „der Prozeß vor allem der technologischen und ökonomischen Globalisierung" unzweifelhaft im Gefolge hat (vgl. 196). Sehe ich recht, so ist die besorgte Distanzierung von kulturkritischen oder gar -pessimistischen Gedankengängen ein typischer Bestandteil dessen, was nach Krysinski den aktuellen „discours du pouvoir" bildet, der konkret (und nicht abstrakt beliebig) formulierte Zweifel an den „magnifiche sorti e progressive" der Menschheit im Globalisierungszeitalter ungern toleriert. Darüber hinaus kann man in der Absage einer Kritik an den kulturindustriellen Nivellierungen jedoch auch Elemente erblicken, die mit einer spezifisch deutschen Diskurssituation zusammenhängen. Sie belegen den Rückzug der deutschen Intelligenz von der so genannten Kritischen Theorie, der in einer quasi kollektiven Bewegung umso einmütiger vonstatten gegangen ist, als die Kritische Theorie zuvor – im Bereich eines freilich schmalen gesellschaftlichen Sektors – eine ebenso einmütig anerkannte Dominanz erlangt hatte. Ohne die Legitimation durch Adornos kultur- und gesellschaftskritische Schriften scheinen weitere Stellungnahmen, die analogen Tendenzen folgten, jedoch von der Befürchtung verhindert zu werden, mit ihnen erneut einen fatalen, ‚antiwestlichen' (sprich: antiamerikanischen) ‚Sonderweg' zu beschreiten: einer Furcht, welche vorher allein die Herkunft und Lebensgeschichten der diskursmächtigsten Theoretiker für eine gewisse Zeit aufzuheben vermochten.

Argumente ähnlich nationalspezifischer Art dürften hinter Steinmetz' Genugtuung über die ‚denationalisierenden' Effekte der Globalisierung stehen. Auch bei ihr handelt es sich wohl um eine Reaktion, welche durch die Erinnerung an die nationalsozialistische Vergangenheit bedingt ist. Vom inzwischen institutionalisierten Eingedenken der Exzesse des eigenen Nationalismus nicht nur eines Besseren belehrt, sondern zugleich tief traumatisiert, neigt das korrekte deutsche Bewusstsein – anders als das französische oder britische – ja seit langem dazu, nationale oder auch nur nationalstaatliche Einrichtungen und Interessen als etwas latent Böses zu betrachten, vor dessen Hintergrund alle anderen Übel als geringere prinzipiell tolerierbar erscheinen mögen, und zwar insbesondere dann, wenn sie „zu einer zunehmenden Schwächung des Nationalstaates" führen. So meine ich beobachten zu können, dass Prozesse wie die Globalisierung unter der Prämisse, „Denationalisierung" zu versprechen, für die avancierte deutsche Öffentlichkeit neuerdings selbst gravierende Demokratieverluste halbwegs akzeptabel machen: Ob weiterhin das Volk (alias die ‚Bevölkerung') entscheidet oder ob die relevanten Entscheidungen mehr und mehr den demokratisch unkontrollierten multinationalen Konzernen, den internationalen Finanzmärkten oder den Kommissionen eines autoritären europäischen Verwaltungsstaats überlassen bleiben, ist angesichts des Drucks der deutschen Traumatisierung offenbar zu einer nachgeordneten, wenn nicht indifferenten Frage geworden.[8])

---

[8]) Als eine für die deutschen Konditionierungen charakteristische Stimme kann man in diesen Dingen wohl die politischen Stellungnahmen von Jürgen Habermas ansehen, so etwa den Aufsatzband ›Die postnationale Konstellation‹ (Frankfurt/M. 1998), wo das demokratische Defizit, das jenseits des Nationalstaats zu entstehen droht, entweder verdrängt oder mit wohlmeinenden, doch realitätsfernen Idealkonstruktionen und Desiderata konfrontiert wird (vgl. ebenda S. 65–192, bes. S. 156–169). Eine realistischere – und den ‚linksliberalen' Konsens in Deutschland durchbrechende – Gegenposition dazu vertritt bezeichnenderweise Ralf Dahrendorf, der in seiner britischen Identität als Lord Dahrendorf nicht ablässt, den Nationalstaat als gewissermaßen höchstrangigen Demokratiegaranten zu rühmen, zuletzt noch bei einer Wiener Diskussion am 18. Juni 2000. Laut einem Bericht des *Instituts für die Wissenschaften vom Menschen* (Wien) stellte Lord Dahrendorf im Umkreis dieser Diskussion nach eben britischer und nicht deutscher Manier fest: „Der Nationalstaat ist streng genommen die letzte Einheit, der letzte politische Raum, in dem die repräsentative Demokratie durch parlamentarische Diskussion, durch Wahlen wirklich funktionieren konnte"; vgl. IWM Newsletter 69 (2000), S. 3ff.

III.

Je nach der Einschätzung, die der Globalisierungsprozess insgesamt erfährt, verteilen sich auch die Ansichten über das Verhältnis des Globalen und des Lokalen in der gegenwärtigen Weltkultur bzw. -literatur: ein Problem, das verschiedene Beiträge des Sammelbands mit einigem Nachdruck thematisieren. Wenn die kulturellen Konsequenzen der Globalisierung eher negativ oder skeptisch beurteilt werden, spiegelt sich das in einer Haltung, welche die Entfaltungsmöglichkeiten des Lokalen bedroht sieht und mit Sorge beobachtet; wenn das Urteil über die Globalisierung positiver ausfällt, pflegt gleichsam im Ausmaß der Positivierung ein Optimismus zu entstehen, der dem Lokalen auch in Zukunft Chancen zur Bewahrung und sogar zur Steigerung seiner Präsenz und Geltung einräumt. So verwundert nicht, dass die weitaus günstigste Prognose für das Lokale von Steinmetz abgegeben wird; denn er zeigt sich ja grundsätzlich von der vorwiegend wohltätigen Wirkung der Globalisierung überzeugt, die „nicht nur zu Vereinheitlichung und Angleichung" führe, sondern „auch die Bedingungen und Chancen, Differenzen zu erkennen und anzuerkennen", schaffe, woraus dann folgen soll: „Sie schafft und vergrößert auch die Chancen des Regionalen und Lokalen" (193). Das ist ein erfreulicher Befund, der meines Erachtens nur dadurch getrübt wird, dass er sich auf eine irreführende, da weithin selbstwidersprüchliche Argumentation und literarhistorische Analyse stützt.

Irreführend wirkt zunächst der Modus, in dem Steinmetz zwischen literarischer Moderne und literarischer Postmoderne unterscheiden möchte. Für ihn bedeutet Postmoderne eine Bewegung der „Diversifizierung", die sich der „Rekonstitution des Einzelnen, des Besonderen" zuwendet, während die Moderne stattdessen angestrebt habe, „der Universalität der Literatur [...] Nachdruck zu verleihen" (vgl. 197). Demnach bestünde das Distinktiv der Moderne in „Werken, die auf nationale und kulturelle Fundamente zu verzichten vorgeben" und die – wie kurz darauf gesagt wird – „gewissermaßen nirgendwo und deshalb überall [...] spielen": „Die bekanntesten und repräsentativsten Autoren solcher Werke sind u. a. Kafka, Beckett, Eliot, Joyce oder Ionesco" (193). Nun entstammt dieser Kanon natürlich einer etwas willkürlichen und im Hinblick auf die umfassende These durchgeführten Auswahl, und man könnte sich fragen, wie die idealtypische Moderne aussähe, wenn man beispielsweise Musil, dessen ›Mann ohne Eigenschaften‹ sehr entschieden in Wien spielt, oder gar Proust, für den der Faubourg St. Germain, der „côté de Méséglise" oder der „côté de Guermantes" wie überhaupt alle „noms de pays" ungeheuer viel bedeuten, zu ihrer Charakteristik heranziehen würde. Fragwürdig ist die These indes auch schon im Hinblick auf den von Steinmetz für opportun gehaltenen Kanon; denn darf Joyces Dublin wirklich als ein „überall und nirgendwo" gelten? Oder können die Texte Kafkas ohne ihre besonders problematischen und deshalb besonders bedeutsamen „nationale[n]" und „kulturelle[n] Fundamente" verständlich werden? Überdies fällt auf, dass Helmut Meter (›Kosmopolitismus und Schematismus in der zeitgenössischen Erzählliteratur Italiens‹, 271–284) eine zum Existentiellen tendierende „kosmopolitische Gleichförmigkeit" des Erfahrens und Erzählens, welche Steinmetz' Moderne-Distinktiv sehr nahe kommt, gerade umgekehrt für die *giovani scrittori* der italienischen Postmoderne, zumal für den in vielen Zügen idealtypisch postmodernen Antonio Tabucchi, reklamiert (vgl. 278)[9]. Und zum Schluss zieht Meter sein Fazit der Postmoderne sogar mit exakt denselben Worten, mit denen Steinmetz die Moderne zu kennzeichnen hofft: „Überall ist nirgendwo" (282).

Nicht weniger fatal mutet die Selbstwidersprüchlichkeit von Steinmetz' weiterer Argumentation an. Deren Grundlage bildet selbstverständlich die Opposition der Kategorien „global" und „lokal" (oft auch „regional" genannt): Nur wenn eine solche Opposition existiert, das heißt: begrifflich funktioniert, kann die These, nach der die Globalisierung eine „regional gebundene Kultur" favorisiere (vgl. 194), ja einen konkreten – und an sich überraschend prägnanten – Sinn gewinnen. Im Einzelnen vollzieht die Argumentation dann jedoch nichts anderes als die gewiss unfreiwillige Dekonstruktion der These wie der Opposition überhaupt. So reduziert die angebliche Favorisierung des Lokalen sich bald auf eine Provokation zum Protest, dergestalt dass die gerade noch regionalitätsfreundliche Globalisierung „Kräfte des Widerstands" gegen die jetzt plötzlich „allgewaltige technisch-ökonomische Unifizierung" entstehen lässt (vgl. 195): fürwahr eine extrem dialektische Art von Favorisierung! Vollends sinnlos wird die These, wenn kurz danach die ihr zugrunde liegende Opposition schlicht aufgelöst und festgestellt wird, „daß ein reiner Gegensatz zwischen Globalität und Lokalität nicht mehr existiert" (196)[10].

---

[9]) Ausführlicher und präziser äußert Meter sich über Tabucchis Postmodernität noch in seinem Aufsatz: Wege und Aporien der Selbstsuche. Drei Romane Tabucchis, in: Ulrich Schulz-Buschhaus und Karlheinz Stierle (Hrsgg.), Projekte des Romans nach der Moderne, München 1997, S. 237–262, bes. S. 258ff. Die Postmodernität von Romanen wie ›Notturno indiano‹, ›Il filo dell'orizzonte‹ und ›Sostiene Pereira‹ wird dort zum einen an der Intertextualität und der Mischung elitär neuartiger und populär vertrauter Verfahrensweisen, welche die Erzählstruktur prägen, festgemacht, zum anderen im Sinne Lyotards am sinnzerstörenden Verzicht auf konklusive Gewissheiten. Nach meiner eigenen Bestimmung der Postmoderne als Post-Avantgarde (vgl. zu ihr im gleichen Band: Funktionen des Kriminalromans in der post-avantgardistischen Erzählliteratur, ebenda, S. 331–368, bes. S. 331–343) würde auch die „Modellierung von Gestalten mit markantem Subjekt-Charakter", die Meter für essentiell „modern" hält, eher unter dem *caput* Postmoderne rangieren, da sie vielleicht am deutlichsten eine Abkehr vom Weltbild und von der textuellen Selbstbezüglichkeit der kunstautonomen Avantgarde à la *Tel Quel* vollzieht. Dass es mit der Präferenz gegenwärtiger europäischer Literatur für das Lokale und Regionale nicht allzu weit her sein kann, zeigen im übrigen gleichfalls die von Schmitz-Emans präsentierten Texte, Peter Handkes ›In einer dunklen Nacht ging ich aus meinem stillen Haus‹ und Michel Serres' ›La Légende des Anges‹, denen hier ganz zu Recht eine „Indifferenz der Orte" und eine „Signifikanz der Zwischenräume" nachgesagt werden (vgl. 297f.).

[10]) Außerhalb von Steinmetz' Argumentation könnte man diesen Befund natürlich durchaus für plausibel halten, zumal wenn er um die auf ihn folgende Feststellung ergänzt wird: „Das Regionale und Lokale ist ebenso wie alle anderen Wirklichkeiten vom Globalisierungsprozeß erfaßt, großenteils davon durchsetzt" (ebenda). So hat Birgit Wagner unlängst zum gegenwärtigen Sardinien, wie es Salvatore Mannuzzus lesenswerte Romane ›Un morso di formica‹ (Torino 1989) und ›Il terzo suono‹ (Torino 1995) schildern, in einem ganz ähnlichen Sinn

Hieß es am Anfang, die globalisierende Postmoderne begünstige die „regional gebundene Kultur", so entsteht am Ende als Spezifikum der gleichen Postmoderne ein „überregionaler Kulturraum", in dem die „literarische[n] Werke [...] als hybride Gebilde keinen lokalisierbaren Ort mehr haben" (vgl. 197), und der Leser versinkt in ein melancholisches Grübeln, um zu erraten, welche dieser Feststellungen denn nun die eigentlich gemeinte sein mag.

Wesentlich klarer wird das Oppositionsverhältnis zwischen „local" und „mondial" von Krysinski nachgezeichnet, und zwar mit der Absicht, das Lokale gegenüber dem Globalen axiologisch umso stärker aufzuwerten, als es literatur- und kulturgeschichtlich in seiner Existenz gefährdet erscheint. Aus dieser Absicht ergibt sich eine bemerkenswerte Hochschätzung der deutschen Literatur, die Krysinski weiter als andere Literaturen von den Opportunitäten der „mondialisation" entfernt sieht, da sie immer schon in die Probleme ihrer nationalen Identität verstrickt gewesen und seit den Verbrechen der nationalsozialistischen Epoche von einem kollektiven „récit de la honte" (156) erfüllt sei. Einer solchen Anerkennung, die durchaus etwas Ambivalentes besitzt, wird man kaum widersprechen wollen (dürfen); doch wären gegen die Art und Weise, in der Krysinski seine zwiespältige Liebeserklärung gestaltet, zwei kleine Einwände zu erheben. Der eine betrifft den Umstand, dass die – in gewissem Sinn weltferne – Identitätsobsession, welche die deutsche Literatur wohl tatsächlich bewegt, keineswegs auf der Souveränität einer selbständigen Themenwahl beruht und Autoren wie Brecht und Enzensberger, die Krysinski zitiert, deshalb auch nicht als bewusstes Verdienst angerechnet werden kann. Bei dem anderen Einwand geht es um den dritten Text, den Krysinski für seine Argumentation benutzt: Borges' Erzählung ›Deutsches Requiem‹ (vgl. 155f.). Von einem kosmopolitischen Argentinier geschrieben, belegt sie ja gerade nicht die Beharrungskraft des lokal Deutschen, sondern steht in Anbetracht ihrer ursprünglichen Kommunikationssituation für die Überwindung des lokal Argentinischen (dem Borges eine Zeit lang ja gleichfalls gehuldigt hat) in Richtung auf etwas Fremdes und zugleich Universales. Dazu kommt, dass die Sinnbildung dieser Geschichte sicherlich komplexer ist, als ihre – in Analogie zu deutschen Texten postulierte – Deutung unter der Kategorie „récit de la honte" vermuten lässt[11]).

---

treffend angemerkt: „Der Ort [gemeint ist der von Mannuzzu begehrte Ort möglicher Identitätsstiftung und Verwurzelung, U. S.-B.], ein geo-kultureller Raum, ist [...] eingebunden in Globalisierungsprozesse, die seine Konkretheit und Entzifferbarkeit gleichsam von innen entleeren"; vgl. Wagner, Stumme Spuren. Zur detektivischen Schreibweise Salvatore Mannuzzus, in: Korrespondenzen. Literarische Imagination und kultureller Dialog in der Romania. Festschrift für Helene Harth [...], Tübingen 2000, S. 223–236, hier: S. 234. Widersinnig wird Steinmetz' Befund dagegen im Kontext des bestimmten Gedankengangs, der durch ihn gestützt werden soll, da er das begriffliche Verhältnis von dessen Ausgangsthese nicht anerkennt, sondern nachträglich in eine andere Ordnung bringt und damit invalidiert.

[11]) Man denke vor allem an die Motive der Schaffung eines ‚neuen Menschen' bzw. einer ‚neuen Ordnung' oder der (anti)religiös begründeten individuellen und nationalen Selbstopferung, welche die Beichte des *unreliable narrator* Otto Dietrich zur Linde durchziehen. Es sind das Motive, die der Erzählung offenbar Züge einer paradoxalen Hagiographie verleihen sollen,

Immerhin zeigt Krysinskis Essay überzeugend, dass es produktiver ist, in der Thematik des Lokalen einen Ausdruck von Widerstand zu sehen, als sie harmonisierend einem zu ihren Gunsten wirkenden Effekt von Globalisierungstendenzen zuzuordnen. Dafür spricht außer den Beiträgen von Krysinski oder Lüsebrink auch der angenehm konzentrierte Essay, den Klaus Martens dem dichterischen Werk Derek Walcotts gewidmet hat (›Derek Walcott: From Periphery to Center‹, 239–246). Nach ihm wird der Widerstand gegen die imperialen Normen des Zentrums bei Walcott nicht allein durch ein Pathos der karibischen Peripherie manifest, das beispielsweise als Inbegriff der idealen Polis Port of Spain, die Hauptstadt Trinidads, an die Stelle Athens treten lässt. Tiefer geht ein – wenn man so will – poetologischer Widerstand, der mit ›Omeros‹, gleichsam der Summa des Walcott'schen Dichtens, die vom Zentrum angesagten Direktiven eines irreversiblen literarischen Fortschritts bewusst ignoriert und unter Missachtung aller europäischen Geschichtslogik scheinbar anachronistisch auf die Form des Versepos („epic poem") zurückgreift (vgl. 243f.). Ein Problem bleibt dabei allerdings wie für jegliche postkoloniale Literatur die Frage der Sprache, welche quasi unvermeidlich ins Aporetische führt, das heißt: in eine Situation, in der weder die Übernahme einer hegemonialen Weltsprache, durch welche die koloniale Herrschaft nach ihrer politischen Phase kulturell sublimiert fortdauert, noch der trotzige Rekurs zur Autonomie, aber auch Marginalität der jeweils eigenen Sprache eine Lösung darstellt, die den Desiderata von Emanzipation und Kommunikation zugleich genügen könnte. Walcott hat sich angesichts der Unlösbarkeit des Problems für eine Praxis sprachlicher Mischungen und Hybridisierungen entschieden, welche in der Tat transgressive Züge annimmt und von Martens zu Recht als „a poetic language unheard of in its wonderful impurity" (244) gefeiert wird[12]). Freilich ist dieser poetische Erfolg als ein insgesamt wohl seltener Glücksfall zu werten; denn ansonsten scheint es nur schwer zu gelingen, das Dilemma, das sich hier immer wieder zwischen emanzipatorischen und kommunikativen Interessen auftut, zu überwinden. Sehe ich recht, dominiert mit der Übernahme einer Weltsprache, die auch die Kolonialsprache war (und weiterhin die „post-koloniale" ist), in der Regel

---

welche aus dem schuldbeladenen Protagonisten einen „amoral saint", ja den Märtyrer einer dem Christentum konträren Religion der Gewalt macht. Vgl. hierzu etwa die Interpretationen von Donald L. Shaw, Borges' Narrative Strategy, Leeds 1992, S. 87, oder Ramsey Lawrence, Religious Subtext and Narrative Structure in Borges' „Deutsches Requiem", in: Variaciones Borges 10 (2000), S. 119–138.

[12]) Bekanntlich gehören solche Hybridisierungen zu den Merkmalen, die heute beständig aufgerufen werden, um die diskursive Beschaffenheit post-kolonialer Literatur im Kontrast mit weniger gebrochenen Schreibweisen zu charakterisieren. Zumeist erweist sich das Ausmaß der Hybridisierung jedoch weit bescheidener, als die diesbezügliche Poetik und Theorie zu behaupten pflegen, so etwa auch in der Dichtung von Seamus Heaney, dem Maria Gabriella Ambrosioni in diesem Band (›Global Exile‹, S. 261–270) – meines Erachtens ziemlich forciert – „a language on the borders of English" nachsagt: „In the age of linguistic hybridization Heaney underlines his condition of exile through his linguistic estrangernent [...], challenging the English poetic tradition" (264). Mit Walcotts Verfahren sind die Beispiele, die Ambrosioni unter der gleichen Kategorie aus Heaneys Gedichten anführt, jedenfalls kaum vergleichbar.

das Bedürfnis nach globaler Kommunikation. Wenn dagegen wie in Madagaskar – dem Bericht von Michèle Rakotoson (›Madagascar et la mondialisation‹, 67–71) zufolge – das Bedürfnis nach kultureller Emanzipation vorherrscht und die Literatur seit der Autonomiebewegung des *Mitady ny very* in den dreißiger Jahren am einheimischen Idiom des Malagasy festzuhalten sucht, laufen die Autoren Gefahr, von den Tauschprozessen des literarischen Weltmarkts ausgeschlossen zu bleiben. Jedenfalls dürfte es bei der in Malagasy geschriebenen Literatur nicht nur mir, sondern den meisten Komparatisten so ergehen, dass sie die Namen der größten madegassischen Romanciers, als die Clarisse Ratsifandriamanana und Emilson Daniel Andria malala von Rakotoson empfohlen werden (vgl. 70), hier zum ersten Mal lesen.

IV.

Bei aller Bedeutung, welche der Spannung zwischen Globalem und Lokalem im Zeitalter der Globalisierung zukommt, habe ich indessen Zweifel, ob sie wirklich jene primäre Relevanz beanspruchen darf, die ihr auch jenseits dieses Sammelbands allgemein attribuiert wird. Schließlich sind es bei ihr doch weithin thematologisch zu fassende Aspekte, die in den Vordergrund treten, während über die Differenz der nicht weniger wichtigen poetologischen Aspekte durch sie noch nicht allzu viel gesagt ist. Dabei muss man selbstverständlich berücksichtigen, dass die Frage, ob es neben einer spezifischen Thematik auch eine spezifische Poetik des Globalisierungszeitalters gibt, naturgemäß schwerer zu beantworten ist als die Frage nach der Präferenz für Themen, die weltweit unmittelbar verständlich erscheinen, oder für Themen, die aus der Besonderheit vermittlungsbedürftiger regionaler Verhältnisse hervorgehen. Prinzipiell pflegt der Leser ja eher und schärfer wahrzunehmen, von welchen Dingen etwa ein Roman handelt, als dass er sich der Kunstmittel bewusst würde, die ein Autor einsetzt, um seine Romanhandlung lesenswert zu machen, ihr einen erfreulich vertrauten oder verstörend neuartigen, evident fesselnden oder rätselhaft distanzierenden Charakter zu geben.

Nur recht kargen Aufschluss über eine eventuell globalisierungsbedingte Poetik erteilt trotz seines viel versprechenden Titels Jean Bessières Beitrag ›Interaction littéraire, pensée contemporaine de la littérature, globalisation. En passant par Daniele del Guidice [sic]‹ (125–146). Es ist das ein Aufsatz von quälender Länge, die umso erstickender wirkt, als Bessière mit einer merkwürdig idiosynkratisch verwendeten Terminologie hantiert, bei der nie recht klar wird, welchen genaueren Intentionen die wuchtige Begriffsmaschinerie, in der die gelegentlich disparat eingestreuten Autorennamen – „à la fois Calvino et Jabès, Borgès et Botho Strauss“ (36) – bloß wie Sand im Getriebe wirken, eigentlich dienen soll.[13]) Dagegen enthält

---

[13]) So habe ich auch nach längerer Meditation nicht ergründen können, was Bessière mit den Begriffen „globalisation“, „bain d'imaginaire“, „nécessité aveugle“ oder „sujet“ im Schilde führt, wenn er nach einem Hinweis auf die „circularité de la littérature“ befindet: „Il est aisé [!]

der schon anfangs erwähnte, im Ansatz prononciert literarhistorisch orientierte Aufsatz von Joel Black einige Indizien, welche zur Klärung der gegenwärtigen Lage von größerem Belang sind. Sein direktes Thema bildet die wechselnde Fortüne jener „secret histories" oder *„chroniques scandaleuses"*, die in England und Frankreich seit dem späten 17. Jahrhundert einst beträchtliche Popularität genossen, bevor sie angesichts des ›Rise of the Novel‹ (Ian Watt), das heißt: angesichts der – indes nur sehr allmählich erfolgten – Durchsetzung einer Romanpoetik von seriöserem Kunstanspruch, allgemeiner Geringschätzung verfielen. In der rezenten englisch-amerikanischen Literatur beobachtet Black nun eine geradezu triumphale Wiederkehr des vormals als ‚unseriös' verschmähten älteren Genres: „Where the novel, in its aspiration to become a form of *Weltliteratur*, once opposed itself to the secret history which it deemed a sub-literary form of gossip and scandal, in the contemporary globalized economy the novel's most exalted function is to become a kind of secret history in its own right" (92).

Im Zeitalter der medialen Massenkommunikation ereignet die Wiederkehr der „secret history" sich – wie Black formuliert – dank einem „rise of the news as a discourse" (88) und hat ihren evidenten Mittelpunkt in den Formen des vor allem in den USA enorm erfolgreichen „real-life novel" (91). Für ihn kann Black von Truman Capote über Norman Mailer oder Don DeLillo bis zu Thomas Pynchon eine Reihe eindrucksvoller Beispiele nennen, die ihm des Weiteren eine symptomatische Vorliebe für die gleichsam paranoide Suche nach geheimen Zusammenhängen verraten, also für ein „genre of paranoid history which discovers deep meaning in mere coincidence and which finds connections everywhere" (93f.).[14]) Die Wahrnehmung einer solchen Vorliebe koinzidiert mit Kerst Walstras Reflexionen über ›Die Verschwörungstheorie als Ordnungsprinzip im Informationszeitalter‹ (99–111): Betrachtungen, welche zwar kaum – und nicht einmal bei den Spekulationen zum Hintergrund des Kennedy-Mörders Lee Harvey Oswald – auf literari-

---

de marquer qu'une telle approche de la littérature fait définir la littérature à la fois comme l'*analogon* de la globalisation [...] et comme l'illustration du bain d'imaginaire. La littérature deviendrait ainsi l'expérience d'une manière de nécessité aveugle, que celle-ci soit lue dans la globalisation ou dans le bain d'imaginaire. Il n'est plus besoin de penser une littérature sans sujet, puisque le sujet fait l'expérience de cette nécessité aveugle. Il est encore utile de penser une littérature sans sujet, qui n'est que la caractérisation du défaut de praticabilité matérielle spécifique" (140).

[14]) Die Romane, mit denen Black dies Genre von Erzählungen über „hidden conspiracies of global dimensions with genealogies extending back centuries and even millennia" exemplifizieren möchte (vgl. 94), sind allerdings unglücklich gewählt. Weder Carlos Fuentes' ›Terra Nostra‹ noch „the novels [!] of Umberto Eco" *tout court* passen in die Kategorie, der von den Romanen Ecos ja allein ›Il pendolo di Foucault‹ entspricht, doch genau genommen nicht als Variante, sondern als pointierte Kritik des Schemas säkularer Konspirationen. Den Idealtyp einer „paranoid history", deren mutmaßliche Dauer mehrere Jahrhunderte umfasst, würde dagegen Pynchons hier nicht erwähnter Roman ›The Crying of Lot 49‹ präsentieren, welcher auch als – dann ideologiekritisch korrigierter – Prätext von Ecos ›Il pendolo di Foucault‹ eine wichtige Rolle spielt; vgl. dazu näherhin Ulrich Schulz-Buschhaus, Sam Spade im Reich des Okkulten. Umberto Ecos *Il pendolo di Foucault* und der Kriminalroman, in: Poetik und Geschichte. Viktor Zmegac zum 60. Geburtstag, Tübingen 1989, S. 486–504, bes. S. 495–501.

sche Materialien eingehen[15]), das Phänomen sonst aber vorzüglich umreißen und durch triftige Hypothesen erhellen. Dabei leuchtet ein, dass Verschwörungstheorien vor allem als Mittel fungieren, um die „Komplexität, Anonymität und Kontingenz" (103) gesellschaftlicher Prozesse, wie sie gegenwärtig ablaufen, zu kompensieren, was insbesondere bedeutet: sie mit einem personal zurechenbaren und narrativ organisierten Sinn zu versehen. „Sinnstiftung durch Narrativität" lautet daher die Formel, mit der Walstra die wesentliche Funktion von Theorien und Geschichten der Verschwörung beschreibt, und diese Formel wirkt umso plausibler, als sie die strukturelle Nähe der beliebten Konspirationsfantasien zu den ebenso beliebten literarischen Genera des Kriminalromans oder spezieller noch des Spionageromans offenbart.

Nimmt man Walstras und Blacks Befunde zusammen, so ergibt sich in ersten Umrissen ein recht deutliches Bild. Gefragt ist im Zeitalter der Globalisierung augenscheinlich eine Literatur von ausgeprägter Narrativität, und womöglich noch stärker erscheint das Verlangen nach Referentialität, einem engen Wirklichkeitsbezug, der immer dann am suggestivsten ausfällt, wenn er den Eindruck vermittelt, eine bislang verborgene, mit finsteren Absichten geheim gehaltene Realität freizulegen. Unverkennbar sind dabei die journalistischen, oft reportagehaften und investigativen Elemente, die am Bild dieser Poetik teilhaben. Wenn sie etwas zurückweisen oder zumindest marginalisieren, mag das bis zu einem gewissen Grad wohl auch die Komponente des Lokalen sein; als weit eklatanter erweist sich jedoch ein zweiter Gegensatz, den die von ihnen bestimmte Poetik markiert: der Gegensatz zu den Texten der modernen bzw. spät-modernen Avantgarde, für die – wie man weiß – nichts schändlicher war als die Erzeugung einer ‚illusion référentielle' oder die Architektur eines diegetisch in irgendeiner Weise abgerundeten Plot. Tatsächlich ist es eben die auf nicht-referentielle Selbstbezüglichkeit und eine konstante Sinnverweigerung dringende Kultur avantgardistischer Textualität, welche durch die spezifischen Kräfte der Globalisierung – zu unserem Bedauern oder zu unserer Erleichterung – drastischer als jedes andere poetologische Programm außer Kurs zu geraten droht (verspricht).

---

[15]) Hier hätte nahegelegen, auf Beispiele, die wie DeLillos ›Libra‹, Mailers ›Oswald's Tale: An American Mystery‹ oder – besonders symptomatisch – James Ellroys ›American Tabloid‹ die Kennedy-Ermordung behandeln, wenigstens hinzuweisen. Der einzige Roman, den Walstra als beispielhaft anführt, ist erneut Ecos ›Il pendolo di Foucault‹: ein Buch, durch das „gegenaufklärerische und antimoderne Tendenzen in unserer Gegenwartskultur [...] kritisiert" würden (vgl. 106). Die Formulierung dieser Charakteristik besagt nichts Falsches, bleibt indes mit dem Begriff „antimoderne[r] Tendenzen" einigermaßen oberflächlich, da sie an Ecos Kritik der „psicosi della somiglianza", welche in der Abhandlung ›The Limits of Interpretation‹ auch ein theoretisches Analogon hat, den Aspekt der Auseinandersetzung mit den keineswegs schlicht „antimoderne[n] Tendenzen" einer ‚wilden' poststrukturalistischen Hermeneutik übersieht. Von der „nevrosi dell'interpretazione" als dem „vero tema del romanzo" spricht Eco selbst in einem Interview mit THOMAS STAUDER; vgl. STAUDER, Un colloquio con Umberto Eco su *Il pendolo di Foucault*, in: Il lettore di provincia 75 (1989), S. 3–11, hier: S. 7.

Soweit ich sehe, wird dies Gegensatzverhältnis gerne ignoriert oder verdrängt, da in ihm zwei divergente Modernitäten gewissermaßen in Konkurrenz miteinander treten, was für Enthusiasten der Innovation stets etwas Missliches besitzt. Trotzdem wirkt die Opposition, die sich zwischen den Innovationen der avantgardistischen Poetik und den Innovationen des globalisierten Literaturbetriebs ausgebildet hat, so evident wie im Grunde unvermeidlich. Um das einzusehen, genügt es sich klarzumachen, worin spätestens seit Mallarmé das Telos des literarischen Avantgarde-Prinzips bestand. Es erschien in letzter Instanz als Verheißung einer – wie behauptet wurde – entscheidenden semiotischen Emanzipation: der Emanzipation des sprachlichen Zeichens und seiner eigentümlichen Materialität von dem Sinngehalt, der es in der üblichen kommunikativen Sprachverwendung gleichsam belastete, oder – linguistisch komprimiert nach Saussure ausgedrückt – in der Befreiung des ‚signifiant' von seinem ‚signifié' und erst recht von seinem ‚référent'. Für die Literatur entstand aus dem Emanzipationskonzept das Ideal von Texten, die sich in einem freien, das heißt: von Gattungs-, Sinn- und Realitätszwängen gelösten Spiel der reinen Signifikanz verwirklichten. Wie die Texte der Avantgarde diesem Ideal mit immer neuen Formen progressiv nahe zu kommen suchten, kann an der französischen Literatur, die hier gegenüber anderen Literaturen zweifellos den höchsten Grad von Radikalität erreicht hat[16]), exemplarisch studiert werden. Man denke dabei vor allem an den mitunter geradezu heroisch konsequent anmutenden Parcours, der auf dem Weg zur Autonomie der ‚écriture' vom *Nouveau Roman* über die *Tel-Quel*-Gruppe bis zu Jean Ricardou, dem in mancher Hinsicht vielleicht strengsten Theoretiker des Avantgarde-Prinzips, verläuft[17]). Von Ricardou stammt ja auch die wohl meistzitierte Formel, mit der sich dies Prinzip auf den Begriff bringen lässt: das Postulat nämlich, den traditionell romanesken „récit d'une aventure" in eine modern textuelle „aventure d'un récit" zu verwandeln[18]).

---

[16]) Wie Werner Helmich feststellt und moniert, verband sich diese Radikalität gleichzeitig mit einem durchaus „hegemonialen Anspruch", der im Fall der Pariser Avantgarde von einer „besonders selbstsicheren, theoriediktatorischen Moderne" ausging; vgl. Helmich, Paris–Marrakesch. Zum Romankonzept Juan Goytisolos nach *Señas de identidad,* und Diskussionsbeitrag, in: Schulz-Buschhaus und Stierle (Hrsgg.), Projekte (zit. Anm. 9), S. 103–130, hier: S. 130, und S. 407ff.

[17]) Zur Charakteristik und Analyse der wichtigsten Stationen dieses Parcours vgl. die kritisch perspektivierte, doch adäquat resümierende und überaus scharfsinnig argumentierende Darstellung von Klaus W. Hempfer, Poststrukturale Texttheorie und narrative Praxis. Tel Quel und die Konstitution eines Nouveau Nouveau Roman, München 1976.

[18]) Vgl. Jean Ricardou, Esquisse d'une théorie des générateurs, in: Positions et oppositions sur le roman contemporain, hrsg. von Michel Mansuy, Paris 1971, S. 143–150, hier: S. 143. Die wahrscheinlich frühste Version der von Ricardou häufig wiederholten Formel findet sich in dem Essayband ›Problèmes du nouveau roman‹, Paris 1967, S. 111, wo Ricardou konstatiert: „Ainsi un roman est-il pour nous moins *l'écriture d'une aventure que l'aventure d'une écriture*". Symptomatisch ist dort der Kontext einer Auseinandersetzung mit verschiedenen Interpretationen von Robbe-Grillets ›La Jalousie‹, denen Ricardou widerspricht, indem er die These vertritt, dieser Roman ersetze die „chronologie de la fiction" durch eine „chronologie [...] de la narration", auf deren rein textueller Ebene der Roman dann eine „course contre le sens" inszeniere (vgl. ebenda, S. 110).

Bei aller Anerkennung, die man dem Heroismus, mit dem der Progress einer strikt avantgardistischen ‚écriture' insbesondere von Ricardou betrieben wurde, zollen mag, ist indessen nicht zu übersehen, dass die stolze Fortschrittskonsequenz, die er verfolgt, gravierende Folgelasten gezeitigt hat. Sie manifestieren sich vor allem in einer Art kommunikativer Askese, welche die radikal selbstbezüglichen Texte üben. In dem Maße, in dem sie gegenüber der Referenzfunktion allein ihre Signifikanz bedenken, müssen sie ihr Kommunikationspotential zwangsläufig reduzieren und entziehen sich auf jeden Fall der Möglichkeit, übersetzt zu werden: Schließlich weiß man, dass nicht erst die Autonomie, sondern bereits jegliche Komplikation der Signifikantenebene eines Textes dessen Übersetzbarkeit schmerzlich einzuschränken vermag. Sobald die Globalisierung auch die Literatur erfasst und den eigenen homologisierenden Tendenzen anverwandelt, wird eben der Grad von Übersetzbarkeit, der ein literarisches Werk kennzeichnet, nun aber zum wesentlichen Kriterium für weltweiten Erfolg und – in der ökonomischen Logik der gleichen Globalisierung gesehen – auch für weltweites Prestige. Damit gewinnt die Disposition zur Übersetzung, die früher den Makel eines allzu transparenten Diskurses implizieren mochte, einen ganz neuen Rang. Dass sie einem Werk den Ehrentitel avantgardistischer Transgressivität entzieht, hat jetzt weniger Bedeutung als ihre Fähigkeit, Zugang zum internationalen Markt zu verschaffen. Übersetzbarkeit, die in Anbetracht der kulturellen Hierarchien dieses Markts in erster Linie stets Übersetzbarkeit ins Englische meint[19]), wird – wie mir scheint – schließlich auch von den Autoren als *conditio sine qua non* empfunden, wenn sie wünschen, nicht nur in Universitätsseminaren in Erscheinung zu treten, sondern Interesse und Respekt einer möglichst universalen, das heißt realiter zunächst einmal: einer globalen Leserschaft zu erringen.[20])

So erklären sich die poetologischen Konversionen, die avantgardistische Theoretiker der ‚opera aperta' und der sinndisseminierenden ‚productivité textuelle' wie Umberto Eco, Philippe Sollers oder Julia Kristeva zu einer späteren Praxis ausge-

---

[19]) Dass die Globalisierung als ihr spezifisches sprachliches Medium gerade das Englische privilegiert, betont Ulrich Ammon, Weltmacht Englisch?, in: Merkur 54 (2000), Heft 9/10, S. 867–877. Ammon sieht die wesentliche Basis für diese Suprematie in der „enorme[n] Wirtschaftskraft der Muttersprachler und Nicht-Muttersprachler des Englischen" (ebenda, S. 871) und spielt bezeichnenderweise mit dem Gedanken, das Englische angesichts seiner kaum noch bestrittenen Weltmachtposition (das Fragezeichen des Aufsatztitels hat wohl lediglich eine rhetorische Funktion) in „Globalisch" umzubenennen (vgl. ebenda, S. 875).

[20]) Dass der Publikumserfolg deklarierter Avantgarde-Texte sich in der Regel auf die literaturwissenschaftlichen Seminare beschränkt, zeigt exemplarisch etwa die karge öffentliche Rezeption des *Nouveau Nouveau Roman* im deutschen Sprachraum. Von ihr sind – man möchte fast sagen: selbstverständlich – Ricardou oder der frühe Sollers betroffen; doch blieb das Leser- und Verlagsinteresse schon bei den noch relativ leichter vermittelbaren ‚Klassikern' des *Nouveau Roman* ziemlich gering: Als Claude Simon 1985 den Nobelpreis erhielt, war von ihm bekanntlich „kein einziges Werk auf dem deutschen Markt greifbar"; vgl. Fritz Nies, *Von Westen kaum Neues?* Französische Romane der achtziger Jahre auf dem deutschen Buchmarkt der Gegenwart, in: Wolfgang Asholt (Hrsg.), Intertextualität und Subversivität. Studien zur Romanliteratur der achtziger Jahre in Frankreich, Heidelberg 1994, S. 29–38, hier: S. 32.

prägter oder wenigstens prinzipiell ermöglichter Lesbarkeit vollzogen haben[21]), wohl nicht zuletzt auch durch Suggestionen, welche von der Einsicht in die Dynamik der Globalisierung herrühren. Offenbar ist im Zeitalter globaler Kommunikation – meines Erachtens erstmalig – ein literarisches Bewusstsein entstanden, das die Qualität von Übersetzbarkeit nicht länger für ein bloß akzidentelles Geschick hält, das den Texten gewissermaßen im Nachhinein widerfährt. Vielmehr wird Übersetzbarkeit, wenngleich in Einzelfällen noch so widerstrebend, als eine fundamentale Komponente der Poetik angesehen, folglich als ein Moment, das bei der Textproduktion selbst zu bedenken ist, sei es im Sinn verständnisgarantierender Absicherung, sei es im Sinn riskanter Überschreitung[22]). Dass dem so ist, verrät im übrigen auch der Kanon von Autoren, denen der Sammelband eine spezifische Affinität zu den Kräften der Globalisierung unterstellt. Es sind das außer den von Black angeführten Verfassern nordamerikanischer „real-life novels" bei Schmitz-Emans etwa Calvino, bei Meter Andrea De Carlo oder Antonio Tabucchi[23]), bei Krysinski Umberto Eco, Mario Vargas Llosa, Gabriel García Márquez oder Salman Rushdie, und es dürfte bezeichnend sein, dass die Romane eben dieser Autoren gegen ihre Übersetzung nur verhältnismäßig geringen Widerstand leisten.

V.

Leider tut der Sammelband wenig, um die gerade skizzierte Problematik, die meines Erachtens bei der Frage nach den Aussichten von „Literatur im Zeitalter der Globalisierung" die zentrale ist, zu vertiefen. Eine Ausnahme bildet, wenn ich recht sehe, allein der Beitrag von Helmut Meter, der anlässlich der ‚giovani scrittori'

[21]) Vgl. zu ihnen SCHULZ-BUSCHHAUS, Funktionen des Kriminalromans (zit. Anm. 9), S. 336ff.

[22]) Sollte es bloßer Zufall sein, wenn ich bei der Arbeit an diesem Aufsatz auf ein aktuelles Interview mit dem englisch-japanischen Romancier Kazuo Ishiguro stoße, der – als ein literarischer „Global Player" angesprochen – zu seiner Schreibweise erklärt: „Sprachspiele unterlasse ich, weil ich weiß, nach der Übersetzung ist das weg. Und selbst im Englischen kann das passieren, wenn ich mich auf einen Reklameslogan beziehe, der Leuten in Minnesota nichts sagt."? Vgl. Die Zeit 38, 14. September 2000, S. 66.

[23]) Als ein epochal repräsentativer Autor wird Tabucchi auch von Calle-Gruber genannt, allerdings in einem poetologischen Zusammenhang, den ich für irreführend halte. Wenn Calle-Gruber Tabucchi „dans la lignée de Blanchot" situiert und annimmt, dass er eine „poétique d'illumination joycienne – et non moins rimbaldienne – comme clé épistomologique" verfolgt (vgl. 212), scheint sie nämlich allzu gläubig einer nicht uneitlen Selbststilisierung Tabucchis zu vertrauen, der als Literaturwissenschaftler ja genau weiß, welche Namen unter italienischen oder französischen Literaturwissenschaftlern zählen. Dagegen hebt Meter realistischer den „einfachen, aber wirkungsvollen Schematismus" von Tabucchis „kosmopolitischen Erzählräume[n]" hervor (vgl. 280), um aus ihm das kritische Fazit zu ziehen: „Tabucchis Konzept der existentiellen Ambiguität oder Mehrdeutigkeit manifestiert sich als kosmopolitische *monnaie courante*" (279). Dass Ähnliches für Tabucchis rezenteste Romanproduktion, die sich von den Poetiken Rimbauds, Joyces oder Blanchots denkbar weit entfernt, gilt, behauptet meine Analyse des 1997 veröffentlichten, entschieden ‚postavantgardistischen' Kriminalromans ›La testa perduta di Damasceno Monteiro‹; vgl. SCHULZ-BUSCHHAUS, Antonio Tabucchi: *La testa perduta di Damasceno Monteiro,* in: HANS FELTEN und DAVID NELTING (Hrsgg.), ...Una veritade ascosa sotto bella menzogna... Zur italienischen Erzählliteratur der Gegenwart, Frankfurt/M. u. a., S. 17–29.

Italiens mehrfach auf den Zusammenhang hinweist, der zwischen der Werbung um ein „in vieler Hinsicht globales Publikum" und der „Konzeption" eines Stilregisters von „leichter Übersetzbarkeit" besteht (vgl. 272). Dabei zeigt sich anhand der italienischen Literatur deutlicher als anderswo, dass es nicht erst einer radikalen Selbstreferentialität der ‚écriture' bedarf, um die Übersetzungs- und damit zugleich die Globalitätschancen bestimmter Texte zu schmälern. Schon wenn ein Text durch eine elaborierte interne Polyphonie verschiedener Sprachen und Dialekte geprägt ist, fällt es gemeinhin – pace Bachtin – schwer, die Faszination, welche er für einheimische Leser und Experten besitzen mag, mit funktionsäquivalenten Übersetzungen an ein Publikum, das des italienischen ‚plurilinguismo' unkundig ist, zu vermitteln. Das Œuvre des in Italien speziell von Philologen über alles geschätzten Carlo Emilio Gadda gibt für einen solchen Hiat, der zwischen dem Prestige, das die originalen Texte genießen, und der Gleichgültigkeit, der global dann die zwangsläufig inadäquaten Übersetzungen verfallen, entstehen kann, ein frappantes Beispiel ab, zu dem Meter mit Recht bemerkt: „Transnationale Breitenrezeption und nationale Bedeutsamkeit schließen einander nicht selten aus (271)[24]).

Deshalb habe ich meine Zweifel, ob die „Vielschichtigkeit" („molteplicità"), von der Calvino in einer seiner *Harvard Lectures* im Hinblick auf Gadda spricht, wirklich – wie Schmitz-Emans ebenfalls in Bezug auf Gadda postuliert – zu einem *proprium* der Globalisierung erhoben werden sollte[25]). Zumindest dann scheint Vielschichtigkeit mir nämlich nichts spezifisch Globales darzustellen, wenn man unter ihrem Begriff vorrangig auch das Phänomen eventueller Vielsprachigkeit zu verstehen gedenkt. Ein solches Verständnis resultiert natürlich vor allem aus der heute populär verbreiteten Rede vom ‚Multikulturalismus', der indes häufig mit der einfacheren Erscheinung einer Polyethnizität verwechselt wird, die sich – illusionslos gesehen – unter den Bedingungen einer hegemonialen Einheitskultur und Einheitssprache, wie sie in den USA gegeben sind (und in der alten Sowjetunion gegeben waren), vielleicht sogar problemloser behaupten kann als in Staaten, welche tatsächlich Situationen multikultureller und multilingualer Konkurrenz kennen. In Wahrheit spricht viel dafür, dass der Ausbau von Vielsprachigkeit nach der eingangs zitierten traurigen Prognose Auerbachs gerade nicht zu den charakte-

---

[24]) Zu dem tiefen Abstand, der aufgrund dieser Gegebenheiten etwa den in Italien gültigen und den im deutschen Sprachraum üblichen Kanon italienischer Literatur trennt, vgl. Schulz-Buschhaus, Übersetzung und Kanonbildung. Notizen zur deutschsprachigen Rezeption italienischer Literatur, in: Literaturwissenschaftliches Jahrbuch 37 (1996), S. 363–379; dort auch eine detailliertere textanalytische Erläuterung der Unübersetzbarkeit von Gaddas Roman ›Quer pasticciaccio brutto de via Merulana‹, welche – nebenbei gesagt – das von der bewusst freien, einbürgernden Übersetzung Toni Kienlechners trotzdem Geleistete durchaus würdigen möchte (vgl. ebenda, S. 376ff.).

[25]) Calvino selbst äußert sich diesbezüglich, wie er das Konzept „molteplicità" mit einem langen Zitat aus ›Quer pasticcaccio‹ einführt, ja auch zurückhaltender und differenzierter, indem er bemerkt, er habe das Exempel Gaddas unter anderem wegen dessen geringem Bekanntheitsgrad in den USA gewählt, das heißt: „perché si trat ta d'uno scrittore [...] relativamente poco conosciuto tra voi (anche per la sua particolare complessità stilistica, difficile anche in italiano)"; vgl. Italo Calvino, Saggi 1945–1985, Milano 1995, Bd. 1, S. 717.

ristischen Tendenzen des Globalisierungszeitalters gerechnet werden kann, sondern eher mit ebenso typisch alteuropäischen Traditionen zu tun hat. Jedenfalls ist bemerkenswert (und symptomatisch), wenn DIETER LAMPING in seinem informativen Bericht ›Zweisprachigkeit und Interkulturalität in der jüdischen Literatur. Zum Problem des ‚literarischen Internationalismus'‹ (247–258) überraschend nachdrücklich festhält: „Die Internationalisierung jüdischer Literatur verdankt sich nicht der Globalisierung, wie sie heute als Phänomen des ausgehenden 20. Jahrhunderts diskutiert wird" (255).

Dabei bleibt der Kultur globaler Kommunikation insbesondere jene Variante von Mehrsprachigkeit fremd, die über den individuellen Sprachwechsel hinaus Experimente textinterner Sprachmischungen unternimmt. Sie ist zum einen gewiss ein Merkmal der – wenn man so will – ‚klassischen' Moderne (alias „Modernism"), in dem sich neben Gadda etwa auch Joyce, T. S. Eliot oder Ezra Pound hervorgetan haben. Zum anderen kontinuiert sie mit neueren Ausprägungen die alteuropäischen Traditionen insofern, als sie sich als ein prononciert regionales – beispielsweise istrisches – Phänomen erweist.[26]) So bedeuten innertextuelle Sprachmischungen, ohne dass sich ihre Autoren dessen immer bewusst sein müssten, ein Element des Widerstands von ‚littératures mineures' (Deleuze) gegen den triumphalen literarischen Globalismus; denn der will ja ganz im Gegenteil auf die (wenigstens relative) Gleichförmigkeit einer einzigen sprachlichen Weltmacht hinaus und privilegiert, soweit es um ihm spezifisch zurechenbare Phänomene geht, Poetiken, die den Forderungen nach kommunikativer Geschwindigkeit und einer semantischen Transparenz, welche Übersetzbarkeit garantiert, genügen. Daneben dringt er mehr und mehr auf Qualitäten, die von der – paradoxal formuliert – herkömmlichen kunstautonomen Avantgarde perhorresziert wurden, allen voran auf Referentialität, Narrativität und eine Generizität, welche selbst die Wiederverwendung einst ästhetisch verbotener, da konventionell gewordener populärer Genera einschließt.[27])

---

[26]) Vgl. dazu JOHANN STRUTZ, Istrische Polyphonie – Regionale Mehrsprachigkeit und Literatur, in: J. STRUTZ und PETER V. ZIMA (Hrsgg.), Literarische Polyphonie. Übersetzung und Mehrsprachigkeit in der Literatur, Tübingen 1996, S. 207–226. Die Studie, die speziell vom „italienisch-kroatischen Interferenzbereich in Istrien" handelt, betrachtet das Phänomen als charakteristisch „für kleine Literaturen bzw. Literaturen nationaler Minderheiten oder plurikultureller Regionen" (ebenda, S. 209) und macht auf den interessanten Fall eines Sprachmischungsenthusiasten, des kroatischen Lyrikers und Essayisten Milan Rakovac, aufmerksam (vgl. ebenda, S. 215–221) .

[27]) Gemeint ist hier: „verboten" im Sinn von Adornos Begriff eines „Kanon[s] des Verbotenen". Am prägnantesten umrissen findet sich das für Adornos strenge Ästhetik konstitutive (und daher öfter präsentierte) Konzept in dem Aufsatz: THEODOR W. ADORNO, Thesen über Tradition, in: DERS., Ohne Leitbild. Parva Aesthetica, Frankfurt/M. 1967, S. 29–41, hier: S. 33. Den äußersten Gegenpol zu Adornos ästhetischer Strenge bei dem Umgang mit dem Trivialen würde etwa Leslie Fiedlers Aufruf zur Überschreitung kunstautonomer hin zu trivialen Gattungssphären bilden; vgl. unter anderem L. FIEDLER, Cross the Border – Close the Gap, in: Playboy (1969), S. 230–258, einen so berühmt wie folgenreich gewordenen Essay, bei dem schon der Publikationsort metonymisch für das Programm anti-kanonischer Grenzüberschreitung in den Bereich unterhaltsamer Popularität einsteht.

Nach meinem Dafürhalten hat diese Entwicklung – von ihrer aktuellen Unvermeidlichkeit abgesehen – außer den schlechten sicher auch einige gute Seiten. Die letzteren liegen aber zweifellos nicht im Kult der bloßen Schnelligkeit von Kommunikation, noch weniger in der damit verbundenen Beseitigung sprachlicher oder diskursiver Vielfalt: Erscheinungen, die – wie wir gesehen haben – auf prekäre Weise auch durch die überhastete, stellenweise brutale Redaktion unseres Sammelbands bezeugt werden. Ich habe deswegen auf ihren Defekten anfangs ein wenig indiskret insistiert, da sie als bezeichnende Indizien zu erkennen geben, dass der Sammelband die „Literatur im Zeitalter der Globalisierung“ nicht nur zum Thema hat, sondern in mancher Hinsicht leider auch beinahe idealtypisch repräsentiert.

AUSGESPROCHENE UNSAGBARKEIT

Barocke Preisgedichte auf schöne Augen, verfasst von Weckherlin und Zesen

Von Volker Klotz (Stuttgart)

Für Ulrich Schulz-Buschhaus*)

Vorbemerkung

Es geht um zwei Sonette mit scheinbar gleichem Thema aus der gleichen Epoche: um Weckherlins ›Von ihren überschönen augen‹ und Zesens ›Auf di Augen seiner Liben‹. Untersucht wird, wie die beiden Dichter lyrisch und rhetorisch ihr selbstgesetztes paradoxes Ziel erreichen: schlechterdings Unsagbares auszusprechen. Genauer, welche kühnen syntaktischen und metrischen Operationen sie vornehmen, um mit extremen Vergleichen ausgerechnet die unvergleichbare Einzigartigkeit eines buchstäblich allerschönsten Augenpaars heraufzubeschwören.

Zweimal ein poetisches Spiel mit der Quadratur des Kreises, das auch sonst in barocker Lyrik nicht selten ist. Bei dem älteren Weckherlin wie auch bei dem jüngeren Zesen kommt indes noch eine weitere vertrackte Drehung hinzu. Ausdrücklich reflektieren sie eben dieses Spiel im Hergang des eigenen Gedichts und polemisieren dagegen. Das geschieht mit so viel spitzfindiger Versakrobatik und so viel inständiger Emphase, dass wohl nicht allein den erfundenen Schönen die angedichteten Augen übergehen.

Der Aufsatz gehört in den Zusammenhang eines noch unfertigen Arbeitsprojekts *Zum Steckbrief von Lyrik*. An Beispielen aus vier Jahrhunderten geht es der Frage nach: worin besteht der rote Faden in lyrischen Gedichten; in Wortkunstwerken also, die weder szenisch vorgeführt noch episch erzählt werden? Wie äußert sich ihre thematische, syntaktische und rhythmische Folgerichtigkeit, unversetzbar und unumkehrbar, die wir Vers für Vers lesend verfolgen? – Unübliche Begriffe aus jenem Projekt werden hier in den Anmerkungen kurz erläutert.

Was Weckherlin und Zesen veranstalten, folgt bewährten Mustern barocker Lyrik, ob nun in Italien oder Spanien, ob in England oder Deutschland. Wer jene

*) Dass die Widmung alsbald zum Nach-Ruf werden würde, konnte ich nicht voraussehen. Damals, überm noch ungedruckten Typoskript, hat Freund USB sie fröhlich entgegengenommen.

Lyrik durchmustert, stößt immer wieder auf zwei bevorzugte Verfahren, wenn es gilt, weiblicher Schönheit zu huldigen. Entweder wählt der Dichter das Widerspiel von Division und Summation. Das heißt, er entwirft die reizvolle Gestalt: indem er sie, vom Haupthaar abwärts, in rühmenswerte Körperteile dividiert (namentlich Stirn, Augen, Ohren, Lippen und Busen, etwa so weit, wie ein Brustbild reicht in der Porträtmalerei); und indem er jedes dieser Körperteile bildhaft adelt durch einen erlesenen Vergleich; um schließlich aus all den prachtvollen Einzelheiten die Summa des prachtvollen Gesamteindrucks zu ziehen. Oder der Dichter wählt das Verfahren eines wohlerwogenen Pars pro toto. Das heißt, er greift ein einziges, besonders liebreizendes Körperteil heraus, das beispielhaft einsteht für das große Ganze der schönen Frau, um es in vielen Einzelzügen, ebenfalls durch erlesene Vergleiche geadelt, preisend zu besingen.

Weckherlin und Zesen halten sich ans zweite Verfahren, ans Pars pro toto, wenn sie alle Aufmerksamkeit auf die schönen Augen lenken. Sie tun das, um etwas anderes zu veranstalten als Liebespoesie. Etwas scheinbar Paradoxes: Gedichte, die vorgeben, schlechterdings Unsagbares auszusprechen. Strophe für Strophe, Vers für Vers, Metapher für Metapher reden sie von einem Gegenstand, hier den schönen Augen, der sich jedem Begriff entziehe. Sie reden von einem Gegenstand, der, wie sie zugleich beteuern, allzu einzigartig und außerordentlich sei, als dass alltägliche, ja sogar poetische Sprache ihn je erfassen könnte. Auf dieser paradoxen Behauptung beruhen und bestehen Gedichte wie ›Von ihren überschönen augen‹ und ›Auf di Augen seiner Liben‹.

Die Behauptung allerdings, so extrem sie sich gibt, ist nicht mehr, aber auch nicht weniger als eine Formel. Denn Weckherlins wie Zesens Gedichte bilden durchaus keine abartige Ausnahme. Ihre extreme Behauptung trifft sich mit der von ähnlichen Gedichten der gleichen Epoche. Wenn aber, was sie da behaupten, formelhaft verbreitet ist, widerlegen diese Dichter wissentlich nicht nur das einzigartig Außerordentliche, von dem sie reden. Sie widerlegen auch, ebenso wissentlich, die eigene Rede, die sich dafür so einzigartig stark macht. Dennoch können auch solche formelhaften Gedichte hohen Reiz und Rang gewinnen. Zumal dadurch, dass sie die Dichter zu verwegenen Sprachattacken des Übertrumpfens anspornen. Einander übertrumpfen sie, aber auch sich selbst, wenn sie jenes einzigartig Außerordentliche besonders exzentrisch versprachlichen; und wenn sie zugleich darauf aus sind, die Formelhaftigkeit ihres Treibens besonders exzentrisch zu vertuschen. Dadurch erweitern sie den Ausdrucksraum der Gedichte dermaßen, dass der rote Faden[1]) sich bis zum Zerreißen spannt.

Beide Gedichte, auf die jetzt einzugehen ist, sind Sonette. Und beide halten sich dabei an jenes Versmaß, das, aus Frankreich übernommen, auch für andere deutschsprachige Barocklyriker vorbildlich ist: an den sechsfüßigen Alexandriner. Dem maßgeblichen Paradox – Unsagbares auszusprechen – kommt diese Versform entgegen durch ihren scharfen Mittelscheitel. Er fördert die Kollision von plan-

[1]) Roter Faden: siehe S. 225.

vollen Widersprüchlichkeiten. Dabei ist freilich zu beachten, dass Weckherlin, im Unterschied zum jüngeren Zesen, wenig übrig hat für Martin Opitz' geschmeidigende Versreform. Er geht noch recht unbekümmert um mit dem Verhältnis zwischen Wortakzent und Versakzent. So kommt jedes laute Lesen an einigen Stellen unweigerlich ins Stolpern. Es wäre indes abwegig, solche Stolperstellen als gezielte rhythmische Querschläger aufzufassen und sie thematisch auszulegen. Weckherlin geht da nur archaisch unbekümmert zuwege.[2])

I.

Georg Rudolf Weckherlin

Von ihren überschönen augen.[3])

Ihr augen, die ihr mich mit einem blick und plitz
Scharpf oder süß nach lust könt strafen und belohnen;
O liebliches gestirn, Stern', deren liecht und hitz
Kan, züchtigend den stolz, der züchtigen verschonen:

Und ihr, der Lieb werckzeug, kundschaffter unsrer Witz,
Augbrawen, ja vilmehr triumfbogen, nein, Cronen,
Darunder lieb und zucht in überschönem sitz
Mit brauner klarheit schmuck erleuchtet, leuchtend wohnen!

Wer recht kan ewre form, farb, wesen, würckung, krafft,
Der kan der Engeln stand, schein, schönheit, thun und gehen,
Der kan der wahren lieb gewalt und aygenschafft,

Der Schönheit schönheit selbs, der seelen frewd und flehen,
Und der Glickseeligkeit und Tugenten freindschafft,
In Euch (der Natur kunst besehend) wol verstehen.

Schon zwischen Titel und Gedicht geht es los mit den Spannungen, die dieses spannungsvolle Sonett entfacht. Zwischen dem, was der Titel verspricht, und dem, was das Gedicht dann vollführt. Präpositional verspricht der Titel, es werde „von" Augen die Rede sein. Fast so, als stünde eine sachliche Abhandlung bevor. Doch das Gedicht vollführt dann, vorläufig, eine begeisterte Huldigung. Pronominal verspricht der Titel, im Abstand der dritten Person, es gehe um ihre Augen. Doch das Gedicht vollführt dann, abermals vorläufig, einen unmittelbaren Anruf, vis-à-vis, vom Ich an das Ihr und Euch der Augen, die somit einem Du gehören. Und attributiv verspricht der Titel, wenn er die Augen nur unbestimmt bestimmt als

---

[2]) Er sieht darauf, dass die Anzahl der Silben (alternierend 12 und 13) und die Anzahl der Hebungen (6) übereinstimmen. Für den Rhythmus kommen Syntax und Stilfiguren auf. Am drastischsten die Häufung in asyndetischer Reihe: „Wer récht kan éwre fórm, / fárb, wésen, würckung, kráfft ..." (Vers 9).

[3]) Georg Rudolf Weckerlins Gedichte, hrsg. von Hermann Fischer, Bd. 1. 2., 2. unveränd. Aufl. Hildesheim (Darmstadt) 1968, Bd. 1, S. 468.

„überschön“, einen Verzicht auf treffende Kennzeichnung. Doch das Gedicht vollführt dann, nochmals vorläufig, geradezu ein Übermaß an Kennzeichnung dessen, was es mit diesen Augen auf sich habe, und was sie ausrichten.

Das heißt, sobald der Titel abbricht, wechselt es fast ruckartig die Richtung, die Haltung und die Intensität des lyrischen Redens. Strikt ändern sie sich mit dem allerersten Wort, das die Augen dennoch anruft, geradezu *enface*: „*Ihr* augen ...“ Und wer noch bei diesem Klangstart des Anfangsverses den Wortlaut des Titels im Ohr hat, dem klingt auch die ungenannte Eignerin der Augen noch nach. Nicht grammatisch, aber eben lyrisch tönend setzt das „Ihr“ der zweiten Person („*Ihr* augen“), als müsste es so sein, jenes „ihren“ der dritten Person noch fort („Von *ihren* überschönen augen“). Spannungsvoll dringen so die gegenläufigen Impulse des Titels hinein in den Ablauf des Sonetts.

Schon im ersten Laut, den das eigentliche Gedicht von sich gibt, in jenem eröffnenden „Ihr“, markiert Weckherlin das lyrische Subjekt. Auf seltsam vertrackte Weise. Initiierend ergreift es nicht, sondern es erschleicht sich das Anfangswort. Keine erste Person meldet sich, die da „Ich“ oder „Mein“ oder „Mich“ sagt. Jedenfalls nicht unmittelbar. Mittelbar jedoch ist sie zur Stelle. Denn nur eine erste Person, ob Einzahl oder Mehrzahl, kann als Gegenüber ein „Ihr“ in die Welt rufen. Keine andere Person ist dazu imstande, poetisch so wenig wie grammatisch. Wieso und wozu aber meldet sich das lyrische Subjekt nur derart kleinlaut zu Wort?

Wer den ersten Vers weiterliest, kommt rasch darauf. Demut übt das lyrische Subjekt, um den angerufenen überschönen Augen den Vorrang einzuräumen. Ganz buchstäblich. Vor ihnen, denen zu huldigen ist, tritt der Huldiger zurück. Syntaktisch weicht er ins zweite Glied, in den nachgeordneten Nebensatz. Erst dort gibt er sich, jetzt unmittelbar, zu erkennen. Allerdings in gebeugtem persönlichem Fürwort: „Ihr augen, die ihr *mich* ... könt strafen und belohnen.“ Vordergründig betrachtet, scheint solche Selbstbescheidung des lyrischen Subjekts lediglich die gebührende Untertänigkeit dessen, der eine wunderschöne Frau anbetend in den Himmel hebt. Doch es steckt dahinter noch etwas mehr. Die Demut gehört zur Taktik: um eben jener grundsätzlichen Paradoxie Herr zu werden, der sich das Gedicht verschrieben hat. Es soll ja scheinbar Unaussprechliches zur Sprache bringen. Und das wäre, ernst genommen, eine poetische Quadratur des Kreises.

Taktisch also spielt das lyrische Subjekt die eigene Machtvollkommenheit herunter. Um abzulenken von sich selber als der Instanz, die jene schier unbewältigbare Aufgabe zu meistern hat, macht es sich klein. Dabei ergaukelt es – im ersten Quartett – geradezu einen Rollentausch. Das lyrische Subjekt höchstselbst schlüpft in die Rolle eines Objekts, das nichts zu vollbringen hat, das nur demutsvoll zu erleiden hat: „... mich ... könt strafen und belohnen.“ Und umgekehrt befördert es das Objekt seiner Huldigung, die überschönen Augen, zum maßgeblichen Subjekt. Zur Vormacht, von der alle Initiative und Wirksamkeit ausgeht.

Sogar die Art dieser Initiative und Wirksamkeit kommt dem taktischen Rollentausch zugute. Gleicht sie doch dem allmächtigen Walten, das in Gedichten sonst gerade nicht von den angerufenen Erscheinungen ausgeht, ob von Dingen oder

Personen oder Vorkommnissen, vielmehr einzig vom anrufenden lyrischen Subjekt. Man höre:

Ihr augen, die ihr mich mit einem blick und plitz
Scharpf oder süß nach lust könt strafen und belohnen;
O liebliches gestirn, Stern', deren liecht und hitz
Kan, züchtigend den stolz, der züchtigen verschonen:

Also nicht nur strafen und belohnen können die überschönen Augen; und zwar „nach lust", wie es gerade ihrer willkürlichen Laune beliebt. Sie können auch, vollends wie ein Alleinherrscher, begnadigend „verschonen". Andrerseits können sie jedweden züchtigen, der sich anmaßt, solcher Souveränität seinerseits mit ungebührlichem „stolz" entgegenzutreten. Aber auch die erhabenen Vergleichspartner, die diese erste Strophe den überschönen Augen zugesellt, sind solche, wie sie sonst fast nur zur höheren Ehre von höchsten Herrschaften aufgeboten werden: der „plitz", der unberechenbar, wie jener des Obergottes Jupiter, aus heiterem Himmel niederfahren kann; das „liecht" der Gestirne, das jeden Glanz hienieden überstrahlt.

Weckherlins kompositorischer Einfallsreichtum lässt sich schon an seiner ersten Strophe ermessen. Er macht sie zu einem Musterbeispiel lyrischer Eröffnung: für ein Gedicht überhaupt, für ein Gedicht in Sonettform, und erst recht für dieses ganz bestimmte Sonett mit seiner maßlosen Thematik und seinem kühnen Gesamtgefüge. Vielfältig exponiert die Strophe, was ihr folgen soll. Vor allem entwirft sie den lyrischen Gegenstand, die überschönen Augen. Auf und herbei gerufen werden sie im reichen Ornat ihrer majestätischen Macht. Zugleich, begreiflicherweise minder auffällig, umreißt die Eröffnungsstrophe den listenreichen Spielraum des lyrischen Subjekts. Und darin zumal dessen besondere Taktik, sich selber als Veranstalter des gewaltigen Unternehmens sorgsam zu tarnen. Ferner ergaukelt diese Strophe, indem sie eins aufs andere spannungsvoll bezieht, den Rollentausch zwischen lyrischem Subjekt und dem, was es zu seinem lyrischen Objekt auserkoren hat. Somit formuliert sie auch noch die herkulische Aufgabe, die das Gedicht sich selber stellt: der Über-Schönheit jener Augen, die eigentlich eine Über-Sprache erheischt, in fasslichen Worten beizukommen.

Diese dominante Aufgabe macht sich hier bereits geltend. Sie steigert noch die schon vorhandenen Spannungen der Eröffnungsstrophe. Eine eigenartige Schubkraft erzeugt sie, die den roten Faden des Gedichts merklich fördert. Energisch drängt sie auf das Kommende hin. Dabei ähnelt sie dem, was bei Tätigkeitswörtern Gerundivum heißt. Es drückt gemeinhin aus, dass etwas ansteht, das unweigerlich zu vollbringen ist. Auch darauf also leitet die erste Strophe die Leser schon hin. Sie stößt uns auf eine quasi gerundivische Spannung, die dann in den weiteren Strophen, wie auch immer, sich wird lösen müssen. Durch Satzzeichen schärft sie es ein, aber auch durch die besondere Reimordnung.

Durch Satzzeichen: die Strophe endet – oder endet gerade nicht – mit keinem Punkt, vielmehr mit einem Doppelpunkt. Er schließt nicht ab. Er kündigt etwas an, das bevorsteht. Und die Reimordnung bekräftigt diesen Eindruck. Sie weicht ab vom herkömmlichen Schema des Sonetts, dem Weckherlin in vielen andern Gedichten sonst folgt. Hier aber meidet er den umarmenden Reim *a b b a*, der jedes Quartett scharf als Einheit umgrenzt. Weckherlin ersetzt ihn durch alternierenden Reim *a b a b*, der, grenzüberschreitend, das erste Quartett fortlaufen lässt in das nächste. Auch insofern zeigt schon die Eröffnungsstrophe eine Grundtendenz an, die sich im ganzen Gedicht behaupten wird: hinauszudrängen über das Vorgegebene des geläufigen Satzbaus. Über das Vorgegebene einer streng einheitlichen Rhetorik und Stilistik. Und, nicht zuletzt, über das Vorgegebene dessen, was überhaupt als aussprechbar zu gelten hätte.

Wie sich der Dichter hinwegsetzt über eine streng einheitliche Rhetorik und Stilistik, offenbart abrupt die zweite Strophe. Zwar folgt sie schlüssig der ersten, indem sie deren Anrufung der überschönen Augen nun erweitert um die Anrufung der überschönen Augenbrauen. Abermals in zweiter Person: „Und ihr ... Augbrawen ...“ Doch die Redeweise des lyrischen Subjekts ändert sich merklich. Und damit ändert sich seine verlautbarte Sicht auf das lyrische Objekt. Was hier anders geworden ist, zeigt sich vor allem in der Art, auch im Bau und in der Satzstellung der Metaphern:

Und ihr, der Lieb werckzeug, kundschaffter unsrer Witz,
Augbrawen, ja vilmehr triumfbogen, nein, Cronen,
Darunder lieb und zucht in überschönem sitz
Mit brauner klarheit schmuck erleuchtet, leuchtend wohnen!

Wuchtig zieht Weckherlin hier nun die Register manieristischen Stils, der seinerzeit, Petrarca noch übertrumpfend, von Italien (Marino) und Spanien (Gongora) bis England (Donne) den Ton angibt, wie erlauchte Lyrik anzustimmen sei. In Satzbau und semantischer Sprachbildnerei, aber auch klanglich und rhythmisch: als poetischer Einspruch gegen die schlichte Regel der Geometrie, engste Verbindung zwischen zwei Punkten sei die Gerade. Stattdessen herrscht, ausgetüftelt, die Ungerade. Hier sind – lesend, sprechend, hörend – lauter verschlungene Wege zu gehen, um vom einen zum andern Punkt zu gelangen, obwohl sie doch auf knappstem Raum zusammengerückt sind. Vor allem in der international geschätzten sinnbilderfreudigen Genitivmetaphorik.

Übers Scharnier des engsten grammatischen Casus verklinkt sie Abstraktes mit Handgreiflichem: „der Lieb werckzeug“ und „kundschaffter unsrer Witz“, beides den Augenbrauen angedichtet. Streng beim Wort genommen, ist es also nicht das sichtbare Antlitz, dem überm Augenpaar die Brauen gehören. Vielmehr der Liebe gehören sie, einer unsichtbaren Leidenschaft. Sie gebietet über die Augenbrauen und setzt sie ein als „werckzeug“, um sich, die Liebe, zu offenbaren. Wie sie das tut, geht aus der zweiten, der ergänzenden und erläuternden Genitivmetapher hervor. „kundschaffter unsrer Witz“ sind die Augenbrauen. Nicht nur sprachgeschichtlich will solche Formulierung aus dem Wortgebrauch des siebzehnten Jahrhunderts in den unsrigen übersetzt sein. Denn sie besagt weit mehr, als die drei Wörter beim ersten Hinhören zu besagen scheinen.

Wenn die Augenbrauen tätig werden als „kundschaffter unsrer Witz“, dann bekunden sie und sie erkunden zugleich, beides in Tateinheit, das, was Weckherlin seinerzeit nicht „den Witz“, sondern noch feminin „die Witz“ nennt. Und das bedeutet: gewitzter Verstand, angespannte Geistesgegenwart. Wenn nun also jene Brauen sich regen, wenn sie sich bedeutsam heben oder senken oder zusammenziehen, dann geht ihre stumme Auskunft zugleich in zwei Richtungen, nach außen wie nach innen. Kundschaftend wollen sie etwas wissen vom Gegenüber, und zugleich wollen sie eben diesem Gegenüber etwas zu wissen geben. Ihren eigenen Ausdruck von Witz zeigen sie an, wenn sie und indem sie den nämlichen Ausdruck ablesen am Gesicht des Partners vis-à-vis. Denn der Witz, so heißt es, ist „unsrer“, mithin jedem gewitzten Menschen zu Eigen. Nur so kann der Witz sich unmissverständlich mitteilen. Sogar sprachlos: im sprechenden Mienenspiel.

Erstaunlich viel also verdichtet diese manieristische Metaphorik. Damit aber entfernt sie sich, so einzigartig sie sich gibt, vom vorgeblich einzigartigen Gegenstand des Gedichts. Dass Weckherlin sie nirgends so pointiert einsetzt wie gerade hier, zu Beginn der zweiten Strophe, scheint mir besonders aufschlussreich. Nicht nur für diese Stelle, erst recht für den gesamten Hergang des Gedichts. Denn hier löscht die manieristische Metaphorik ein für alle Mal den Verdacht auf einen persönlichen Bezug. Nichts bleibt vom einmaligen Kontakt der Fürwörter, wie ihn das lyrische Subjekt in der ersten Strophe angebahnt hatte hin zur Eignerin der überschönen Augen: „die *ihr mich* …“ Aufgegangen ist das Ich in „unsrer“ Witz. Endgültig, das besiegeln die weiteren Strophen, lässt es das anfänglich intime Widerspiel hinter sich. Es verabschiedet das scheinbar inständige Treffen von Angesicht zu Angesicht: zwischen einem, der da allein für sich zu ihren Augen spricht, und einer, deren Augen wortlos zu ihm allein sprechen – woraufhin er allein für sie und sich die (vorgeblich) unzureichenden Worte aufzubringen hat.

Jener scheinbar intime Schauplatz der ersten Strophe erweitert sich jetzt ganz entschieden zu einem öffentlichen. Hier spricht das lyrische Subjekt, pronominal nun vollends verschwunden, nicht länger mehr in eigener Angelegenheit. Stellvertretend spricht es für alle, die derart überschönen Augen begegnen. Nicht unbedingt nur diesen einmaligen, einzigartigen Augen, sondern solchen wie diesen. Ein merkwürdiger lyrischer Schauplatzwechsel. Was sich hier auftut, wirkt wie ein feudal großartiger Repräsentationsraum. Die folgenden Metaphern machen ihn dazu. Aus der ersten Strophe greifen sie das Motiv vom herrschenden, herrschaftlichen Blick auf. Doch jetzt verfestigt sich, was dort noch bewegliches „liecht“ und beweglicher „plitz“ war, zu hoheitlicher Architektur und Insigne. Die Brauen, so heißt es, sind „triumfbogen“, sie sind „Cronen“. Nicht genug damit. Die Metaphern übertrumpfen einander. Sie wetteifern, welche denn genauer trifft. Fast wie beim fürstlichen Turnier stechen sie einander aus, bis eine auf der Strecke bleibt: „triumfbogen, *nein*, Cronen.“ Und letztere, die schließlich obsiegende Insigne, sie krönt nun ein ebenso erhebliches wie unanschauliches Tableau. Ein vielfach bedeutungspralles Bild, dem das Sinnbild schlichtweg die Schau gestohlen hat.

Ausgerechnet den überschönen Augen huldigt es, jenem Organ, das zum Schauen da ist, zum Sehen und Gesehenwerden.

> [...] nein, Cronen,
> Darunder lieb und zucht in überschönem sitz
> Mit brauner klarheit schmuck erleuchtet, leuchtend wohnen!

Restlos hat sich verflüchtigt, was sinnlich wahrzunehmen wäre von und an den überschönen Augen. Sogar ihre natürliche Farbe wird gründlich entfärbt in einer geschraubten Genitivmetapher, die sich jedem koloristischen Eindruck entzieht: „mit *brauner* klarheit schmuck." Vom ursprünglichen Gegenstand bleibt einzig die Zwillingsform des Augen-Paars. Doch auch sie nur deswegen, um daraus farblose, ganz und gar innerliche Zwillingswerte sprechen zu lassen: „lieb und zucht". Selbst ihre eigentliche, von vornherein gepriesene, aber alles und nichts sagende Qualität – dass sie „überschön" sind – sinkt ab zum untergeordneten „überschöne[n] Sitz", zur schieren Wohnstatt für eben jene moralischen Größen der Lieb und der Zucht.

Trotzdem erstarrt dieses entsinnlichte Tableau keineswegs zu einer leblosen Nature morte der Abstraktionen. Weckherlins rhetorische und rhythmische Schwungkraft bringt Leben hinein, dank einer ebenso schwungkräftigen Syntax. Sie wirbelt all die unkonkreten Bestandteile des Tableaus aus ihrer begrifflichen Ruhelage. Wer die zweite Strophe wieder und wieder laut liest, wird diese Schwingungen nicht überhören. Rhythmus wirkt da ein auf Stilfiguren und umgekehrt, angekurbelt schon durch den Doppelpunkt am Pseudo-Ende der vorangegangenen ersten Strophe:

> [...]
> Kán, *züchtigend* den stólz, / der *züchtigen* verschónen:
>
> Und íhr, der Líeb wérckzeug, / kúndschaffter unsrer Wítz,
> Aúgbrawen, já vilméhr / triúmfbogen, neín, Crónen,
> Darúnder líeb und zúcht / in überschönem sítz
> Mit bráuner klárheit schmúck / *erléuchtet, léuchtend* wóhnen!

Vielerlei Schwingungsimpulse habe ich hier markiert. Teils sind es eher rhythmische, teils eher rhetorische und semantische. Erstens die alexandrinischen Mittelscheitel jeder Zeile: sie bremsen den Versfluss ab, um Gegensätze oder Berichtigungen oder Steigerungen desto heftiger aufprallen zu lassen. Zweitens die Betonungen, die das unterschiedliche Bedeutungsgewicht der Worte hervorheben: sie widerstreben dem Gleichmaß der Alexandriner, um unstete Motorik zu erzeugen durch allzu enge und gleich drauf allzu weite Abstände zwischen den Hebungen. Man ermesse und vergleiche nur, im nämlichen Vers, „der Líeb wérckzeug, kúndschaffter unsrer Wítz".

Drittens, markiert vom Strich mit Häkchen, die überspreizte Wortfolge: zwischengekeilte Satzglieder zertrennen zusammengehörige Einheiten, um die Spannung zu steigern auf den unabsehbaren Fortgang von Satz und Vers. Dass „Und ihr" die Augenbrauen sind, die hier aufgerufen werden, zeigt sich erst im folgenden Vers, nachdem wir die manieristischen Genitivmetaphern entschlüsselt haben, die eben diese Augenbrauen im Vorhinein umschreiben sollen. Und die Satzaussage, was „lieb und zucht“ denn wohl tun oder erleiden, sie zeigt sich gar erst am Schluss des folgenden Verses, hinausgezögert durch mehrere Umstandsbestimmungen.

Schließlich viertens, kursiv markiert, fällt jene Redefigur auf, die in den Rhetoriken Polyptoton heißt. Nachdrücklich bringt jedes Polyptoton den gleichen Wortstamm unterschiedlicher Wörter, Wortklassen und Flexionen zur Geltung. Wozu? Um ebenfalls eine Spannung zu überspannen, hier die Vielfalt von Bedeutungen, die aus dem einen Wortstamm hervorgehen. Schon den letzten Vers der Anfangsstrophe hat diese Redefigur deutlich geprägt. Dabei hat sie ihn, gemeinsam mit dem Doppelpunkt, zur Schwelle gemacht für die kommende Strophe:

Kan, *züchtigend* den stolz, der *züchtigen*[4]) verschonen:

Hier geht das Polyptoton aus vom Wortstamm ‚Zucht‘. Schroffe Gegensätze gewinnt es ihm ab, um sie im Satz- und Versbau gewaltsam zu komprimieren. Heftige Tätigkeit (züchtigen) stemmt sich gegen sanfte Eigenschaft (züchtig), peinvolle gegen linde Behandlung. Beides, so heißt es, kann der herrschaftliche Ausdruck der überschönen Augen vollbringen. Einerseits kann er den Stolz züchtigen, ihn strafend in Zucht nehmen. Andrerseits kann er all jene verschonen, die züchtig sind, die sich selber schon in Zucht genommen haben.

Wie die erste gibt auch die zweite Strophe just ihrem letzten Vers ein besonderes Gepräge durchs Polyptoton. Und damit besiegelt sie zugleich für das ganze Sonett den Abschluss der Quartett-Phase. Hier freilich, im Sog der schon beschriebenen manieristischen Metaphorik, die alle äußere Anschaulichkeit des bewunderten Augenpaars opfert zur höheren Ehre solch blasser Begriffe wie Lieb schlechthin und Zucht schlechthin, hier verliert auch das Polyptoton viel von seiner sonst so sinnfälligen Evidenz. Welchem Bewunderer, so fragt man sich, gingen denn seinerseits die Augen über: angesichts einer Helligkeit, welche der durchgeistigten Lieb und Zucht entströmt, wenn und wo immer sie „Mit brauner klarheit schmuck *erleuchtet, leuchtend* wohnen“? Dennoch ist damit das Polyptoton durchaus nicht entkräftet. So viel es verliert von seiner sinnfälligen Evidenz, so wenig verliert es von der Spannung dessen, was es sprachlich umspannt. Restlos erloschen ist zwar das sichtbare Augenlicht der ersten Strophe, samt „blick“ und „plitz“ und „hitz“. Nicht erloschen ist dagegen die Spannkraft jener verbohrten Wortwörtlichkeitswut, die heftig aus jedem Polyptoton spricht.

So auch hier. „erleuchtet, leuchtend“: sogar räumlich im Vers treffen zwei gegenläufige Äußerungen unmittelbar aufeinander, deren Widerstreit sich nur halbwegs harmonisiert im gleichen Wortstamm und Klang. Obwohl inhaltlich und im Satzraum engstens benachbart, stoßen sie einander doch ab. Ihre poetisch herbeigeführte Nachbarschaft erzeugt, so will es scheinen, logischen Aberwitz: im Aufprall zweier Flexionsformen und Aktionsarten des nämlichen Grundverbs, die sich solchermaßen schwerlich vertragen. Inwiefern? Das macht sich sogleich be-

[4]) Weckherlin wählt hier noch den Genitiv – „der Züchtigen“ –, statt des später üblichen Akkusativs: jemanden, also ‚die Züchtigen verschonen‘.

merkbar, wenn man diese winzige Stelle mikroskopisch beäugt – und dabei so etwas entdeckt wie einen märchenhaften Wunderreichtum von zusammenstrebenden und zugleich auseinander strebenden Impulsen. Abermals kann man dabei nur staunen über Weckherlins keineswegs leichtfertig tändelnde, sondern ernsthaft bedachte Wortspielkunst. Selbst im noch so kleinen Detail, in eben diesem Polyptoton, bringt er es hin, den großen programmatischen Anspruch seines Gedichts anzuspielen und engzuführen: jene durchgängige Widersinnigkeit, die behauptet, hier werde Unsagbares ausgesprochen.

„erleuchtet, leuchtend": das passiv vergangene Partizip, ausgerechnet, lädt das aktiv gegenwärtige Partizip auf mit strahlender Energie. Mehr noch. Der inchoative Vorgang – *er*leuchten –, also einer, der erst dazu ansetzt etwas zu vollbringen, hat sein Ziel bereits erreicht. Den andern Vorgang, dass da etwas leuchtet, den hat er schon erwirkt. Doch es ist, wie jedes Leuchten, ein intransitiver Vorgang. Er hat kein Objekt. Wenn denn Lieb und Zucht hier leuchtend wohnen, so behalten sie ihre Leuchtkraft für sich. Sie zielt auf nichts anderes. Also auch nicht auf den Bewunderer der überschönen Augen, der davon irgend angestrahlt und erhellt würde.

So weit die beiden Quartette, die den ersten Teil des Gedichts ausmachen. Der Schluss-Punkt, den sie setzen, ist mehr als nur dies. Er ist ein Ausrufezeichen, das einzige im ganzen Gedicht. Es bekräftigt, dass die eigentliche Anrufung, die bisher die Haltung des lyrischen Subjekts bestimmt hat, endgültig abgeschlossen ist. Ziehen wir eine kurze Bilanz aus dieser ersten Hälfte des Gedichts. Zu beobachten war, wie das lyrische Subjekt erst die Augen, dann die Augenbrauen unmittelbar anruft – als ein Gegenüber, wenn auch metaphorisch gebrochen. Gleich mit dem ersten Takt sowohl des ersten wie des zweiten Quartetts gibt sich die Anrufung ausdrücklich zu erkennen: *Ihr* augen ... Und *ihr* ... Augbrawen. Dabei entwickelt das Gedicht seinen roten Faden nicht nur im Wechsel des Zielpunkts, also erst die Augen, dann die Brauen. Es entwickelt ihn auch im Wechsel der Redeweise. Zumal die geschraubten Genitivmetaphern und andere vertrackte Stilfiguren entmachten die überschönen Augen mehr und mehr. Sie verdrängen sie aus dem Status eines anschaubaren, also auch direkt anrufbaren Gegenübers, das ebenso einzigartig wie augenblicklich hier und jetzt zugegen wäre.

Worauf diese Prozedur schließlich hinausläuft, das führen nun die folgenden Terzette vor. Hier gibt es keinen Partner mehr, auf den eine Anrufung abzielen würde. Nur noch von „ewre" und „Euch" ist die Rede. Ohne Differenzierung, ob diese Mehrzahl eigentlich die Augen oder die Brauen oder ob sie beides meint. Denn es kommt jetzt auf anderes an als auf noch so unübertreffliche Besonderheiten. Alle beide, lyrisches Subjekt wie lyrisches Objekt, erscheinen nunmehr auf einer erhabenen Empore. Hoch ragt sie über jedem hörbaren und sichtbaren Verkehr persönlicher Anrufungen oder gar Zwiegespräche. Dort oben lässt das lyrische Subjekt an seiner Statt eine andere Beurteilungsinstanz amtieren, das allgemeine „Wer". Ihr ordnet es sich, selbstlos geworden, ein. Unrührbar geht diese Instanz vor, ohne alle Leidenschaft. Sie denkt nur nach, folgert und zieht letzte

Schlüsse. So bringt sie die überschönen Augen, als unverwechselbare, einzigartige Erscheinung, zum Verschwinden, indem sie ihnen kategorial auf den Grund geht. Sie fragt nach „form, farb, wesen, würckung, krafft". Für eine solche neutrale Urteilsinstanz, ohne Namen und Gesicht, hält die deutsche Sprache ein geeignetes Satzgebäude bereit. Es scheint wie gemacht für sie: das Satzgebäude, „Wer ..., der ...". Denn man kann sich darin rastlos tätig entfalten, ohne persönlich Farbe zu bekennen. Laut Weckherlin: „Wer recht kan ewre form, farb ..., Der kan ... der Engeln stand ... wol verstehen." Jenes namenlose „Wer", so suggeriert die Satzkonstruktion, die es trägt, waltet irrtumsfrei und verbindlich. Es ist mehr als ein willkürliches Einzelsubjekt. Verallgemeinert zu einem ‚Wer auch immer' oder ‚Jeglicher' waltet es unterm Joch einer quasi zwangsläufigen syntaktischen Folgerichtigkeit: Wer A vollführt, wird demnach auch B vollführen müssen oder doch können.

Dieses Satzgebäude muss hier nun für alles Weitere poetisch einstehen. Weckherlin baut es aus in gewaltigen Überdimensionen, ohne Rücksicht auf Statik und festes Fundament. Dienen soll es scheinbar nur als idealer Spielraum für jene alles abwägende, zu letztem und höchstem Fazit gelangende Urteilsinstanz. Tatsächlich dient es als idealer Spielraum für das eigene paradoxe Unternehmen des Dichters: Unsagbares auszusprechen; Einmaliges in begreifliche, also doch mehrmalige Worte zu fassen. Eine gigantomanische Satzkonstruktion, die ihresgleichen sucht in der Lyrik, muss dafür aufkommen. Nicht einen, zwei oder drei Verse umspannt sie. Sie umspannt voll und ganz die noch ausstehenden beiden Strophen des Sonetts und findet selbst im letzten Wort syntaktisch noch kein Ende:

Wer recht kan ewre form, farb, wesen, würckung, krafft,
  Der kan der Engeln stand, schein, schönheit, thun und gehen,
  Der kan der wahren lieb gewalt und aygenschafft,

Der Schönheit schönheit selbs, der seelen frewd und flehen,
  Und der Glickseeligkeit und Tugenten freindschafft,
  In Euch (der Natur kunst besehend) wol verstehen.

Wer *A* ..., der *B* ... und demnach auch *C* und *D* und *E*. Diese absonderliche Satzkonstruktion beschwingt den eher schwerfälligen Gedankengang, der die beiden letzten Strophen durchmisst. Zugleich steht und fällt mit ihr die absonderliche Gesamtkonstruktion des Gedichts. Dorthin spannt sich sein roter Faden. Dass und wieso er nicht zerreißt, ist verwunderlich. Denn diese Satzkonstruktion, obwohl sie so überladen und überdehnt erscheint, mithin prallste Vollständigkeit suggeriert, bildet durchaus kein schlüssiges Ganzes. Als verwegene Ellipse stellt sie sich dar, als lückenklaffendes Fragment. So müsste sie eigentlich, zumindest syntaktisch, den roten Faden zerfetzen. Wie Weckherlin ihn dennoch fortspinnt, wird sich zeigen, sobald wir die Satzkonstruktion näher betrachten. Leichter durchschauen lässt sie sich jedoch, wenn wir zuvor auf die Worte eingehen, die sie zusammenfügt. Semantisch und rhetorisch, klanglich und rhythmisch.

„form, farb, wesen, würckung, krafft." Das ist eine asyndetische, eine unverbundene Reihe, die ohne puffernde Kopplungen wie „und" lauter einzelne Worte aufeinander prallen lässt, gleichrangig und gleichgewichtig. Grundkategorien fächert sie auf, nach denen die zuvor als unvergleichlich angerufenen Augen nun doch auf einen allgemeinen, also vergleichbaren Nenner zu bringen sind. Obwohl unverbunden, ist die Reihe nicht kunterbunt, sondern sinnvoll geordnet. Ausgehend von sichtbaren und zugleich statischen Eigenschaften, von „form“ und „farb“, schreitet sie vorwärts zum dynamischen Vermögen, zu „würckung“ und „krafft“, die jene Augen ausüben. Genau in die Mitte ihrer fünf Begriffe rückt sie dabei jenen, der unsichtbar das Zentrum beansprucht: das „wesen“, das sich gleichermaßen in form und farb wie in würckung und krafft der Augen offenbart. Stabreim (F/F, W/W), aber auch der rhythmische Takt der Silbenzahl (1-1-2-2-1) verleihen der Reihe den Anschein, sie sei harmonisch und folgerichtig.

Diesen fünf Eigenschaften der Augen, so versichert der nächste Vers, entsprechen fünf ebenso kategoriale Eigenschaften der Engel: „stand, schein, schönheit, thun und gehen.“ Auch diese Reihe schreitet vorwärts von sichtbarer Statik, vom Stand und Schein der Engel, hin zu ihrer dynamischen Regsamkeit, zum Tun und Gehen. Und auch hier suggerieren Stabreim und rhythmische Abfolge, die Reihe sei schlüssig, weil harmonisch, und sie sei harmonisch, weil schlüssig. Wer genauer hinsieht und hinhört, stößt jedoch auf eine – logische – Dissonanz zwischen den beiden Reihen. Sie äußert sich in einem bemerkenswerten Chiasmus. Obwohl Weckherlin die überschönen Augen mit den überschönen Engeln vergleicht; und obwohl sein poetisches Vergleichen, anders als üblich, sich nicht begnügt mit einem einzigen bezeichnenden Berührungspunkt, dem angepeilten *tertium comparationis*, vielmehr all die genannten kategorialen Eigenschaften entfaltet: reißt er dennoch und erst recht die wohlgeformte Parallele der beiden Vergleichspartner aus ihrem Ebenmaß. Und zwar genau im semantischen Mittelpunkt der jeweiligen symmetrischen Fünferreihe. Just hier greift besagter Chiasmus ein. Überkreuz weist er den Engeln zu, was allein den Augen bisher vorbehalten, jetzt aber vorenthalten wird. Zentrale Eigenschaft ausgerechnet der sichtbaren Augen ist vergeistigtes „wesen“; zentrale Eigenschaft ausgerechnet der unsichtbaren Engel ist dagegen sinnliche „Schönheit“.

Hier meldet sich die gewitzte Widersinnigkeit eines Gedichts, das Unsagbares zur Sprache bringt, und das in körperlosen Worten heraufruft, was schaubar schön ist. Noch dazu am Beispiel von Augen, die dazu da sind, Schönheit zu schauen und zu verkörpern. Eben diese Widersinnigkeit spricht der Chiasmus an, aber nicht aus. Er formt sie, aber er formuliert sie nicht aus. Der Chiasmus setzt sich dann noch fort im letzten Vers dieses ersten Terzetts, indem er die zwingende Folge der beiden Vergleichsreihen strikt umkehrt. Ausgegangen sind sie, bei den Augen wie bei den Engeln, von statischen Zuständen, um daraufhin zu dynamischen Wirksamkeiten zu gelangen, zur „krafft“ der Augen, zum „thun und gehen“ der Engel. Nun verkehrt sich diese Reihenfolge, wenn es gilt, „der wahren lieb gewalt und aygenschafft“ zu ermessen. Hier also geht das, was die Liebe heftig verübt, dem voraus, wie sie beschaffen ist.

Nur typographisch und durchs Reimschema kennzeichnet Weckherlin die beiden Terzette jeweils als bündige Einheit. Syntaktisch dagegen sind sie unselbständig, ergibt das eine ohne das andere keinen Sinn. Dabei geht das zweite, den roten Faden ziehend, deutlich aus dem ersten hervor. Es erklimmt eine noch höhere Stufe der schon vollzogenen Abstraktion. Endgültig verabschiedet es alle Anschaulichkeit jener einzigartig überschönen Augen, die in den beiden Quartetten des Gedichts so emphatisch angerufen worden ist. Jetzt geht es gar um den Extrakt von Abstraktionen. Nicht mehr nur um Begriffe anstelle der Bilder, sondern um Inbegriffe der Begriffe. Ablesen lässt es sich zumal an der gewandelten Rolle des Genitivs, der hier nun noch massiver auftritt als in den Quartetten:

> *Der Schönheit* schönheit selbs, *der seelen* frewd und flehen
> Und *der Glickseeligkeit und Tugenten* freindschafft
> In Euch (*der Natur* kunst besehend) wol verstehen.

Die Entfernung von den markanten Genitiven der beiden Quartette ist beträchtlich. „Stern', deren liecht und hitz" (I), so hieß es dort, und „der Lieb werckzeug, kundschaffter unsrer Witz" (II). Nicht nur die sinnfällig einleuchtende Formulierung von „liecht und hitz" der ‚Augen-Sterne' im ersten Quartett, auch die manieristisch vertrackten Genitivmetaphern im zweiten, sie reden anders von anderm als hier nun im letzten Terzett etwa „der seelen frewd und flehen" oder „der Natur kunst". Dort sind es Sprachbilder, mal mehr mal minder verwegen, die visuelle Vorstellungen von sichtbaren Eigenschaften eines sichtbaren Gegenstands unsern inneren Augen einprägen. „liecht und hitz" gehören, laut possessivem Genitiv, zum Besitz der ‚Augen-Sterne'. Ebenso gehören, laut ebenso possessivem Genitiv, die Brauen als Werkzeug und als Kundschafter zur Verfügungsgewalt der Liebe und des gewitzten Verstandes.

Anders steht es mit den genitivischen Wendungen der letzten Strophe, die jene der vorletzten noch überflügeln im Ausmaß ihrer Abstraktion. Hier sind es keine possessiven Genitive. Denn sie zeigen nicht an, was „der Schönheit", „der seelen", „der Glickseeligkeit und Tugenten" sowie „der Natur" von sich aus jeweils zugehört und worüber sie allemal verfügen kann. Im Gegenteil. Freundschaft zwischen Glückseligkeit und Tugenden, so wie hier vermerkt, ist nirgends Regel, allenfalls Ausnahme. Erst recht wird niemand freiweg behaupten, Natur enthalte in sich immer schon Kunst, auch und gerade, wenn Weckherlin noch unter Kunst geschickte Fertigkeit mitversteht. Aber nicht nur grammatisch entfernen sich diese Formulierungen von jenen der Quartette. Auch stilistisch, im poetischen Anspruch ihres Redens. Strikt unmetaphorisch sind sie. Anders als sprachliche Bilder, so wie „der Lieb werckzeug", entwerfen sie nichts, was erst noch einzulösen wäre vom inneren Auge der Leser. Sie zielen geradezu in die Gegenrichtung. Sie greifen zurück. Auf etwas, das in den Köpfen längst vorrätig ist, verweisen sie: auf geltende Begriffe von Ideen wie Schönheit und Natur, wie Tugend und Seele. Lauter Begriffe, deren verbindliche Existenz und Wertigkeit fraglos vorgegeben ist.

Weckherlin setzt sie allerdings einer spielerischen Zerreißprobe aus. Eben deshalb, um das paradoxe Ziel seines Gedichts zu erreichen. Genauer, um jene einmalig überschönen Augen, wenn er sie im letzten Vers ein allerletztes Mal noch anruft – „in *Euch*“ –, nun vollends zum Verschwinden zu bringen. Worin? Im Allgemeinsten. Nicht lediglich in Schönheit schlechthin, sondern in deren Essenz, in „der Schönheit schönheit“. Was da, über einige Umwege, an platonische Ideenschau erinnert, ist indes nur mehr ein großes Wort, das auf sich selbst sich reimt. Es beteuert den Einklang und Gleichklang des Extrakts mit dem, aus dem es gewonnen wird. Und worin verschwinden sie noch, die überschönen Augen? In der Spannweite der (singularisch gemeinten) Seelen, die gleichermaßen Freud und Flehen umfasst; in der raren Freundschaft zwischen Glückseligkeit und Tugenden, die meistens sonst getrennte Wege gehen. Und schließlich in der Versöhnung des Unvereinbaren: dass Natur und Kunst, anders als im gemeinen Leben, einander nicht ausschließen, sondern ineinander enthalten sind.

Wie viel poetische Schlagkraft Weckherlin gerade der letztgenannten Formel zutraut, belegen drei weitere Gedichte aus der Gruppe ›Etliche Sonnet oder Kling geseng von seiner Liebsten‹, worin an neunter Stelle ›Von ihren überschönen augen‹ steht. Dort ist im zweiten Gedicht, ebenfalls auf weibliche Schönheit bezogen, von „der Natur kunst“ die Rede; im dritten von „der Natur beste kunst“; im fünften von einem „Kunst-stück der Natur“.

Alles in allem erreicht das Gedicht sein paradoxes Ziel. Es spricht, wie versprochen, Unsagbares aus. Aber eben nicht in abgedunkelten, rätselhaft raunenden Versen. Nicht im sibyllinischen Tonfall späterer Tiefsinns-Poeten nach Art von Hölderlin und Novalis, Rilke und Celan. Vielmehr virtuos, redegewandt, sprachkunstfertig. Noch triftiger jedoch als aus einzelnen Worten, Wendungen und Klängen spricht das Unsagbare aus dem eigensinnigen Gesamtgefüge des Sonetts. So spannt sich denn auch, im Dienst der herrschenden Paradoxie, sein roter Faden am merklichsten dort, wo er mehr als einmal planvoll abreißt: in der syntaktischen Folgerichtigkeit der Sätze und Strophen. Die waghalsigen Ellipsen, die Weckherlin hier ausspielt, fallen selbst in durchtriebener Barocklyrik aus dem Rahmen. Trotzdem vollführen sie keine selbstzweckliche Akrobatik. Was sie vollführen, wohlbedachte Löcher aufreißend, ist die Durchführung des lyrischen Themas.

Wie steht es nun mit dem eigensinnigen, durchlöcherten Gesamtgefüge? Einem flüchtigen ersten Lesen wird es zunächst kaum auffallen. Immerhin lässt sich *prima vista* feststellen: Dies ist, dem bewährten Bau von Sonetten entsprechend, ein streng zweiteiliges Gedicht, mit markantem Einschnitt zwischen den beiden Quartetten und den beiden Terzetten. Erstere formulieren die mehrfache und vielfältige Anrufung der überschönen Augen. Letztere formulieren, wie denn wohl eben diese überschönen Augen, falls überhaupt möglich, definierend zu begreifen und in Worte zu fassen wären. So gesehen, auf den ersten Blick, bietet das Gedicht einen problemlos übersichtlichen Bau.

Seine Satzkonstruktionen dagegen lassen sich nicht so ohne weiteres durchschauen. Unklar bleibt zunächst, was syntaktisch abläuft, Vers für Vers und Strophe auf Strophe, um den nur scheinbar schlichten und gediegenen Bau ins Werk zu setzen. Elliptisch, also unvollständig durch kalkulierte Auslassung, sind alle drei Sätze, aus denen das Gedicht besteht. Elliptisch nicht erst in den Terzetten, wo der zügig argumentierende Duktus – Wer ..., der ... – die Lücken nur umso empfindlicher spürbar macht. Elliptisch sind sie schon in den Quartetten, obwohl uns hier vielleicht noch der rhetorische Schwung der Anrufung über die Lücken hinweggleiten lässt. Sobald wir jedoch innehalten, um dem roten Faden genauer nachzusinnen, vorwärts und rückwärts, zeigt sich deutlich: weder dem ersten Quartett, das den Augen gilt, noch dem zweiten Quartett, das den Brauen gilt, liegt eine schlüssige Satzperiode zugrunde.

Schwache syntaktische Basis des ersten Quartetts ist der Anruf „Ihr augen ...", den sofort zwei üppige Relativsätze beschweren. Schwache syntaktische Basis des zweiten Quartetts ist der Anruf „Und ihr ... Augbrawen ...", den sofort etliche Beifügungen und ein lokaler Relativsatz beschweren. In beiden Strophen fehlt der eigentliche Hauptsatz, dem die Nebensätze zu dienen hätten. Was aber ausbleibt, lässt sich anderweitig nicht zum Ganzen ergänzen. Ein Hauptsatz also kommt weder da noch dort zustande. Die kunstvollen Lücken klaffen dort, wo zu sagen wäre, was denn das grammatische Subjekt, erst die Augen, dann die Brauen, momentan verrichtet oder erleidet. Nur aus unselbständigen Nebensätzen erfahren wir, wozu das eine und das andere grammatische Subjekt grundsätzlich imstande und was grundsätzlich mit ihm los ist. Nichts dagegen erfahren wir davon, was diese Augen und Brauen, jetzt im Augenblick der Anrufung, dem anrufenden lyrischen Subjekt sind und zufügen. Syntaktisch also konfrontieren beide Strophen die Leser mit einem Satzgegenstand, der vergebens seiner Satzaussage harrt.

Weshalb solcher Aufwand, nur um etwas auszusparen? Deshalb: hier, im Ungesagten, rührt sich die Paradoxie des Unsagbaren. Heftig, aber eben keinesfalls wörtlich. Ihre Motorik gewinnt sie aus der unaufgelösten Spannung des fragmentarischen Satzbaus. Und verstärkt wird sie noch durch die gestauten Rhythmen, Alliterationen und Reimklänge zumal der ersten, der Startstrophe: „blick und plitz", „liecht und hitz". Die syntaktischen Lücken, die sich da so provozierend auftun, können und müssen demnach erst geschlossen werden durch das, was jetzt sogleich kommt. Dies fast sicher zu gewärtigen, drängt uns der abgerissene rote Faden des Gedichtes auf. Das unbefriedigte und unbefriedigende Konkav der Vorderstrophen wäre also schleunigst abzurunden durchs genau passende Konvex der noch ausstehenden Strophen. Eben darauf sind wir, an der Schwelle zum ersten Terzett, äußerst gespannt – und werden prompt darum geprellt.

Denn was jetzt tatsächlich kommt, steigert geradezu die kunstvoll unfertigen elliptischen Verhältnisse. Durch die anschließenden Sätze und Strophen werden sie im Nachhinein nun auch noch zum Anakoluth. Das heißt, die anschließenden Sätze und Strophen schließen sich gar nicht an das, was vorausgegangen ist. Sie entgleisen, folgewidrig, aus der bislang gültigen syntaktischen Bahn. So missachten sie nicht nur die vorgezeichneten Fluchtlinien, sie belassen und bestätigen zudem die Lücken als Lücken. Jedes der beiden Terzette greift dann zwar die angerufenen Augen punktuell noch einmal auf: in den pronominalen Kürzeln „ewre" und „Euch". Doch damit vertiefen sie erst recht den Bruch der schlüssigen Satzfolge, den die Anfangsworte von III,1 verursacht haben. Durch ihre schroffe Inversion: „Wer recht kan ..."

Paradoxie der ausgesprochenen Unsagbarkeit: sie gipfelt in den Schüben der gewaltigen Satzperiode, die fort und fort die beiden Terzette durchmisst. Und gipfelt vollends, raffiniert hinausgezögert, im letzten Wort des letzten Verses. Weckherlin hat sich hier die schrägste Ellipse des Gedichts geleistet. Dabei geht er weit hinaus über die verwegenen Lückenkonstruktionen der Quartette. Und doch schafft er es zugleich, dem Ausklang des Gedichts einen Anschein von Abschluss zu ergaukeln. So dass die Leser die Illusion genießen können, trotz der alten wie auch der neu erzeugten Lücken bleibe letztlich nichts offen. Auch dieser Eindruck freilich ist flüchtig. Rasch löst er sich auf, sobald man den listig angespannten, abgerissenen und wieder angeknüpften roten Faden so aufmerksam verfolgt, wie der Autor ihn führt.

Syntaktisch bestehen die Terzette aus zwei freien Relativsätzen, ohne Einhalt an der Strophengrenze. Auch hier also gibt es keinen eigenständigen Hauptsatz. Die beiden Nebensätze bilden das schon erörterte „Wer...Der...“-Gefüge, hinter dem sich das lyrische Subjekt verschanzt, um alle weiteren Urteile scheinbar abzutreten an eine übersubjektive allgemeine Instanz. Der Satzbau jedoch, in dem diese Instanz amtiert, hat seine Tücken. Er ist nicht so stabil und abgesichert, wie es ihr eigentlich zustünde. An entscheidender Stelle klafft auch in ihm, wie bei den Quartetten, ein geradezu fundamentales Loch. Man merkt es nicht sofort, weil die asyndetischen Reihen mit ihrem rhythmischen Ungestüm darüber hinweghasten. Unverkennbares Loch jedoch ist hier das ausgesparte Prädikat des ersten Relativsatzes. Seinem Subjekt, das, wie auch der Leser, überrumpelt wird durch die Fülle der anstürmenden Objekte – „form, farb, wesen, würckung, krafft“ –, fehlt nämlich die Satzaussage. Diesem „Wer“ ist genau das amputiert, was es mit all den Objekten denn tut. Egal, ob es sie nun erblickt oder bedenkt, anstaunt oder preist: nichts davon wird ihm ausdrücklich zugesprochen.

Das ganze, kunstvoll unganze Gedicht hat einen Zielpunkt, auf den alles hinausläuft, seinem mehrfach abgerissenen roten Faden folgend. Nicht nur die elliptische Satzperiode läuft darauf hinaus, auch die Paradoxie des ausgesprochenen Unsagbaren: auf das finale, scheinbar infinite Verbum „verstehen“. Syntaktisch kann „verstehen“ freilich nicht allein für sich und als Infinitiv gedeihen. Syntaktisch ist es nur die überlang hinausgezögerte zweite Hälfte eines verzwickten Prädikats, das dieser Satzperiode ihren seltsam gestückelten Rahmen aufpresst: „Wer recht kan ... | Der kan ... | Der kan ...verstehen.“ Doch Rhetorik und Metrik schaffen es, dieses stoßweise Reden sozusagen logopädisch zu veredeln. Reimklang, sogar am Versbeginn, und anaphorisch nachdrücklicher Auftakt verleihen der nunmehr schön gestammelten Satzaussage den Anschein von gravitätischer Bedeutsamkeit.

Unerschütterlich schreitet sie hinweg über das syntaktische Loch: über das ausgesparte Prädikat des ersten Relativsatzes. Genauer, über Weckherlins kalkulierten Notstand, dass in diese Lücke, nachträglich, das Prädikat des zweiten Relativsatzes einspringen muss. So schrumpft die prangende Satzperiode letztlich auf das dürre Gerüst: ‚Wer verstehen kann, der kann verstehen‘. Schiere Tautologik? Nein und Ja. Keine Tautologik, wenn man bedenkt, welche Vielfalt von Objekten aufgeboten wird, die sämtlich verstanden werden sollen, so dass ein sinnvoller Schluss immerhin möglich wäre: ‚Wer A verstehen kann, der kann auch ein ähnliches B verstehen'. Und dennoch Tautologik, wenn man bedenkt, wie all die Objekte, füllig und bedeutungsschwer herandrängend, einander überlappen und ununterscheidbar machen. Dieser Schwall von Begriffen, mag er noch so systematisch wohlgegliedert erscheinen, wirft zwangsläufig eine Frage auf. Nämlich: ob es überhaupt wen geben mag, der den offerierten leeren Platz einnehmen könnte im allüberblickenden Stellwerk des Vergleichens und Wägens, im Stellwerk von „Wer … / Der …" Ob da also jemand sei, der eben das vollbringt, was das lyrische Subjekt sich selber wohlweislich versagt: die abervielen und abergroßen Begriffe, im Hinblick auf die überschönen Augen, vollauf zu „verstehen". Niemand, so lautet die nahgelegte Antwort.

Damit hat Weckherlin sein Gedicht dort, wo er es im Lauf der gehörigen Anzahl und Gruppierung von Sonettversen hat hinbringen wollen. Hin zum letzten Wort „verstehen", dessen Sinn so unsinnlich wirkt wie der fahle Klang aus dreimaligem „e". Wenn wir nun von diesem Zielpunkt zurückblicken, rückwärts den eingerissenen roten Faden entlang bis zum ersten Wort des Gedichtes „Ihr", dann können wir ersehen, wie hier Unsagbares sich dennoch hat aussprechen lassen. Vers um Vers, nun wieder vorwärts blickend in der Zielrichtung des roten Fadens, geht uns auf, wie Verse scheinbar Unmögliches vollbringen. Ihre Syntax, nicht nur die grammatische, hat ein Gedicht entwickelt, das uns poetisch vergewissert, es sei unmöglich, sich ein poetisches Bild von den besagten überschönen Augen zu machen.

Paradox genug. Denn diese Augen kommen ja trotzdem in jeder Strophe vor. Obwohl von Strophe zu Strophe immer seltener, immer spärlicher raumgreifend, immer weniger sinnfällig, sind sie gleichwohl bis zum Schluss im Spiel. Nicht genug damit. Es gibt diese unsagbaren Augen auch noch außerhalb der Strophen: aufgrund der Strophen. So will es und so kann es das Gedicht, dieses wie prinzipiell jedes. Wieso denn auch nicht? Dank seiner Pan- und Monoperspektive[5]) hat Weckherlins lyrisches Subjekt die überschönen Augen gesichtet. Und kraft seiner Pan- und Monophonie[6]) hat das lyrische Subjekt sie ins Leben gerufen als etwas Lebendiges vis-à-vis, von dem es sich seinerseits gesichtet sieht: „Ihr augen, die ihr mich …"

Wenn das lyrische Subjekt, in den Quartetten, demütig zurücktritt vor den angerufenen Augen, und wenn es, in den Terzetten, sogar sein souveränes Amt scheinbar abtritt an jene allgemeine Instanz des „Wer/Der", so ist solche Untertänigkeit nichts als eine taktische Maßnahme. Entsprechend habe ich sie oben schon erläutert. Seine grundsätzliche Allmacht also erlaubt dem lyrischen Subjekt auch die Pose der Devotion. Und sein geheimer, aber wirkmächtiger Witz empfiehlt sie geradezu: als kokettes Spiel mit der Ohnmacht. Hat doch das lyrische Subjekt, vom eigenen Witz beflügelt, die überschönen Augen, denen es sich demutsvoll unter-

---

[5]) Pan- und Monoperspektive: Im Gedicht gilt ausschließlich und unangefochten der *Mono*-Blickwinkel des lyrischen Subjekts. Zugleich umfasst dieser Blickwinkel *pan*oramatisch alles, was immer das lyrische Subjekt den Lesern und Hörern zu sehen vorgibt.

[6]) Pan- und Monophonie: So ausschließlich wie der Blick aufs Ganze der Welt im Gedicht, so ausschließlich herrscht auch die Stimme des lyrischen Subjekts, die das Ganze heraufruft. Einzig (mono) lässt es alles (pan) verlauten, was es sichtet.

wirft, selber machtvoll ins Leben gerufen. Einzig deshalb – oder vielleicht auch nicht –: um sie Versschritt für Versschritt hinwegzusublimieren. Solcher Witz des lyrischen Subjekts regt sich nicht nur bis in den letzten Vers. Er entfacht hier, im letzten Vers, zudem noch eine abgefeimte Extra-Pointe. Und was für eine!

Wer auf den rhythmischen Ablauf des ganzen Gedichtes achtet, hört leicht heraus, wie mit und in den Terzetten das Tempo sich steigert. Vor allem durch die Schwungkraft der asyndetischen Reihen. Der Schwung nimmt noch zu, wenn stufenlos das erste Terzett in das zweite überspringt. Und dieses zweite Terzett steigert ihn nochmals: im Widerspiel zwischen Satzzäsuren und Verszäsuren. Hier sprengt die Syntax nicht, wie zuvor, die Strophengrenze, sondern die Grenze der Verse. Das letzte und befremdlichste von insgesamt nur drei Enjambements im ganzen Gedicht drängt sich hier auf und macht die letzte Strophe zu einem – vorerst – ungestauten rhythmisch-syntaktischen Fluss:

> [...]
> Der kan der wahren lieb gewalt und aygenschafft,
>
> Der Schönheit schönheit selbs, der seelen frewd und flehen,
> Und der Glickseeligkeit und Tugenten freindschafft,
> In Euch (der Natur kunst besehend) wol verstehen.

„...seeligkeit und Tugenten freindschafft, | In Euch ...“ Umso jäher wird der überschießende Versfluss gebremst bei dem unversehenen Aufprall auf ein wuchtiges Hindernis. Es ist die einzige Parenthese des Gedichts, die auch noch typographisch sich aufdrängt durch die Klammer: „(der Natur kunst besehend)“. Ein sperriger Widerstand fürwahr. Rhythmisch ragt er weit über alle Unregelmäßigkeiten hinaus, die Weckherlins gleichgültiger Umgang mit natürlichen Wortakzenten uns, den Lesern einer späteren Epoche, gemeinhin zumutet. Nirgends sonst lässt uns das Gedicht, auch nach vielmaligem Lesen, so unausweichlich stolpern wie hier in diesem letzten Vers über diese verquere Parenthese.

Aber nicht nur rhythmisch und typographisch wirkt sie als Hemmschuh. Auch ihr Wortlaut bildet einen Fremdkörper, der sich dem poetischen Versfluss entgegenstemmt. Denn sie gibt sich unverhohlen als eine Meta-Bemerkung des lyrischen Subjekts zu erkennen. Ausgerechnet jetzt, nachdem es seine Souveränität scheinbar an jene neutrale „Wer/Der“-Instanz abgetreten und sich zurückgezogen hat, ausgerechnet jetzt ergreift es penetrant das Wort. Noch dazu in der Maske eines lehrhaft spröden Schulmeisters mit besserwisserischem ‚Merke!‘ Jedoch, hier waltet keine Didaktik des lyrischen Subjekts, sondern sein durchgängiger Witz, der die didaktische Geste nur einspannt für die besagte Extra-Pointe. Extra insofern, als sie auszuscheren scheint aus der lyrischen Redeweise und damit auch aus dem besonderen Umriss dieses Gedichts als poetisches Gebilde. Doch wozu? Um, wie nebenbei, sich dann doch als innerlyrische und gedichtinterne Pointe auszuwirken. Als eine des Klangs im Sinn und des Sinns im Klang, die ohne jene sperrige Parenthese nicht zustande käme. Barocker, so zeigt sich, könnte es schwerlich zugehen als in dieser Art von Gedichtfinale.

Die Extra-Pointe besteht darin, dass die Reimfolge der beiden Terzette – *krafft* / *gehen* / *-schafft* // *flehen* / *-schafft* / ver*stehen* – alles auf eine einzige Karte setzt, die sie im letzten Augenblick dann doch nicht ausspielt. Nach den überschwänglichen Anrufungen und Lobpreisungen der Quartette, gesteigert noch durch die ansteigenden Reihungen der Terzette, ist alles darauf hingespannt, dass droben am Zielpunkt des Gedichts nun endlich auch die ureigene Tätigkeit der überschönen Augen zum Ausdruck komme. Gleichsam als gipfelnde Apotheose: das SEHEN. Nichts davon. Die Reimfolge, die scheinbar den Anlauf dazu nimmt, mit allen Anzeichen von Eskalation, sie lautet nur: *gehen* – *flehen* – ver*stehen*. Den strikt sinnlichen Akt des Sehens also spart sie aus, um ihn, hier nun gerade nicht elliptisch, zu ersetzen durch den strikt unsinnlichen Akt des Verstehens.

Vollendet wird diese Amputation innerhalb der Parenthese. Ironisch findet darinnen das abgehackte, zugleich aus- und eingeklammerte Verbum einen engen Unterschlupf. Nicht so die Tätigkeit, die das Verbum auszudrücken hätte. Hinwegverstümmelt, wird sie überkompensiert durchs Kunstglied eines Präfixes. Be-sehen heißt es hier. Im Sinn von „bei Licht besehen“ nähert es sich einem „genaueren Bedenken“, einem „geistigen Herausfinden“. Damit entfernt es sich vom schieren Wahrnehmungsakt sinnlichen Sehens. Zum Abschluss, so die Extra-Pointe, wären damit nicht nur die angerufenen überschönen Augen nun restlos geschlossen. Auch die angesprochenen inneren Augen der Leser des Gedichts.

II.

Philipp von Zesen

Auf di Augen seiner Liben[7])

Ihr augen fol von gluht! was gluht? karfunkel=strahlen:
auch nicht! si sein ein bliz / dehr durch di lůfte sprůht
und sich aus ihrem aug' / bis in di meinen zůht.
nicht blizze; bolzen sein's / damit si pflågt zu prahlen /
damit si pflågt den zol der libe bahr zu zahlen.
nicht bolzen; sonnen sein's / damit si sich bemůht
zu blånden andrer lůcht; di keiner ihmahls siht /
der nicht gestrahft mus sein. nicht sonnen; stårne tahlen
vom himmel ihrer stirn': auch nicht: was såh ich schimmern /
dan gluht ist nicht so feucht / karfunkel strahlt nicht so /
der bliz hat minder kraft / der pfeil macht jah nicht fro /
die sonn' ist nicht so stark / ein stårn kan nicht so glimmern /
wahr=ům dan sihet si dås Folkes aber=wahn
fohr gluht / karfunkel / bliz / pfeil= son= und stårnen ahn?

---

[7]) Philipp von Zesen. Sämtliche Werke, unter Mitwirkung von Ulrich Maché und Volker Meid hrsg. von Ferdinand van Ingen. Bd. 1–17. Berlin und New York 1980–1999. (= Ausgaben deutscher Literatur des XV. bis XVIII. Jahrhunderts.) Bd. 4, T. 2 (1993): Adriatische Rosemund, bearb. von Volker Meid, S. 233.

Neben Weckherlins Gedicht wirkt das von Zesen eher schlicht und gefällig. Nicht nur rhythmisch, unterm Einfluss der Opitz'schen Versreform, geht es geschmeidiger ein. Allenthalben gibt es sich als zugänglicheres, weil minder vielsinniges, minder vertracktes und zerklüftetes Gebilde. Darin wird zwar grundsätzlich das gleiche paradoxe Spiel veranstaltet, Unsagbares lyrisch zur Sprache zu bringen. Doch Zesen verfährt dabei nicht ganz so durchtrieben wie Weckherlin.

Getreulich, vom ersten bis zum letzten Vers, wahrt sein lyrisches Subjekt die anfangs eingenommene Haltung. Es ist die eines entschiedenen Urteilens. Schritt für Schritt bedenkt und bezweifelt es, inwiefern „di Augen seiner Liben" in dieser oder jener Hinsicht ihresgleichen überhaupt haben. Und das heißt konkret, ob sie durch noch so anspruchsvolle Vergleiche auch nur annähernd zu qualifizieren sind. Dieses lyrische Subjekt kennt keinen taktischen Rollenwechsel. Es kennt keine vorgetäuschte Machtlosigkeit, schon gar nicht eine Spiegelfechterei, die das eigene souveräne Amt zeitweilig abtritt an eine andere Instanz. Und all dies – wie Weckherlins Gedicht uns gezeigt hat – scheinbar nur, um dem unfasslichen Gegenstand fintenreich mal so und mal anders beizukommen, tatsächlich aber nur, um ihn erst recht fintenreich als letztlich unfassbar hinzustellen. Verglichen damit geht Zesens lyrisches Subjekt gradlinig und unverstellt vor. Trotzdem meistert es, im Auftrag seines Autors, das paradoxe Unternehmen listig und elegant.

Die Bildersprache, die Zesen ihm zuweist, ist ebenso einhellig wie unmittelbar plausibel. Auch die Syntax meidet Extravaganzen. Nirgends schlägt sie, wie die von Weckherlin, eine abwegige oder gar planvoll trügerische Richtung ein. Nicht minder verlässlich wirkt der Gesamtbau des Gedichts, den die Strophenfolge sinnfällig herausmodelliert. Die Gruppierung ihrer Reime – *abba* | *abba* | *cddc* | *ee* – prägt zwingend die einzelnen Stationen im allmählich beschleunigten Hergang eines streitbaren Austauschs von Für und Wider, wie denn wohl jene Augen treffend einzuschätzen seien. Gerade dort, wo Zesen auffällig abweicht von der kontinental verbreiteten Sonett-Norm, geschieht es aus gutem, prompt einleuchtendem Grund.

Wenn er also – nach Art englischer Lyriker – den beiden Quartetten nicht die üblichen zwei Terzette folgen lässt, sondern ein weiteres Quartett mit gesonderten Reimen sowie ein eigenständiges, in sich gereimtes Couplet: dann zeigt er nachdrücklich an, worauf sein derart umgewichtetes Sonett hinausläuft. Unsern Augen und Ohren zugleich schärft er es ein mit dem Nachdruck des Gedichts als klingende Gemme.[8]) Das optische und klangliche Profil von ›Auf di Augen seiner Liben‹ wird also nicht schon auf halber Strecke verjüngt und enggeführt, um, wie bei üblichen

[8]) Gedicht als klingende Gemme: die Metapher pointiert einen doppelten Sachverhalt. Einerseits den synästhetischen Vorgang, dass jedes Gedicht sich auf Anhieb den Lesern einprägt als markantes sichtbares Gebilde, schwarz auf weiß, das sich zugleich ebenso markant hören lässt. Andererseits pointiert sie den scharfen (visuellen und akustischen) Umriss des Gedichts samt dem scharfen Umriss dessen, was in seinem Binnenraum vorkommt. Wie die Gemme ihre tief und erhaben eingeschnittenen Figuren uns entgegenwölbt, so bringt sich auch die Signatur jedes lyrischen Gebildes zur Geltung: den Augen, aber auch den Ohren.

Sonetten, annähernde Symmetrie zu erzeugen zwischen den vier Strophen (4 + 4 Verse gegen 3 + 3 Verse). Stattdessen spitzt er dieses Profil auf das Ende hin zu (4 + 4 + 4 Verse gegen 2 Verse). Und damit spitzt er es vollends zu auf die resümierende Frage des gleichgereimten Doppelverses, der die Abschlussstrophe bildet:

> wahr=ûm dan sihet si dås Folkes aber=wahn
> fohr gluht / karfunkel / bliz / pfeil= son= und stårnen ahn?

Diese Frage aber ist eine abgefeimt rhetorische Frage. Indem es sie stellt, schenkt sich das lyrische Subjekt die an- und ausstehende Antwort, um sie zu guterletzt den Lesern aufzuerlegen. Ihnen, als neutraler dritter Partei außerhalb des Gedichts, mag es vielleicht glücken, das verbindliche Urteil zu fällen, ob jene Augen so oder anders oder gar nicht in Worte zu fassen seien. Auch den Lesern allerdings – dafür ist rhetorisch gesorgt – wird nicht gelingen, was den beiden Parteien drinnen im Gedicht misslingt: sowohl dem lyrischen Subjekt, das es sich selber versagt, als auch dem ohnehin versagenden beschränkten Pöbel, „dås Folkes aber=wahn".

„... gluht / karfunkel / bliz / pfeil= son= ...". Diese Summe, die das Couplet asyndetisch raffend zieht, ist die Summe all der zuvor aufgebotenen und gleich darauf entkräfteten Metaphern für „sie", für die sprachlich wie dinglich uneinholbaren „Augen seiner Liben". Das lyrische Subjekt selber war es, das eben diese Metaphern in eben dieser Reihenfolge – von der Glut über den Pfeil bis zu den Sternen – aufgebracht und entkräftet hat. Eine nach der andern und jede durch die nächst folgende. Und das musste sich so anhören, als seien es jedes Mal die eigenen Metaphern, die einzig ihm, dem lyrischen Subjekt, in den Sinn kommen, die ihm nur eben vorerst noch nicht hinlänglich und treffend genug erscheinen. Jetzt jedoch, wenn es im Couplet die Summe zieht, schreibt es in Bausch und Bogen die nämlichen Metaphern dem „aber=wahn" einer verblendeten Allgemeinheit zu.

Mit dieser Wendung schlüpft es unversehens aus der selbstgelegten Schlinge seines paradoxen Unternehmens. Zur Verblüffung der Leser. Denn die mussten sich im Lauf der drei Quartette auf anderen Wegen wähnen. Dort schien alles sich ausschließlich abzuspielen zwischen dem lyrischen Subjekt einerseits und andererseits den Augen der einzig ihm nur zugewandten, also „seiner" Lieben. Alles sprach dafür, das lyrische Subjekt schlage sich durch von Metapher zu Metapher, um den unvergleichlichen Augen immer näher zu kommen, tapfer trotzend der augenscheinlichen Vergeblichkeit. Und eben dies fechte es aus in streitbarem Wortwechsel mit sich selbst: im Schlagabtausch von Rede und Gegenrede der eigenen Gedanken, die einander ins Wort fallen. Geradezu duellierend, bis in die Sprachgestik hinein: „... gluht! was gluht? karfunkel=strahlen | auch nicht! ... nicht bolzen; sonnen sein's ..."

Solchen Eindruck also – vom heftigen Ringen des lyrischen Subjekts in eigener Sache um den einzig stimmigen Vergleich – erzeugen die Quartette. Ihn bestärkt noch der gemeinsame Ausdrucksnenner sämtlicher Metaphern, die es gegeneinander ins Treffen schickt. Keine zielt auf die statische Beschaffenheit der Augen, also auf das, was immerzu daran festzustellen ist. Die Metaphern zielen vielmehr allesamt auf die dynamische Wirkkraft der Augen, also auf das, was sie ringsum ausrichten, namentlich beim lyrischen Subjekt. Und solche lebhafte Wirkkraft, so dürfen und sollen die Leser heraushören, findet ihren angemessenen Widerhall in jenem Wortgefecht, das sich das lyrische Subjekt selber liefert: Stich gegen Hieb, Metapher gegen Metapher, Wirkkraft gegen Wirkkraft.

Vorab die Glut, die befeuert. Drauf die Karfunkelsteine, die erhellen. Drauf der Blitz, der einschlagend „aus ihrem aug' / bis in di meinen zůht". Drauf die Bolzen, alias Pfeile, wie beim Bogen- und Armbrustschützen: womit sie, die Geliebte, „den zol der libe bahr zu zahlen" pflegt. Will sagen, womit sie den feurigen Blick, der sie trifft, pfeilgrad erwidert. Schließlich greifen die Metaphern ins Kosmische aus, zu den Himmelskörpern, die ebenfalls ihrer dynamischen Wirkkraft wegen ins Spiel kommen.[9]) Vorab sind es die Sonnen, denen „keiner ihmahls" ungestraft in das Antlitz blicken kann wegen ihrer Überhelle, mit denen die Geliebte „sich bemüht | zu blånden andrer lůcht".

Zumal diese Formulierung ist aufschlussreich. Sie rührt an das Grundprinzip, mit dem Zesen die Paradoxie der ausgesprochenen Unsagbarkeit poetisch meistert. Es ist das agonale Prinzip des Rivalisierens und Wetteiferns, des Übertrumpfens und Ausstechens. Von daher erklärt sich schließlich auch der verblüffende Richtungswechsel, mit dem das Schlusscouplet die Leser überrumpelt. Grad so wie die Augen-Sonnen „andrer lůcht" blendend in den Schatten zu drängen trachten, grad so rivalisieren, in einer weiteren Dimension des Gedichts, sämtliche Metaphern miteinander. Jede rivalisiert mit der vorausgegangenen und allen andern darum, die einzig treffende Metapher zu sein. Und in einer nochmals weiteren Dimension des Gedichts strebt auch das lyrische Subjekt danach, all die gängigen falschen Auffassungen auszustechen, die „dås Folkes aber=wahn" entspringen.

Den Anlauf dazu nimmt es schon im dritten Quartett:

> [...]
> dan gluht ist nicht so feucht / karfunkel strahlt nicht so /
> der bliz hat minder kraft / der pfeil macht jah nicht fro /
> die sonn' ist nicht so stark / ein stårn kan nicht so glimmern /

Hier eröffnet das lyrische Subjekt eine neue Runde im agonalen Wettkampf. Nicht länger hetzt es die Metaphern gegeneinander, damit sie einander niederstrecken, was es jeweils prompt quittiert mit seinem apodiktischen Schiedsspruch: „Nicht... auch nicht... nicht... auch nicht...". Jetzt dagegen, nachdem all die Metaphern gleichsam abgekämpft am Boden liegen, bewertet der Schiedsspruch sie im Rückblick. Der Reihe nach. Und abermals agonal. Jeden dieser herbeigerufenen, doch letztlich unberufenen Vergleichspartner, von der Glut bis zum Stern, wird jetzt gemessen an dem, womit sich jeder von ihnen – rundum unterlegen – zu

[9]) Wieso Zesen, die Sonnen noch überbietend, just den Sternen die letzte und höchste Position einräumt, und wieso er just diese Sterne nicht näher qualifiziert, sei hier nicht weiter begrübelt.

messen hatte: mit der unerreichbaren Wirkkraft jener Augen. Zu diesem nunmehr urteilenden Wettkampf liefert das lyrische Subjekt endlich die Begründungen nach, die es bisher so strikt ausgespart hatte.

In Prosa übersetzt, nähmen sich diese Begründungen hanebüchen spitzfindig aus. Doch im rhetorischen Schwung von Zesens Satz- und Versfluss klingen sie, dank einer ergaukelten Systematik, nahezu zwingend. Zwei Parameter dienen als Maßstab, woran das lyrische Subjekt Stück für Stück die einzelnen Vergleichspartner wertet und für unzulänglich befindet. Einerseits Intensität, andererseits polare Spannweite der wirkenden Energie. Auf diese beiden Parameter also stützt sich das Urteil in jedem der Fälle. Minder intensiv, in schwächerem Grad als die Augen strahlt der Karfunkel, glimmert der Stern, wirkt die Kraft des Blitzes und die Stärke der Sonne. Andrerseits fehlt der Glut wie auch dem Pfeil die polare Spannweite dessen, was die Augen auszudrücken und auszurichten vermögen. Die Glut, weil Wasser sich mit Feuer nicht verträgt, kann heiß und hell, nicht aber feucht sein. Mithin fehlt ihr das tränenvolle Weinen und Lachen der Augen. Und der Pfeil kann nur treffen, verwunden oder gar töten, doch den Getroffenen, Verwundeten oder gar Getöteten kann er nicht froh machen.

Alles in allem, so das Fazit, sind „di Augen seiner Liben" unerreicht, weil unerreichbar. Überhaupt und zumal in ihrer wirkenden Energie. Sind sie doch, wie das lyrische Subjekt im dritten Quartett scheinbar zwingend begründet, schlechterdings ungleich selbst den allgewaltigsten Vergleichspartnern. Die mögen noch so wetteifern, an jene Augen heranzureichen, es ist vergebens. Die Augen lassen sich nicht einholen. Vor allem eben deshalb nicht, weil sie allein – anders als andere Erscheinungen der Natur und Kultur – unvereinbare Pole, statt sie auszuschließen, in sich vereinen: glühend und dabei doch feucht, verwundend und dabei doch Freude hervorrufend. Demnach eignet den „Augen seiner Liben" eine Coincidentia oppositorum. Das heißt, sie verfügen über jene einzigartige Kraft, Gegensätzliches in sich aufzuheben, wie sie seit Nicolaus von Cues einzig dem einzigartigen christlichen Gott zugeschrieben wird.

Was hier auffällt, ist nicht nur das unfromm religiöse Avancement jener Augen. Es ist erst recht ihr poetologisches Avancement. Der spätere Zesen geht in dieser Hinsicht entschieden weiter als der frühere Weckherlin. Denn Zesens lyrisches Subjekt erhöht die Augen ja nicht nur über alle anderen Augen dieser Welt und über alle erdenklichen erhabenen Vergleichspartner. Er erhöht sie auch in der Hierarchie seines Gedichts. Sie gewinnen eine noch höhere Stufe als bisher, im ersten und im zweiten Quartett. Sie übersteigen noch den Rang des zentralen Gegenstands und Adressaten, um den das Gedicht beharrlich kreist, so wie bei Weckherlin. Denn diese, „die Augen *seiner* Liben", verkörpern nun auch noch, konzentriert, das paradoxe Gesamtunternehmen des Gedichts. Wenn nämlich aus den Augen eine gottähnliche Coincidentia oppositorum spricht, Widersprüchliches schönstens vereinend, wenn dem so ist, dann leisten sie das, was Zesens Sonett mit und an ihnen zu vollbringen vorgibt. Auch die Augen selber sprechen dann, feierlich lautlos, Unsagbares aus.

Zesens Gedicht, wie gesagt, wirkt rhythmisch und kompositorisch eingängiger als das von Weckherlin. Trotzdem ist auch hier der rote Faden nicht so ohne weiteres zu fassen. Vorwärts und rückwärts und vorwärts im Text muss man ihm immer wieder nachspüren, bis er sich als Zusammenhang zu erkennen gibt. Dann freilich erscheint die verbindliche Richtung, die vom ersten Vers hin zum letzten, umso prägnanter. Der rote Faden markiert sie als Ablauf aus mehrerlei Abläufen, die allesamt eine unversehene Wendung nehmen. Sie laufen nicht nacheinander ab, einer aus dem anderen hervorgehend. Nebeneinander laufen sie ab, bald parallel und bald versetzt. Gleichsam als Einzelfäden, die sich zum gemeinsamen roten Faden verzwirnen.

Der erste Ablauf ist eine Blickbahn, die unversehens abknickt. Dies geschieht, wenn das lyrische Subjekt im allerersten Auftakt „di Augen seiner Liben" frontal anspricht, in zweiter Person – „*Ihr* augen fol von gluht" –, um gleich darauf und fortan nur noch *von* ihnen zu sprechen, also in dritter Person. Ruckartig wendet es da, bereits im zweiten Vers, zugleich mit dem Blick auch die Art seiner Rede. Von entzückter Anrufung wechselt es über zu heftiger, fast reportagehafter Mitteilung an andere: „... ein bliz / dehr ... sich aus ihrem aug' / bis in di meinen zůht. | nicht blizze; bolzen sein's ..." Derart richtet das lyrische Subjekt die Aufmerksamkeit auch der Leser fort von den besonderen Augen vis-à-vis. Es lenkt sie hin zur verallgemeinernden Debatte darüber, ob und wie sich wer ein wahres Bild davon machen könnte.

Zweiter Ablauf ist – vor dem Schiedsgericht des lyrischen Subjekts – der schon erörterte Wettkampf der Metaphern darum, welche von ihnen wohl der Wirkkraft jener Augen am nächsten komme. Auch hier erfolgt eine unversehene Wendung. Und zwar dort, wo im Schlusscouplet das lyrische Subjekt all die widerstreitenden Metaphern, die es doch selber ins Treffen geschickt hat, nochmals rafft: um sie rundweg zu verwerfen als Unsinn, wie ihn nur „då̊s Folkes aber=wahn" erzeugen kann. Zugleich kehrt es sich nun gänzlich ab von den anfangs angerufenen Augen. Wohin? Zur Leserschaft des Gedichts, wenn es seine rhetorische Frage – samt der fälligen, aber eben vorenthaltenen Antwort – an die Leser weiterreicht. Ähnlich, doch minder schnöd als die Pharisäer, wenn sie den Judas abfertigen mit ihrem ‚Da siehe du zu!'

Dritter Ablauf ist jener, der dazu führt, die Rolle des Titelgegenstands im Gedicht erheblich umzuwandeln und aufzuwerten. Abermals mit einer unversehenen Wendung, diesmal in der dritten Strophe. Bis dahin sind „di Augen seiner Liben", dem Titel getreu, zunächst Anlass und Adressat. Danach sind sie Gegenstand der lyrischen Rede. Jetzt jedoch, sobald die gottähnliche Eigenschaft zur Sprache kommt, eben jene Coincidentia oppositorum, ändern sich die Verhältnisse. Jetzt verwandelt und erhöht der Titelgegenstand seinen Status im Gefüge des Gedichts. Obwohl auch diese gottähnliche Eigenschaft am Ende durchs lyrische Subjekt abgetan wird, ist sie doch markant genug, um sich den Lesern als etwas Besonderes, ja Absonderliches einzuprägen. Es hebt „di Augen seiner Liben" nicht nur von allen anderen Augen ab. Es hebt sie auch noch ab von allen anderswo bedichteten Titelgegenständen in galanter Barocklyrik.

Denn diese einzigartigen Augen sind mehr als nur die Organe eines einzigartigen Körpers. Sie verkörpern, wie schon vermerkt, ihrerseits das, was der Dichter Zesen hier veranstaltet. Diese Augen verkörpern und sie erwirken ebenfalls jene Paradoxie, Unsagbares auszusprechen. Damit sind sie vollends, nun freilich in noch höherer poetischer Potenz, am vielfach agonalen Hergang des Gedichts beteiligt. Am Rivalisieren, am Übertrumpfen, am Ausstechen. Sie wetteifern sogar noch mit ihrem dichtenden Urheber: wer denn wohl die schönste Paradoxie vollbringt. Da nun aber „di Augen seiner Liben“, wie jegliches Element in jeglichem Gedicht, nur von Gnaden des Autors lebt, trägt auch in diesem innerpoetischen Wettkampf selbstredend der Autor den Sieg davon.

Der rote Faden, der Zesens Gedicht durchzieht, ist damit noch nicht am Ende. Die Unterfäden, aus denen er sich zusammenzwirnt, enthalten noch einen weiteren. Sprich, einen weiteren Ablauf mit einer weiteren unversehenen Wendung. Sein angesteuertes Ziel erreicht dieser Ablauf, zugleich mit seiner Wendung, in der abschließenden Frage der letzten Strophe:

> wahr=ûm dan sihet si dås Folkes aber=wahn
> fohr gluht / karfunkel / bliz / pfeil= son= und stårnen ahn?

Eigentliches Ziel jedoch ist diese Strophe nicht. Der letzte Ablauf zielt vielmehr noch über das Gedicht hinaus. Und damit auch über den Anlass, Adressaten und Gegenstand des Gedichts hinaus. Angriffslustig zielt er auf eingeschliffene Verfahren der barocken Lyriker. Auf das, was Zesen selbst und seine Zeitgenossen regelmäßig anstellen, wenn sie – wie hier oder auch im Gedicht von Weckherlin – weiblicher Schönheit und andern edlen Gegenständen dichtend den Hof machen.

Worin aber besteht der Angriff und wogegen richtet er sich? Erst spät macht er sich bemerkbar, gegen Ende des verzwirnten roten Fadens. Vorerst, drei Strophen lang, nimmt er nur heimlich Anlauf. Wenn Zesen, weiblicher Schönheit huldigend, jenes exemplarisch liebreizende Körperteil poetisch hervorhebt, das dazumal als das höchstrangigige gilt, weil es Schönheit und Liebe nicht nur ausstrahlt, sondern auch in sich aufnimmt wie ein Einlassportal; und wenn er dieses Körperteil sogleich in bezeichnende Aspekte und Eigenschaften zerlegt, um sie jeweils durch erlesene Vergleiche zu adeln und aus all dem ein preisendes Fazit zu ziehen – : dann reiht er sich, nicht anders als Weckherlin, reibungslos ein in die lyrische Konvention des europäischen Barock. Aber auch dann noch, wenn er, ebenfalls wie Weckherlin, die herangeholten Metaphern als untauglich verwirft, oder wenn er seinen vornehmen Gegenstand wortreich für unbeschreibbar erklärt, auch dann bleibt er im Rahmen dessen, was seinerzeit lyrisch gang und gäbe war.

Anders jedoch steht es mit dem erörterten Wettkampf, den Zesen entfacht, scheinbar nur den „Augen seiner Liben“ zu Ehren. Genauer, mit dem seltsamen Hergang und Ausgang dieses vielfach agonalen Spiels. Es läuft ja nicht darauf hinaus, dass am Ende des Wettkampfs all der unpassenden Metaphern, als überraschende Pointe, nun die einzig triftige auftauchen und siegreich auftrumpfen würde. Ebenso wenig läuft das Spiel darauf hinaus, dass die Unvergleichlichkeit der

Augen am Ende nochmals feierlich beteuert würde als erhaben über jeglichen Vergleich. Nein, das agonale Spiel endet gerade nicht triumphal. Es löst sich auf in der verwunderten Frage, die all die Metaphern, kurzerhand gerafft, verabschiedet: wie man denn überhaupt darauf verfallen kann. Derlei könne doch wohl nur „dås Folkes aber=wahn“ entspringen.

Diese Wendung ist mehr als ein kecker Witz. Sie ist polemisch. Mit ihr rüttelt Zesen am Schematismus der zeitgenössischen Lyrik. Sein eigenes anerkanntes Tun und das der dichtenden Kollegen schmäht er als abwegigen und zugleich wohlfeilen Unfug. Wie ernsthaft Zesens Angriff gemeint ist, und ob er damit literaturkritische Debatten ausgelöst oder aufgegriffen hat, geht uns hier wenig an. Umso mehr interessieren die möglichen Folgen und auch Folgerungen für die sprachlichen Verrichtungen von Lyrik. Von Gedichten überhaupt und besonders von solchen, die wie hier das paradoxe Spiel des ausgesprochen Unsagbaren veranstalten.

Zesens – impliziter – Angriff schärft den Sinn der Leser für ein allzu gleichgültig hingenommenes Grundproblem sowohl der Grammatik wie der Poetik. Er schärft ihn für den Zwiespalt zwischen Regel und deren Übertretung, zwischen Norm und Abweichung, zwischen Generellem und Individuellem. Jede sprachliche Äußerung und jedes gedichtete Werk, auf Verständnis erpicht, strengt sich an, beidem gleichermaßen gerecht zu werden: den regelnden Vorgegebenheiten von Grammatik und Gattungspoetik einerseits und den einmaligen, unverwechselbaren Ausdruckszielen andererseits. Besonders auffällig, weil zugespitzt, weil eigens thematisiert, stellt sich das Problem bei Gedichten wie den beiden erörterten. Erheben sie doch den Anspruch, nicht nur einzigartig und dennoch begreiflich zu sein, sondern auch Einzigartiges auf dennoch begreifliche Weise den Lesern nahe zu bringen.

Ja, ist das denn überhaupt möglich? Die Gedichte selber drängen uns diese Frage auf, damit wir sie ihnen stellen. Und die erteilte Antwort, bei Zesen wie bei Weckherlin, lautet Nein und Ja. Möglich ist es nur ex negativo, indem der Autor möglichst einzigartig uns die Unmöglichkeit vor Augen und Ohren führt. Weckherlin tut es überwiegend syntaktisch, mit seinen verwegenen Ellipsen. Zesen tut es überwiegend semantisch, mit seinem Wettkampf der Metaphern. Dabei geht er weiter als sein Vorgänger. Denn Zesen stellt, über den besonderen Fall dieses individuellen Gedichts hinaus, ein generelles lyrisches Verfahren in Frage. Buchstäblich fragend:

> wahr=ům dan sihet si dås Folkes aber=wahn
> fohr gluht / karfunkel / bliz / pfeil= son= und stårnen ahn?

Diese rhetorische Abschlussfrage an die Leserschaft – nochmals sei es betont – ist das Fazit jenes Wettkampfs. Und sie scheint mir keineswegs nur anzudeuten: just jene hier genannten und zuvor Stück für Stück entkräfteten Metaphern, von der Glut bis zum Stern, verfehlen ihren Zweck, die Wirkkraft eben jener hier gemeinten „Augen seiner Liben“ unmittelbar sinnfällig zu machen. Die Frage scheint mir erst recht anzudeuten: überhaupt muss dieses offenbar unvermeidliche lyrische Verfahren – durch Vergleiche und Metaphern etwas Einzigartiges, All-überragendes unmittelbar sinnfällig machen zu wollen – seinen Zweck verfehlen. Vor Unvergleichlichem muss jeder Vergleich versagen.

Demnach wäre also ein für alle Mal das Todesurteil verhängt übers poetische Vergleichen? Keinesfalls. Weder im besonderen Fall dieses Sonetts ›Auf di Augen seiner Liben‹ noch anderweitig. Gerade der große Auftrieb und Wettkampf der Metaphern, auch ihre beharrliche Litanei in der asyndetischen Reihe der Schlussstrophe, sie schärfen uns Lesern, Hörern und Sprechern etwas Anderes ein. Etwas Selbstverständliches, das im prosaischen Alltagsreden kaum je beachtet wird. Nämlich: Ein schierer, ein absoluter Superlativ lässt sich sinnvoll nicht denken. So wenig in der Poetik wie in der Grammatik. Ohne Komparative ist kein Superlativ vorstellbar, der sie einsam übertrumpft. Die singuläre Schönste kann jene nur sein, die hinabschaut auf etliche Frauen, die schöner sind als sämtliche schönen Frauen.

So gelingt es Zesen, poetisch eine Ahnung hervorzurufen von der all-überragend einzigartigen Wirkkraft jener Augen: einzigartig aufgrund und zugleich einzigartig trotz unermüdlichen Vergleichens. Diese Ahnung entsteht, weil und obwohl der agonale Komparationskampf sämtliche Metaphern zur Strecke bringt; weil und obwohl all die niedergestreckten Metaphern, kumulierend aufgehäuft, an jene erhabenen Augen niemals heranreichen würden. Nur so werden sie zum lyrischen, zum poetisch verbindlichen Ereignis. Als isolierter, vergleichsloser Superlativ wären sie lediglich eine überspannte private Behauptung.

THE SEARCH FOR AUTHENTIC LANGUAGE IN THE STURM UND DRANG

The Case of Klinger

By John Guthrie (Cambridge)

Few would disagree that the language of the Sturm und Drang is distinctive and one of its most intriguing aspects and that the style of one of its foremost representatives – Friedrich Maximilian Klinger – is any less so. Indeed, Klinger's dramatic language is at the very hub of the Sturm und Drang. He peaked when the movement peaked and his style is often seen to be its purest expression. A number of studies have singled out language as the most important quality of his early plays. A broadly based study of Klinger's œuvre begins with a discussion of language and returns to it often,[1]) and a number of other studies have been devoted to it.[2]) This language is generally associated with spontaneity, vitality, dynamism, the depiction of individualism, subjectivism, naturalness, or even with "Formwerdung des Gefühls."[3]) It was regarded positively by some of Klinger's contemporaries. Later, Otto Ludwig praised ›Die Zwillinge‹, and another mid nineteenth-century view of this play is that:

> Der Dialog ist meisterhaft, die Sprache kühn und wild leidenschaftlich. Klinger sprach die Sprache, welche damals allen zu Herzen drang. Es war eine wilde, von Stürmen bewegte Zeit, wo man alle Fesseln von sich streifen wollte.[4])

But views of Klinger's language are also divided. On the negative side, Klinger's language has been seen as mannered, stilted, bombastic, exaggerated, repetitive, juvenile or resembling gibberish, as symptomatic of the worst features of Sturm und

---

[1]) Christoph Hering, Friedrich Maximilian Klinger. Der Weltmann als Dichter, Berlin 1966.

[2]) Kurt May, Beitrag zur Phänomenologie des Dramas im Sturm und Drang, in: GRM 18 (1930), pp. 260–268, and, Die Struktur des Dramas im Sturm und Drang, an Klingers Zwillingen, in: K. M., Form und Bedeutung Stuttgart 1957; – Freidrich Beissner, Studien zur Sprache des Sturm und Drangs. Eine stilistische Untersuchung der Klingerschen Jugendwerke, in: GRM 22 (1934), pp. 417–429.

[3]) Kurt May, Die Struktur des Dramas im Sturm und Drang (cit. fn. 2).

[4]) Allendorf, Lenz and Klinger, in: Das Inland 51 (1862), pp. 813f. Quoted by Olga Smoljan, Friedrich Maximiliam Klinger. Leben und Werk, Weimar 1962, p. 70.

Drang, as irrational aberration.[5]) Bruford thought Klinger was a dramatist with nothing to say.[6]) A study of Klinger and Shakespeare came to the conclusion that it was Klinger's imitation of Shakespeare that was responsible for the excesses, for the inarticulate screaming and bawling,[7]) and another scholar ascribed it to Klinger's psychology, puberty and poverty.[8])

Then there are mixed views. What seem like negative aspects are highlighted, but so are compelling features. Some of the critics propounding these views use terms like "Baroque." Thus Hans Berendt, in the introduction to an edition of Klinger's dramatic works (itself a milestone), writes in relation to ›Otto‹:

> Da tobt und brüllt und kocht es […] Der Redende ist gleichsam gefesselt von einer Vorstellung, hypnotisiert von einem Gedanken […] Ganz barock ist die Sprache Klingers in diesem Werke.[9])

Here is Berendt's argument in respect of ›Die Zwillinge‹, the play which by general acknowledgement has come to be thought of as *the* exemplary Sturm und Drang drama:

> Hinreißend ist trotz mancher Übertreibungen der leidenschaftliche Fluß dieser Sprache, die sich mitunter zu rhythmischer Diktion erhebt […] Die düstere Leidenschaft des Stückes atmet auch die Sprache, die wieder wie im *Otto* in wildem Paroxysmus dahinhetzt; kaum ein Satz wird zu Ende gesprochen, Wiederholungen jagen sich, kühnste Bilder drängen sich – kurz, das ganze ungebändigte, wildgärende des jungen Klinger tobt sich aus.[10])

Recently, critics have been delving into Klinger's language from different angles, finding suggestions of complexity and originality, hitherto unappreciated, and moreover situating his work in the context of debates of the time about language and with regard to the aesthetic discourse of the Enlightenment. Attention has been devoted to the elements of irony and parody in his work;[11]) it has been argued that

---

5) Friedrich Gundolf, Shakespeare und der deutsche Geist, Berlin 1923, pp. 258ff.

6) W. H. Bruford, Theatre, Drama and Audience in Goethe's Germany, London 1950, p. 217.

7) Ludwig Jacobowski, Klinger und Shakespeare. Ein Beitrag zur Shakespearomanie der Sturm und Drangperiode, Dresden und Leipzig 1981, p. 13.: "Das Convulsive, das Explosive und Elementare der Leidenschaft ahmt er Shakespeare sprachlich nach, aber er erzwingt sich nur einen tollgewordenen Stil, einen zerhackten, gehetzten Satzbau und in dem Hochmomenten der Leidenschaft stammeln seine Helden nur abgerissene Worte, schreien, schluckzen unartikuliert und begehen Excezze."

8) Hering, Friedrich Maximilian Klinger (cit. fn. 1), p. 34.

9) Friedrich Maximilian Klingers dramatische Jugendwerke, ed. Hans Berendt and Kurt Wolff, 3 vols, Leipzig 1912f., here vol. 1, pp. xxi, xxii, xxx.

10) Berendt ed., ibd., pp. xxxviii–xxxix.

11) Cornelia Blasberg, Ein 'kopierendes Original'. F. M. Klingers Trauerspiel ›Die Zwillinge‹ zwischen Geniekult und Traditionsbindung, in: JDSG 38 (1994), pp. 39–64. – Michael W. Jennings, 'Vergessen von aller Welt': Literatur, Politik und Identität in Klingers Dramen des Sturm und Drang, in: ZfdP 104 (1985), pp. 494–506. – Bruce Kieffer, The Storm and Stress of Language. Linguistic Catastrophe in the Early Works of Goethe, Lenz, Klinger and Schiller, Penn. State UP 1986. – Bruce Duncan, Lovers, Parricides and Highwaymen. Aspects of Sturm und Drang Drama, South Carolina 1999. – Blasberg, Ein 'kopierendes Original', speaks of the fallacy of approaching Die Zwillinge from the point of the notion of "Genie" and finds in the play a "sprachliches Verweisungsnetz" (p. 40).

some of his works show evidence of language scepticism, that is, scepticism of the verbal and rational in the communication process, and he is seen as a progenitor of modern views of the inadequacy of language, of "Sprachkrisen."[12]) As a corollary of this some commentators believe there is a preference for exploring modes of non-verbal communication, especial interest being shown in the visual or ocular component. This is one of the ideas to be explored in the following. While it can be shown that Klinger is indeed sceptical of some forms of linguistic communication, it can also be shown that he shares a belief in human communication in an ethical context and that this belief motivates his work. Alongside some of the derivative features of Klinger's work we also find elements of originality that need to be got into perspective. It is axiomatic in what follows that style is an expression of world view, but it is a world view that is modified from one play to the next. It is hoped that we can go further than previous discussions of Klinger's style by showing the connections between it the aesthetic discourse of the Enlightenment.[13])

I.

Klinger's first play ›Otto‹ (1774)[14]) retains a place in the margins of literary history as a "Ritterdrama" inspired by Goethe's ›Götz von Berlichingen‹. The other immediately striking influence is that of Shakespearean tragedy. From the first scene we are aware of borrowings, thematic and linguistic, especially from ›King Lear‹, and these continue to be apparent in the course of the play (most noticeably perhaps in the motif of roaming around in a storm and other references to the weather).[15]) It has been suggested that the element of repetition (e. g. of words or short phrases) to be found in the language of this and other plays by Klinger owes something to Shakespeare. Here it is a device used to express emotion, usually of a blunt and spontaneous kind. Shakespeare's influence is further reflected in the play's humanistic message – the opposition to feudal society and the appearance of positive characters –

[12]) See Kieffer, The Storm and Stress of Language (cit. fn. 11) (Klinger: Sight against Speech); Jennings (cit. fn. 11), links Klinger with Hofmannsthal and Thomas Mann.

[13]) In addition to the studies by May and Beissner, see that by Claus Reschke, which is a limited but useful linguistic analysis, and one of the few to reveal the sometimes subtle texture of Klinger's language. C. Reschke, Stylistic patterns in Sturm und Drang drama. F. M. Klinger's early plays, in: Theatrum Mundi. Essays on German Drama Dedicated to Harald Lenz, ed. Edward R. Haymes, Munich 1980, pp. 40–50.

[14]) References to Klinger's plays are to page numbers in the following editions: Otto. Das leidende Weib. Scenen aus Pyrrhus Leben und Tod, ed. Edward P. Harris, in: F. M. Klinger, Werke. Historisch-kritische Ausgabe (= HKA), vol. 1, Tübingen 1987; – Die Zwillinge, ed. Edward P. Harris, HKA vol. 2, Tübingen 1997. References are to the first edition, contained in this volume; – Die neue Arria. Ein Schauspiel. Simsone Grisaldo, in: Sturm und Drang. Dramatische Schriften, eds. Erich Loewenthal and Lambert Schneider, Heidelberg, 1963, vol. 2; – Sturm und Drang. Ein Schauspiel ed. Jörg-Ulrich Fechner, Stuttgart: Reclam 1970.

[15]) See the studies by Jacobowski (cit. fn. 7), and Max Lanz, Klinger und Shakespeare, Phil. Diss., Zurich 1941.

a fact which should not be forgotten in view of the Sturm und Drang's often stressed opposition to any system. The opening scene, in which Friedrich von Hungen is banished by the Bishop, Adelbert, himself at odds with the Count Friedrich, strikes a relatively formal note. The Shakespearean borrowings here are from the first scene of ›King Lear‹, one of the most formal in the Shakespearean canon, replete with pomp and ceremony. This establishes one strand of the play's linguistic ideas: the criticism of language that is convoluted and formal, linked to the hunger for power and preservation of the status quo. It ties in with the criticism of feudalism, established religion and rationalism, characteristic of the Sturm und Drang. In this respect the play's language is, up to a point, mimetic, for its reflects a historical epoch accurately enough on the one hand, but in a generalized way which enables it to point to Klinger's own times as well. It reflects a trans-historical type of language and is one of the prongs of Klinger's attack. This is the language of oppression, devoid of humanity, an illustration of negative ways in which the human mind can behave. We may speak of scepticism regarding particular uses to which language can be put.

Opposed to this strand is a more positive kind of language associated with Otto and others. Otto himself is a positive figure, an opponent of tyranny, not to the extent of leading a rebellion of the people, but of reacting appropriately to betrayal and corruption. His reputation goes before him; he is hardly present in Act I, but described as "ein rauher, tapfrer Mann", even though we do not see a great deal of him on stage. Klinger is not only interested in his psychology or potentially tragic situation. He is vigorous and vital and this is shown by the language he uses, which is more natural and less affected than that his opponents'. He is linked to other positive characters (Hungen, Wieburg) and like Götz, to an atmosphere of homely virtue and simplicity. The world of children figures in relation to him, too, and Klinger has gone beyond the derivative here by expanding such scenes and demonstrating his mimetic skills. Such scenes reaped the praise of contemporary critics. The positive side of the play's language represented by this group is a considerable step away from the "Kraftreden" of the plays to follow. Of it we may say firstly that it exists in one sense by virtue of opposition to another type of language. It is a reaction to that artificial mode of discourse clung to by a power-seeking group. There is therefore potentially a sense of oppositional dialogue taking place, even where these characters debate amongst themselves, or speak alone.

But secondly, and as a consequence of this, although the language of Otto is closer to the vernacular, to the life-blood of language in Herder's sense, it has, by virtue of its oppositional nature and political aim, limited poetic force. Klinger has not placed emphasis on the ability of language to revivify itself or to illustrate how regeneration within language might take place. One might contrast this with the ebullience, the linguistic inventiveness and fertility of Goethe's early poetry. It is language which is weak on metaphor and imagery, not avoiding cliché. Although it has energy and force and acquires momentum through its syntax, this energy is linked to opposition. Otto, speaking to Count Friedrich's son (I, 4):

KARL. [...] *Otto kommt.* Nicht wahr, Otto, wir haben Fäuste und Schwerter für'n Adelbert?
OTTO. Beym Teufel! Die hatt' ich, und er merkte es. Hättest du mir nur seinen Jungen gelassen, zu schinden! Auf der Sonnenwelt ist mir nichts so sehr verhaßt, als er, und sein stinkender Anhang. (11)

This energy however recedes in the course of the play as Otto loses heart (III,5):

Das Leben ist nichts mehr für mich, alle Ruhe ist hin. Da geh ich herum, wie ein Schatten, gepeinigt und gemartert von bösen Geistern in meinem Herzen tausendweiß. (62)

After von Hungen's death he kills himself in a paroxysm of despair. Thus, linked to the energetic search for a way out of outmoded language, there is despair and uncertainty. The potential opposition between two levels of language is not sustained.

In addition to the two levels so far mentioned, there is another, middle band of language shared by most of characters, enabling them to engage in dialogue. It is the language, we may say, of ordinary discourse, unexceptional, without much regional colour, special peculiarities or dramatic qualities. It is used extensively. The play makes an overwhelmingly verbal impression through it, Klinger's characters have an apparently endless fund of verbal energy and no problem expressing themselves and engaging in debate.

The language we have considered so far is verbal, but it is appropriate to ask what other forms of communication figure. Does non-verbal language offer a solution or an alternative to received types of communication? Characters' gestures are not especially prominent and on the whole complement their spoken dialogue and are part of normal social behaviour. We find characters weeping, kneeling, praying, fainting, occasionally becoming more violent, but on the whole the play is reserved as far as gesture is concerned. Music figures briefly in the play. In a scene in which the Count Friedrich's daughter plays the lute to him, words and music go hand in hand. Music evokes feelings which are then verbalized and discussed.

HERZOG. *Hört eine Zeitlang zu.* Liebe, deine Musik ist gut, aber taugt nicht für dieses Herz. – Deine Töne sind zu fein, zu ordentlich, zu natürlich; klingen zu sanft. Sieh zu, ob du keine aus diesem Instrument locken kannst, die rauh wären, stürmisch, widernatürlich, die so widrich klängen, als wenn man sagte, der Sohn will gegen den Vater gehen, ihn zu morden! Hast du keine?
Gisella schweigt und weint. (30)

Typical of the Sturm und Drang is the fact that music is seen to correspond to an extreme state of mind. In this situation, the type of music played is found to be unsatisfying, and rejected. It seems that Klinger is saying the same thing here as in relation to verbal communication: that there is an emotional need which requires an equivalent expression, but that this expression for some reason fails. There is an urge to seek a different kind of expression, but this search is doomed to failure. Music does not ultimately have the communicative power to replace ordinary language. We will find this view of music reflected in other plays by Klinger.

The play has these three levels of language and elements of non-verbal language, but Klinger has not worked out their interrelationship in dramatic terms. There is potentially conflict between them, but this is not converted into a form of action. The sprawling plot does not allow the development of linguistic issues. "Sprache ist hier ungestalteter Rohguß" according to Hering.[16]) The play's message is, as far as language is concerned, ambivalent. On the one hand Klinger has faith in a language that is closer to reality, to life and truth, opposed to falsehood and inhumanity. On the other hand, some scepticism and misgivings appear to inform that new concept of language. The energy seen to be inherent in language, producing more natural forms of expression – shown by the deviations from logical syntax, the prominence of exclamations and use of ellipsis – also produces gaps in another sense and reveals a void of communication. ›Otto‹ is in some respects a promising play, but it was a failure. It never had a stage history and the majority of reviews when it appeared were negative.[17]) Many of the scenes, effective in themselves, fail to connect and gel into a coherent whole and there are no great dramatic moments involving the clash of characters of equal status. If Klinger took this failure to heart he would have concluded that turning to history and taking a mimetic approach to language had its drawbacks. It might be more worthwhile to turn to contemporary reality and adopt a more radical and provocative stance.

II.

This is precisely what he does in his next play, ›Das leidende Weib‹, (1774; publ. 1775). It is often criticized for its derivativeness and even plagiarism. Klinger borrows freely: characters, motifs, images, ideas and elements of language from Shakespeare, Richardson, Petrarch, Lessing, Klopstock, Goethe, Lenz and others, without trying to hide it. The story, however, seems entirely Klinger's own and drawn from personal experience. The daughter of a Geheimrat has been encouraged by her father to enter into a respectable marriage with a not unsympathetic and loving ambassador rather than been allowed to follow her heart and marry her former sweetheart, Brand. She already has children when the latter returns and love is renewed, producing a moral dilemma which makes difficult the reconciliation of duty and desire. In addition, the two are betrayed by the jealous and malevolent Graf Louis. The ambassador's wife kills herself, followed by Brand doing the same on her grave. Their relationship is paralleled by that between her brother Franz and Julie, whose love is threatened by Franz's friend Läufer (shown to us initially enamoured of Sußgen, whose father he cannot however get on with.) Klinger's play is sometimes credited with being the first "Ehebruchsdrama" in German literature,[18]) which in a sense it is. One might say it is another 'gesteigerter ›Werther‹',

---

[16]) Hering, Friedrich Maximilian Klinger (cit. fn. 1), p. 51.

[17]) See Harris, Entstehungsgeschichte, HKA I (cit. fn. 14), pp. ix–xi, who mentions Gottlob von Schirach's review, and Smoljan, Friedrich Maximiliam Klinger (cit. fn. 4), pp. 46f., who cites that of Schubart.

[18]) Ferdinand Josef Schneider, Die deutsche Dichtung der Geniezeit, Stuttgart 1952, p. 223.

with more than one problematic triangular relationship and things having advanced a stage further (to include a happy marriage with children) before burning passion enters to destroy lives.[19]) Klinger paints a negative portrayal of a society in which personal and family happiness cannot be found. Some critics have emphasized the social indictment of Klinger's play,[20]) but it is clear that he is primarily interested in the emotions and the way in which they prove to be problematic. Klinger's characters are nominally aristocratic, but like other dramatists after Lessing he is interested in their emotional state rather than the conflict between classes. The play is of interest not so much for its social criticism, but for its language and relation to the aesthetic issues of the period.

For Klinger's play also reveals fractures in the aesthetic values implicit in social life in late eighteenth-century Germany. The New conflicts with the Old in aesthetic matters.[21]) This issue enters Klinger's dramatic world much more explicitly than in ›Otto‹. Klinger uses the play to incorporate a Sturm und Drang aesthetic: an aggressive attitude towards normative poetics and rationalistic solutions and an expression of belief in the inseparability of literature and life. This is presented in the form of dialogue between characters as well as being implicit in the form and texture of the play itself with its combination of the mimetic and fragmentary with the stylized. Klinger gives an accurate impression of family and social life through language. His characters are nothing if not eloquent and once again, scenes in which children appear are noteworthy for their candid realism. The mimetic element is strong, characters speak a language identifiably that of the period, they engage for much of the time in interlocking dialogue about their emotional concerns, and these are at times extreme. Klinger shares with Lenz the desire to evoke through language a contemporary non-heroic family setting, with emotions heavily to the fore.

There are times, however, when language does not appear to be adequate. This is shown in the case of the Gesandtin, who is in a sense the play's main character, in so far as she is the victim of the major emotional crisis depicted in it. After the ball in which she is confronted by the accusation of adultery from Graf Louis and is being hunted out by her husband and brother, she speaks in a monologue of her sin, expresses her remorse, and begs for mercy. She feels both absence of emotion: "– Meine Hand kalt – Erstarrung –", confusion: "– die Bilder, die sich treiben und jagen – ", and pessimism: "– alles dunkel, düster, schwarz" (162), then puts herself at the mercy of God and dies. It is a moment of extreme confusion in which her language fails her more and more: there are exclamations, anacolutha and gaps. This is a kind of linguistic pessimism which is inseparable from an extreme emotional state; Klinger is exploring the boundaries of language through a particular psychological prism.

---

[19]) The allusions to ›Werther‹ pile up at the end of IV, 2, when Franz, on hearing that Läufer has absconded with Julie, refers to a blue riband for his hat and repeats the phrase "wir begegnen uns wieder" twice (151).

[20]) Smoljan, Friedrich Maximiliam Klinger (cit. fn. 4), pp. 48–64.

[21]) Ibd., p.55.

In this he remains realistic. But as the brief account of the plot suggests, besides the realistic element there is an element of patterning in the complementary strands of the plot. Linked to this is the element of citation and self-conscious literariness of the play, involving an element of literature commenting on itself. The literary preoccupations of Klinger's characters are indeed prominent, marking them as late eighteenth-century literate people. We are confronted here with the theme of literature within literature, which provides, if anything does, the play's unifying interest. Everywhere, characters attempt to express themselves in terms of literary models. Like Musikus Miller after him, the Magister deplores the effect of literature on his daughter's upbringing (it has apparently caused his wife's death!), though this does not stop her and her lover from pretending to be Minna and Tellheim and playing out a balcony scene à la Romeo and Juliet. They act out their love-game using literary models as a prop, at a distance from reality. In her meeting with her lover von Brandt, the Gesandtin quotes anacreontic poetry, but also questions its appropriateness. Brandt declares his love like Werther, countering the tendency towards affectation. The attack on literary affectation is launched in the first scene in the conversation of two "schöne Geister", which cuts across that of Franz and Sußgen. Sußgen loves Fritz more than Läufer because he writes better poetry, even though Sußgen doesn't read much poetry. Meanwhile the "schöne Geister" discourse about Klopstock's "Gelehrtenrepublik." Characters everywhere resort to expressing themselves through literary allusion and by reference to literary models because they cannot express their emotions directly. This is a social problem in the wider sense: characters are inhibited, unable to express true emotions clearly in a socially acceptable manner. There is distrust of normal social discourse. Klinger furthermore shows his characters as literally having to don masks. In IV, 4 Louise and her mistress discuss and try out various masks with the ambassador's wife choosing the mask of the fairy queen rather than the costume and of the shepherdess, white and pure. This puts into symbolic form her predicament; she is caught between two extremes, neither of which she can attain to. There is apparently no authentic language at her disposal. Klinger thus uses symbolic dialogue to introduce the theme of theatricality into his play. It produces an ironical texture as an adjunct to the play's mimetic realism, hints at psychological themes beneath the surface of everyday reality and introduces a self-conscious literary element into the play.

The theme is further elaborated on by Franz in II, 3, where we find him in a room full of antique statues and drawings and a pile of books. Franz's problem is expressing his love for Sußgen. He lampoons the pseudo-poets and philosophers; he has more praise for Shakespeare and Homer, whose works he will keep by his side until he dies. But this does not solve his problem. He stands in front of a statue of the Laocoön and then of Venus and is overcome by genuine, but transient, feelings, inspired by the two statues, with their contrasting evocations of pain and beauty. The problem is that of giving permanency to feelings,[22]) of finding the medium

[22]) As SMOLJAN (cit. fn. 4) notes, there is an ironical reference to Lessing here. Klinger thereby takes up a position in relation to one of the principle debates on aesthetics of the eighteenth

appropriate to the intensity of the emotion. It is not that the image here speaks more clearly than the word (though on one level it may seem to do so), but that the image inspires an emotion as deep and therefore as ambiguous and problematic as life itself. It is the problem of finding an authentic language in the social context. It is a problem to which Klinger refers in his letters. Raw emotion is apparently so strong and contradictory as to inhibit expression rather than facilitate it.[23])

If the question of the role of literature is widened here to embrace the visual arts, another dimension is added to the underlying aesthetic discourse by the inclusion of a discussion of music. Music of a particular kind is once again viewed negatively. The Gesandtin can no longer find any music to alleviate her suffering. She tries to play at the piano, and later in the same scene asks her maid to. We do not know precisely what her maid plays (it is "a French song": no doubt intended as a negative comment on the enthusiasm for French culture), but it is not appropriate for the Gesandtin, who has been used to soothing her soul:

GESANDTIN. Mir vorspielen? ja spiel mir vor! Ich konnte meine Seele oft laben am Klavier. Es ist nun so, mags denn! Könnt ich meinen Mann ansehen – aber dann, dann seh ich all meine Schuld. Und die Güte! Hier liegts – – – Was sind das für Gedanken? was spielst du! was sollen diese Töne? Du reist mich aus meiner Fassung. O Brand! Brand! (118)

It is only a brief moment, showing a character desperate to find the right form of expression for their emotions. In another scene, Julie and Franz express their desperate feelings for each other, alluding to Lessing, Shakespeare, Petrarch and Rousseau. Julie finally sings reassuringly to Franz in Italian,[24]) but it is a fleeting moment, incapable of satisfying her lover and adding permanency to their relationship.

The form and language of the play drew only negative comments when it appeared. Only Goethe later praised its realism and the scenes in which children appeared. To see Klinger as a plagiarist misses the point. He is intent on including allusions of all kinds, on debunking literary pretensions, parodying literary styles, satirising types, attitudes and conventions, sceptical about many of the ways in which language operates. But the despair and frustrations that his characters experience also suggest that a search for a more authentic type of language is going on. We cannot be entirely sure about where this search will lead, for to be so would destroy its significance, but it seems that for Klinger the path must lead through a crisis of expression, via the "Fülle des Herzens" which Franz proclaims that Sußgen's eye sees in his face when he is silent (137). If the eye is a reflection of the soul, then it reveals an inner truth beyond appearances. It is a truth that words must attempt to express. But it is not the ultimate truth. Like the feelings inspired by the statues in

---

century. Whereas for Lessing the problem of the relation between feeling, poetry and the visual arts was clear-cut, for Klinger and the Sturm und Drang this is far less so.

[23]) See letters II, XI, XII, XXVIII, MAX RIEGER, Klinger in der Sturm und Drangperiode, Darmstadt 1880, pp. 372, 385, 386, 402. e. g. the letter to KAYSER from Weimar (12 June 1776): "Lieber Bruder! Hier bin ich seit zwölf Tagen unter den großen Götter und kann dir fast nichts reden, so reich, so arm, so voll so leer bin ich an Worten — an Gefühl" (p. 386).

[24]) Some unidentified verses.

Franz's room, it is transitory. Words must struggle to express the image, but can only do so asymptotically. The relation between them, like the relation between words and music, is imperfect, but must, of necessity be so.

III.

Turning to the Sturm und Drang at its high point with ›Die Zwillinge‹ of 1776 – a play which in many respects has been thought to sum up the movement – we find further development of these ideas. Several commentators have turned their attention to linguistic themes in the play. It is replete with many of those features we associate with the youthful nature of the movement: a certain extremism, an obsessive quest on the part of the hero to assert his individuality in the face of what he considers to be unfairness and inequality, yet sanctioned by society and family and encapsulated in the idea of primogeniture. A maligned young man rebels, but his rebellion goes beyond the bounds of reason: he murders his brother. Ultimately, and paradoxically perhaps, he is not interested in obtaining the power which he seems to be setting out to obtain, nor in gaining the hand of his brother's bride, Kamilla. His quest fails, he denies his murder at first, then admits to it and is struck down by his father. His rebellion, we may feel in retrospect, is doomed from the very outset. Klinger has created an ambiguous character: we sympathize with him to some degree, but he ultimately forfeits our sympathy. Though character plays a role here, Klinger is not primarily interested in the evocation of "Mitleid." Nor does originality of plot offer the key: the play shares with many plays of the period the themes of fraternal enmity and generation conflict, and there is little that is new here, except in so far as Klinger has parodied received ideas. The play's significance lies in its ambiguity: the link between forcefulness of expression and the questioning of that force.

We might begin by rejecting the notion of a uniform Sturm und Drang style. That style is commonly seen as extreme, as "Baroque", and its characteristics as exaggeration, repetition (especially of keywords, achieving a hammer-like effect), overblown metaphor, fragmentation, pathos, lack of realism and so on.[25]) But if we return to the play from another angle we may see that Klinger is more subtle. We will find that there is a concern with nature of language, with the meaning of signs and with the problems of expression. Indeed, Klinger finds himself in the mid-1770s at a crisis point in the development of poetic language. His language is on the one hand extreme. But it is an extreme of which he is conscious and he appears to be commenting on it. [26]) Having regard for the range of expression in ›Die Zwillinge‹,

[25]) See especially the comments by BERENDT (cit. fn. 9), and HERING, Friedrich Maximilian Klinger (cit. fn. 1).

[26]) In a letter to his friend Schumann of autumn 1774 (RIEGER, Klinger in der Sturm und Drangperiode, cit. fn. 23, p. 372) Klinger describes his experience of turbulent states of mind as well as his ability to stand outside them and detach himself. See MARK O. KISTLER, The Drama of the Storm and Stress, New York 1969, p. 130.

we will be better able to appreciate the problems that Klinger faced. This applies to dialogue, but also monologic and non-verbal expression such as music and the role of gesture as well as to the role of allusions to other forms of expression such as painting and reading.

It should be borne in mind that although Klinger had no theatre within which to work at this stage in his career he was writing more with an eye to performance. The genesis of the play is legendary: it was Klinger's entry for a competition which he won, even if he was also accused of having taken ideas from the runner-up, Leisewitz.[27]) The competition itself was designed to stimulate the writing of plays for performance. The result is a better-made play with fewer characters and some scenes that are dramatically highly charged.[28]) One of Klinger's concerns was to explore in dramatic form the problems of representation inherent in theatrical language and that is where, I shall argue, the main interest of the play lies. Though some contemporaries like Bürger found the play's language exaggerated and not a single natural character present in it, others, like the eponymous hero of Karl Philipp Moritz's novel ›Anton Reiser‹ identified totally with it.[29])

Early in the play there is a passage concerned with the nature of representation. The two characters Guelfo and Grimaldi discuss their preferences for Brutus and Cassius. Their reading of Plutarch is obviously fresh in mind, but so too is their reading, or possibly viewing, of Shakespeare's ›Julius Caesar‹, as the reference to "hagerer Cassius" suggests. The conversation switches rapidly from a concern with the question of representation of a particular character in these models to the question of representation in general and in painting.

> GUELFO. Ich fühl' den Caßius näher. Und Grimaldi, darauf kömmts doch an. Wie viel gewinnt der Mahler, wenn er mir ein Gemählde hinstellt, wofür ich den Spiegel in mir habe. Mir gehts in allen Fällen so. Ich kann eigenthlich den nur recht durchschauen, ganz meinem Herzen nachfühlen und bestimmen, der am meisten mit mir übereinkömmt; der meine Seele so trift, daß ich gleich das Reißbley nehmen möchte, ihn lebendig hinzuwerfen. Deßwegen gewinnen bey mir Dichter und Geschichtsschreiber so selten. Hu, hagrer Caßius! Mir ists's als stieg er vor mir auf. Ich werd diese Nacht unruhig schlafen. (10)

Concern with aesthetic issues and with the nature of representation informs this dialogue. Guelfo's main criterion is the affinity he feels with the character represented. He places painting above the written word and gives priority to subjective emotion. For him the picture must correspond to an inner state and act as a mirror to his soul. The social world outside is irrelevant. On the one hand this sounds like the aesthetic

---

[27]) See RIEGER, Klinger in der Sturm und Drangperiode (cit. fn. 23), pp. 86ff. for an account of the relationship between the two plays.

[28]) See SMOLJAN, Friedrich Maximiliam Klinger (cit. fn. 4), p. 70: "Das Stück verrät eine gute Kenntnis des Theaters", and EDWARD P. HARRIS, German Writers in the Age of Goethe: Sturm und Drang to Classicism. Dictionary of Literary Biography, vol. 94, Detroit 1990, p. 124.

[29]) See BLASBERG, Ein 'kopierendes Original' (cit. fn. 11), p. 56, who stresses the revolution in reading habits which this illustrates.

of the Sturm und Drang. Klinger takes up a position in relation to the aesthetic discourse of the period and raises the issue of the relationship between the visual and the verbal. We are shown in the course of the play how Guelfo's emotionalism is a hindrance as well as an aid to self-expression, how it undermines the representation of reality and hence the foundations of his very own existence. Here, the metaphor of the mirror, already linked to the soul, is crucial. The mirror is suggestive not only of reflection, but of reflection a troubled inner life. Later, in his "mirror-monologue", Guelfo stands in front of the mirror, erupts into a fit of rage and destroys it. He describes this himself as an act of self-destruction, consciously verbalizing the process. This is linked with biblical motifs, for at the beginning of his short monologue Guelfo refers to his biblical predecessor, Cain: "Hast du eingegraben auf meine Stirne den Mord" (180). The play as a whole has been seen as a parody of the Cain story, a re-interpretation of it from the pathological angle.[30]) Klinger's concern is with meaning. Guelfo cannot see himself in this biblical role. He will not accept anything that links himself with tradition or fixed image and so he destroys it. We may speak here of the concept of "doubling" which has been seen to exist in other Sturm und Drang plays.[31]) When an idea is repeated or an image reproduced, as in the mirror image, it is not only repeated, but acquires a new significance, and is raised to a higher power.[32])

Discussion of other forms of representation also forms part of the subtext of ›Die Zwillinge‹. Consider the role of music. Early in the play, after a tirade in which Guelfo denounces his brother in front of Grimaldi, the latter plays a piece on the piano. We do not know what he plays, it involves a mixture of styles depicting gentler and stronger emotions alternating. Guelfo indignantly suggests that Grimaldi can throw his instrument into the Tiber! This might seem to contradict the common idea that music calms the troubled soul. Why does Guelfo reject it? The floodgates of the emotion have been opened, they release raw, untamed feeling that cannot be channelled. The image of the piano floating down the Tiber, though difficult to imagine, is significant: artistic form is swept away by natural forces.

The problem for Guelfo is one of expression, of verbalising his emotions, of discovering what he is about, the meaning of his latent urges, which seem to be pre-rational: jealousy and hatred mixed with love and the desire to find his true self. He tries to interpet Grimaldi's music with reference to Brutus and Cassius, whereupon Grimaldi puts the idea of murdering his brother into his head. But the problem at the heart of this is precisely: how to explain the emotions he feels in relation to their representation in art.

Guelfo. Dieß ist die Erklärung Deiner letzten Töne? Was solls heißen? (9)[33])

---

[30]) Hering, Friedrich Maximilian Klinger (cit. fn. 1), p. 71.

[31]) See Fritz Breithaupt, Anonymous forces of history: the case of infanticide in the Sturm und Drang, in: NGQ 79 (2000), pp. 157–176.

[32]) The technique reflects Klinger's world view.

[33]) Another line reminiscent of ›Emilia Galotti‹.

Another passage, noteworthy for its uniqueness in the play, involves the combination of music and lyric poetry. It is worth remembering at this point that there are no such passages in ›Emilia Galotti‹, but several in Schiller's first play ›Die Räuber‹, reflecting a development towards a wider range of expressive styles. While Guelfo awaits his brother's return, Grimaldi reminisces, and encouraged by Guelfo, sings four stanzas about the happiness of love and the release from darkness and melancholy. The verses, which are Klinger's own, are not especially remarkable as lyric poetry. In fact they are derivative and trite, evoking the less interesting side of *Empfindsamkeit*. Klinger's lack of lyric talent has occasionally been noted, but in the present context this is beside the point. Here he is using language ironically and commenting indirectly on a mode of expression. The verses leave Guelfo cold: "Und nun?" is his response. Significantly, this form of language is not used again in the play. It is relegated to the wastebasket of language. We may see here a comment by Klinger on the type of lyrical expressionism that had been in vogue, but which was now being rejected. Guelfo's emotions cannot be expressed in such a neat and tidy way. His inner torment is not so easily overcome.

Further characteristic of the crisis of expression that Klinger intends to evoke is the nature of imagery itself. Mention has been made of the key role played by the mirror. Similar ambiguity may be seen at work in other complexes of imagery. Linked through the domestic setting to the role of mirrors is that of windows as the interface between the inside and outside worlds. The scenes in ›Die Zwillinge‹ take place inside rather than outside. While the use of windows is sometimes simply to herald the entry of another character, it is also given greater significance as at the beginning of Act II, when, before Grimaldi sings, Guelfo looks out the window whilst awaiting the arrival of his brother. The stage direction reads: *"unverwandt durchs Fenster nach der Straße"* (64). The discussion has turned on youth and fortune, self-confidence, aspirations, and social life. We do not know what Guelfo has seen through the window. There seems to be nothing outside. He is obsessed by inward preoccupations. The window does not offer any perspective beyond the self. Likewise Grimaldi, in a sequence of action described with an identical stage direction, at the moment when Ferdinando is arriving, taunts Guelfo that his outburst of hatred is unserious. Guelfo shoots his pistol out of the window, releasing his pent-up fury in what is perhaps also interpretable as a symbol of erotic frustration. It is a fruitless gesture which only increases his frustration. The observer Guelfo has failed to exercise any control over events.

The other significant use of the window motif occurs in IV, 3, when Ferdinando's death is discovered. It is through the window that Kamilla, searching for Ferdinando, sees his horse without a rider. This immediately links the scene in our minds with the earlier one in which Guelfo vented his frustration. Upon discovery of blood both sink to the ground shrieking "Gott! Gott!" The appeal to divine authority at the juncture of the inside and outside worlds heralds the turning point in the play and is visually evoked. But the appeal has other significance and that is this: the meaning of events is not clear to those observing them. If God has given the family, and then this, he has not explained it. Thus Kamilla stands at the window and voices a desperate appeal for certainty. The window, far from providing a way out of the self and the possibility of communication or intercourse with the outside world, explanation and clarification, provides in the end only uncertainty and despair.

These episodes involving windows are linked through dialogue to a strand of imagery that figures even more prominently: animal imagery. In the first episode Guelfo likens Ferdinando to a fisherman and his catch; the connotations are various: hunt and chase, the female outmanoeuvred by the male, struggle and death. The idea makes Guelfo wild with jealousy. But he then transfers the image to himself, and the kisses exchanged between Kamillla and his brother become the bait, he sees himself as struggling at the end of the angler's line, bleeding to death. His use of the motif, which he has varied and elaborated, is an attempt to lend significance to events as seen through his own perspective. In one sense he is the observer, the interpreter, the author of this idea. But it remains at the level of imagery rather than explanation. The other window episode involved, as we saw, the observation of Ferdinando's horse. The horse without a rider is on the one hand easily interpreted as pointing to Ferdinando's death. But it is more ambiguous than that. The horse is also a symbol of virility. Does this suggest that virility has been let loose, and is out of control? Is the messenger of death linked to Kamilla's thoughts of unfulfilled erotic love? The idea of the horse, it seems, is intentionally charged with ambiguity. It is no coincidence and indicative of Klinger's multi-layered language that Kamilla, when she sights Ferdinando's horse, cries out to her father, asking him to identify it. Her cry is repeated by Amalia, who pleads for a pronouncement from her husband: "Willst du nicht reden?" (176) Old Guelfo, however, remains speechless; not only does he not know, he is not prepared to make a guess or make a pronouncement of any kind. The family crisis has produced a breakdown in communication.

The horse imagery, appearing throughout the play, is linked in turn with other, ambiguous animal imagery such as that of deer (symbol of virility and hunted beast), or the tiger that listens to Orpheus. It is also linked with blood. When Ferdinando's horse reappears it is covered in blood, suggesting death. Besides death, blood also evokes living processes, man's physical and physiological nature. It is early suggested that the links between man's physical, emotional and intellectual nature are important, when Guelfo threatens to tear out his mentor, Grimaldi's heart, in order to try to read and understand it. Guelfo is described by his father as bathing his hands in blood and we may wonder whether this is because he is warming up to a sacrifice or attempting to become an animal himself, a non-rational being. The signs are given to us, but not the meaning. The word "blutig" can read in other contexts as expletive, as Baroque hyperbole, even as pleonasm. But it may be taken in a different sense, as in Guelfo's words to Grimlidi in I, 2: "Meine Seele schwirrt blutig vor Vorsatz zu Vorsatz" (32). The metaphor of the soul gyrating might be said to be overblown.

However, there is another meaning lurking in these words, which links up with the ideas under discussion and has never been taken note of. This is the notion, not of wild movement, or of storm and stress (whatever that implies), but of metaphorical movement, of gyrating from one *intention* to another, of not being able to find a centre, and, therefore, of not effecting action, but remaining in the realm of the cerebral and of not being able to translate emotion or thought into action. This interpretation is enhanced by the meaning and repetition of the German word "Vorsatz", the components of which suggest something that is pre-verbal (Vor-Satz) as well as something that is intended. At the same time we see that the idea, the metaphor as a whole is ambiguous: Guelfo's energy is creative (there is an abundance of energy implied by the movement), as well as destructive. He is only able to express his ideas in language by means of a metaphor that implies self-destruction. We find once again that the technique of "repetition" has more to it than the "hammering out" of something for the sake of it.

Such ambiguity, expressed in the very fibre of dialogue and metaphor, holds, I think, the key to some of the play's central ideas. The same ambiguity is apparent, finally, in relation to the key event of the play (which is after all a fratricide) and Guelfo's attitude to it. After murdering Ferdinando, Guelfo admits his crime to his friend Grimaldi. Soon afterwards, he is confronted by his mother, who cannot believe her son to have killed his brother. Not only does he deny the murder, he denies his brother's very existence, producing an argument which he must know to be inconsistent and untenable. When, in the play's last scene, confronted by the corpse, he claims not to have murdered his brother, and replies: "Ich lege meine Hände nicht auf diesen. Den erschlug ich, der auf mich blickt mit starrem kalten Auge, der seine blutigen Locken schüttelt und Tod." (198) There is an element of remorse and despair in the metaphor he invents. It is almost as if his brother is idealized, given iconic and archetypal status by the metaphor Guelfo applies and distanced by the notion of murdering death in the abstract, reminiscent perhaps of Macbeth murdering sleep. At the same time, the image suggests a denial of death. Is Ferdinando shaking his head in disbelief and Guelfo sharing that disbelief? The dialogue reveals a contradiction between what is actually there and his conception of it in his imagination. To put it more basically, Guelfo has lost contact with reality and is struggling to express this in language. We may say that there is no real object, no physical gesture, no bodily sign that corresponds to truth and meaning from his point of view. It is this struggle to express oneself that Klinger is interested it, not simply the extreme gesture for the sake of its extremism. "Du machst mich rasend mit deiner Zweideutigkeit." This line sums up the ideas contained in the play about language. Metaphor, imagery, meaning are shown to be ambiguous. This ambiguity is linked to an extreme emotional state, one which is moreover based on an obsession with the self and a dubious quest. Klinger stops short of implying the ambiguity and inadequacy of all language.

IV.

Klinger's next play, ›Die neue Arria‹, still in the Sturm und Drang mould, takes place in a non-descript post-Renaissance Italian milieu with the heroic duo Julio and Solina acting out a classical idea in the play's final scene (Pätus' and Arria's suicide). Gleim found it exaggerated in expression;[34]) it is far less interesting as drama than ›Die Zwillinge‹ and long-winded, but it continues to demonstrate that Klinger found the relationship between feeling and expression to be problematic.

To begin with, the play is highly dependent on dialogue. Indeed it may be said to be verbally top-heavy. Stage directions are perfunctory. A recurrent idea is characters' verbal fluency. Solina calls Julio "ein Schwätzer, der den Busen voll Größe und Feuer hat, das all den Augenblick zerbufft, wie wenn man eine Blase zersticht" (145). Galbino refers to "hinreißende Beredsamkeit." Many of these characters are, in short, pretentious windbags. Much of this is explained by the environment in which they move; it is an atmosphere full of intrigue and political machinations where interests of State conflict with those of the individual. It is the atmosphere we find again in Schiller's ›Fiesco‹ and ›Don Carlos‹ for which Klinger's play was undoubtedly a source. We find (as in Schiller) that ideas about language and linguistic fluency are often linked to the idea of theatricality. To be human and have language at one's disposal is inseparable from the urge to display one's virtuosity. Julio hates the thought of being manipulated like a marionette (136), Drullo refers to the machinations at court as dissimulation, play; Solina asks Julio to act out a scene of jealousy for her as she sits on the sofa (185) and her final words to him in the scene remind us of Hamlet's advice to the players: "Spiel die Rolle verstellt, die du bisher würklich spieltest, daß er sicher werde" (187).[35]) The superabundance of linguistic energy is also however partly explained by the fact of being human, of being a creature of language. Language does not serve Klinger's characters well, in a sense they don't know what to do with it. Julio to Laura: "Wie klingts dumpf in mir! Warum sterben mir die Worte auf den Lippen?" (147), and to Solina (151): "O, gäb's eine Sprache, worin ich dir sagen könnte, was der Mensch ist, wie groß er ist, der das denkt und dich." They want a language to express the deepest level of feeling, the greatness of humanity. They seem unable to express their ideas about love and beauty in poetry, despite the obvious influence on Klinger of Shakespeare and Petrarch. Whereas in ›Otto‹ there had been the implication that the language of nature offered a positive alternative to a defunct language, in ›Die neue Arria‹ the situation seems to be more problematic. Here, Julio is the "Kraftgenie", the man in whom strength and renewal potentially lie. But his union with Solina is doomed to failure. Not only because they are the losers in the political battle – their plot for revenge is discovered and they are imprisoned – but because Julio is a flawed character from the start: split between two women, unable to make up his mind.

---

[34]) Letter of 2 June 1776, quoted by Rieger, Klinger in der Sturm und Drangperiode (cit. fn. 23), p. 124.

[35]) The link between intrigue at court and the theatre surely influenced Schiller in ›Fiesco‹.

Expression, for Julio, becomes the problem. Rather than make the nature of this relationship his main focus, Klinger is more interested in the problem of expression itself.

Verbal language itself being a problem, a cage from which characters cannot escape, they seem to turn towards non-verbal modes of communication to assist themselves. They attempt therefore to express their feelings in forms of art other than the purely verbal. The play opens with a scene in which Laura (described as too beautiful to look at) is beeing painted. Julio later expresses his love in a description of the music she inspires – "Unaussprechlicher Klang" (131); "seligmachende Harmonie!" (132); "Liebesharmonie" (etc.). Julio also expresses his love for Solina in verses that begin by referring to visual impact – "Blick wonnevoll und Geists" (137) and which intensify via synesthesic crescendo into an evocation of "Wonnenmeer."[36]) Characters attribute importance to vision and visual impact of one character on another. Solina accuses Julio of turning his gaze away from her; Amante's verse eulogy of Laura includes the line, "Vom holden Aug der Liebe fließ, | Nicht eine Trän aufs stille Grab."(149) There are many references to eyes, vision, appearance, and the gaze in this play.[37]) As Amanate says, echoing Lavater, "Es ist so erstaunend viel Charakter im Gesicht." There is more than a hint of cliché here so that we can't really say that vision offers greater truth. The ocular metaphors do not on the whole suggest that visual language is superior to verbal.[38]) Where they seem to do, as in the case of Donna Solina speaking to Julio: "Brauch ich deine trockne, nichtige Worte? Julio, sehe ich dir in die Augen – nichts weiter, kein Wort mehr! Mich durchglüht's. Was braucht's Reden?" (151) we have to bear in mind situation and character: An ambitious and ruthless woman, a young, unstable man, fired by passion. As she says to Julio early on, "Glut in deinen Augen! Was drehst du die Äpfel? Will deine Seele heraus?" (140). We are also confronted with the case of the painter Paulo, Laura's father, who loses his sight because of his daughter's beauty and whose intensity of feeling depends on his *absence* of vision.

Music also figures here as a potential alternative to verbal language. Perhaps the title, ›Die neue Arria‹, is intended to hint at the importance of music. The "new woman", Donna Solina, might therefore be taken to imply the new music.[39]) On the one hand, music is synonymous with a state of happiness, expressing that which cannot be expressed in verbal language. There are many suggestions of this, some of them barely going beyond cliché: GALBINO. "Ach wer wir mich besänftigen und einschläfern durch liebliche, berauschende Harmonie?" (170) Lute music inspires

[36]) See HERING, Friedrich Maximilian Klinger (cit. fn. 1), p. 81, who sees this as an example of "Sprachzerfall" in the sense that Klinger is no longer able to use without irony and grotesque exaggeration the natural language which he strove to create in ›Otto‹.

[37]) Klinger was reading Petrarch in the winter of 1775/76. RIEGER, Klinger in der Sturm und Drangperiode (cit. fn. 23), pp. 110f., 123f.

[38]) Compare KIEFFER, The Storm and Stress of Language (cit. fn. 11), p. 102, "Klinger repeatedly dramatizes the superiority of 'Blicke' over 'Sprache'."

[39]) She is a kind of new woman, but hardly a feminist as KIEFFER suggests, for she wants to spur a man on to action, her vision of greatness is inspired by Plutarch, and she commits suicide.

Donna Solina to action and she herself plays the lute to Julio. But music, as non-verbal medium, does not offer the solution to any of the problems these individuals. If music has an intoxicating effect, it is momentary. Its effect in any case has to be expressed in words; we are never given the impression that music as such is capable of transcending the rational, linguistic world.

On the whole then, expression itself is seen to be inherently problematic. Characters struggle within language both verbal and non-verbal in order to achieve a more authentic kind of expression, but fail. This is summed up in the play's conclusion when Julio sinks into Donna Solina's arms and dies with the words "Wohl! Wohl mir! Ich trink Leben aus deinen Augen." (202). He experiences himself a sense of renewal and regeneration, but this regeneration is paid for with his life and his visual ideal does not acquire any general validity, indeed it is a failure.[40]) All this is not of course a particularly good recipe for drama, but it shows Klinger trying to link thinking about problems of expression and aesthetics with the dramatic medium.

V.

Klinger's next play, ›Simsone Grisaldo‹, has been seen by some scholars as signalling a change of direction in his œuvre. He turns away from tragedy and gives us a dramatic fantasy with a positive hero: Grisaldo, strong in body and mind, a model of heroism, triumphant in love and victorious against his opponents. This may have a biographical explanation: Klinger's coming to Weimar and his interest in developing his physique.[41]) It has also been suggested that Klinger attempts to assimilate a wide range of Shakespearean elements, including the demonstration of a positive moral and model for society through the idea of the triumph of heroic love.[42]) The play has been seen as to some extent a caricature of some features of Goethe's early plays and of his transition to Weimar, Grisaldo being the character Klinger wanted to be: master of himself and able to provide an example of moral strength. The play's style has been subjected to a detailed study by Edmond Vermeil, but he comes to the conclusion that it has no style at all.[43]) It is more eclectic than before, blending elements of a literary language, distinct from everyday speech, with the colloquial. At its most extreme this means elements of Frankfurt dialect, including vulgarisms, ellipsis, ungrammatical structures of various kinds.

---

[40]) Kieffer also notes the discrepancy here: "In proposing visual communication as an effective alternative to language, [Klinger] also makes it into something that is not credible" (ibd., p. 105).

[41]) Rieger, Klinger in der Sturm und Drangperiode (cit. fn. 23), p. 154: "Seinen Körper hatte er in ritterlichen Übungen mit weit mehr Liebe und Erfolg als seinen Geist in der Jurisprudenz ausgebildet. Seine Freude war das Roß zu tummeln, den Degen und die Pistole zu handhaben."

[42]) See Edmond Vermeil, Le Simsone Grisaldo de F. M. Klinger, Paris 1913.

[43]) Ibd., p. 285. For Vermeil's views on style see pp. 285–308.

But Klinger does not use this language as a basis for a positive message. Vermeil suggests there is a distinction between language which depicts passion and that which is used as a vehicle for more cooler rational judgements, as in the case of Grisaldo's prophetic wisdom. This creates the problem that Klinger has transferred the positive hero into the linguistic realm of rationalism. Similarly, the final wisdom of the play, based on Voltaire, summed up its final speech – "Mensch, baue dein Gärtchen und bleib in der gezogenen Linie, außerhalb ist Sturm und Wind" – is spoken by a character in a vein of irony, theatricality and self-conscious bravado. The positive side of Grisaldo is however also linked to the non-verbal. When we first encounter Grisaldo we find him *"in Almerines Blicke verloren, ohne Antwort"*, (205) and later, before the attempt to murder him, Isabella refers to the power of his eyes (279). Lilla also voices her admiration for him, drawing attention to this part of his anatomy:

LILLA. Worin besteht deine Stärke, Grisaldo?
GRISALDO. In meinen Augen und Herz, Lilla.
LILLA. Das fühl' ich. Und wie in deinen Augen?
GRISALDO. Zu dringen in die Herzen und Seelen, zu lesen in den Gesichtern und Mienen, Gedanken und Gefühl gegen oder wider mich. Zu schauen in weiter ferne Gefahr und vorkehren Mittel, sie zu vernichten. (266)

Thus strength, power of character and positive moral force are seen to transcend the purely verbal. The problem with this in turn, though, is that such ideas of the force of non-verbal feeling are caricatured through hyperbole and exaggeration in characters like Curio and Bastiano, whose dialogue is, according to Rieger, "dithyrambic nonsense."[44]) It is the language of Baroque metaphor, not that of realistic observation. Too often the non-verbal elements of the play's style are banal or degenerate into cliché. They cannot be said to represent a new beginning or even a further development of what Klinger had so far achieved. The non-verbal elements represent something of a blind motif in the play. As a potential adjunct to verbal communication and source of dramatic interest they are attenuated by lack of psychological complexity in the characters and by lack of specificity of setting. Although the play is set in medieval Spain, there is little that is Spanish or medieval about the characters and places involved. While being experimental on the one hand and desiring to break away from tradition, Klinger has compromised on the other. The play's message is equivocal, the result of different dramatic ideas competing in his mind for dramatic realisation.

VI.

Klinger's ›Sturm und Drang‹, begun and completed in Weimar after he had moved there in June 1776, and performed twice before being published the following year in Leipzig, is a play whose reputation goes before it. At one time his

[44]) RIEGER, Klinger in der Sturm und Drangperiode (cit. fn. 23), pp. 138f.

favourite, he later distanced himself from it as a sin of youth;[45]) In an extended review, Heinrich Leopold Wagner thought it more stageworthy than either ›Die neue Arria‹ or ›Simsone Grisaldo‹, because Klinger had not attempted to create characters of colossal greatness.[46]) Wieland missed true tragedy.[47]) There was some praise for the play's language, but criticism too, and some critics like Huber had mixed feelings[48]). The play is important, not because it sums up the ideas of the movement in a programmatic sense (a misleading assumption and the by-product of the title given to the play by Kaufmann),[49]) but because it brings together Klinger's ideas at the height of his career as a dramatist, combining revolt and satire on the one hand with a positive and regenerative message on the other.[50]) One can easily come to the conclusion (indeed on reading some of the secondary literature one might be forced to) that because the play was written after the movement's high point, it is a kind of re-take of the Sturm und Drang, a summary on the level of cliché. The work indeed has many Sturm und Drang characteristics, which to some extent weigh it down and sometimes make it difficult to see the positive side, but as a drama it also transcends the movement.[51]) In taking up ideas from ›Simsone Grisaldo‹, Klinger continued to move in a conservative direction and to be influenced by Goethe, who was beginning to make the transition to a more classical style. But he was also emphasizing comedy. From the point of view of language it is Klinger's most interesting play, once again not because of its Sturm-und-Drang qualities, but by virtue of underlying strata that point to a complex and serious attempt to explore the potential of dramatic language.

From every point of view the play is contrived, full of improbabilities and gaps of motivation: two families, originally living in friendship – the daughter, Caroline, of

---

45) Klinger's letters of 1776–1777 show his enthusiasm, while his introduction to the 1786 edition of his plays shows more distance. F. M. Klinger's Theater, Riga 1786f., vol. I (1786), "Vorrede."

46) Briefe, die Seylersche Schauspielergesellschaft...betreffend, Frankfurt am Mayn: bei den Eichenbergischen Erben 1777, pp. 131–167.

47) Die Abderiten, 16, in: Der Teutsche Merkur, July 1778, pp. 47ff.

48) Wagner praised the dialogue; affectedness and the absence of the true language of nature was the weakness for the reviewer of the Berlinisches Literarisches Wochenblatt of 1777, (quoted Fechner, Sturm und Drang, cit. fn. 14, p. 100); Huber praised liveliness of expression and naturalness, but the play still left him cold. Similarly feeings were expressed by the anonymous reviewer of the Neue allgemeine deutsche Bibliothek, 1795 (quoted ibd., pp. 119–122).

49) According to a letter Klinger wrote in 1814. See Fechner, ibd., pp. 161f. Lavater's characterisation of Klinger in Part Three of the ›Physignomische Fragmente‹ would have made contemporaries look for Sturm und Drang qualities. See the anonymous review in: Buchhändlerzeitung auf das Jahr 1778, quoted Fechner, ibd., pp. 102ff.

50) See Werner Kurz, F. M. Klingers ›Sturm und Drang‹, Halle 1913, p. 3: "Diese literarische Bewegung erreicht in unserem Drama zum erstenmal einen positiven Ausdruck."

51) Fechner, Sturm und Drang (cit. fn. 14), deals with the problems in literary history arising from the fact that the name of the play and the movement coincide, though he himself finds that the flow of the plot is a reflection of spiritual conditions, of "Sturm und Drang", and Klinger himself used the terms to refer to his own emotional condition. The problem is with the imprecision of these terms and the fact that they do not really sum up the movement. Close to my own view is that of Blasberg, Ein 'kopierendes Original' (cit. fn. 11), p. 64, who sees the play as illustrating a "hypothetischer Epochensignatur."

one in love with the son of the other, Karl – are separated by hatred, but come together in the New World and are eventually reunited through the love of Caroline and Karl. The plot belongs to the world of comedy and is no more improbable than any of Shakespeare's comedies, for example ›The Comedy of Errors‹, to which the original title of Klinger's play, ›Wirrwarr‹ (or as Klinger called it in a letter: "eine Comoedie der *Wirrwarr*"),[52]) may well be an allusion. There are many other Shakespearean allusions in the play: on the level of plot (two families at war as in ›Romeo and Juliet‹), the coexistence of love and hatred and the theme of the confusion of mind (as in ›Comedy of Errors‹), situations (e. g. a balcony scene), motifs (a storm at sea and a family divided, as in ›Comedy of Errors‹), mock transformation into animals as in ›A Midsummer's Night Dream‹), names of characters (Bushy, Berkley, Boyet), arrangement and parallelism of characters (a group of young men in pursuit of young women: ›Love's Labour's Lost‹), combined with the use of language for satirical purposes. The function of all these borrowings and allusions lies in the way they draw attention to themselves, creating an atmosphere of self-conscious theatricality and typically, of parody.[53]) This is undoubtedly true and it shows that Klinger has gone one stage further than some of his contemporaries and the idea of imitation of Shakespeare that is normally associated with the Sturm und Drang movement. Indeed he seems to be almost parodying the idea of imitation and the idea of Shakespeare's characters representing Nature. Once again this is a form of "doubling". Beyond this Klinger gives his play a positive message and discovers a new level of dramatic presentation for it.

The action takes place somewhere in North America. Speculation about any political message is unjustified. The setting is so vague as to be anywhere; fighting goes on very much in the background. Rather, these characters are engaged in a search for the inner self and there may well be an element of parody involved in the ostensible New World setting (with something of the joke on critics who have failed to recognize that element): the search for new frontiers and freedom from political worries at home, very much en vogue, is something of illusion. The real truth lies at home, within the heart. As Wild says in the first scene of the play: "Unser Unglück kommt aus unserer eigenen Stimmung des Herzens, die Welt hat dabey gethan, aber weniger als wir." (8) Hence the significance attributed here, once again, to the motif of the mirror.

The principle thrust in the play's language comes from the integration of the non-verbal with the verbal, and the play's aesthetic sub-text. Stage directions figure more prominently and productively in this play than before. There are still many of the characteristics of Sturm und Drang style: the exclamatory language of "Kerls", encouraging us to bathe in confusion, throw convention to the wind (take Wild's

---

[52]) Letter to ERNST SCHLEIERMACHER, 4 September 1776, quoted by FECHNER, Sturm und Drang (cit. fn. 14), p. 75. FECHNER suggests the title is an allusion to ›Hamlet‹ III, 2. (p.162). JACOBOWSKI (cit. fn. 7) argues that Klinger was only influenced by Shakespearean tragedy.

[53]) See DUNCAN, Lovers, Parricides and Highwaymen; BLASBERG, Ein 'kopierendes Original'; Jennings, Politik und Identität in Klingers Dramen (cit. fn. 11).

opening words) and as far as body language is concerned, there is much that is crude and blunt. But there is also coherence at another level, which emerges through the variety of characters and the attempt to depict a search for a deeper level of meaning.

Klinger has created a wider variety of characters than in ›Die Zwillinge‹ and this is reflected in a new complexity of arrangement of characters. There are not only two generations, but two generations and two families involved and the structure of the play is built upon the idea of contrasting and complementary characters, reflecting the other yet modifying it in the reflection. Male and female roles also contrast. All of the characters involved in the action experience emotional high and low points.[54]) In the case of Karl Bushy (alias Wild), the pure man of feeling, there is a series of emotional ups and downs but these, although Kurz suggests they resemble a wavy line, also follow a clear pattern. Wild experiences an emotional high point in the first phase of his love for Caroline, but after the separation on the voyage to America plunges into despair, experiencing aimlessness, uncertainty and confusion. He searches for unity and peace, plunging willy-nilly into battle. Still motivated by the memory of his love for Caroline, he acquires new hope, experiencing another high point when he meets up with her and sees her in the flesh. Yet hatred and the desire for revenge dominate his feelings when he learns that the ship's captain has supposedly sent his father to his death (a new low point). The Moor's revelation that he has rescued his father leads to the renewal of hope and optimism. A new high point is reached in his union with Caroline at the end of the play. Karl's path of development is linked to that of other characters, who also undergo emotional high and low points, though less frequently and less dramatically than he does. They do so evidently because Klinger has depicted them as "Gefühlsmenschen", symptomatic of the period, showing them to be linked by an inscrutable force acting upon their inner natures, independent of social factors. But at the same time as being unified, they are also contrasting and complementary characters, none of whom is able to survive on his own. Thus Karl's father, Lord Bushy, represents the "Kraftmensch" in old age: impulsive and in love with war. He contrasts with the character of Lord Berkley, who is less violent and inclined towards the world of the imagination. Klinger introduces the figure of the Moor who, in the eighteenth-century tradition, represents the man of feeling on a more primitive level. Caroline's more sensitive, introspective and hesitant nature complements Wild's "Kraft." She is the embodiment of a variety of feminine intuition which has confidence that good will ultimately prevail. Karl's companions – the superficial La Feu, who inhabits a world of fantasy and poetry, and the melancholic Blasius – each contrasts with him and they in turn complement the women they pursue – Katharine and Louise – who are distinct in character from their companion Caroline. The four of them are satirical portrayals of time-bound types. Klinger has emphasized character through their language (having learned much from Shakespeare in this regard). Together

---

[54]) Emphasized in the analysis of the play by Werner Kurz, F. M. Klingers ›Sturm und Drang‹ (cit. fn. 50), whose discussion I follow in this section.

they help to form a complex network of interrelationships – the backdrop to the development of love between Karl and Caroline. This arrangement and interrelationship of characters is a broader and more sophisticated version of "doubling" than Klinger had hitherto attempted.

The development and nature of Karl and Caroline's love is at the play's core. Klinger has taken the age-old idea that the passage of true love is never smooth, and translated it into the idiom of his time. The nature of love is shown to be both spiritual and physical. Karl must overcome his impulsiveness and impatience, undertake a journey in search of his own inner self, wait for fate to run its course, before attaining his ideal woman. At the same time, there is a physical side to the nature of love, reflecting emerging views of man's physical nature and shown by the role attributed to non-verbal communication in the play. This is one of the most physical of Sturm und Drang plays. True to the movement's reputation we occasionally find characters hitting each other, or hitting out at the air around them, but we also encounter characters kissing and embracing. The embrace is the most frequent and significant gesture in the play and of all Sturm und Drang plays this is the one in which characters come closest to each other most frequently. The all-encompassing nature of human heterosexual love is expressed satirically by La Feu: "Wer kann so viele Liebenswürdigkeit sehen, ohne daß nicht alle Fasern am Leibe lebendig werden" (24). More seriously, it becomes clear in the scenes between Karl and Caroline and their desire to embrace. The play's final gesture is an embrace between them that symbolizes their union and the new-found friendship between their families. This is further enhanced by the significance of the sight of the beloved. The meeting point between the non-verbal and the verbal is in the eyes, which in their case play a vital role, summing up their communication and desire to communicate more deeply. When Wild meets Caroline (who has already declared her love for him), it is the language of the eyes that becomes prominent.[55]) Like other forms of well-worn symbolism it can easily degenerate into cliché. This would be so, were it not for the fact the love between Wild and Caroline appears genuine and motivated by a concern for the other. Wild fixes his eyes on Caroline; his gaze betrays his enrapturement. His words however suggest embarrassment and shyness, so that an ironical undercurrent arises.

Wild. *(tritt auf ohne anzuklopfen, den Huth durch die ganze Scene aufbehaltend, fährt zurück da er die Lady gewahr wird.)*

Caroline. *(erschrocken.)*: Wie? Wer?

Wild. *(mit gehefteten Blick und ganzer Seele sie anschauend.)* Vergeben sie Miß, ich habe mich in der Nummer geirrt.

Caroline. Mylord! ein Irrthum der in einem Gasthofe leicht möglich ist. *(ihn unruhig anschauend.)*

Wild. *(verworren, verwildert, forschend, an ihren Augen hängend.)* Mylady, darf ich? – Mylady – ja ich gehe – gehe ja schon – *(immer näher tretend)* aber Mylady – ich bleibe ja hier. (25)

---

[55]) Helmut Scheuer, Friedrich Maximiliam Klinger: *Sturm und Drang*, in: Interpretationen: Dramen des Sturm und Drang, Stuttgart 1987, pp. 57–98, – and Matthias Luserke, Sturm und Drang, Stuttgart 1997.

This is a humorous scene, but the humour is derived from deep affection rather than mocking. Stage directions are especially prominent. We feel the characters' need for communication, the passionate attraction, the attempt to control the body and their hesitancy. With encouragement from Caroline, whose inner state is also agitated, Wild's inner turmoil increases, expressed in his bodily deportment. It is then that his language also becomes hesitant, fragmented, though this feeling is coupled with a resolution to remain with Caroline. The characters' feelings are going through a process of development, the relationship between physical behaviour and expression in language is complex. Crucial is the interrelationship between the language of the eyes and verbal language. Thus when the two embrace soon after revealing their identity to each other, there is the excitement of recognition and the joy of rediscovery expressed in physical terms, combined with the agony of belonging to feuding families expressed in the dialogue.

While on the one hand Klinger shows the development of true affection, the peeling away of layers of appearance until the real self is met, he also exploits the comic side of appearances. The Captain cannot abide the appearance of Wild who we know is in reality his mortal enemy. The three women place much importance on the outward appearance of the men pursuing them: this is a comment on eighteenth-century customs as well as the exploitation of a Shakespearean motif. Kathrin enthuses about Blasius's blond hair, only to be told that he is wearing a wig. Running through the play is the dichotomy between lifeless, affected, cliché-ridden language, the modish and pretentious, the mere image, the memory, and that which seems closer to the life-blood of human relationships. Klinger has written a comedy of manners in which he shows up the negative side of human behaviour and rather than attempting to construct a pure "Kraftmensch" or positive model, he shows us the germ of regeneration within a reciprocal human relationship.

We have seen how some of Klinger's characters are obsessed with mirrors. In ›Sturm und Drang‹ we see this in the case of Louise, and the obsession stresses her superficiality. She looks at herself in a mirror and decides she wants to be seduced by the first Englishman she sees. For the mirror creates a reflection that can also be deceptive or misleading: it does not necessarily reveal the truth about a person's inner nature. Looking into a mirror can be just as frustrating as seeing yourself in the eyes of another character. Truth is not easily come by. It is revealed partially, by stages, by the action of fate and circumstance on the individual and group. The true mirror of human life is imperceptible and reveals itself only over time. Klinger uses a conventional symbol to hint at the complexity of the human relationships. The mirror, evoking the idea of the double, pure reflection, is replaced by the idea of mutual love, respect and communication.

Klinger's main interest is in the analysis of feeling and the derivation of a positive message, despite his foreground satirical intentions. We see the development of a relationship between two "sympathetische Seelen", the overcoming of hurdles to their relationship, growth of complementarity and reciprocity. Caroline and Karl emerge as a positive example. This reciprocity is also evident at other levels in the play and is seen in the role Klinger attributes to non-verbal language. We saw in ›Die Zwillinge‹ how music was used as a form of communication between characters. Here too, Klinger has added a dimension to the stratum of verbal dialogue. We hear Caroline at the piano immediately after the scene in which Wild disputes with his travelling companions. Their contrasting characters are immediately evident: the desperate young man homeless and restless, seeking adventure as an antidote to his unhappiness, contrasts with the quite, melancholy, homely Caroline. There is a contrast established between the young woman and her father too, for while she plays at the piano, he "trumpets out" his complaints about his son and destroys a house of cards he has built: symbol of his failure to achieve domestic happiness. Caroline searches within for the solution to her problems. She sits at the piano "in süßer Melancholie" in an attempt to temporarily assuage her anguish. Piano playing for young women was of course a popular preoccupation in the late eighteenth century. Here it is incorporated into a Sturm und Drang view of the world: linked to that search for peace and harmony, but as with other forms of expression, a sense of frustration is audible: it is not ultimately able to provide the key to human happiness. Music here does not have that deeper spiritual and metaphysical significance attributed to it a few decades later by Romanticism. Here it is seen as an adjunct to verbal communication, as part of social intercourse, but with symbolic significance. Music, in Klinger's view, appears unable to placate the soul; it is not a transcendent art form. At the end of this scene Caroline returns to the piano to continue to play, breaking off abruptly when she thinks of Karl, then sinking into melancholy day-dreaming again. Klinger depicts here the female response to separation and longing. Unilke Guelfo, Caroline is not able as a woman to exert brute strength and heave her piano out of the window into the river below! The harmony she desires will be provided by the perfect cadence of the embrace with her lover.

Because Caroline herself and other characters use the language of Empfindsamkeit and this is one of the butts of Klinger's satire, this does not mean that his intention is a satirical portrayal of the love relationship between Karl and Caroline.[56]) For Karl is a Sturm und Drang character par excellence and the play shows how these two contrasting yet complementary characters, both expressing themselves in their respective idiom and representative of "Zeitströmungen", come together in a relationship and express this both verbally and non-verbally and celebrate their union. Klinger is representing the dialectical relationship between literary movements in a way reminiscent of Goethe in ›Die Leiden des jungen Werthers‹, but whereas Goethe shows the transition from Empfindsamkeit to Sturm und Drang to be tragic, given Werther's character, Klinger shows it from a more positive point of view. The play's conclusion represents an overcoming, a new beginning. There is an ethical message, an invitation to express ourselves in a new way, to enter into a give and take with an other, and with the potentialities of human expressiveness. The final gesture, the final embrace of the two lovers is preceded by Berkley's words:

---

[56]) As Luserke (cit. fn. 55), has argued.

Komm, Bushy, die Allee hinab, ich will versuchen, ob ich mich mit Dir vertragen kann. Ich kann Dir noch über keine meiner Empfindungen Wort geben, haß Dich noch, und – es fällt mir so vieles ein – Komm nur! *(ab.)* (73f.)

A memory of the old hatred may still be there, but it eclipsed by the even stronger desire to communicate and reach understanding.[57])

The fact that the embrace "has the last word" shows, I think, not that true language becomes non-verbal, but that the two elements of human communication, verbal and non-verbal complement each other in mutual interdependence.[58]) In the final instance, the significance of the embrace is left for characters and audience to consider, as in Shakespeare's ›Comedy of Errors‹: "We came into the world as brother and brother, | And let's go hand in hand, not one before the other." (V, 1, 425) Without the ability and desire to verbalize feelings and the need to attribute meaning to gesture, there can be no meaningful gestures. This argument unifies the play. A purely verbal form of language, Klinger seems to be saying, can only be regarded with scepticism. The search for authenticity in the "Kraftrede" alone has given way to a more accommodating, forward-looking, if utopian, view, stressing belief in human relationships.

In ›Sturm und Drang‹, Klinger has refined the technique of "doubling" on several levels: though literary allusiveness, the use of particular images, through the arrangement and parallelism of characters. We have seen how physical language is integrated into the play's literariness in order to produce a positive message beyond Sturm-und-Drang cliché. But the positive message was to have no effect. The play had no immediate imitators or successors. The movement itself had had its heyday. There was not the basis for regeneration via comedy in German society in the mid-1770s. One may contrast this with Shakespearean England or with Goethe in Weimar a couple of decades later. Klinger, although he became associated with a theatre company after writing the play and had had the play performed, was not closely associated with a theatre in the way these two writers were; he had no steady relationship with a theatre-going public. He may have been writing, as Wagner said, for an invisible audience,[59]) or an audience that did not yet exist, along the lines Lenz was suggesting. The mixed reactions to the play's language have been mentioned. There is little evidence that any of his contemporaries understood the play in the way it was intended – they saw it mainly from the sentimental side,[60]) or, like Goethe, rejected it.[61]) Klinger, like other Sturm und Drang writers, wrote in a

---

[57]) Compare Rieger, Klinger in der Sturm und Drangperiode (cit. fn. 23), p. 195: "das Stück endet mit einem sittlichen Mißklang."

[58]) Fechner, Sturm und Drang (cit. fn. 14), is only partly correct when he says that with the final embrace the expressive region of silence is won for the theatre (p. 166).

[59]) At the end of his lengthy review (1777).

[60]) See Fechner, Sturm und Drang (cit. fn. 14), p. 153. The roles of the Moor and Old Berkley appealed, while that of Wild met with incomprehension.

[61]) Although Klinger aspired to be an actor, it is doubtful whether he could have conveyed the stageworthiness of the piece on his own.

provocative fashion, sometimes giving offence and even showing disrespect for his audience.[62]) His aim, by experimenting with different styles, was to provoke a public, which, like other members of the movement he thought in some ways he stood above, as well as coaxing it towards a positive goal.

---

[62]) See HARRIS, German Writers in the Age of Goethe (cit. fn. 28), F. M. Klinger, p. 124. "That he deliberately practised an outrageous approach to his writing is manifest in his only surviving utterance on dramatic theory, a letter to the editor of the Frankfurter Gelehrten Anzeigen, 1775."

„NUR ÜBER IHRE LEICHE“

Zur Darstellung des weiblichen Körpers in der deutschen Literatur des 18. Jahrhunderts

Von Irmgard Egger (Wien)

Man kleidete den holden Körper in jenen Schmuck, den sie sich selbst vorbereitet hatte; man setzte ihr einen Kranz von Asterblumen auf das Haupt, die wie traurige Gestirne ahnungsvoll glänzten. [...] beim frühesten Morgen wurde sie im offnen Sarge aus dem Schloß getragen, und die aufgehende Sonne rötete nochmals das himmlische Gesicht [...] schöner als alle, die dem Zuge folgten.[1])

Dieses Bild stellt Goethe 1809 an das Ende seines Romans ›Die Wahlverwandtschaften‹, und er weiß, was er damit tut: Ottilie, das Mädchen auf der Bahre, gerät so zu einer seiner beliebtesten Frauengestalten. Ähnlich exponieren Jacob und Wilhelm Grimm wenige Jahre später eine andere junge Frau, Schneewittchen, die sprichwörtlich gewordene schöne Scheintote in ihrem gläsernen Sarg.[2]) Wie Ottilie wird auch sie am Ende als Ikone ihrer selbst in Szene gesetzt, als Mittelpunkt eines invertierten *tableau vivant*, in dem alles Leben von einer Leblosen ausgeht. Dass der schönste weibliche Körper der tote Körper sei, gilt mithin nicht nur für die englische Literatur,[3]) sondern zumindest ebenso sehr auch für die deutsche. Am Ende des aufgeklärten Jahrhunderts werden hier alte und älteste Vorstellungen zum erfolgreichsten Bild des Weiblichen: der verklärte tote Körper, „mehr schlaf- als todähnlich“, wie es über Goethes Ottilie heißt[4]), wirklicher und schöner als die Lebenden.

---

[1]) Die Wahlverwandtschaften (1809), in: (Johann Wolfgang von) Goethe. Werke. Hamburger Ausgabe in 14 Bänden (HA), hrsg. von Erich Trunz, Bd. 6, 9. Aufl., München 1977, S. 242–490, hier: S. 485f. – Vgl. dazu und im Folgenden auch meine Untersuchung: Diätetik und Askese. Zur Dialektik der Aufklärung in Goethes Romanen, München 2001. – Bei den folgenden Ausführungen handelt es sich um die überarbeitete Fassung eines Referats auf der Tagung ›Geschlechterbild und Frauenrealität im 18. Jahrhundert‹ (Österreichische Akademie der Wissenschaften, Wien, 10.–11. Juni 1999).

[2]) Jacob und Wilhelm Grimm, Kinder- und Hausmärchen, erw. Neuausg., 3 Bde, Berlin 1819–1822 (Hrsg. Heinz Röllecke, Stuttgart 1980). – Vgl. dazu und im Folgenden Bronfen (zit. Anm. 3), hier: S. 150–159.

[3]) Vgl. Elisabeth Bronfen, Nur über ihre Leiche. Tod, Weiblichkeit und Ästhetik, München 1994.

[4]) Die Wahlverwandtschaften (zit. Anm. 1), S. 488.

Dabei handelt es sich eindeutig um Körperbilder aus der christlichen Hagiographie. Wohl war der Körper unter neuplatonischen Einflüssen bereits im Frühchristentum zum Feind der Seele geworden, doch bot die Erhöhung des beseelten Körpers zum *Leib* und die *translatio* des toten Leibes zum *signum sacrum* Möglichkeiten der symbolischen Überwindung irdischer Hinfälligkeit. Durch diesen transzendentalen Verweischarakter des Körpers war somit nicht nur die Seele unsterblich; – unsterblich wurde auch der sie verkörpernde Leib, wovon die Reliquienhistorie beredtes Zeugnis ablegt. Diese durchaus ambivalente Körpersemiotik des *hagiographischen Diskurses*, wie sie über Jahrhunderte in den Kanonisierungsregeln und den modellhaften Viten der *Acta Sanctorum* festgeschrieben wurde, betraf in ihren christologischen und marianischen Bezügen ursprünglich Männer und Frauen gleichermaßen.[5]) Mit der zunehmenden Deutungshoheit der Kirchenväter wie auch vor allem mit der wachsenden Macht der Bilder im Spätmittelalter und im Barock, und erst recht mit deren Säkularisierung, geriet indes immer mehr der weibliche Körper ins Visier des männlichen Blicks: oft als sündhafter und leidender der lebende Körper, meist als verklärter und zeichenhafter der tote. – Solche Bilder werden bis ins 18. und 19. Jahrhundert auch im protestantischen Raum lebhaft rezipiert[6]) und bilden die Folie, vor der jede abendländische Historie des dargestellten weiblichen Körpers stets auch zu lesen ist. Diese präsentiert sich mithin als eine Geschichte der Setzung von Form und Sinn, der Ästhetisierung und der Bedeutungsstiftung, aber auch in hohem Maße als eine Geschichte der Gewalt – der direkten in der Einwirkung auf die Körper und der indirekten in ihrer Semiotisierung. Von kurzer Dauer und geringer Wirksamkeit waren daher die Bestrebungen deutscher Aufklärer und Pädagogen zur Förderung der weiblichen Emanzipation. Bereits für die Generation der Empfindsamen und der Stürmer und Dränger wird das gelehrte Frauenzimmer zum Negativbild. An die Stelle von Verstand und Charakter der Bürgerin treten alte und neue Projektionen auf den weiblichen Körper. Die drei großen Errungenschaften des 18. Jahrhunderts – Säkularisierung, Verbürgerlichung, Individualisierung – bleiben männlich.

---

[5]) Vgl. zu diesen Archetypen: Ludwig Bieler, Theíos anér. Das Bild des „göttlichen Menschen" in Spätantike und Frühchristentum, 2 Bde, Wien 1935f.; – Peter Brown, Die Keuschheit der Engel. Sexuelle Entsagung, Askese und Körperlichkeit im frühen Christentum, München und Wien 1991; – Marc Van Uytfanghe und Theofried Baumeister, Heiligenverehrung – Hagiographie, in: Reallexikon für Antike und Christentum, Bd. 14 (1988), Sp. 96–183. Die Übergänge von einer (trotz allen realen Machtgefälles) weitgehend geschlechterübergreifenden christlichen Körperrhetorik zur Fokussierung des männlichen Hagiographenblicks auf weibliche Objekte sind meines Wissens bislang unerforscht. Sie dürften sich jedenfalls erst allmählich vom 4. bis zum 14. Jahrhundert entwickelt haben. Zur spätmittelalterlichen weiblichen Körpersemiotik vgl.: Piero Camporesi, La carne impassibile, Mailand 1983; – Rudolph Bell, Holy Anorexia, Chicago 1985.

[6]) Am bekanntesten sind Goethes eigene Lese- und Reiseerfahrungen der christlich-katholischen Hagiographie, von denen er vor allem in ›Aus meinem Leben. Dichtung und Wahrheit‹ und in der ›Italienischen Reise‹ berichtet. Vgl. dazu: Fritz Wagner, Zur Rezeption des lateinischen Mittelalters durch J. W. Goethe, in: Mittellat. Jb. 15 (1980), S. 172–190. Ähnliches ist auch für die meisten anderen Autoren der Goethezeit überliefert – so etwa für Wieland, Herder, Lenz, Moritz oder Seume.

Schon der Beginn des modernen deutschen Romans, die pietistisch beeinflusste Autobiographie, ist somit in ihrem literarisch relevanten Sektor eine Geschichte männlicher Selbstverständigung. Wenn nicht ohnedies verdrängt oder bestenfalls als Nebenfiguren, so treten Frauen hier entweder als Unerreichbare und Verklärte auf, in Engelsgestalt oder als Mutterfiguren – oder sie erscheinen als Feindselige und Dämonisierte, als gefährliche Verführerinnen oder zänkische Ehefrauen.[7]) – Ähnliches setzt sich im Bürgerlichen Trauerspiel fort und verschärft im Drama des Sturm und Drang, wobei eine verhängnisvolle männliche Instanz hinzutritt: der Bürger als Vater. In der politischen Machtlosigkeit des deutschen Bürgertums wird die Ehre des Standes auf dem Schlachtfeld der Tugend verteidigt und mit dem Tod der Töchter besiegelt: Wagners Kindermörderin Eva Humbrecht, Lessings Sara Sampson und Emilia Galotti, Schillers Luise Miller und Goethes Margarete büßen mit ihrem Körper dafür, Objekt standeswidriger männlicher Begierde geworden zu sein. „Ein offener Sarg, der einen weiblichen Körper voll himmlischer Schönheit für mich aufbewahrt“, wie dies Gerstenberg in seinem ›Ugolino‹ formuliert,[8]) bleibt das latente männliche Wunschbild – das langsame weibliche Sterben dessen Vorspiel. Die Kindsmörderinnen Margarete und Eva verfallen so dem Wahnsinn mit all seinen seelisch-körperlichen Zersetzungserscheinungen, bevor sie endlich das Schwert des Henkers trifft; Sara Sampson und Luise Miller gehen elend, doch bühnenwirksam an Gift zugrunde. Über Sara heißt es dabei: „Sie zitterte, und ein kalter Schweiß floß ihr über das erblaßte Gesicht.“[9]) – „Nicht mehr meine irdische Tochter, schon halb ein Engel.“[10]) – „Ach! diese kalte Hand noch einmal zu küssen [...]“[11]). So und ähnlich kommentieren die Männer auf dem Theater das Hinscheiden der Miss Sampson: der Vater, der Liebhaber und – nicht zu vergessen – der Autor. Und so ähnlich geht auch deren Rede über die sprichwörtlich leichenblasse Luise in Schillers ›Kabale und Liebe‹. „Bleich wie der Tod! – jetzt erst gefällt sie mir, deine Tochter! So schön war sie nie [...]“[12]), beschreibt Ferdinand die zu Tode verängstigte Geliebte, und später: „Wie reizend und schön auch im

---

[7]) Die wohl eindringlichsten Beispiele für dieses ambivalente Frauenbild finden sich in mitunter drastischer Körperlichkeit bei Adam Bernd (Eigene Lebens-Beschreibung, Leipzig 1738) – ähnlich, doch in gemilderter Tonlage und körperlich weit zurückhaltender auch bei Jung-Stilling, Bräker oder Moritz.

[8]) Heinrich Wilhelm von Gerstenberg, Ugolino (1786), hrsg. von Christoph Siegrist, Stuttgart 1977, hier: S. 58 (Ugolinos Sohn Anselmo über den Körper seiner toten Mutter).

[9]) Gotthold Ephraim Lessing, Miß Sara Sampson. Ein Trauerspiel in fünf Aufzügen (1755), in: Werke. In Zusammenarb. mit Karl Eibl, Helmut Göbel, Karl S. Guthke, Gerd Hillen, Albert von Schirnding und Jörg Schönert hrsg. von Herbert G. Göpfert. 8 Bde. München 1971, Bd. 2, hier: S. 16. – Vgl. dazu wie zu Anm. 12: Alexander Kosenina, Anthropologie und Schauspielkunst. Studien zur ‚eloquentia corporis‘ im 18. Jahrhundert, Tübingen 1995.

[10]) Lessing, Miß Sara Sampson (zit. Anm. 9), S. 98.

[11]) Ebenda, S. 99.

[12]) Friedrich Schiller, Kabale und Liebe. Ein bürgerliches Trauerspiel (1784), in: Werke und Briefe in zwölf Bänden, hrsg. von Otto Dann, Frankfurt/M. 1988, Bd. 2, Dramen 1, hrsg. von Gerhard Kluge (= Bibliothek deutscher Klassiker 29), S. 659.

Leichnam! […] Diese Sanftmut war keine Larve – sie hat auch dem Tod standgehalten."[13])

Solch drastische Körperrede schwindet mit dem Fortschreiten des Jahrhunderts aus dem Text. Präsent bleibt gleichwohl der weibliche Körper als Ort der Kodifikation, und so sind es nun die empfindsamen und die klassischen Körperbilder, welche die Vorstellungen des Weiblichen prägen.[14]) Hinzu tritt hier eine neue Kultur, die bürgerliche Schriftkultur mit ihren weitgehend unkörperlichen Künsten des Schreibens und des Lesens, die in den zahllosen Tagebüchern und Briefwechseln des Saeculums die realen Körper aus dem Text verdrängt und die imaginierten zur Repräsentanz des Seelischen festschreibt. Der empfindsame Körper wird dabei auf einige sprechende *partes pro toto* reduziert: Auge, Stirn, Mund und Hand als Fenster zur Seele, Herz und Busen als deren Sitz: „Ich umarme Dich mit dem innigsten Kuß auf dein Herz", lässt etwa Herder seine Verlobte brieflich wissen[15]); „Ein länglich Gesicht voll Seele" wird dem Fräulein von Sternheim zugeschrieben.[16]) Der reale Körper hingegen erscheint meist ausgeblendet, oft hinter der Beschreibung von Kleidungsstücken, die damit ihrerseits zum Fetisch geraten: gleichsam die Geburt der Damenmode aus dem Geist der Körperverdrängung. Auf diese Weise wird Werther die blassrote Schleife von Lottes weißem Kleid zum Ersatz für den unerreichbaren Körper der Geliebten, und so tritt auch der sorgsam verschlossene Brautschmuck in Ottilies Köfferchen an die Stelle eines verfehlten realen Brautstandes.

Der klassische Körper schließlich präsentiert sich unter dem Einfluss der Körperästhetik Winckelmanns geradezu als Abbild der marmornen Statuenkörper des deutschen Griechenideals. Aus der gelassenen Ausgewogenheit schöner Seelen folgt hier stets die harmonische Schönheit der in sich ruhenden Gestalt und umgekehrt.[17]) Dennoch sollten diese statuarischen Figuren einer Iphigenie, einer Natalie oder einer Charlotte das Bild nicht ausschließlich und nicht für lange beherrschen. Erste Brüche und Schatten zeichnen sich bereits bei Goethe selbst ab. So ist es Ottilies Körper in den ›Wahlverwandtschaften‹, der „an Weiße und leider auch an

---

[13]) Ebenda, S. 675.

[14]) Vgl. dazu: Silvia Bovenschen, Die imaginierte Weiblichkeit. Exemplarische Untersuchungen zu kulturgeschichtlichen und literarischen Präsentationsformen des Weiblichen, Frankfurt/M. 1979; – Albrecht Koschorke, Alphabetisation und Empfindsamkeit, in: Hans-Jürgen Schings (Hrsg.), Der ganze Mensch. Anthropologie und Literatur im 18. Jahrhundert, DFG-Symposium 1992, Stuttgart und Weimar 1994, S. 605–628.

[15]) Brief vom 30. Oktober 1772, in: Herders Briefwechsel mit Caroline Flachsland, nach den Handschriften des Goethe- und Schiller-Archivs, hrsg. von Hans Schauer 2 Bde. (= Schriften der Goethe-Gesellschaft 39 u. 41), Weimar 1926–1928, hier: Bd. 2, S. 260.

[16]) Sophie von La Roche, Geschichte des Fräuleins von Sternheim (1771), hrsg. von Barbara Becker-Cantarino, Stuttgart 1997, hier: S. 59. – Vgl. zur geschlechtsspezifischen Differenzierung der (Körper-)Bilder um 1800: Ilsebill Barta et al. (Hrsg.), Frauen Bilder – Männer Mythen. Kunsthistorische Beiträge, Berlin 1987.

[17]) Zu diesen Einflüssen vgl. vor allem Christian Begemann, Der steinerne Leib der Frau. Ein Phantasma in der europäischen Literatur des 18. und 19. Jahrhunderts, in: Aurora 59 (1999), S. 135–159.

Kälte dem Marmor gleicht"[18]), und dieser deutliche Querverweis auf die klassische Statue verheißt hier nichts Gutes. Unfähig, das ihr anvertraute ertrunkene Kind an ihrem erkalteten Busen wieder zu beleben, verfällt Ottilie der Annihilation ihres eigenen, mehr der Kunst als dem Leben zugehörenden Körpers: sie hungert sich zu Tode.[19])

Tragisch gescheitert sind damit aber nicht nur die klassizistischen Körperbilder, sondern auch bereits drei neue Instanzen: der Bürger als Arzt, die Bürgerin als Patientin und der klinische Blick auf den medikalisierten Frauenkörper als liebstes Experimentierfeld.[20]) Schon in der populärmedizinischen Publizistik des 18. Jahrhunderts wie etwa auch in Goethes ›Wilhelm Meisters Lehrjahren‹ (1796) oder in Johann Karl Wezels Roman ›Wilhelmine Arend oder Die Gefahren der Empfindsamkeit‹ (1782) werden weibliche Zustände zum Thema, ja überhaupt das Zustände-Haben zum Thema des Weiblichen schlechthin. So begründet Wezel, warum er „zum Hauptcharakter" seines Romans einen weiblichen gewählt habe, wie folgt:

> [...] theils weil die Empfindsamkeit unter diesem Geschlechte gewöhnlicher ist als unter dem männlichen, theils weil die Feinheit und Reizbarkeit der Organisation und die Lebhaftigkeit der Empfindungen und der Imagination [...] einen weiblichen Charakter poetischer macht als einen von unserem Geschlechte. [...] [Der Autor] schuf folglich aus seiner Wilhelmine eine Frau von zarter und schwächlicher Leibesbeschaffenheit, von äußerst reizbaren Nerven.[21])

Von Wezel mit eben *so* viel Verstand ausgestattet, um die Ratschläge der aufgeklärten Ärzte verstehen zu können, fehlt es Wilhelmine dennoch an Vernunft und höherer Einsicht und vor allem an positivem Denken und effizienter Selbstdisziplin. „Diese Traurigkeit, diese Rührung, diese Thränen und Seufzer [...] [sind] mein Vergnügen [...]; Die Stunden der Melancholie und des Mitleids sind für mich die süßesten"[22]), verteidigt sie störrisch ihren gefährlich falschen Weg, der so nur in geistige Umnachtung und frühen Tod führen kann.

Ähnlich fatal, wenngleich um einiges geglättet, verläuft der Rückzug ins eigene Ich für die *Schöne Seele* in Goethes ›Lehrjahren‹. Jahrelange Konzentration auf die eigene Kränklichkeit und Seelenverfassung führen zum völligen Weltverlust dieser Existenz, deren Physis sich am Ende in nichts aufzulösen scheint. Zu verklärten

---

[18]) Die Wahlverwandtschaften (zit. Anm. 1), S. 458.

[19]) Vgl. dazu Egger, Diätetik und Askese (zit. Anm. 1), sowie Jochen Hörisch, „Die Himmelfahrt der bösen Lust" in Goethes ›Wahlverwandtschaften‹. Versuch über Ottiliens Anorexie, in: Norbert W. Bolz (Hrsg.), Goethes ›Wahlverwandtschaften‹. Kritische Modelle und Diskursanalysen zum Mythos Literatur, Hildesheim 1981, S. 308–322.

[20]) Vgl. dazu Michel Foucault, Die Geburt der Klinik. Eine Archäologie des ärztlichen Blicks, München 1973; – Rita Wöbkemeier, Erzählte Krankheit. Medizinische und literarische Phantasien um 1800, Stuttgart 1990; – Esther Fischer-Homberger, Krankheit Frau. Zur Geschichte der Einbildungen, Darmstadt und Neuwied 1984.

[21]) Johann Carl Wezel, Wilhelmine Arend oder Die Gefahren der Empfindsamkeit, Frankfurt/M. 1782, hier: Wezels Nachwort zu Teil I, Blatt *2 und *3 (f/r). – Vgl. dazu Jutta Heinz, Wissen vom Menschen und Erzählen vom Einzelfall. Untersuchungen zum anthropologischen Roman der Spätaufklärung, Berlin und New York 1996.

[22]) Wezel, Wilhelmine Arend (zit. Anm. 21), Teil II, S. 158.

Bildern werden Wilhelmines und der Stiftsdame hypochondrische Körper im Tode jedoch nicht. Erhalten bleiben von letzterer lediglich ihr Porträt und (gut pietistisch) ihre Schrift in allerdings verblüffend dichter indirekter Körpermetaphorik (etwa in den besonders häufigen körperbezogenen Redewendungen wie *zur Hand sein*, *in die Augen fallen* u. v. ä. mehr) – von ersterer nicht einmal dies. Zu sehr hatte ihre geradezu subversive kränkliche Körperlichkeit (oder jedenfalls der Autoren Vorstellung davon) die männliche wie die bürgerliche Ordnung verstört. Den *ganzen* Menschen als diätetisch ausgewogene Einheit von Körper und Seele hatten die aufgeklärten Anthropologen sich zum Ziel gesetzt,[23]) *so* ganz dann aber wieder doch auch nicht: das *leidende Weib*[24]) im Gegenlicht der aufklärerischen Helligkeit wird zu seinem komplementären Zerrbild, zum entlastenden Anderen des vernunftbestimmten Bürgers. Wohl kennt die populäre Medizinpublizistik von ihren frühesten Ansätzen in August Unzers Wochenschrift ›Der Arzt‹ bis hin zu Karl Philipp Moritz' ›Magazin für Erfahrungsseelenkunde‹ auch unzählige männliche Hypochondristen und Melancholiker,[25]) doch bleiben die weiblichen allemal die poetischeren. Die hier zelebrierte neue Textsorte der *Fallgeschichte* wirkte entscheidend auf die Rede vom *ganzen Menschen* und erst recht auf die literarisch noch ergiebigere vom nicht so ganzen, namentlich dem weiblichen, zu dessen Chiffren sich Hypochondrie und Melancholie im Verlauf des Jahrhunderts verdichten (während sie etwa in der Typenkomödie der 1740er-Jahre noch meist männlich besetzt waren, der gesunde Hausverstand hier hingegen oft weiblich). Zu den anschaulichsten Beispielen weiblicher *case-histories* zählen etwa die Fastenberichte über säkularisierte Hungerkünstlerinnen.[26]) Vom Gegenstand der Hagiographie zum Sujet der Krankengeschichte geworden, bleiben diesen jungen Frauen dennoch wesentliche Züge der Heiligenlegende erhalten: leuchtend weiß und rein erscheinen ihre Körper auch nach jahrelanger Nahrungsabstinenz, wohlgerundet bis zur Taille, im Unterleib hingegen bezeichnenderweise extrem abgemagert. Diese Verschränkung theologischer, ästhetischer und medizinischer Diskurse im Blick auf den weiblichen Körper ist es nicht zuletzt, welche die Bilder des Weiblichen dreifach festschreibt, und das weit über die Goethezeit hinaus.

---

[23]) Vgl. dazu aus der neuesten Forschung besonders: Helmut Pfotenhauer, Literarische Anthropologie. Selbstbiographien und ihre Geschichte, am Leitfaden des Leibes, Stuttgart 1987, sowie den von Schings herausgegebenen Sammelband ›Der ganze Mensch‹ (zit. Anm. 14).

[24]) Der bezeichnende Titel eines Trauerspiels von Friedrich Maximilian Klinger (›Das leidende Weib‹, 1775), in: Ders., Werke. Historisch-kritische Gesamtausgabe, hrsg. von Edward P. Harris, Bd. 1, Tübingen 1987 (= Neudrucke deutscher Literaturwerke; N. F. 39).

[25]) Unter den Dutzenden von einschlägigen Zeitschriften der zweiten Hälfte des 18. Jahrhunderts zählen die von Johann August Unzer (Der Arzt. Eine medizinische Wochenschrift, Lüneburg und Leipzig 1759–1764) und Karl Philipp Moritz et al. (Gnothi seauton, oder Magazin zur Erfahrungsseelenkunde, Berlin 1783–1793) zu den bekanntesten und auch literarisch interessantesten und einflussreichsten, zusammen mit Christoph W. Hufelands ›Journal der practischen Arzneykunde und Wundarzneykunst‹ (Jena und Berlin 1795–1836).

[26]) Vgl. dazu Walter Vandereycken et al., Hungerkünstler, Fastenwunder, Magersucht. Eine Kulturgeschichte der Eßstörungen, München 1992.

Während Goethe am Beginn von ›Wilhelm Meisters Lehrjahren‹ dem seltsam androgynen Mädchen Mignon in ihrem Springen, Tanzen, Singen und Laufen, in ihrer Freude wie im Schmerz, so viel unmittelbare Körperlichkeit zugesteht wie kaum einer seiner Figuren, wird sie im Verlauf ihrer Bekanntschaft mit Wilhelm und unter dem Einfluss der Turmgesellschaft „viel blässer und magerer“, „kränklich und konnte sich nicht erholen“.[27]) Von ihrem Körper ist, so überhaupt, nur mehr als einem geschwächten, einem leidenden die Rede. Diese fortschreitende Pathologisierung des zuvor so lebhaften Wesens geht einher mit seiner Medikalisierung und Pädagogisierung. In beiden Fällen gerät unweigerlich die Geschlechtsneutralität des *guten Kindes* ins Visier der Experten (und Expertinnen). Subtil werden Mignon weibliche Kleidung und damit zurückhaltendere Bewegungsweisen suggeriert. Der Knabe Felix, zuvor ihr Spielkamerad, sitzt nun auf ihrem Schoß und komplettiert so das *tableau* zur *Madonna mit Kind*. Das knabenhafte Mädchen ist zur Frau geworden – doch da ist sie schon fast nicht mehr von dieser Welt. Die pädagogisch-diätetischen Bemühungen der Männer (und der Frauen!) vom Turm und zugleich Wilhelms Rückzug von Mignon in die Welt der Vernunft und der Karrieren haben ihr geheimnisvolles Herzleiden zur Todeskrankheit vor der Zeit verschärft, und so wird am Ende auch sie der rationalistischen Mentalität wie der klassizistischen Ästhetik und schließlich dem hagiographischen Zitat zum Opfer und im Tode zum perfekten Fetisch des Zeitgeistes, zur Auto-Ikone als selbstreferentiellem Ausstellungsstück.

„… die Geschicklichkeit des Arztes konnte das schöne Leben nicht erhalten, die sorgfältigste Freundschaft vermochte nicht, es zu fristen. Aber wenn die Kunst den scheidenden Geist nicht zu fesseln vermochte, so hat sie alle ihre Mittel angewandt, den Körper zu erhalten und ihn der Vergänglichkeit zu entziehen. Eine balsamische Masse ist durch alle Adern gedrungen und färbt nun an der Stelle des Bluts die so früh verblichenen Wangen. Treten Sie näher, meine Freunde, und sehen Sie das Wunder der Kunst und Sorgfalt!“

[Der Abbé] hub den Schleier auf, und das Kind lag in seinen Engelkleidern wie schlafend in der angenehmsten Stellung. Alle traten herbei und bewunderten diesen Schein des Lebens. Nur Wilhelm blieb in seinem Sessel sitzen, er konnte sich nicht fassen.[28])

Hatte Mignons Mutter die verlorene Tochter noch als Heiligenkörper imaginiert, bevor sie selbst den hagiographischen Wunschtod starb und ihr Körper zur Reliquie verklärt erschien, so stellt sich Mignons aufgebahrte schöne Leiche nicht mehr als Glaubenswunder dar, sondern als Produkt der höchst weltlichen *téchne* der Ärzte und der betriebsamen Turmgesellschafter.[29]) – Freude können an diesem Meisterwerk der Heilkunst nur mehr die Mediziner und Techniker empfinden, die Verwalter und die Sammler. Wilhelm Meister, der überlebende Mann in dieser Geschichte, bleibt starr vor Entsetzen zurück. Welchen Preis es ihn kosten mag,

---

27) Wilhelm Meisters Lehrjahre (1796), in: GOETHE, HA (zit. Anm. 1), Bd. 7, hier: S. 474 und 485.

28) Ebenda, S. 577.

29) Vgl. zu dieser Inszenierung PETER UTZ, Das Auge und das Ohr im Text. Literarische Sinneswahrnehmung in der Goethezeit, München 1990.

dem Gesang der Sirenen widerstanden zu haben,[30]) beginnt er zu ahnen – er und sein Autor.

Viele Jahre später, in einem anderen Buch und einem anderen Jahrhundert, wird Goethe Wilhelm Meister auf eine Reise in den Süden schicken, in Mignons Heimat, auf die Suche nach den Spuren ihres verlorenen Lebens. „Wie sie leibte und lebte", scheint sie da den Freunden entgegenzutreten, doch in der Tat: es *scheint* nur so.[31]) Zum Mittelpunkt einer Reihe von Gemälden aus der Hand eines „trefflichen Künstlers" geworden, ist Mignons physische Existenz nun für immer zum Bildnis erstarrt, zum *eídolon* ihrer selbst.

---

[30]) Max Horkheimer und Theodor W. Adorno, Dialektik der Aufklärung. Philosophische Fragmente (1944/47), Frankfurt/M. 1969.

[31]) Wilhelm Meisters Wanderjahre oder die Entsagenden (1829), in: Goethe, HA (zit. Anm. 1), Bd. 8, hier: S. 227.

„DIE FRAU VON FUNFZIG JAHREN“

Zu Thomas Manns Erzählung ›Die Betrogene‹

Von Franziska Schößler (Freiburg i. Br.)

Thomas Manns letzte Erzählung, ›Die Betrogene‹, für die er die Arbeit am zweiten Teil der ›Bekenntisse des Hochstaplers Felix Krull‹ unterbricht, gilt gemeinhin als Auseinandersetzung Manns mit dem eigenen Alter, mit dem nahenden Tod. Die sterbende Frau Rosalie von Tümmler stelle eine weibliche Maske des Autors vor;[1]) Thomas Mann finde in dieser anstößigen, ja „degoutanten“ Erzählung, wie sie in Rezensionen genannt wurde,[2]) zu seinem „Selbstbild“ als Frau, ein Verfahren, wie es sich in ›Tonio Kröger‹ und der kurzen Erzählung ›Ein Glück‹ bereits angedeutet habe – so Heinrich Detering.[3]) Vaget liest die Erzählung entsprechend biographisch, sprich vor dem Hintergrund der Lungenkrebserkrankung Thomas Manns, wie sie in ›Die Entstehung des Doktor Faustus‹ geschildert wird. Vaget stellt apodiktisch fest: „Damit [mit dieser Erkrankung; Anm v. Verf.] war eine

---

[1]) Der Personenbeschreibung Rosalies liegt eine Photographie der *Schriftstellerin* Gertrud von Le Fort zugrunde; die eigene Profession findet also im Verlauf des produktiven „Aneignungsgeschäftes“ Thomas Manns Berücksichtigung; vgl. dazu die Abbildung in Hans Wysling, Thomas Manns Deskriptionstechnik, in: Ders., Thomas Mann heute. Sieben Vorträge, Bern 1976, S. 64–84, hier: S. 70.

[2]) Vgl. dazu Hans Rudolf Vaget, Thomas Mann. Kommentar zu sämtlichen Erzählungen, München 1984, S. 305f. In der Forschung zweifelt z. B. Johannes Pfeiffer ebenfalls an, „ob sich auf diesem brutal-tatsächlichen, leicht schlüpfrigen Untergrund eines physiologischen Prozesses das aufbauen läßt, was Thomas Mann darauf aufbaut. Dieses zwischen Tragik und Ironie schillernde Spiel, das hier mit dem Bereich des Unterleibes getrieben wird, um die Natur in ihrer rätselhaften Zweideutigkeit symbolisch zu erhellen: bleibt es nicht doch ein peinliches Sichergehen am Rande einer Untiefe?“ Johannes Pfeiffer, Über Thomas Manns Erzählung ›Die Betrogene‹, in: Wirkendes Wort 8 (1957/58), S. 30–33, hier: S. 33.

[3]) „Die ‚Baronin Anna‘ ist damit die erste Ausformung der Adelaide-Gestalt, die erste feminine Selbstprojektion, die Thomas Mann der literarischen Öffentlichkeit zumuten zu können glaubte; erst viel später, in Gestalten wie Mut-em-enet und Rosalie von Tümmler, der ›Betrogenen‹, wird er, in größerem Maßstab und literarisch ungleich komplexer, auf das da zuerst erprobte Modell zurückgreifen“; Heinrich Detering, Das offene Geheimnis. Zur literarischen Produktivität eines Tabus von Winckelmann bis zu Thomas Mann, Göttingen 1994, S. 320. Damit trägt Detering der Sprengkraft dieses letzten Textes Rechnung, allerdings in anderer Weise, als ich es versuchen werde, nämlich indem seine Studie offenkundig werden lässt, in welchem Maße die heterosexuelle Geschlechtermatrix in Manns Œuvre unterlaufen wird.

wesentliche Voraussetzung für die Selbstdarstellung in der Maske Rosalie von Tümmlers gegeben.“[4]) Aus dieser Perspektive wird die Passion Rosalies zu einer homoerotischen; auch hier handele es sich „um die Gestaltung einer erotischen Passion, die, da sie homoerotischer Natur war, nach Maskierung verlangte.“[5]) Darüber hinaus hebt Vaget den poetologischen Aspekt dieser Erzählung hervor. Künstlerschaft stehe im Zentrum auch dieser letzten Novelle; vorgeführt werde eine grundsätzliche Aussöhnung mit dem täuschenden Charakter der Kunst, ja Vaget spricht gar von „dem tief versöhnlichen Geist, der das Ende der Erzählung dominiert.“[6]) Die letzten Worte Rosalies auf ihrem Sterbebett lauten – der Krebs hat sie in kürzester Zeit hinweggerafft –:

> „Ungern geh' ich dahin – von euch, vom Leben mit seinem Frühling. Aber wie wäre denn Frühling ohne den Tod? Ist ja doch der Tod ein großes Mittel des Lebens, und wenn er für mich die Gestalt lieh von der Auferstehung und Liebeslust, so war das nicht Lug, sondern Güte und Gnade“ (950).[7])

Mit diesem Ausspruch wird zwar ein Gedanke reformuliert, wie er Thomas Manns Werk durchzieht[8]) – die Zusammengehörigkeit von Tod und Leben, die sich auch die Hausphilosophen Manns, Schopenhauer und Nietzsche, auf ihr

---

[4]) Vaget, Thomas Mann. Kommentar zu sämtlichen Erzählungen (zit. Anm. 2), S. 296. Weitere Parallelen sieht er in dem Satz „Sie/Ich schlief schon wieder“, der sowohl in der ›Entstehung des Doktor Faustus‹ als auch in Manns letzter Erzählung auftaucht. Und Rosalies Affinität zum Frühling besitze eine gewisse „autobiographische Signalwirkung“; ebenda, S. 297.

[5]) Ebenda.

[6]) Ebenda., S. 299. Er fährt fort: „Erst vor dem Hintergrund dieser Ambivalenz von ‚Betrug‘ erlangt die Versöhnung der Betrogenen mit der Natur ihren tieferen Sinn. Auch TM selbst, der betrügerische und betrogene Zauberer, enthüllt sich in dieser Selbstprojektion als der endlich mit der Natur, seiner Natur, versöhnte ‚Betrüger‘“. Seiner Meinung nach ist damit die Betrogene „zuletzt auch eine Beglückte“; ebenda, S. 300. Auch W. H. Rey deutet den Schluss in einem positiven Sinne: „Der Gegensatz zwischen lebensfrohem Gefühl und tödlichem Wissen wird aufgehoben in dem sittlichen Akt der Selbstüberwindung und Schicksalsbejahung, den die Heldin im Angesicht des Todes vollbringt. Die letzte Perspektive, mit der uns der Autor entläßt, ist die der Frömmigkeit“; W. H. Rey, Rechtfertigung der Liebe in Thomas Manns Erzählung ›Die Betrogene‹, in: DVjs 34 (1960), S. 428–448, hier: S. 431. Damit werde auch der ironische Gestus selbst überwunden, die Mann'sche Ironie ironisiert – ebenfalls ein problematischer Versuch, das Verstörende der Erzählung zu nivellieren. Entsprechend deutet er die Begegnung Rosalies mit dem Unrathäufchen als „eine mystische Grunderfahrung“; ebenda, S. 439. Mario Szenessy schließt sich der Auffassung Reys an und betont, dass es sich hier um ein „Bekenntnis auch des Dichters zum Leben und zum Tod“ handle; Mario Szenessy, Über Thomas Manns ›Die Betrogene‹, in: DVjs 40 (1966), S. 217–247, hier: S. 237.

[7]) Die Angaben in Klammern beziehen sich auf Thomas Mann, Die Betrogene, in: Ders., Gesammelte Werke in 12 Bänden, Bd. 8: Erzählungen. Fiorenza. Dichtungen, Frankfurt/M. 1960, S. 877–950.

[8]) Entsprechend wird in dieser letzten Erzählung, wie Reinhard Baumgart festhält, eine Vielzahl der Mann'schen Themen wie in einem „Potpourri“ aufgenommen und variiert. Reinhard Baumgart, Betrogene Betrüger. Zu Thomas Manns letzter Erzählung und ihrer Vorgeschichte, in: Thomas Mann. Sonderband aus der Reihe Text und Kritik, hrsg. von Heinz Ludwig Arnold, München 1976, S. 99–107, hier: S. 100.

Banner geschrieben haben.[9]) Das scheinbar versöhnliche Ende damit jedoch als ureigenes Kredo Thomas Manns zu verstehen, scheint mir nicht angebracht; verkannt wird zum einen das Mann'sche Verfahren, eigene Positionen zur Disposition zu stellen, auch das Gegenteil gelten zu lassen – in diesem Sinne definiert Thomas Mann den Ästhetizismus in Abgrenzung vom Politischen in den ›Betrachtungen eines Unpolitischen‹.[10]) Zudem ist Vagets Rede vom versöhnlichen Ende der ›Betrogenen‹ im Angesicht der medizinisch-sachlichen Todesdiagnose, die an das Finale des ›Werther‹ gemahnt, zu bezweifeln. Und ist darüber hinaus – ein letzter Einwand – die Erzählung mit ›Die Betrogene‹ überschrieben, so sollte dieses Epitheton auch für das Fazit Rosalies geltend gemacht werden.

In der Forschung ist also die Tendenz festzustellen, das provokante Potential dieser letzten Erzählung über eine biographische Lesart auszublenden, die Verletzung derjenigen Spielregeln zu ignorieren, nach denen die bürgerliche Zivilisation „das ‚Fiese' [...] des Todes verdrängt und entweder veredelt oder mit Hygiene umzäunt", wie Adorno in einem Brief an Thomas Mann festhält.[11]) So schließt Georg Wenzel seine Ausführungen über ›Die Betrogene‹ mit den Worten: „Eines solchen Todes teilhaftig zu werden [wie er Rosalie beschert wird; Anm. v. Verf.], ist Erwähltheit, und die Natur vergilt hier Liebe mit Liebe."[12]) Reinhard Baumgart hält

---

[9]) Für Nietzsche ist das Lebendige „nur eine Art des Todten, und eine sehr seltene Art", und für Schopenhauer gehören Geburt und Tod „zur Erscheinung des Willens, also zum Leben"; vgl. dazu Dietrich von Engelhardt, Die Welt der Medizin im Werk von Thomas Mann, in: Thomas Mann und die Wissenschaften, hrsg. von dems. und Hans Wisskirchen, Lübeck 1999, S. 41–87, hier: S. 64. Wysling streicht zudem die Nähe zu einem Selbstkommentar Nietzsches heraus, in dem es heißt: „Die Liebe, die Begeisterung, ‚Gott' – lauter Feinheiten des letzten Selbstbetrugs, lauter Verführungen zum Leben, lauter Glaube an das Leben! In Augenblicken, wo der Mensch zum Betrognen ward, wo er sich überlistet hat, wo er an's Leben glaubt, oh wie schwillt es da in ihm auf!" Hans Wysling, Thomas Manns Verhältnis zu den Quellen. Beobachtungen am ›Erwählten‹, in: Ders. und Paul Scherrer, Quellenkritische Studien zum Werk Thomas Manns, Bern, München 1967, S. 258–324, hier: S. 312.

[10]) Vgl. dazu besonders den Abschnitt „Politik" in Thomas Mann, Betrachtungen eines Unpolitischen, in: Ders., Gesammelte Werke in Einzelbänden. Frankfurter Ausgabe, hrsg. von Peter de Mendelssohn, Frankfurt/M. 1983, S. 222f. Er hält z. B. fest, „daß durchaus *alles* bloß Gesagte bedingt und angreifbar ist, so absolut und apodiktisch es auch im Augenblick empfunden werden und sich gebären möge, und unangreifbar einzig und allein die Gestalt; daß die köstliche Überlegenheit der Kunst über das bloß Intellektuelle in ihrer lebendigen Vieldeutigkeit, ihrer tiefen Unverbindlichkeit, ihrer geistigen *Freiheit* besteht"; er spricht davon, „Standpunkte zu vertreten, Dialektik zu treiben, den, der gerade spricht, immer recht haben zu lassen"; ebenda, S. 228f.

[11]) Zitiert nach Vaget, Thomas Mann. Kommentar zu sämtlichen Erzählungen (zit. Anm. 2), S. 308.

[12]) Georg Wenzel, Bemerkungen zu Thomas Manns Erzählung ›Die Betrogene‹, in: Vollendung und Größe Thomas Manns. Beiträge zu Werk und Persönlichkeit des Dichters, hrsg. von dems., Halle 1962, S. 275–279, hier: S. 279. Zudem steht zu bezweifeln, dass Rosalie vornehmlich mütterliche Gefühle für den jungen Amerikaner hegt. Wenzel spricht davon, dass der Leser nach und nach vermute, „wohin es führen muß, wenn Rosalie nicht fähig ist, die aus fraulicher Neugierde und mütterlicher Sympathie entstandenen Gefühle der Liebe umzudirigieren, sie zu entspannen, und er vermag fast mit Sicherheit das Ende vorauszusagen"; ebenda., S. 278.

fest, und damit wird die Geste des Ausschlusses offenkundig,[13]) die eine harmonisierende Lesart vornimmt:

> Thema sind ja hier nicht, wie jeder Normalleser vermuten würde, die Wechseljahre oder die Frauenfrage oder der Krebs. Das alles wird nur gebraucht und verbraucht als Stoff und Vorwand, um etwas ganz anderes zur Sprache zu bringen.[14])

Ich möchte mich im Folgenden mit dieser letzten Erzählung Thomas Manns dezidiert als „Normalleserin" auseinandersetzen, indem ich die gängige biographische Lesart ausklammere, damit nicht vorschnell das provokante Potential dieser Erzählung durch den Hinweis auf den Autor stillstelle. Ernst genommen soll vielmehr die Tatsache, dass hier das Altern und Sterben einer Frau erzählt wird,[15]) das einer Exekution nicht fern steht, wie allerdings auch Baumgart festhält[16]) – im Übrigen als kontrastives Pendant zu Goethes prototypischer Novelle über das Altern, zu ›Der Mann von funfzig Jahren‹ aus den ›Wanderjahren‹.[17]) Dieser Bezug

---

[13]) Diese ist in der Thomas Mann-Forschung nicht selten; häufig wird eine „eigentliche" Botschaft extrapoliert, um sie gegen vordergründige Camouflage abzusetzen; vgl. zu einer Kritik an diesem Verfahren in Zusammenhang mit dem frühen „Hofroman" ›Königliche Hoheit‹ Joachim Rickes, Der sonderbare Rosenstock. Eine werkzentrierte Untersuchung zu Thomas Manns Roman ›Königliche Hoheit‹, Frankfurt/M. 1998.

[14]) Baumgart, Betrogene Betrüger (zit Anm. 8), S. 100. Er übt Kritik an dem Alterswerk, hält die Figuren für typisiert, für historisch unbestimmt und spricht davon, dass das Parlando der Novelle Indiz einer selbst wuchernden Sprache sei, „eine Art Krebs" (ebenda, S. 105) – ganz offenkundig ein problematischer Vergleich. In seiner Interpretation wird dem Inhalt, der sicherlich mehr als „Beiherspielendes" ist, keinerlei Rechnung getragen. Auch der Aussage, hier „sollen Konflikte offensichtlich befriedet statt gelöst werden" (ebenda, S. 107), kann ich nicht zustimmen.

[15]) Vaget hält einen Bezug zu den damals viel gelesenen Tagebuchaufzeichnungen ›Das gefährliche Alter‹ von Karin Michaelis für möglich, wie ihn auch M. A. Frey anregt; Vaget, Thomas Mann. Kommentar zu sämtlichen Erzählungen (zit. Anm. 2), S. 310. Michaelis schildert den Ausbruch einer vierzigjährigen Frau – diese Phase wird als eine des Übergangs betrachtet – aus ihrer Ehe; wie Rosalie Tümmler hegt auch sie Gefühle für einen jüngeren, hier dreißigjährigen Mann, für sie ein „Kind von einem Mann"; Karin Michaelis, Das gefährliche Alter. Tagebuchaufzeichnungen und Briefe, Berlin 1910, S. 50; an diesen jungen Geliebten schreibt sie z. B.: „Sie sind jung, und das Leben liegt vor Ihnen, und ich bin alt. Ich bin ja nämlich alt"; ebenda, S. 21. Das Alter wird bei Michaelis zu einer Erfahrung, die die um die Jahrhundertwende ehedem mit großem Nachdruck verhandelte Geschlechterdifferenz radikalisiert; vgl. dazu S. 35, S. 38. Darüber hinaus wird die Libido der alternden Frau zum Thema – an dieser Stelle berührt sich Michaelis' Text mit Thomas Manns später Erzählung. Es heißt z. B.: Die Frau „erschlafft nicht in dem, was ihr Geschlecht betrifft, sie reift bis tief in den Winter hinein. Aber die Gesellschaft zwingt sie, einen falschen Kurs zu steuern. Ihre Jugend darf nur bestehn, solange die Haut glatt und der Körper verlockend ist. Sonst gibt sie sich dem boshaften Gelächter preis. Eine Frau, die es wagt, das Recht des Lebens in den späteren Jahren zu fordern, wird mit Abscheu betrachtet. Niemand bemitleidet sie, an niemandem hat sie einen Halt"; ebenda, S. 67. Einige Themen gleichen sich also, doch ist m. E. nicht von einem ausdrücklichen Prätext zu sprechen.

[16]) Baumgart, Betrogene Betrüger (zit. Anm. 8), S. 105.

[17]) Wysling betont die stilistische Nähe der ›Betrogenen‹ zu Goethes Altersnovellen; Wysling, Thomas Manns Verhältnis zu den Quellen (zit. Anm. 9), S. 314.

wird ausdrücklich hergestellt, wenn Rosalie von Tümmler[18]) über ihren früh verstorbenen Ehegatten anmerkt:

„Was sind auch fünfzig Jahre für einen Mann? Ein bißchen Temperament vorausgesetzt, hindern die ihn noch lange nicht, den Schwerenöter zu machen, und mancher hat Glück mit grauen Schläfen bei ganz jungen Mädchen“ (892),

wie der alternde Major Goethes bei seiner Nichte Hilarie, wenn auch nur vorläufig. Damit ist Manns letzter Novelle die Goethesche „Alterserzählung“ eingeschrieben. Thomas Mann erzählt die Geschichte einer „Frau von funfzig Jahren“, und als solche steht die Figur in einer reichen topischen Tradition. In den Blick genommen werden soll entsprechend nicht nur das intertextuelle Geflecht dieser Novelle, sondern auch die Topoi, die die literarische Tradition zur Schilderung der alternden Frau bereitstellt, sprich die *vetula*-Topik.

I.
Verdeckte Anspielungen – Baudelaire

Diejenige Episode, die die Liebesgeschichte Rosalies vornehmlich zum Skandalon werden lässt und als strukturbildendes Zentrum der Novelle bezeichnet werden kann, ist folgende: Rosalie, die, so wird weitläufig ausgeführt, eine Anhängerin von Naturdüften ist, nimmt bei einem ihrer Spaziergänge einen intensiven Moschusduft wahr.

Ja, da war so ein Geruch, und zwar von der Klasse des Moschusparfüms – unverkennbar. Zwei Schritte genügten, um sie seiner Quelle ansichtig zu machen, die widerwärtig war. Es war, am Wegesrand, ein in der Sonne kochendes, mit Schmeißfliegen dicht besetztes und von ihnen umflogenes Unrathäufchen, das sie lieber gar nicht genauer betrachteten. Auf kleinem Raum waren da Tierexkremente, oder auch menschliche, mit faulig Pflanzlichem zusammengekommen, und der weit schon verweste Kadaver irgendeines kleinen Waldgeschöpfes war auch wohl dabei. Kurz, fieser konnte nichts sein als dies brütende Häufchen; seine üble, die Schmeißfliegen zu Hunderten anziehende Ausdünstung aber war in ihrer zweideutigen Übergänglichkeit und Ambivalenz schon nicht mehr Gestank zu nennen, sondern ohne Zweifel als Moschusgeruch anzusprechen. (887)

Damit wiederholt sich in dieser letzten Erzählung ein geläufiges Sujet, das Thomas Manns Œuvre durchzieht, die Dissonanz von Schein – in Schopenhauers Diktion die Welt der Maja – und Sein, wie sie beispielsweise im ersten Buch des ›Felix Krull‹ sinnfällig wird. Ich erinnere an die einschneidenden Erfahrungen des Glückskindes Felix mit dem Schauspieler Müller-Rosé – auf der Bühne ein Gedicht, in der Garderobe von Übelkeit erregender Hässlichkeit, eine Dualität, wie sie

[18]) Auch hier ist der Name Programm; zum einen kann ein „Sich-Tümmeln“, ein „Sich-Umtun“ assoziiert werden – Rosalie ist kein Kind von Traurigkeit. Zudem wird eine bestimmte Taubenart, die zu Brieftauben abgerichtet werden kann, Tümmler genannt. Die Taube ist zudem mit dem Kult der Fruchtbarkeits- und Muttergöttinnen verbunden (Uschtar, Aphrodite) und wird als Seelenvogel verstanden. Insofern bildet die Taube das Pendant zum schwarzen Schwan, zum Todesvogel.

der Name Müller-Rosé bereits signalisiert. Zugleich wird in ›Die Betrogene‹ die Rede von der Zweideutigkeit der Natur aufgegriffen, wie sie beispielsweise im ›Doktor Faustus‹ geführt wird. So kommt es nicht von ungefähr, dass die Tochter Anna, *alter Ego* der Mutter[19]) – Kälte und Wärme, Verstand und Herz sind auf die beiden Figuren verteilt –, im Angesicht des Vexierspiels der Natur mit einer „teuflischen" Geste ausgestattet wird; es heißt: „‚Komm weiter', sagten die Damen gleichzeitig, und Anna, stärker den Fuß schleppend beim neuen Ansatz zum Gehen, hängte sich bei der Mutter ein" (887). Diese eindringliche Konfrontation mit Verwesung und Tod wird bezeichnenderweise in dem sich anschließenden Gespräch mit Eros assoziiert. Frau von Tümmler kommentiert:

„Da sieht man's, ich habe doch Moschus nie gemocht, noch Bisam, was wohl dasselbe ist, und verstehe nicht, wie man sich damit parfümieren mag. [...] Es riecht ja auch keine Blume und Blüte so, sondern in der Naturgeschichtsstunde haben wir es gehabt,[20]) daß manche Tiere es absondern aus gewissen Drüsen, Ratten, Katzen, die Zibetkatze, das Moschustier." (887f.)[21])

Ein vergewissernder Blick in die „Naturgeschichte" bestätigt Rosalies Erinnerungen an den Schulunterricht: Moschus, auf das altindische „muschkas" zurückgehend, bedeutet „Hoden" und wird aus der Vorhautdrüse des männlichen Moschustieres gewonnen.[22]) Von dem Kadaver, von dem verwesenden Häufchen geht ein erotisierender Duft aus – eine spezifische Variante der traditionsreichen Verknüpfung von Eros und Thanatos, wie sie auch im ›Zauberberg‹ etabliert wird, in ›Die Betrogene‹ jedoch von der „starken Empfindung" des Ekels, wie es Menninghaus nennt, begleitet. Entsprechend kann das Erlebnis Rosalies unmittelbar auf die Ästhetik des Hässlichen, auf Baudelaires ›Blumen des Bösen‹ bezogen werden; die Begegnung der beiden Frauen mit dem Aas, die ästhetische Grenzziehungen zu überschreiten scheint, weist eine große Nähe zu Baudelaires berühmten Gedicht ›Une charogne‹ auf,[23]) das mit den Worten beginnt: „Rappelez-vous l'objet que

---

[19]) Vgl. dazu Vaget, Thomas Mann. Kommentar zu sämtlichen Erzählungen (zit. Anm. 2), S. 319.

[20]) Das ist als Hinweis auf das „Aneignungsgeschäft" selbst zu werten, auf die „Art des höheren Abschreibens", wie Mann es in dem Brief an Theodor W. Adorno vom 30. Dezember 1945 bezeichnet; vgl. dazu z. B. Christian Grawe, „Eine Art von höherem Abschreiben". Zum „Typhus"-Kapitel in Thomas Manns ›Buddenbrooks‹, in: Thomas-Mann-Jahrbuch 5 (1992), S. 115–124, hier: S. 116.

[21]) Allerdings irrt Frau von Tümmler hier; auch Pflanzen vermögen diesen Geruch von sich zu geben; vgl. dazu Dtv-Lexikon. Ein Konversationslexikon in 20 Bänden, München 1966, Bd. 12, Stichwort ›Moschus‹, S. 287. Ein Lexikon zu konsultieren, scheint im Falle Thomas Manns nahe liegend; für die ›Betrogene‹ fertigt Mann beispielsweise Exzerpte aus ›Meyers Kleinem Lexikon‹ über die „Blüte" und über die „Pappeln" an; vgl. dazu Szenessy, Über Thomas Manns ›Die Betrogene‹ (zit. Anm. 6), S. 221.

[22]) Dtv-Lexikon (zit. Anm. 21), S. 287.

[23]) Mit Baudelaire hat sich Mann verschiedentlich auseinandergesetzt, z. B. in dem Aufsatz ›Leiden und Größe Richard Wagners‹ von 1933 – Baudelaire hatte bekanntlich die ›Tannhäuser‹-Aufführung in Paris emphatisch gefeiert. Auch 1942 beschäftigt sich Mann mit Baudelaire, wie aus dem Tagebuch hervorgeht, allerdings kritisch; er liest Baudelaires Ausführungen zu Poe, hebt die Fortschrittskritik des Franzosen hervor und spricht von dessen Ästhetizismus, der ihn langweile; vgl. dazu Eckhard Heftrich, Vom höheren Abschreiben, in: Quellenkritische Studien zum Werk Thomas Manns (zit Anm. 9), S. 1–20, hier: S. 7.

nous vîmes, mon âme, | Ce beau matin d'été si doux: | Au détour d'un sentier une charogne infâme | Sur un lit semé de cailloux“.[24]) In einer Übersetzung von Carlo Schmid: „Erinnre, was wir sahn, o Seele, an dem Morgen, | Da uns des Sommers Glück bestach: | An eines Weges Bug, im Kieselbett verborgen, | Lag eines Aases dreiste Schmach“.[25]) In Manns Erzählung wird diese Schilderung z. T. wortgleich übernommen, noch dazu in rhythmisierter Sprache, in daktylischen Sprüngen, die auf den Prätext zurückweisen.[26]) Die beiden Frauen unternehmen ihren Spaziergang „im hohen August“; allerdings sind sie „am Nachmittag“ (887) unterwegs. Und auch sie bemerken am Rande des Weges ein Häufchen Unrat, „une charogne infâme“.[27]) Ist darüber hinaus davon die Rede, dass dieses „in der Sonne kochend [...], mit Schmeißfliegen dicht besetzt [...]“ (887) ist, so heißt es bei Baudelaire: „Le soleil rayonnait sur cette pourriture, | Comme afin de la cuire à point“ – das gleiche, kulinarisch konnotierte Bild der Erhitzung. Und auch bei Baudelaire lautet es: „Les mouches bourdonnaient sur ce ventre putride.“[28]) In der Übersetzung Carlo Schmids: „Die Sonne flammte licht auf diesem Moderleibe, | Als koche sie die Fäulnis gar [...] Die Fliegen summten froh auf dieses Bauches Fäule“.[29]) Dieser Bezug zu Baudelaire wird dadurch verstärkt, dass die Begegnung Rosalies mit dem „abject“ – so könnte es mit Kristeva genannt werden[30]) – in der Erzählung Manns über eine ausführliche Synästhesie-Debatte vorbereitet wird, wie sie in der Décadence mit Rückgriff auf romantische Konzepte geführt wird. Ich erinnere an Des Essaintes aus ›A Rebours‹ – seine Parfümkompositionen, die Naturgerüche auf synthetische Weise entstehen lassen, sind von höchstem Raffinement.[31]) Allerdings besteht Frau Tümmler darauf, dass sie ausschließlich natürliche Düfte liebe, und zwar, ihrem Namen entsprechend – auch Rosalie ist ein „Heideröslein“ – den Rosenduft.

Fabrizierte Riechstoffe, Parfüms, gebrauchte Rosalie niemals, nur ausgenommen ein wenig erfrischendes Kölnisches Wasser von J. M. Farina [...] Aber was die Natur unserem Geruchssensorium an Holdheit, Süßigkeit, würziger Bitternis, auch an Schwülem, Berauschendem zu bieten hat, das liebte sie aus der Maßen und nahm es tief und dankbar, mit der sinnlichsten Andacht auf. An einem ihrer Spazierwege gab es einen Abhang, eine gestreckte Bodenfalte und untiefe

---

[24]) Charles Baudelaire, Les fleurs du Mal, in: Ders., Œuvres complètes, Paris 1968, S. 40–131, hier: S. 58.

[25]) Charles Baudelaire, Die Blumen des Bösen. Übertragen von Carlo Schmid, Frankfurt/M. 1976, S. 49.

[26]) Diese stellt auch Mario Szenessy fest, ohne allerdings den intertextuellen Bezug zu sehen; Szenessy, Über Thomas Manns ›Die Betrogene‹ (zit. Anm. 6), S. 242.

[27]) Allerdings verändert Thomas Mann die „geschlechtliche“ Rollenverteilung, wenn er den männlichen Sprecher bei Baudelaire durch die beiden Frauen ersetzt. Das ändert jedoch nichts daran, dass sich das *memento mori* auf Rosalie bezieht und auf ihr baldiges Sterben vorausweist.

[28]) Baudelaire, Les fleurs du Mal (zit. Anm. 24), S. 58.

[29]) Baudelaire, Die Blumen des Bösen (zit. Anm. 25), S. 49.

[30]) Vgl. dazu die auch Ausführungen von Winfried Menninghaus, Ekel. Theorie und Geschichte einer starken Empfindung, Frankfurt/M. 1999, S. 516f.

[31]) Vgl. dazu Erwin Koppen, Dekadenter Wagnerismus, Berlin 1973.

Schlucht, auf ihrem Grunde dicht bewachsen mit Jasmin- und Faulbaumgesträuch,[32]) an dem an feucht-warmen, zum Gewitter neigenden Junitagen ganze Schwaden, Wolken erwärmten Wohlgeruchs beinahe betäubend emporquollen (885).[33])

Ihre „Duftpassion" bringt sie auf den Gedanken einer „Farb-Duft-Orgel": Frau von Tümmler schlägt ihrer Tochter, der abstrakten Malerin vor, sie solle „doch einmal versuchen, Düfte in Farben auszudrücken. [...] ‚Wo habt ihr eure Palette? Mischt das Beseligende darauf und tragt's auf die Leinwand als farbiges Glück, das ihr dann ‚Lindenduft' etikettieren mögt'" (886). Die Tochter bezeichnet die Mutter daraufhin als „‚ausgepichte Romantikerin [...] mit deiner synästhetischen Vermischung der Sinne und deiner mystischen Wandlung von Düften in Farben'" (886f.).[34]) Damit greift Thomas Mann einen Gedanken auf, den er in ›Leiden und Größe Richard Wagners‹ formuliert und dezidiert auf E. T. A. Hoffmann zurückführt. Es heißt in Manns Wagner-Schrift von 1933, eine intensive Auseinandersetzung mit dem Wagner-Bild Baudelaires:

Eine farbige und phantastische, tod- und schönheitsverliebte Welt abendländischer Hoch- und Spätromantik tut sich auf bei seinem Namen, eine Welt des Pessimismus, der Kennerschaft seltener Rauschgifte und einer Überfeinerung der Sinne, die allerlei synästhetischen Spekulationen schwärmerisch nachhängt, den Träumen Hoffmann-Kreislers, von der Entsprechung und innigen Verbindung zwischen den Farben, Klängen und Düften, von der mystischen Wandlung der einsgewordenen Sinne.[35])

Baudelaire entwickelt entsprechend das Konzept einer „correspondence" der Sinne. In einem Gedicht, das Hermann Bahr in seinen einschlägigen Ausführungen über die Décadence zitiert, heißt es über die synästhetische Erfahrung: „O métamorphose mystique | De tous mes sens fendus en un! | Son haleine fait la musique, | Comme sa voix fait le parfum."[36]) Rosalies und Annas Gespräch über die mystische Vermischung von optischen und olfaktorischen Eindrücken, das an die ästhetische

---

[32]) Der wohlduftende Faulbaum ist ebenfalls mit seinem Gegenteil, mit dem Ekel verbunden. Seine Rinde liefert ein seit dem Mittelalter verwendetes Abführmittel, das allerdings ein Jahr lang gelagert werden muss, um nicht brechreizerregend zu wirken.

[33]) Wird damit eine Verbindung von Duft und (Liebes-)Rausch hergestellt, so findet sich diese Konstellation bereits in der frühen Erzählung ›Der kleine Herr Friedemann‹; auch dort ist es der Jasminduft, der den unglücklichen Verliebten betört, und zwar nicht zuletzt in Anlehnung an die hier explizit angespielte ›Lohengrin‹-Oper, in der ebenfalls eine enge Verbindung zwischen Duft und Liebe hergestellt wird; vgl. dazu James Northcote-Bade, Die Wagner-Mythen im Frühwerk Thomas Manns, Bonn 1975, S. 11f.

[34]) Entsprechend bezeichnet Thomas Mann Wagner wiederholt als „ausgepicht" – beispielsweise in seinem Essay über Ibsen und Wagner –, da Wagner den naiven wie den raffinierten Kunstgeschmack zu befriedigen weiß.

[35]) Thomas Mann, Leiden und Größe Richard Wagners, in: Ders., Ausgewählte Essays in drei Bänden, Bd. 3: Musik und Philosophie, hrsg. von Hermann Kurzke, Frankfurt/M. 1978, S. 64–114, hier: S. 112.

[36]) Hermann Bahr, Die Décadence, in: Die Wiener Moderne. Literatur, Kunst und Musik zwischen 1890 und 1910, hrsg. von Gotthart Wunberg, Stuttgart 1981, S. 225–232, hier: S. 227.

Debatte um die Jahrhundertwende anknüpft,[37]) geht der Begegnung mit „une charogne" unmittelbar voraus und etabliert den literarhistorischen Rahmen, in dem dieses Erlebnis verortet ist.

Zu überlegen bleibt damit, in welcher Weise sich Thomas Manns Erzählung auf Baudelaires Gedicht bezieht, welche subtextuellen Konnotationen dieses Baudelaire-Zitat für die Mannsche Erzählung mit sich bringt. Insgesamt wird in Baudelaires Gedicht, so formuliert es Menninghaus, „der verwesende Körper als Figur des sexuellen Begehrens dargestellt",[38]) wobei der verwesende Gegenstand ganz eindeutig mit der begehrten Frau analogisiert wird. Die zweite Strophe lautet: „Les jambes en l'air, comme une femme lubrique | Brûlante et suant les poisons, | Ouvrait d'une façon nonchalante et cynique | Son ventre plein d' exhalaisons."[39]) In der Übersetzung Carlo Schmids: „Die Beine reckend wie ein geiles Weib in Sünde, | Im Brand vertriefend giftigen Schweiß | Und gab uns schamlos unbekümmert alle Gründe | Des Schoßes voll Gestankes preis".[40]) In Manns Erzählung wird diese offensichtliche sexuelle Komponente auf das kommentierende Gespräch über Moschus, über den erotisierenden Duft verschoben, damit vordergründig von dem Geschlechterdiskurs abgelöst. Doch der Prätext lässt den Konnex von Weiblichkeit und Verfall subtextuell präsent sein, ein Konnex, der im Verlauf der Novelle offensichtlich werden wird – die Erzählung Thomas Manns gleicht in ihrer Makrostruktur dem Gedicht Baudelaires. Dieses endet mit einer drastischen Verkehrung der traditionellen Liebeseloge, mit einem *memento mori*, das sich an die Begleiterin des lyrischen Sprechers richtet: „– Et pourtant vous serez semblable à cette ordure, | A cette horrible infection, | Étoile de mes yeux, soleil de ma nature, | Vous, mon ange et ma passion! || Oui! telle vous serez, ô la reine des grâces, | Après les derniers sacrements, | Quand vous irez, sous l'herbe et les floraisons grasses, | Moisir parmi les ossements."[41]) Schmid übersetzt: „– Und dabei wirst auch du einst diesem Schmutze gleichen, | Dem Unrat, der dort grausig klafft, | Du Sonne meiner Welt, du Sternbild ohnegleichen, | Mein Engel, meine Leidenschaft! || O ja! So wirst du

---

[37]) Hermann Bahr geht in dem Essay ›Colour Music‹ dem auch von ärztlicher Seite berücksichtigten Phänomen der *audition colorée* nach, die vornehmlich im Kontext des neuen Programms einer „Nerven-Kunst" von Bedeutung ist. Er leitet ein mit den Worten: „Man konnte in den Zeitungen neulich Notizen über die Colour Music lesen, eine Erfindung des Engländers Wallace Remington, Töne durch Farben darzustellen, also Musik zu malen"; HERMANN BAHR, Colour Music, in: ebenda, S. 232–234, hier: S. 232.

[38]) MENNINGHAUS, Ekel (zit. Anm. 30), S. 209.

[39]) BAUDELAIRE, Les fleurs du Mal (zit. Anm. 24), S. 58.

[40]) BAUDELAIRE, Die Blumen des Bösen (zit. Anm. 25), S. 49.

[41]) BAUDELAIRE, Les fleurs du Mal (zit. Anm. 24), S. 59. Der Dichter hingegen immunisiert sich gegen den Tod durch seine Schöpfung, die das Bild der verblichenen Geliebten verewigt und damit dessen Urheber. Die letzte Strophe lautet: „Alors, ô ma beauté! dites à la vermine | Qui vous mangera de baisers, | Que j'ai gardé la forme et l'essence divine | De mes amours décomposés!" Ebenda, S. 59. In der Übersetzung Schmids: „Dann, holde Schönheit, sprich und dem Gewürme sage, | das dich im Fraß der Küsse minnt, | Daß ich unsterblich in mir Form und Wesen trage, | Der Lieben, die verfallen sind!" BAUDELAIRE, Die Blumen des Bösen (zit. Anm. 25), S. 50.

sein, o Königin der Gnaden, | Wenn du im Trost der letzten Weihn | Dann unter fettem Gras und Blumen bei den Maden | Verfaulst mit anderem Gebein".[42]) Der imaginierte Tod der Begleiterin, einer Laura moderner Couleur, lässt den „Unrat", das Verwesungshäufchen zum allegorischen Analogon der toten Frau werden – eine Struktur, die sich in Thomas Manns Erzählung wiederholt.[43]) Die Erfahrung des Ekels, auch wenn sie in Manns Text nicht noch einmal erwähnt wird, erweist sich als strukturierendes Zentrum der gesamten Erzählung, wenn die Begegnung mit Tod, Verwesung, „Ausscheidung" im buchstäblichen wie übertragenen Sinne variierend wiederholt wird. So grenzt Frau Tümmler in ihrem langen Monolog über das weibliche „Blutleben" die alternde Frau aus dem Bereich der Natur, des Lebens aus, bezeichnet sie als im übertragenen Sinne „Ausgeschiedene". Sie sagt: „‚Wenn es uns nicht mehr geht nach der Weiber Weise, dann sind wir eben kein Weib mehr, sondern nur noch die vertrocknete Hülle von einem solchen, verbraucht, untauglich, *ausgeschieden* aus der Natur'" [Herv. v. Verf.] (891f.). Es folgt dann die Reflexion auf den „Mann von funfzig Jahren", die ich bereits zitiert habe. Und über die Frauen heißt es weiter:

„Aber uns Frauen sind alles in allem fünfunddreißig gesetzt für unser Blut- und Weibesleben, für unser Vollmenschentum, und wenn wir fünfzig sind, da sind wir ausgedient, da erlischt unsere Fähigkeit, zu gebären, und vor der Natur sind wir bloß noch Gerümpel." (892)

In dieser Überlegung Rosalies wird die alternde Frau dem „Abfall", dem aus der Natur Ausgeschiedenen zugeordnet, das heißt mit dem „charogne" analogisiert. Die rekurrente Dichotomie von Leben, Natur und Tod, Abfall, die auch diese Erzählung durchzieht, führt zur Analogisierung des Unrats mit der alternden Frau. An späterer Stelle, als Rosalie von dem „Naturwunder" spricht, das sich an ihr vollzogen haben soll, bezeichnet sie sich erneut als „Abgelebte"; sie spricht von ihrer Scham, „‚aber die Scham gilt nur der Unwürdigkeit und ist süßes Staunen, ist Ehrfurcht im Grunde vor der Natur und vor dem Leben, das ihr am Abgelebten zu wirken gefällt'" (911). Repräsentiert auch die alternde Frau das „Abgelebte", das ein erstes Mal in Form des Unrats in Erscheinung tritt, so wird im Verlauf der Mannschen Erzählung diejenige Zuordnung von „charogne" und Weiblichkeit vorgenommen, die Baudelaires Gedicht provokant in den Vordergrund rückt – allerdings verdeckt. Entsprechend wird Rosalies Krankheit strukturell auf das engste mit dem einschneidenden Erlebnis während des Spazierganges verknüpft. Wie das Aas den betörenden Duft hervorbringt, so Rosalies Krankheit, die Zersetzung ihres Körpers den schönen Schein der Verjüngung – das wohlduftenden Kadaverhäufchen kann als Allegorie der gesamten (Kranken-)Geschichte Rosalies bezeichnet werden.[44]) Auch Paul Felder hält in seiner psychoanalytischen Interpretation fest: Es

---

[42]) Ebenda.

[43]) In Baudelaires Gedicht findet sich auch die medizinische Metaphorik präfiguriert, die mit Rosalies Tod Buchstäblichkeit gewinnt; es ist von *infection* die Rede.

[44]) Die Gleichsetzung von Alter und körperlicher Versehrtheit, wie sie in ›Die Betrogene‹ einige der Figuren aufweisen, könnte Thomas Mann in Charly Chaplins letztem Film ›Limelight‹ beobachtet haben, den er während der Arbeit an der ›Betrogenen‹ gesehen und mit großem

fällt eine Verbindung zwischen Erotik und Tod auf, die für die gebärmutterkranke Rosalie sinnbildlich ist: der Moschusgeruch, ein bekanntlich erotisches Parfüm, das aus Sekretionen von sexuellen Drüsen bestimmter Tiere entsteht, wird nämlich hier mit Verwesung im fortgeschrittenen Stadium assoziiert.[45])

Zugleich wird mit dieser Verbindung von alternder Frau und der Sphäre des Verfalls, ja Ekels, auf einen traditionsreichen Topos zurückgegriffen, auf den der *vetula*, wie ihn beispielsweise Horaz in seiner achten und zwölften Epode eindringlich umsetzt, ein Topos, auf den im 18. Jahrhundert, so Menninghaus, all das fokussiert wird, was aus dem normativen ästhetischen Diskurs, wie ihn Schlegel, Lessing, Herder u. a. etablieren, ausgegrenzt wird. „Dieses Bild vereint Falten, Runzeln, Warzen, größere Öffnungen des Mundes und des Unterleibs, eingefallene ‚Höhlungen‘ statt schöner Schwellungen, üblen Geruch, ekle Praktiken und Nähe zu Tod und verwesendem Leichnam.“[46]) Meist gehört zu dem Katalog der schlechten Eigenschaften – auch der *malus odor*, der üble Geruch ist dazu zu rechnen[47]) – ein „dubioses“ sexuelles Ansinnen, das zu einem eigenen Motivkreis ausdifferenziert wird:

Unersättliche Sexualgier nach zahlreichen *fututiones*, [...] Anheuern jugendlicher *call-boys* (und insofern Inversion akzeptierten männlichen Sexualverhaltens, regelmäßig verbunden mit finanzieller Überlegenheit der Frau als begleitender sozialer Rollenumkehrung)

– all dies gehört zum Inventar der *vetula*-Topik, Ausdruck eines „männlichen Sexualekels“.[48]) So sprechen Aristophanes, Horaz und eine Vielzahl weiterer antiker Autoren von dem „bösen alten Weib“, das „trotz seines Alters noch von unreinen

---

Beifall aufgenommen hat. In seinem Tagebuch heißt es: „Mit Erika zur Stadt: ins Cinéma, Chaplins ›Limelight‹ zu sehen. Sehr gewinnender und starker Eindruck; naiv, takt- und kunstvoll. Sentimentalität weggescherzt. Vorzügliche Wahl der Mit[g]lieder. Die Frau lieblich ansprechend. Überwältigend komische musikalische Szene mit Buster Keaton vor dem Tode. Treffliche Produktion, an der die ganze Welt sich ergötzt.“ Eintragung vom 10. März 1953, in: Thomas Mann, Tagebücher 1953–1955, hrsg. von Inge Jens, 2. Aufl., Frankfurt/M. 1995, S. 33. In Charly Chaplins Film wird die Geschichte einer gegenseitigen Ergänzung, einer Therapierung durch den ebenfalls defizienten anderen erzählt; dem alternden Clown fehlt der Erfolg, ihr der Lebenswille. Die parallele Konstruktion von Gesten und Haltungen lässt dabei die beiden Personen zunehmend austauschbar werden; der alternde Clown wird der Frau angenähert. Zudem besteht der letzte große Sketch, von dem Thomas Mann spricht, darin, dass der alternde Clown mimt, sein Fuß verkürze sich plötzlich auf unerklärliche Weise. In Chaplins Film herrscht damit eine ähnliche Konfiguration von Alter, Weiblichkeit und Gliederverlust wie in ›Die Betrogene‹. Dort humpelt Anna, Ken Keaton – eine Namensgebung in Anlehnung an den unverwüstlichen Hans Hansen aus ›Tonio Kröger‹ – fehlt eine Niere. Und der Führer durchs Schloss, ein *Hermes psychopompos*, ist einarmig. Die Statuetten sind ebenfalls deformiert. Alle Figuren sind als „inkomplette“ gezeichnet, als Figuren, die nicht über ein vollgültiges *imago* verfügen.

[45]) Paul Felder, ›Die Betrogene‹: „Unverkennbar von mir“, in: Thomas-Mann-Jahrbuch 3 (1990), S. 118–138, hier: S. 123. Er bezeichnet Rosalie als Hysterica; ebenda, S. 121.

[46]) Menninghaus, Ekel (zit. Anm. 30), S. 132.

[47]) Ebenda, S. 136.

[48]) Ebenda, S. 136f.

Begierden gequält wird".[49]) Auch Thomas Manns Erzählung steht in dieser Tradition; allerdings wird die markante *vetula*-Skoptik, der topische Ekel vor der alternden Frau, auf den „Unrat", dem Rosalie auf ihrem Spaziergang begegnet, verschoben und abgespalten. Was der Tradition nach der *vetula* zugeordnet ist, wird auf das Aas verwiesen – das legen die Analogisierungen der Erzählung nahe. Rosalie selbst bleiben, rein körperlich betrachtet, allein die grauen Haare und auf den Händen die Altersflecken.[50]) Doch kann darüber hinaus das zentrale Sujet der ›Betrogenen‹, die Liebe der alternden Frau zu einem Knaben, eindeutig auf die *vetula*-Topik zurückgeführt werden. Rosalie Tümmler überdenkt die „Inversion" männlichen Verhaltens ausdrücklich in einem ihrer Selbstgespräche:

Diesmal bin ich's, die begehrt, von mir aus, auf eigene Hand, und habe mein Auge auf ihn geworfen wie ein Mann auf das junge Weib seiner Wahl – das machen die Jahre, mein Alter macht es und seine Jugend. Jugend ist weiblich und männlich das Verhältnis des Alters zu ihr. (902)[51])

Diese Äußerung könnte als Subversion der Geschlechtergrenze gewertet werden. Doch ist damit genau die Inversion männlichen Begehrens benannt, die die *vetula* der Tradition nach auszeichnet.[52]) In übrigen wird dieser Topos in seiner Komödienvariante ausdrücklich angesprochen. Rosalie von Tümmler befragt sich in einem ihrer langen Monologe: „Bin ich eine schamlose Alte?" (901)

Eine solche Lesart, die das affirmative Moment der Geschlechterkonfiguration in Manns Erzählung betont, wird dadurch bestätigt, dass die Erkrankung der „unzeitgemäß" liebenden Rosalie wie eine Strafphantasie erscheint, die das Begehren der alternden Frau sanktioniert, ja mit dem Tode beantwortet. Dieser Eindruck ist im Wesentlichen der Tatsache zu schulden, dass Krankheit traditionellerweise als Strafe gedeutet wird, so bereits in der ›Ilias‹ und der ›Odyssee‹. Im christlichen Denken führte die

Vorstellung von Krankheit als Bestrafung [...] zu der Vorstellung, daß eine Krankheit eine besonders geeignete und gerechte Bestrafung sein könne. Cresseids Lepra in Henrysons ›The Testament of Cresseid‹ und die Pocken Madame de Merteuils in Choderlos de Laclos' ›Die gefährlichen Liebschaften‹ zeigen das wahre Gesicht des schönen Lügners – eine höchst unfreiwillige Enthüllung.[53])

Krankheit wird in der literarischen Tradition für gewöhnlich moralisiert, und diese Konfiguration lenkt, verstärkt durch die *vetula*-Topik, durch die damit

---

[49]) Ebenda, S. 137.

[50]) Ist zudem von ihren jugendlichen Augen die Rede (878), so erscheint sie als weibliches Pendant zum *puer senex*, wie ihn im ›Tod in Venedig‹ der alternde *Hermes psychopompos* vorstellt, dem Aschenbach auf dem Schiff begegnet.

[51]) Aufgrund dieser Konfiguration wird ›Die Betrogene‹ des Öfteren als Gegenstück zum ›Tod in Venedig‹ gelesen; vgl. dazu Vaget, Thomas Mann. Kommentar zu sämtlichen Erzählungen (zit. Anm. 2), S. 317.

[52]) Zum diffamatorischen Diskurs, der die alternde Frau zum Thema hat, gehören auch die Invektiven gegen die alte Jungfer, wie sie beispielsweise in Balzacs Œuvre Legion sind. Als eine solche bezeichnet sich im Übrigen Anna selbst.

[53]) Susan Sontag, Krankheit als Metapher, Frankfurt/M. 1981, S. 52.

verbundene Sanktionierung der Inversion, die Rezeption der Mann'schen Erzählung – Rosalies Krankheit erscheint als Strafe für unzüchtiges Begehren. Zugleich wird damit die in der Erzählung an manchen Stellen unterlaufene Geschlechterdifferenz reetabliert. Ist wiederholt von der „‚ungenaue[n] Umgrenztheit des männlichen Geschlechtslebens'" (928) die Rede, dem die Begrenztheit des weiblichen gegenübergestellt wird, so transgrediert Rosalie diese Grenze scheinbar. Doch das, was ihr als neuerobertes Geschlechtsleben erscheint, entpuppt sich als Krankheit; ihre erotische Grenzüberschreitung wird zum Schein, zum Produkt des einsetzenden Sterbens.[54]) Ihr Tod affirmiert die immanent etablierte Grenze des weiblichen Geschlechtslebens.

Zudem wird mit diesem Sterben eine Assoziation von Tod und Weiblichkeit vorgenommen, wie sie einem kulturell etablierten Geschlechterparadigma entspricht. Insgesamt gemahnt der mitleidslose Schluss der Erzählung,[55]) der dem Flaubert'schen Diktum der *impassibilité* folgt, in seiner medizinischen Genauigkeit an die sachliche Präzision, mit der der junge Goethe den Exitus seines Werther beschreibt, bekanntlich um die identifikatorische Wirkung seines Briefromans abzuschwächen – Thomas Mann holt entsprechend Informationen bei dem befreundeten Internisten Dr. Frederick Rosenthal ein, der ihn mit der Schrift ›Zur Physiologie und Pathologie der Eierstöcke im Zusammenhang mit Erscheinungen in den Wechseljahren‹ versieht.[56]) Zugleich kehrt mit der medizinisch genau beschriebenen Krankheit Rosalies das „abject" wieder, das zuvor die Gestalt des verwesenden Abfallhaufens hatte, nun aber im Inneren ihres Leibes und an die weiblichen Organe der Fortpflanzung gebunden; es heißt:

> Die bimanuelle Untersuchung [...] ließ einen für das Alter der Patientin viel zu großen Uterus, beim Verfolgen des Eileiters unregelmäßig verdicktes Gewebe und statt eines schon sehr kleinen Ovariums einen unförmigen Geschwulstkörper erkennen. Die Curettage ergab Carcinomzellen, dem Charakter nach vom Eierstock herrührend zum Teil; doch ließen andere nicht zweifeln, daß im Uterus selbst Gebärmutterkrebszellen in voller Entwicklung begriffen waren. Es wies all die Bösartigkeit Zeichen rapiden Wachstums auf. (948)

Damit wird auf die traditionsreiche metaphorische Verknüpfung von Schwangerschaft und Krebs zurückgegriffen. Novalis z. B.

> definiert in einer um 1798 für sein Enzyklopädieprojekt geschriebenen Eintragung Krebs, zusammen mit dem Brand, als ‚vollkommne *Schmarotzertiere* (oder Tierpflanzen) – sie wachsen, sie werden erzeugt, sie zeugen, sie haben ihre Organisation, sie sezernieren, sie essen.' Krebs ist

---

[54]) Auch D'Annunzio, ebenfalls Vertreter der „schwarzen Romantik", favorisiert Frauen, die einem Unterleibskrebs anheim gefallen sind, so z. B. in seinem Roman ›Das Opfer‹; vgl. dazu Mario Praz, Liebe, Tod und Teufel. Die schwarze Romantik, München 1960, S. 236.

[55]) Thomas Mann hat auf eine grundlegende Dissonanz in seiner Geschichte hingewiesen, auf die Diskrepanz zwischen einem Stil, der sich an der klassischen Novelle Kleists orientiert und der „kraß klinische[n] Geschichte"; er bezeichnet seine Erzählung „als eine Stilparodie der klassischen Novelle mit unklassischem Gegenstand"; Vaget, Thomas Mann. Kommentar zu sämtlichen Erzählungen (zit. Anm. 2), S. 302.

[56]) Vgl. dazu ebenda, S. 294.

eine dämonische Schwangerschaft. Der heilige Hieronymus muß an eine Krebserkrankung gedacht haben, als er schrieb: ‚Der dort mit seinem geschwollenen Bauch geht schwanger mit seinem eigenen Tode'.[57])

In Manns Beschreibung klingt diese Tradition nach, wenn ausgerechnet die Organe des Gebärens affiziert werden, die statt eines Fötus „einen unförmigen Geschwulstkörper" bergen; das „Wachstum", von dem hier die Rede ist, ist das des Melanoms; und der Arzt hält fest, „daß die Gebärmutter das Freßgezücht selbst produziert" (949). In Manns Erzählung wird Geburt mit Tod verklammert und damit eine fundamentale kulturelle Gleichsetzung fortgeschrieben, wie sie Elisabeth Bronfen in ihrer Studie ›Nur über ihre Leiche‹ zum Thema gemacht hat – der Frau als „Anderen" der symbolischen Ordnung werden die sich entziehenden kreatürlichen Prozesse wie Geburt und Tod zugeordnet.[58]) Das

weibliche *Andere* als ‚Schoß-Grab-Heimat' ist auf ambivalente Weise ein Ort des Todes. Es ist jener Ort, aus dem Leben als Antithese zum Tod hervorgeht, wie es auch jener Ort ist, der die tödliche Einschrift des Körpers bei der Geburt erzeugt: das Mal des Nabels.[59])

Der Ort der Geburt wird auch in Manns Erzählung zu dem des Todes, der Fötus zur Krebszelle. Signifikant ist in diesem Zusammenhang auch, dass es sich hier nicht, wie im ›Zauberberg‹ oder beispielsweise in der frühen ›Tristan‹-Burleske,[60]) um Tuberkulose handelt – „[e]ine Lungenerkrankung ist metaphorisch eine Erkrankung der Seele"[61]) –, sondern um Krebs, damit um eine Krankheit, die ihrer kulturellen Codierung nach, so Sontag, als ausschließlich körperliche, nicht-seelische verstanden wird. „Krebs als Krankheit, die sich überall verbreiten kann, ist eine Erkrankung des Körpers. Weit davon entfernt, irgend etwas Geistiges zu enthüllen, enthüllt sie, daß der Körper, so betrüblich das sein mag, nur Körper ist."[62]) Damit wiederholt sich in Manns Erzählung die fundamentale Gleichsetzung von Frau und Natur, sprich Körperlichkeit, die dem männlich codierten Geistigen entgegengesetzt wird.

---

[57]) Sontag, Krankheit als Metapher (zit. Anm. 53), S. 17. Im Verlauf des 19. Jahrhunderts, in der „Berliner Schule" z. B., werden jenseits dieser metaphorischen Bezeichnung der Krankheit als Organismus, Krankheiten tatsächlich „als eigenständige parasitische Wesen" aufgefasst, „die sich auf ihrem Wirt entfalteten, wobei die Symptome ihren Blättern und Blüten, ihr Verlauf ihrem Lebenslauf entsprach"; ein wichtiger Vertreter dieser Überzeugung ist Johann Lucas Schoenlein; vgl. dazu Esther Fischer-Homberger, Geschichte der Medizin, 2. Aufl., Berlin u. a. 1977, S. 86f.

[58]) Vgl. dazu auch Lena Lindhoff, Einführung in die feministische Literaturtheorie, Stuttgart, Weimar 1995, S. 22.

[59]) Elisabeth Bronfen, Nur über ihre Leiche. Tod, Weiblichkeit und Ästhetik, München 1994, S. 99. Bereits Freud nimmt diese Gleichsetzung vor – Bronfen resümiert: „Nach Freud ist die Trias begehrter Objekte für den Mann aufgespalten in die Mutter, die nach dem Vorbild der Mutter gewählte Geliebte und Mutter Erde, die ihn wieder aufnehmen wird"; ebenda, S. 95. Entsprechend „fungieren Mutter und Geliebte als Allegorie für die Sterblichkeit des Mannes, als feststehendes Bild menschlichen Schicksals." Ebenda, S. 101.

[60]) Tb steht auch hier für Vergeistigung, für die Entkörperlichung der Kranken; Frau Klöterjahn ist entsprechend nach dem Typus der *femme fragile* gezeichnet.

[61]) Sontag, Krankheit als Metapher (zit. Anm. 53), S. 22.

II.
Durchgestrichene Anspielungen – Apuleius und Goethe

Wie bereits deutlich wurde, ist der Anspielungsreichtum dieser Novelle groß – Goethes ›Werther‹, ›Der Mann von funfzig Jahren‹ haben Vorbild gestanden. Zudem wird die bekannte Amor-Psyche-Erzählung aus Apuleius' ›Goldenem Esel‹ eingearbeitet, die bezeichnenderweise auch im ›Mann von funfzig Jahren‹ zitiert wird. Apuleius wird in Manns Erzählung ein erstes Mal von Frau Rosalie selbst in Erinnerung gerufen; sie spekuliert in Gegenwart eines ihrer geliebten Naturdüfte, „als Psyche sich mit der Lampe über den schlafenden Amor beugte, habe sein Hauch, hätten seine Locken und Wangen ihr Näschen gewiß mit diesem Wohlgeruch erfüllt“ (1047). Diese antike Liebesgeschichte ist im weiteren Verlauf der ›Betrogenen‹ vor allem hinsichtlich ihrer markanten Lichtverhältnisse von Bedeutung. In Apuleius' Erzählung verbietet Amor seiner Geliebten, ihn bei Tageslicht zu sehen – nur nächtens darf sie das Lager mit ihm teilen. Doch die neidischen Schwestern schüren die Neugier Psyches und reden ihr ein, ihr göttlicher Bettgenosse verwandle sich bei Tageslicht in einen „schädlichen Drachen.“[63]) Diese Einflüsterungen verunsichern Psyche, die zuvor beteuert hatte, „‚nicht forsche ich mehr nach deinen Zügen, nichts macht mir selbst nächtliche Finsternis aus‘“.[64]) Ihr spaltet sich das Bild des Geliebten auf; es heißt: „[W]as das ärgste ist, in demselben Wesen haßt sie das Untier und liebt sie den Gatten.“[65]) In Manns Erzählung wird vornehmlich das Spiel mit Licht und Finsternis übernommen, nun aber in übertragener Bedeutung. Sieht Rosalie, so wirft ihr Anna vor, ihren Helden ganz im „‚verklärenden Licht deiner Liebe‘“ (913), so fordert die Tochter sie auf, ihn „‚bei Tageslicht, in seiner Wirklichkeit‘“ zu betrachten (913). Es beginnt ein Ringen um Wahrheit und Verklärung, Licht und Finsternis; die Verliebte empört sich: „‚Und Unrecht tust du ihm mit deinem ‚Tageslicht‘, das ein so falsches, so gänzlich irreführendes Licht ist‘“ (913). Dieser Begriff wird in einer für Thomas Mann typischen Manier wiederholt aufgegriffen,[66]) wobei die Stereotypisierung auch komische Wirkung hat. Die Anlage der Apuleischen Erzählung wird also im übertragenen Sinne übernommen – Rosalie betrachtet ihren Helden im „Dämmerlicht“ der Liebe; die Tochter will Licht in das Dunkel bringen, ähnlich wie die neidischen Schwestern Psyches. In gewissem Sinne herrscht dann zum schlechten Schluss der Erzählung das von Anna geforderte helle Licht – und es zeigt sich, was Psyche gefürchtet hatte, sich bei Apuleius jedoch nicht einlöst – ein Ungeheuer. Es heißt während der Operation

---

[62]) Ebenda.

[63]) APULEIUS, Metamorphosen oder Der Goldene Esel. Lateinisch und deutsch von RUDOLF HELM, 6. Aufl., Darmstadt 1970, S. 175.

[64]) Ebenda, S. 171.

[65]) Ebenda, S. 177.

[66]) Zu Thomas Manns erzählerischem Verfahren, Realien zu Chiffren werden zu lassen, zu Leitmotiven, vgl. HELMUT KOOPMANN, Die Entwicklung des ‚intellektualen Romans‘ bei Thomas Mann. Untersuchungen zur Struktur von ›Buddenbrooks‹, ›Königliche Hoheit‹ und ›Der Zauberberg‹, Bonn 1971, S. 44f.

Rosalies: „Doch die Eröffnung der Bauchhöhle bot Ärzten und Schwestern im weißen Licht der Bogenlampen ein zu furchtbares Bild, als daß auch nur auf vorübergehende Besserung zu hoffen gewesen wäre“ (949). Auch dieser Hinweis auf das „weiße [...] Licht der Bogenlampen“ ist im Kontext der leitmotivisch erwähnten Lichtverhältnisse zu sehen, die ihren Ursprung in der Psyche-Erzählung finden. Doch wird an dieser Stelle der Prätext radikal verkehrt. Das Licht der „Wahrheit“ lässt hier nicht den schönen Amor erscheinen, sondern das „Ungeheuer“ der eigenen Krankheit.

Und in noch anderer Hinsicht wird dieser Referenztext aufgegriffen, denn in Manns Erzählung wird auch die „Hadesfahrt“ Psyches postfiguriert.[67]) Bei Apuleius muss Psyche auf Befehl der erzürnten Venus die Schönheitssalbe der Proserpina aus dem Hades holen – Rosalie und Ken verlieren sich entsprechend in den modrigen Labyrinthen[68]) des Schlosses,[69]) die im Kontext des hier prominenten mythologischen Apparates als Unterwelt firmieren.[70]) Psyche überfällt bei Apuleius, als sie trotz Verbot die Büchse der Proserpina öffnet, ein „wahrhaft stygischer Schlaf“.

> Unbeweglich lag sie da und nicht anders als eine schlummernde Leiche. Allein Cupido, der schon nach Vernarbung seiner Wunde in der Genesung war und die lange Abwesenheit seiner Psyche nicht ertrug, schwingt sich durch das hohe Fenster des Gemachs [...] springt [...] seiner Psyche bei, streift den Schlaf sorgsam ab und birgt ihn wieder in der Büchse an seinem früheren Platz, Psyche aber weckt er durch einen unschädlichen Stich seines Pfeiles auf.[71])

Diese glückliche Wendung tritt in Manns Erzählung nicht ein; die Wiederbelebung Psyches wird in seiner Erzählung nicht realisiert, ja in gewissem Sinne durchgestrichen.[72]) An die Stelle des Mythos und der abschließenden Rettung tritt

---

[67]) Zum prominenten mythologischen „Apparat“ vgl. TITUS HEYDENREICH, Eros in der Unterwelt. Der Holterhof-Ausflug in Thomas Manns Erzählung ›Die Betrogene‹, in: Interpretation und Vergleich. Festschrift für Walter Pabst, hrsg. von EBERHARD LEUBE, Berlin 1972, S. 79–95; er deutet die Rheinfahrt als kytherische Todesfahrt.

[68]) Hier ist zudem eine Anspielung auf Lessings ›Wie die Alten den Tod gebildet‹ auszumachen. Zum Inventar des Schlosses gehört nämlich auch ein „geschnitzter Amor mit verbundenen Augen“, „in einer Hand ein Ding [...] wie eine Fackelleuchte“ (946). Die dumpfe Atmosphäre, die „Totenluft“ (946) legt nahe, dass dieser Amor der Zwilling des Todes-Genius ist, der die Fackel senkt.

[69]) Diese Schilderungen gehen in einigem auf Emil Barths Roman ›Der Wandelstern‹ (1939) zurück; VAGET, Thomas Mann. Kommentar zu sämtlichen Erzählungen (zit. Anm. 2), S. 295.

[70]) Zu diesem mythologischen Programm gehört auch, dass Ken zum Centauren überhöht wird – die „aufstampfende [...] Anna“ (941) wird ihm damit spiegelbildlich zugeordnet. Er wird zunächst „Sprachmeister“ genannt (941), dann schwingt er sich auf einen der Steinlöwen (942f.); er ist Sprachlehrer und Reiter und ähnelt Felix, dem Sohn Wilhelms in den ›Wanderjahren‹, der ebenfalls mit einem Centauren verglichen wird.

[71]) APULEIUS, Metamorphosen oder Der goldene Esel (zit. Anm. 63), S. 205.

[72]) M. E. verheißt die „mythische Motivkette“ damit mitnichten „Gnade, Versöhnung und Unsterblichkeit [...] durch die Projektion des Mythos von Amor und Psyche sowie den Durchgang durch die Hadeswelt von Holterhof zu den seligen Gefilden am jenseitigen Ende der Unterwelt“; VAGET, Thomas Mann. Kommentar zu sämtlichen Erzählungen (zit. Anm. 2), S. 305.

die „Rationalität" des medizinischen Diskurses und der endgültige Tod. Zugleich forciert dieser intertextuelle Bezug die Drastik des Ausgangs – erblickt Psyche beim hellen Licht ihrer Lampe den schönen Amor, so die Ärzte den Krebs, das „Ungeheuer", das Psyche lediglich prophezeit wurde, nicht aber erscheint.

Wird also der optimistische Ausgang dieses explizit aufgerufenen Prätextes durchgestrichen, so geschieht Ähnliches mit Goethes Novelle ›Der Mann von funfzig Jahren‹, die insgesamt für Thomas Manns Erzählung bedeutsam ist. Zum einen wird die *ars cosmetica*, die bei Goethe der Schauspielerfreund dem alternden Major angedeihen lassen will, auch in Manns Novelle zum Thema – Rosalie hält sich paradoxerweise von der Natur „ermächtigt", sich zu schminken; „‚für mein Gesicht kann ich einiges tun, nicht nur durch Massage, sondern auch durch die Verwendung von etwas Rouge'" (925). Zum anderen wird die Verjüngung, wie sie in den ›Wanderjahren‹ wiederholt zum Thema wird, übernommen. Anna stellt an ihrer Mutter „eine Art von Verjüngung" fest:

„[M]einem Auge war es zuweilen, für Augenblicke, auf eine gewisse phantasmagorische Weise, als ob aus deiner lieben Matronengestalt auf einmal die Mama von vor zwanzig Jahren hervorträte, wie ich sie kannte, als ich ein junges Mädchen war, – ja mehr noch, ich glaubte plötzlich dich zu sehen, wie ich dich nie gesehen habe, nämlich so, wie du ausgeschaut haben magst, als du selber ein ganz junges Mädchen warst." (916)

In Goethes Novelle ›Wer ist der Verräter?‹ aus den ›Wanderjahren‹, eine Liebesgeschichte „überkreuz", heißt es über Antoni, einen älteren Mann, der durch seine Heirat sichtbar verjüngt wird: „Des edlen Mannes Wange rötete sich, seine Züge traten entfaltet hervor, sein Auge blickte feucht, und ein schöner bedeutender Jüngling erschien aus der Hülle"[73]) – eine Ovid'sche Metamorphose, die die lineare Zeiterfahrung des Alterns überspringt. Und auch der Major aus der Novelle ›Der Mann von funfzig Jahren‹ fühlt sich im Angesicht seiner jungen Geliebten deutlich verjüngt. Es heißt beispielsweise: „Hilarie gesellte sich zu ihnen und der Major fühlte sich, wider seinen Willen, abermals verändert".[74]) Und das Gespräch mit dem Schauspielerfreund „erheiterte den Geist des Majors dergestalt, daß er wirklich schon frischer und munterer aussah".[75]) Zudem hilft auch er mit kosmetischen Mittelchen nach. Allerdings wird im Verlauf der Novelle dieser Versuch einer kosmetischen Verjüngung zurückgenommen und durch eine ethische Wandlung ersetzt. Der Major erhält ganz zum Schluss unverhofft Nachricht von der schönen Witwe, die sich ihm nun freundschaftlich zugesellt. Diese entpuppt sich als Schöne-Gute, wobei die Beschreibung ihrer Wandlung im Wortlaut an die Verjüngung Antonis gemahnt, doch hier zur sittlichen gewendet wird: „[I]hre Wange rötete sich, sie war schöner als jemals. In äußerster Verwirrung stand der alte Mann vor

---

[73]) Johann Wolfgang Goethe, Wilhelm Meisters Wanderjahre oder die Entsagenden (1829), in: Ders., Sämtliche Werke nach Epochen seines Schaffens. Münchner Ausgabe, Bd. 17: Wilhelm Meisters Wanderjahre. Maximen und Reflexionen, hrsg. von Gonthier-Louis Fink, Gerhart Baumann, Johannes John, München und Wien 1991, S. 239–714, hier: S. 346.

[74]) Ebenda, S. 400.

[75]) Ebenda, S. 404.

ihr".[76]) Verjüngt sich Antoni, so veredelt sich die Witwe, und zwar auf den Spuren der antiken Vorstellung der *kalokagathia*[77]) – den Anstrengungen des Majors, sich körperlich zu verjüngen, wird das ethische Konzept verschönernder Sittlichkeit entgegengesetzt. Wird in den Novellen Goethes die Erfahrung des Alterns damit in gewissem Sinne kompensiert – über die Metamorphose oder aber ein ethisches Konzept, so dominiert in Manns Erzählung, diesen konsolatorischen Phantasien entgegengesetzt, einzig die „zweideutige" Natur, der körperliche Untergang. Die konsolatorischen Visionen Goethes, auch wenn diese als solche ausgewiesen sind, werden in Thomas Manns Erzählung über die intertextuellen Bezüge assoziiert, jedoch zugleich aufgekündigt.

Es erweist sich also für eine Interpretation dieser letzten Erzählung als überaus ergiebig, den zumeist in den Vordergrund gerückten biographischen Aspekt auszuklammern, um damit diejenigen Traditionen und Topoi in den Blick zu bekommen, derer sich Thomas Mann bedient, um seine Geschichte einer alternden Frau zu erzählen. Es kann dabei ein direkter Bezug zu dem Baudelairschen Gedicht ›Une charogne‹ ausgemacht werden. Thomas Mann nimmt zwar die drastische Zuordnung von Tod, Verwesung und begehrter Frau, wie sie Baudelaire etabliert, zurück, doch folgt seine Erzählung dieser Anlage nichtsdestotrotz – an Rosalie vollzieht sich der Tod, den das lyrische Ich bei Baudelaire der Geliebten im Angesicht des Unrats prophezeit. Auch in Manns Erzählung wird Verwesung, Tod und Weiblichkeit in allegorisierender Weise assoziiert, mithin eine Struktur etabliert, wie sie auch im ›Doktor Faustus‹ dominiert. An Rosalie wiederholt sich die Dissoziation von Schein und Sein, die dem Unrat anhaftet – die degoutante Substanz entlässt einen betörenden Duft, der schöne Schein der Jugendlichkeit geht auf einen fatalen Grund zurück. Zudem ist der Bezug zur *vetula*-Tradition signifikant – das Thema der Inversion geht eindeutig auf diese zurück – sowie zu weiteren Texten, deren konsolatorische Lösungen zwar angespielt, nicht aber übernommen werden; Rosalie/Psyche wird nicht aus ihrem stygischen Schlaf geweckt und von innerlich-sittlicher Wandlung, wie sie in ›Der Mann von funfzig Jahren‹ vorgeführt wird, kann nicht die Rede sein – die Krebskrankheit liefert die Person, so die kulturelle Zuschreibung, ganz dem Körper aus. In Thomas Manns Erzählung wird damit eine Zuordnung von Weiblichkeit und Natur/Körper fortgeschrieben, wie sie eine Vielzahl literarischer Texte der bürgerlichen Moderne prägt. Mag sich Thomas Mann also in seiner letzten Erzählung, in der ›Betrogenen‹, eine weibliche Maske aufgesetzt haben, so bleibt jedoch eine Beschreibung der literarischen Mittel, derer er sich zur Gestaltung dieser weiblichen Maske bedient, unerlässlich.

---

[76]) Ebenda, S. 453.

[77]) In dem Briefwechsel, den sie dem Major überreicht, zeigt sich entsprechend, wie das „himmelschöne [...] Innere [...] hervortritt, und das Äußere zu verherrlichen" beginnt; ebenda, S. 455. Sie bittet den Major: „„[N]ennen Sie mich Ihre Freundin""; ebenda, S. 453; und dem wird plötzlich fühlbar, „daß aus dieser sonst in ihrer Eigenheit abgeschlossenen merkwürdigen Person sich ein sittlich-schönes, teilnehmendes und teilgebendes Wesen hervortat"; ebenda, S. 454.

SCHWIERIGES ERBE

Lernet-Holenias Verhältnis zu Rilke

Von Rüdiger Görner (London)

> Ich bin nur einer von den Epigonen,
> Die in dem alten Haus der Sprache wohnen
>
> Karl Kraus

I.

„Alles das Eilende | wird schon vorüber sein; | denn das Verweilende | erst weiht uns ein"[1]), dichtete Rilke zu einer Zeit, als er sich der zivilisatorischen Widersprüche akut bewusst war, aber versuchte, sie noch einmal im Orphischen aufzulösen, in einer Sprache, die man auch Gedankenmusik nennen könnte, mit einem Melos, dessen suggestiver Wirkung ungezählte lyrische Anfänger schon zu seinen Lebzeiten nicht zu widerstehen vermochten. Rilke selbst war sich dieser zaubrischen ‚Gefahr', die von seinem Dichten ausgehen konnte, nur zu bewusst. Denn in jedem wirklichen Künstler, dem Schriftsteller zumal, verbirgt sich auch das platonische Unbehagen an der eigenen Kunst und ihrer möglichen Wirkung. Diese Zweifel können sich darin äußern, dass man sich Antikünstlern in seinem Schaffen annimmt, wie etwa Thomas Mann, der sich in seinem novellistischen Drama ›Fiorenza‹ mit Savonarolas Verdammung der Kunst auseinandergesetzt hat; die Selbstkritik des Künstlers kann sich jedoch auch in Form von erdachten oder wirklichen Briefen an junge Künstler artikulieren, wie im Falle Virginia Woolfs, Robert Walsers und in erster Linie Rilkes.

Zu bedenken sind hierbei im wesentlichen Rilkes zwischen 1903 und 1908 verfassten ›Briefe an einen jungen Dichter‹, sein 1913 entstandener Essay ›Über den jungen Dichter‹, aber auch einige der Briefe an Anita Forrer und Rudolf Bodländer. Diese Texte ergeben Hintergrund und Umfeld seiner bislang nur auszugsweise

---

[1]) In: Rainer Maria Rilke, Werke. Kommentierte Ausgabe in vier Bänden, hrsg. von Manfred Engel, Ulrich Fülleborn, Horst Nalewski, August Stahl, Frankfurt/M. und Leipzig 1996 (alle Werkzitate Rilkes beziehen sich auf diese Ausgabe = KA), Bd. 2, 251 („Sonette an Orpheus" I, 22).

bekannten Briefe an Alexander Lernet, dessen poetisch-epigonale Auseinandersetzung mit Rilke im Mittelpunkt dieser Überlegungen stehen soll. Damit sei vorab bereits gesagt, dass ich Lernets Umgang mit Rilkes Werk für einen exemplarischen Fall an der Grenze von Originalität und Epigonalität halte und mithin für eine Konstellation von unverminderter Brisanz auch und gerade für unser heutiges kulturelles Selbstverständnis, das sich zunehmend an Imitationen und Versatzstükken zu orientieren beliebt. Die Problematik des Epigonalen reicht freilich tief in die Kulturgeschichte zurück, in die Bereiche der Stilnachahmung und diversen Renaissancen; kritisch bis systematisch wertet jedoch erst das nachklassische 19. und erst recht das 20. Jahrhundert das Epigonale als Verfallssymptom in der Kultur. Das reicht von Immermanns Roman ›Die Epigonen‹[2]) bis zum ›Epigonenlied‹ des jungen Carossa,[3]) von Wilhelm Raabes berühmter Aussage in seiner Erzählung ›Frau Salomé‹ („[...] das Genie macht die Fußtapfen, und das nachfolgende Talent tritt in dieselben hinein, tritt sie aber schief"[4])), bis zu dem noch von Thomas Mann 1954 zustimmend zitierten Vers von Karl Kraus: „Ich bin nur einer von den Epigonen, | Die in dem alten Haus der Sprache wohnen."[5]) Doch damit genug der gewichtigen Motti für diesen kleinen Versuch.

II.

Aus Ostgalizien schreibt am 12. Juni 1918 der knapp einundzwanzigjährige Rittmeister, Alexander Lernet, einen Brief an Rainer Maria Rilke, dem er Gedichte beifügt, von denen er sagt, sie seien „auf dem Rücken der Pferde" verfasst worden.[6]) Hinter diesen Zeilen durfte Rilke einen weiteren Leser des ›Cornet‹ vermuten; er konnte sich jedoch erst nach sieben Monaten zu einer Antwort entschließen, die er mit folgenden Worten einleitete: „Hemmungen, äusserer und innerer Art, wie sie mir der Krieg bereitet hat, verschulden ein Versäumnis, das ich mir gar nicht genug vorwerfen kann".[7]) Rilke versichert dem jungen Dichter, dass ihm dessen Arbeiten

---

[2]) Karl Immermann, Die Epigonen. Familienmemoiren in neun Büchern 1823–1835, hrsg. von Peter Hasubek, München 1981. – Zur Ästhetik des Epigonalen vgl. neuerdings: Burkhard Meyer-Siekendiek, Das Bewusstsein der Epigonen: Zwischen Kompensation und Bejahung, Tübingen und Bern 2001, – sowie Rüdiger Görner, Gefährdete Erben. Versuch über das Epigonale. In: Mut. Forum für Kultur, Politik und Geschichte 406 (2001) 6, S. 58–67.

[3]) In: Hans Carossa, Gedichte, hrsg. von Eva Kampmann-Carossa. Frankfurt/M. und Leipzig 1995, S. 125–128.

[4]) In: Sämtliche Werke. Braunschweiger Ausgabe, hrsg. von Karl Hoppe, Braunschweig 1956, Bd. 13, S. 55.

[5]) Thomas Mann zitiert diesen Ausspruch in seinem Brief vom 17. Mai 1954 (an Klaus Mampell) in: T. M., Briefe 1948–1955 und Nachlese, hrsg. von Erika Mann. Frankfurt/M. 1979, S. 341.

[6]) Zit. nach Roman Roček, Die neun Leben des Alexander Lernet-Holenia. Eine Biographie. Wien, Köln, Weimar 1997, S. 69.

[7]) Rilke an Lernet, Brief vom 25. Januar 1919. Überliefert in Abschrift von Baronin Elisabeth Sterneck. Der Verfasser dankt Herrn Mag. Alexander Dreihann-Holenia für die Überlassung der Abschriften.

inmitten seiner eigenen Schaffens- und Orientierungskrise „die schönste Freude“ bereitet hätten und bittet um weitere Proben. Was folgt, ist ein brieflicher Austausch, der seitens Rilkes von kritischer Wertschätzung und unermüdlicher Förderung des jungen Lernet begleitet wird und im Frühjahr 1921, als die mögliche Publikation der Gedichtsammlung ›Kanzonnair‹ im Insel Verlag in Rede steht, seinen Höhepunkt findet und dann, soweit sich sehen lässt, abbricht. Denn Rilkes Briefe, Zeugnisse seines kritischen Bemühens um die frühen Arbeiten dieses so vielversprechenden poetischen Talents, diese Briefe sind nur in Abschrift der mit Lernet-Holenia befreundet gewesenen Künstlerin, Baronin Elisabeth Sterneck, überliefert. Die Originale hat Lernet-Holenia verbrannt; damit dürfte er der einzige Empfänger von Rilke-Briefen gewesen sein, der es wagte, sie dem Feuer zu überantworten, eine exzentrische Geste von besonderem Charakter dieses mit Exzentrizitäten überreich ausgestatteten Schriftstellers, auf die noch zurückzukommen sein wird.[8])

Nach Rilkes eigener Auskunft war es Lernets Gedichtfragment ›Himmelfahrt Henochs‹ gewesen, das ihn für den jungen Dichter eingenommen hatte. Laut habe er sich dieses Gedicht „über das andere Mal“ vorgelesen und dabei aufhorchen müssen.[9]) Und was Rilke dabei vernahm, klang in etwa so: „[...] wie hing da die Schar der Engel im düstern Gebälk der Scheuern, inwendig | als wie ein Schwarm, und, schwebend, mitten in | dem Stalle, im rotsamtnen Kleid, prächtig | mit Perlen übersät, die Cherubim, | daß drin die Pferde ungestüm erschraken“.[10])

Doch selbst der entscheidende Empfehlungsbrief Rilkes an Kippenberg in Bezug auf Lernet-Holenias ›Kanzonnair‹ verhehlt die skeptische Einschätzung nicht:

> Die Monotonie des ›Kanzonnair‹ scheint, wenn man ihn zuerst durchblättert, enorm –, je mehr aber das Auge sich an den Goldgrund gewöhnt, an dieses Gold=vor=Gold seines Gefühls, desto vieltöniger wird, innerhalb des Goldenen, die Abwandlung der Erscheinungen. Es ist viel Leben in diesen Gebilden, sehr verwandeltes, sehr verzaubertes und vor allem nicht wieder zurückzubildendes Leben –: sie sind, dieser Vorwurf wird von oberflächlichen Lesern leicht vorgebracht werden, keineswegs esthetisierende Litteratur [sic!]. – Und noch eines: es überlebt viel altes Oesterreich in ihnen, in dieser großen Rühmung der Antenati, diesem unermüdlichen goldenen Stammbaum eines Wunderthäters.[11])

Diese Bewertung deckt sich durchaus mit dem, was Rilke dem Verfasser des ›Kanzonnair‹ wenige Wochen zuvor in noch deutlicheren Worten mitgeteilt hatte:

> Nun aber der ›Kanzonnair‹ selbst: er liegt mir zum ersten Mal im Zusammenhange vor, – ich las der Reihe nach Gedicht für Gedicht, jedoch, um offen zu sein, mein Eindruck ist kein anderer als dass ich bei den vorlängst geliebten und mit Neigung betrachteten Stücken bleibe, in dessen aber

---

[8]) Lernet-Holenias Briefe an Rilke befinden sich im Rilke-Archiv Gernsbach. Ich danke Frau Hella Sieber-Rilke, dass ich sie einsehen durfte und daraus zitieren kann.

[9]) Brief an Anton Kippenberg vom 25. März 1921, in: RAINER MARIA RILKE, Briefwechsel mit Anton Kippenberg, hrsg. von INGEBORG SCHNACK und RENATE SCHARFFENBERG, Frankfurt/M. und Leipzig 1995, Bd. 2, S. 215.

[10]) In: ALEXANDER LERNET-HOLENIA, Das lyrische Gesamtwerk, hrsg. von ROMAN ROČEK, Wien und Darmstadt 1989, S. 100f. (Alle Gedichtzitate Lernet-Holenias beziehen sich auf diese Ausgabe = LG.)

[11]) RILKE, Briefwechsel mit Kippenberg (zit. Anm. 9), S. 216f.

mich der Empfindung nicht erwehre, dass die weniger starken, soweit sie sich derselben Mittel bedienen, den hervorragenden eher Schaden tun. Um ein Beispiel zu geben: das Heraufrufen dieser bäurischen Kammern, in die der Dunst des Stalles und die Kühlheit der Wiesen einwirken, gelingt in Henochs Himmelfahrt (mir immer noch durchaus beglückend und, vielleicht als Einziges im ganzen Gedichtkreis bewundernswerth), gelingt auch noch, eingewoben ins Simson=Motiv –, ermüdet aber schon anderswo; und das Gleiche trifft noch vielmehr zu für die Aufzählungen von kostbaren Prächten …

Im Ganzen also: meine Anempfehlung an die Insel wäre voller Einschränkung, der Gesamtheit Ihres Werkes gegenüber. Auch zweifle ich, dass man die richtige Art zu lesen ohne weiteres wird auszuüben wissen.[12])

Im Grunde jedoch muss Rilke von Lernet-Holenia weitaus mehr angetan gewesen sein als von irgendeinem anderen der ‚jungen Dichter', mit denen er es im Laufe der Zeit zu tun bekommen hatte. Noch im Dezember 1924 wird Rilke seinem polnischen Übersetzer, Witold Hulėwicz, anlässlich seines Besuches auf Muzot, aus Lernet-Holenias ›Kanzonnair‹ vorlesen und bei Kippenberg ein Exemplar für ihn bestellen.[13])

Was war es, das Rilke sich so mit Lernet-Holenia beschäftigen ließ? Da gab es zunächst ein biographisches Datum. Durch Lernet sah sich Rilke an die Kärntner Ahnen erinnert. Bereits in seinem zweiten Brief an den jungen Rittmeister-Poeten bemerkte Rilke, dass seine Familie „schon um 1370" in Kärnten erwähnt worden sei. Dieser Punkt ist ihm so wichtig, dass er ihn noch zwei Jahre später Kippenberg gegenüber nennt: „Alexander Lernet ist, sozusagen, mein Landsmann, wenn ich diesen Begriff in seinem mir ältesten Sinne nehme, in jenem unserer kärnter Herkunft; so freut es denn ihn auch manchmal, das Rilke'sche Wappen betrachten zu gehen, das, unter denen der kärntnischen Standesherren, die Halle des Klagenfurter Stadthauses auch heute noch schmückt."[14])

Ahnenmythos pflegen jene, die Verankerung suchen, ein besonders akutes Problem in Zeiten dramatischen Umbruchs. Wie hinlänglich bekannt, handelte es sich damals für Rilke um eine Phase der Neuorientierung, während der er ‚Tschechoslovakien' allenfalls seine „problematische Heimat" nennen kann,[15]) die Schweiz nach geeigneten Schaffensorten absucht, sich von Deutschland distanziert und das „alte Oesterreich" von Zeit zu Zeit zu verklären beginnt. Das Lebensschicksal des jungen Lernet berührt ihn gerade deswegen, weil dieser seit Ende April 1919 mitten in den so genannten „Kärntner Abwehrkampf" gegen die Invasion südslawischer Truppen verwickelt ist. Lernet setzte sich für ein ungeteiltes Kärnten ein, für ein Zusammenwirken der Slowenen und Deutschen: „Beide Volksgruppen sollen bei aller Achtung voreinander als das zusammenstehen, was sie sind: Freie Kärntner und Europäer."[16])

---

[12]) Brief vom 8. März1921 (Abschrift Sterneck, zit. Anm. 7).

[13]) Rilke, Briefwechsel mit Kippenberg (zit. Anm. 9), S. 358 (Brief vom 20. Dezember 1924).

[14]) Ebenda, S. 216. (Brief vom 25. März 1921).

[15]) Rainer Maria Rilke, Briefe in zwei Bänden, hrsg. von Horst Nalewski, Frankfurt/M. und Leipzig 1991, Bd. 2, S. 157 (Brief an Rolf von Ungern-Sternberg vom 29. April 1921).

[16]) Zit. nach Roček, Die neun Leben (zit. Anm. 6), S. 75.

Was Rilke jedoch an Lernet noch nachhaltiger interessierte, war das Genuine seiner sprachkünstlerischen Begabung. Wir wissen, wie unzweideutig Rilke gerade in jener Zeit urteilen konnte, wenn er mit Proben minderer lyrischer Talente konfrontiert wurde. Als ihm beispielsweise Anita Forrer Gedichte zur Beurteilung schickte, antwortete er:

Erziehen Sie sich doch viel eher dazu, Ihre Empfindungen in Prosa niederzuschreiben. Ich kann gar nicht genug warnen vor der Suggestion des Reims, der unmerklich vergewaltigt und entfremdet, was man ihm anzuvertrauen meint, was aber, strenggenommen, auf dem Wege in die nicht gekonnte lyrische Verwandlung verloren geht. Es ist nicht unbedenklich für die eigene Wahrhaftigkeit, wenn man sich, dort, wo man sich am Liebsten erkennen möchte, in eine Form unterbringt, die einen entstellt, verzärtelt und ein wenig herabsetzt. In der Prosa (das zeigen mir Ihre beiden lieben und wahren Briefe deutlich genug) sind Sie fähig, Ihren Gefühlen genaue und reine Umrisse zu ziehen. Sie würden erschrecken, wenn ich Ihnen aufweisen könnte, wie vague und nichts-sagend daneben die Verslein sind.[17])

Sehr anders klingt, was er dem jungen Lernet mitzuteilen hat. In ihm sieht er ein wirkliches lyrisches Talent; das geht bereits aus Rilkes drittem, im graubündischen Soglio verfassten und inhaltlich bedeutendsten Brief an Lernet hervor, der eine eingehendere Betrachtung verdient. Als ihn eine neuerliche Sendung mit Gedichten Lernets erreicht, Texte aus dem ‚Ur-Kanzonnair', befindet er sich seit einem Monat in der Abgeschiedenheit dieses Bergeller Bergdorfes. In seinem Begleitbrief bittet Lernet für den „ungleichen Wert der Verse" um Nachsicht und fügt hinzu: „Auch klingen sie gesprochen besser als gelesen [...] Meine Art ist ein rastloses Verbessern, um nicht zu sagen: Übertreiben. Einzelne Sachen dauern dann wohl auch über Jahre [...]."[18]) Rilkes Antwort beginnt mit einer persönlichen Einlassung: „Was bin ich langsam geworden in diesen fünf Jahren; die Zeit überholt mich beständig in jedem Vorhaben".[19]) Rasch kommt er dann zur Sache, sprich zu dem, was ihn an Lernets Gedichten anzieht:

Einmal sind ja alleine schon die Gegenstände für mich von einer bedeutenden Verwandtschaft (– jene noch in ihrem ganzen Prunk strotzend befangenen, von Gott schon abgethanen Könige, wie haben sie auch mich immer eigenthümlich angerufen: um nur ein Beispiel zu nennen), dann aber hab ich auch für die Art, in der Sie sie zur Gestaltung bringen, die lebhafteste Auffassung.

Das bezieht sich in erster Linie auf die alttestamentarischen Könige, die in Lernets Gedichten als Ahnen der Ahnen figurieren. Aber es ist ausgesprochen Lernets poetische Verfahrensweise, das Spezifische seiner ‚Gestaltung', das Rilke hervorhebt. Das galt beispielsweise für Lernets Gedicht ›Sieg über Jericho‹, das nur in Rilkes für Katharina Kippenberg angefertigter Abschrift überliefert ist; Lernet hat es später aus der Endfassung des ›Kanzonnair‹ genommen und vernichtet:

---

[17]) In: Rilke, Briefe (zit. Anm. 15), Bd. 2, S. 49 (Brief vom 16. Januar 1920).
[18]) Zit. nach LG, 631.
[19]) Brief vom 3. September 1919 (Abschrift Sterneck, zit. Anm. 7).

SIEG ÜBER JERICHO

Wie hatten sie die hölzerne umschwankt,
die braune Stadt, um die die Burgen thronten,
bis sie den Andrang nicht mehr halten konnten
und überquollen in Geschrei, und Sankt
Michael, aus der Himmelsbläue fallend,
die schweren Türme auseinanderbog
und alles ungeheuer widerhallend
umbrach, und ein Gewölk von Splittern flog,
und, jäh, das innen riesenhaft Getürmte
vor ihnen lag, mit allen Königen offen,
und wie im aufgeschlagnen Kartenspiel.

Und standen noch, weil der von Gott bestürmte
Aufwand, von diesem Übermaß betroffen,
gänzlich vermorscht, noch immer fiel und fiel.[20])

Was veranlasste Rilke, gerade *dieses* Gedicht abzuschreiben? Erinnerte es ihn an die Sprache der ›Neuen Gedichte‹, an ›Saul unter den Propheten‹, wo es heißt: „Alle schrieen, doch ihm schrie das Herz“[21]) und das mit der Frage beginnt: „Meinst du denn, daß man sich sinken sieht?“[22]) Was trat ihm in Gestalt der Verse dieses jungen Poeten entgegen? Ein Spiegelbild, eine devote oder gar ironische Nachahmung, eine bloße Wiederholung bereits unverwechselbar geprägter Sprachformen, oder schickte sich hier einer an, dieses Sprachwerk gültig fortzusetzen? Rilkes dritter Brief an den nun schon „werthen und lieben Herrn Lernet“ liest sich wie ein Versuch, diese Fragen zu ergründen.

Lernet hätte ihn schwerlich kaum eigens darauf hinweisen müssen, dass es keine bessere Nagelprobe für ein Gedicht gebe als die Rezitation. Rilke bekräftigt:

Es bedarf kaum der Versicherung, dass ich gleich ins Laut=Lesen kam [...] und ich meine darin die richtige Art getroffen zu haben, einen genauen gleichmässigen Ausdruck, eingetheilt durch eine nachgiebige Absetzung der Verszeilen, etwa im Ausmasse der Pause, die das Webschiffchen macht, wenn es am Rand des Metiers angekommen ist.

Rilke gelingt hier, scheinbar nebenbei, eine recht genaue metaphorische Zeitangabe für den rezitatorischen Umgang mit Enjambements, deren Verwendung durch Lernet unstreitbar Rilke'sche Züge aufweist. Beginn und Ende einer Verszeile, die Strophe überhaupt sah Rilke folglich als einen poetischen Webrahmen, wobei er den Umkehrpunkt des Webschiffchens als eigentliches Pausenmoment, aber auch als Beginn des Rückschwungs verstand. Was sich dabei ‚verwebe‘, ist poetisches Bild und Stimme, Gedanke und Laut. Im Vortrag, so die Implikation Rilkes, werde das Gedicht mithin zum Gewebe.

Mit diesem Vergleich sagte Rilke jedoch auch, dass für ihn die Stimme, die Lautfolge das Gedicht recht eigentlich erst verwebe und das Muster vervollständige.

---

20) LG, 567.
21) KA I, 519 (Z. 17).
22) Ebenda.

Nun folgt ein erstes Gesamturteil Rilkes:

Es wäre Verstellung und Zwang, wollte ich von einzelnen Stücken minderes behaupten, als dass sie bewundernswerth sind. Wir sind einig offenbar: auch mir stehen die vier Ballate von ‚Ruth' obenan; sie reichen fast überall ans Ineffable heran, ihre Kontur ist nicht anders zu bestimmen, als vom Unsäglichen aus [...].

Der ›Ruth‹-Zyklus zeigt Lernet bereits als einen Meister sprachlicher Erotik, etwa an Stellen wie diesen:

[...]
aus Schimmern ihrer Haut, Gebärden, Blicken
und ihren Gliedern und der Handvoll Tau
im Haar und ihren Händen, hingehoben,
wär plötzlich ein so schönes Ding gewoben
und läg bei dir wie Atem nahe: schau,
wie fühlte der Erwachte einen Schrecken,
und rann eine Süßigkeit aus ihr
zu ihm. Und, o, die Hände auszustrecken
und hinzuheben, außer sich, zu ihr![23])

Wiederum gilt: Lernet gebrauchte Rilke'sche Sprachgesten, hier das ‚Hinhalten', das zwischen Menschen entstehende Ding, und einen Sprachduktus, den man einen durch Form gemäßigten Expressionismus nennen könnte. Und doch findet sich in Wortwahl und Reihung genügend ‚Eigenes', genuine Lernet'sche Wortsubstanz, um Rilke *so* zu interessieren. Bedeutsam dessen Urteil, dass diese Gedichte „ans Ineffable", also ‚Unaussprechliche' reichten und mithin in einem Grenzbereich zwischen ‚Sagen' und ‚Schweigen' angesiedelt seien. Das klingt zunächst wie uneingeschränktes Lob, was es im Kontext dieses Briefes auch sein mag. Kaum zehn Tage später jedoch wird Rilke die gleiche Wendung in deutlich abwertendem Sinne gebrauchen, und zwar in einem Brief an Katharina Kippenberg, die ihm Gedichte des expressionistischen Lyrikers Karl Lorenz zur Beurteilung geschickt hatte:

Es ist nichts damit getan, daß einer ans Unsagbare heranreiche, indem er auch noch das längst und gewohnt Sagbare auf den Aggregat-Zustand des Unsäglichen ausdehne. Erst wo wir uns um das Ineffable mit dem reinsten Bestreben der Verkörperung bewerben, erweist es sich ob wir seine [...] Gegen-Liebe gewonnen haben. Mögen die vorliegenden Gedichte aus Liebe zum Unbeschreiblichen hervorgehen –, ich sehe nicht, daß ihr Andrang von jenem erwidert worden sei.[24])

In Lernets Gedichten nahm Rilke dagegen allenfalls einen gebändigten Expressionismus wahr, der das Webmuster nicht zerreißt. In besagtem Brief benennt Rilke auch das, was ihn am Expressionismus störte, den Mangel an ‚Gestaltung', einen Vorwurf, den er gegen Lernet in keiner Weise erheben konnte, spürte er doch in dessen Dichten ein ihm wahlverwandtes Bemühen um ‚Zusammenhang' und ‚reines Bestreben um Verkörperung'. Bleibt die Bedeutung des ‚Ineffablen', des Unaussprechlichen. Rilke spricht von dessen ‚Aggregat-Zustand'; er schreibt dem-

---

[23]) LG, 126.

[24]) Rilke, Briefe (zit. Anm. 15), Bd 2, S. 33 (Brief vom 15. September 1919).

nach dem Bereich des Schweigens eine aktive Rolle zu. Es wirkt aufgeladen, in Eigenschwingung versetzt. Was der Dichter von außen, so Rilkes Überlegung, an dieses Schweigen ‚heranträgt', muss in diesem Ineffablen ein Echo finden. Gelungene Gestaltung setzt demnach voraus, dass es das ‚längst und gewohnt Sagbare' mit dem zusammenbringt, was das Schweigen von sich preisgeben will.

In besagtem Brief an Lernet greift Rilke dann einzelne Gedichte heraus, die sich „im Vorlesen" besonders bewährt hätten, aber auch in der Hinsicht, dass sie dem Ineffablen offenbar angemessen abgewonnen seien. Besonders hebt er Lernets Gedicht ›Tötung des Amazias‹ hervor, dessen ‚Platz' im Manuskript nur schwer zu bestimmen sei. Als Zeugin dieses Eindrucks ruft Rilke überdies seine „hiesige Zuhörerin" auf; gemeint ist Gudi Nölke, auf die er sich auch explizit in seiner Skizze ›Ur-Geräusch‹ bezogen hatte.[25]) Das Gedicht Lernets lautet:

O, schon am Fenster in der Früh, ihm war:
der Garten ging, ein Schauspiel aufzuführen.
Er hörte viele Stimmen, wie von Tieren.
Ihm schien, er hätte zu viel Wind im Haar.

Als ob es ihn an schwere Kindheit mahnte
und es verbürg sich hinter jedem Ding:
da bat er um die tröstende Verwandte,
die immer da war, bis es ihm verging

wie damals. Und der Schreck des Überfalls
befiel ihn plötzlich und schuf ihn noch kleiner
und weinender in seiner Furchtsamkeit.

Da war es schon wie Tröstung. Aber als
sie ihn erstachen, starb er wie nach einer
ganz unverstandnen Kinderzeit.[26])

Ausführlich bemüht sich nun Rilke um das Verorten dieses Gedichts; er vergleicht dessen ‚Platz' mit jenen verlassenen Stellen, „wie man sich sie in Landschaften gelegentlich, zuweilen auch in seltsameren Städten, etwa in Venedig, entdecken mag". Und er präzisiert weiter:

Stellen von einer unbeschreiblichen Anziehung, für die wir so wenig Erklärung und Wort haben, dass wir sie als vague müssen gelten lassen, ob wir gleich ihre, mitten im Unaussprechlichen befestigte Genauigkeit jeden Augenblick zugeben: Sie werden sich solcher unverwüstlich aufgethaner Waldwiesen oder solcher Campi erinnern: man verlässt sie zögernd, aus ihrer Baumgrenze mit Überwindung ins Gewohnte hinübertretend, voller Abschied und in der innigen Befürchtung, sie kein nächstes Mal (selbst suchend nicht) wiederzufinden –: an so einem geistig innerlichen Kreuzweg ist dieses unbegrenzte Gedicht aufgerichtet –, ein kleines Wunder für sich.

---

[25]) KA IV, 703 („Eine Frau, der solches in einem Gespräche vorgetragen wurde, rief aus, diese wunderbare, zugleich einsetzende Befähigung und Leistung aller Sinne sei doch nichts anderes, als Geistesgegenwart und Gnade der Liebe …"). – Vgl. auch Hans-Joachim Barkenings, Nicht Ziel und nicht Zufall. Rainer Maria Rilke in Soglio, 4. Aufl., Chur 1984, S. 27f.; – bes. auch Ingeborg Schnack, Rilke in Ragaz 1920–1926, 2. Aufl., Bad Ragaz 1981.

[26]) LG, 138.

Eine eigentümliche Fügung begünstigte eine solchermaßen positive Aufnahme der Proben aus dem ›Kanzonnair‹ durch Rilke und seine ‚Zuhörerin'. Lernets Sendung erreichte sie beinahe genau eine Woche nach Abschluss des ›Ur-Geräusch‹-Essays, in deren zweitem Teil Rilke eine Sinnespoetik entwarf, die Lernets Gedichte, namentlich die ›Tötung des Amazias‹, einzulösen schienen. Rilke hatte darin den „jetzigen europäischen Dichter" dafür kritisiert, dass er sich nur noch durch visuelle, vom Gesichtssinn aufgenommene Reize überwältigen lasse; „wie gering ist dagegen schon der Beitrag, den das unaufmerksame Gehör ihm zuflößt, gar nicht zu reden von der Teilnahmslosigkeit der übrigen Sinne [...]".[27]) Dagegen könne, so Rilke, das „vollendete Gedicht nur unter der Bedingung entstehen, daß die mit fünf [Sinnes-, R. G.] Hebeln gleichzeitig angegriffene Welt unter einem bestimmten Aspekt auf jener übernatürlichen Ebene erscheine, die eben die des Gedichtes ist."[28])

Die lyrischen Proben Lernets genügten offenbar diesem Anspruch. Amazias' Sinne werden im Augenblick der Gefahr aufs höchste geschärft: Er spürt den Wind im Haar, hört die Tierstimmen, ertastet die Kindheit, sieht ein unwirkliches Schauspiel, in dem sich seine eigene Tötung ereignet.

Hatte Rilke mit Bezug auf das ‚Ineffable' von der Zweiseitigkeit des Unsäglichen gesprochen, so wiederholte er diesen Gedanken Lernet gegenüber nun mit Blick auf das dem Gesichtssinn Wahrnehmbare:

Dass Sie sich beschaffen wissen, an so Wesentliches und Mittleres oft vom Gewand her vorzudringen (das ja nicht antiquarisch von Ihnen erlebt wird, sondern aus innerster Überlieferung Zusammenhalt und Glanz mitbringt) erhöht den Zauber Ihres Gelingens: während Sie dieses Sichtbare feieren und übertreiben, steigern Sie irgendwie fortwährend das Unsichtbare, als würden Sie seiner genau in demselben Masse mächtig, als Ihnen der Prunk, das, was sich tausendfältig ins Auge preist, sagbar wird.

Rilke sieht Lernets Kunst darin begründet, dass es diesem gelinge, den Sinn des Lesers für das, was sich hinter dem Sichtbaren verbirgt, zu wecken. Auf das ›Amazias‹-Gedicht bezogen, bedeutet das: Die im Geheimen verborgene ‚Regie' hinter dem tödlichen Schauspiel und das Motiv der ‚Tötung', aber auch das nur angesprochene Schwere der Kindheit des Amazias, klärt sich gewissermaßen in der konnotierenden Phantasie des Lesers.

Im letzten Abschnitt seines Briefes entwickelt Rilke jedoch die skeptische Variante dieses poetischen Verfahrens:

Trotzdem wird auch Ihnen die Gefahr nicht verborgen geblieben sein, mit solchen Mitteln ins Kostüm=Bild zu gerathen, wie denn manche Gedicht=Stücke an Spiel=Karten erinnern, allerdings an die Spiel=Serien Karls des Sechsten von Frankreich, die man recht eigentlich erfand, um dem verstörten König das überfüllte Gemüth zu besänftigen, dass es sich entspanne an auswärtiger verfüglicher Figur .... auch bei Ihnen wird es darauf ankommen in diesen Fällen, welcher göttliche Wahn=Sinn schliesslich im Ganzen mit den Karten spielen wird; ich weiss, jetzt mir kostümlich wirkende Blätter können durch ein steigerndes Nebeneinander Legende werden auf der Ebene innerlich imaginativer Natur [...].

---

[27]) KA IV, 702.
[28]) Ebenda, S. 702f.

Misslingt dagegen die Komposition beziehungsweise Anordnung der spielkartenähnlichen Gedichte und „kostümlich wirkenden Blätter", gelingt das Steigern der Eindrücke nicht, dann entsteht, so darf man ergänzen, Monotonie. Rilke antizipiert hier sein späteres Urteil über den ›Kanzonnair‹, wie eingangs bereits zitiert, und erkennt bereits nach diesen wenigen Proben eine Hauptschwäche im Schaffen Lernets: einen einmal erlernten Kunstgriff zu vervielfachen, um dadurch sich selbst zu multiplizieren, eine Dauer ohne Wechsel herzustellen.

Rilkes Spielkarten-Vergleich ist – gerade aus spätmoderner Sicht – bemerkenswert, nicht minder sein eher unüblicher Verweis auf die platonische Rede vom „göttlichen Wahn=Sinn", mit dem der wahre Dichter geschlagen sei. Hier warnt der Meister den Schüler vor dem Verfertigen von Gebrauchskunst und spielerischer Imitation; er bekennt sich dagegen zum Offenbleiben für das vermeintlich Irrationale der „übernatürlichen Ebene", wo ‚göttlicher Wahnsinn' walte, der allein das genuin Unerwartete, Neue herausfordern könne. Gelungene Dichtung wäre somit Unberechenbarkeit und Form, ein Unvorhergesehenes, das Gestalt wird.

III.

Spätestens an dieser Stelle fühlt man sich an jene Briefe erinnert, die Rilke zwischen 1903 und 1908 an Franz Xaver Kappus gerichtet hatte. Sie enthielten jene zentrale Maxime, die er in allen erdenklichen Variationen wiederholen sollte: „Ein Kunstwerk ist gut, wenn es aus Notwendigkeit entstand".[29]) Damit verbunden war die Aufforderung, sich der Ironie nur als eines Mittels neben anderen zu bedienen. Und warum? Weil die Ironie nicht die „Tiefe der Dinge" erreiche.[30]) Im Versuch ›Über den jungen Dichter‹ erläutert Rilke dann, weshalb die Ironie nie jenem Zustand gerecht werden könne, in dem sich der wahre Dichter befinde, wenn er mit existentieller Notwendigkeit schafft:

> Erschreckt im Innern durch das ferne Donnern des Gottes, von außen bestürzt durch ein unaufhaltsames Übermaß von Erscheinung, hat der gewaltig Behandelte eben nur Raum, auf dem Streifen zwischen beiden Welten dazustehn, bis ihm, aufeinmal, ein unbeteiligtes kleines Geschehn seinen ungeheuren Zustand mit Unschuld überflutet. Dieses ist der Augenblick, der in die Waage, auf deren einer Schale sein meteorisches Herz ruht, zu erhaben beruhigter Gleiche, das große Gedicht legt.[31])

Das Schaffen als Grenzerfahrung, als Balanceakt: Der erschreckte, getroffene, beinahe überwältigte Dichter versucht, seinen prekären Zustand durch sein Werk zu stabilisieren. Zwischen den Welten des erschütterten Inneren und des Außen der ‚Erscheinungen' steht er, ein beständiger Grenzgänger, halb von göttlichem Wahnsinn geschlagen, halb im Naiven befangen, aber auf das ‚große Gedicht' setzend.

---

[29]) KA IV, 516.
[30]) Ebenda, S. 518.
[31]) Ebenda, S. 676.

Worauf es Rilke aber ankommt, ist die Frage nach dem Sich-Bilden des ‚großen Gedichts'. Damit es schließlich gelingen kann, müssen sich, so Rilke „verschiedenste Umstände günstig verabreden".[32]) Welche ‚Umstände' oder Kräfte sich im Herzen eines Dichters verabreden müssen, damit es zum ‚großen Gedicht' kommen kann, ließ Rilke emphatisch offen. Das Warten-Können auf eine solche ‚Verabredung' der divergenten Einflüsse im Inneren forderte Rilke von jungen Dichtern, von Lernet zumal, wobei er seine eigenen Anfänge, sein frühes ungestümes, so gar nicht auf Warten angelegtes Dichten geflissentlich verdrängte.

Aber Lernet wollte zunächst nicht warten; er hatte es selbst bei Kippenberg versucht, was freilich zunächst zu nichts führte. Rilke verübelte ihm nichts mehr als dieses Vorpreschen in eigener Sache, wie die eingangs erwähnten Briefstellen belegen. Andererseits zeigte er sich zuletzt beglückt über das Ausmaß der Umarbeitung des Manuskripts, die Lernet im Frühjahr 1921 vornahm. Per Depesche lässt er den jungen Dichter wissen: „[...] ich habe alles[:] Erstaunung Ergriffenheit Rührung für diese neue vielfaeltige reiche Fassung fuer die ich nur in grosser Ueberzeugung eintreten kann."[33]) Erscheinen konnte der ›Kanzonnair‹ dann mit dem Widmungsvermerk „Rainer Maria Rilke in Dankbarkeit" im Jahre 1923.

Lernet wusste sich Rilke auch deswegen zu besonderem Dank verpflichtet, weil dieser ihm den ‚Weg nach innen' gewiesen hatte. In einem Brief aus dem Jahre 1921 nannte er den Dichter des ›Malte‹ den „ruhig und unbeirrt nach innen Sehenden".[34]) Als er sich im selben Jahr auf dem thüringischen Gut des Kammerherrn von Boyneburgk aufhält, schreibt er Rilke, dass er die Lektion ‚Innerlichkeit' zu lernen beginnt: Viel wichtiger als alles glänzend Äußerliche seiner [des Dichters, R. G.] Gedichte (von denen er vielleicht glaubt, er lebte nur ihretwillen) ist das pure unsichtbare, innere Leben, das ihm auferlegt ist wie dem Allergewöhnlichsten, aber man versäumt es heute ganz. Ich bin froh, mich noch besonnen zu haben."[35])

Im ›Stunden-Buch‹ Rilkes stehen Zeilen, die Lernet-Holenia wie so manchem Nachgeborenen ins Stammbuch geschrieben sein könnten: „Du bist der Erbe: Und du erbst das Grün/vergangner Gärten und das stille Blau/zerfallner Himmel."[36]) Sie hören sich an wie ein abgeschwächtes Echo auf Nietzsches Zarathustra-Wort: Gefährlich ist es, Erbe zu sein."[37]) Lernet-Holenia erbte in poetischer Hinsicht überreich; keine Tradition, die er sich nicht zu erschließen wusste: Troubadour-Lyrik, spanische Sprachbilder, die Welt Petrarcas, Pindars und Sapphos, gehalten in

---

[32]) Ebenda, S. 677.

[33]) Rilkes Depesche an Lernet vom 1. April 1921 (Abschrift Sterneck, zit. Anm. 7). Lernet hatte jedoch – bei allem Ungestüm – seine Selbstkritik nicht vergessen, wie aus einem Brief an Rilke vom 25. April 1921 hervorgeht: „Es giebt keine unglücklichere Figur als einen Dichter, dem die äußere Mühsal und Verwirrung noch nicht erleichtert und abgenommen worden ist." (Rilke-Archiv, Gernsbach, vgl. Anm. 8.)

[34]) Brief vom 17. Juni 1921 (Rilke-Archiv, Gernsbach, vgl. Anm. 8).

[35]) Brief vom 27. Juli 1921 (ebenda).

[36]) KA I, 208.

[37]) In: NIETZSCHE, KSA 4, 100 (Zarathustra II).

den Farben Altösterreichs.[38]) In der Schlussstrophe seines Gedichts ›Der Winter‹, die seiner auf den ›Kanzonnair‹ folgenden Sammlung ›Das Geheimnis Sankt Michaels‹ (1927) entstammt, beschreibt er allegorisch, und ins Kosmische gesteigert, diese Traditionslasten:

Wenn alternd von dem eigenen Gewicht das ferne
Gewölb entsinkt, fällt auch das Gold der sehr erlauchten Kreise
der Sonne und des Mondes gegen Mitternacht, und leise,
im Wahnsinn, auch die Neigung hoher Sterne.[39])

Aus einem Brief an seinen Förderer, Hermann Bahr, vom 21. Juni 1924 geht hervor, dass Lernet-Holenia verstärkt bemüht war, diesem Sinken unter dem schieren Gewicht der Erblast die Bemühung um eine „pure Sprache“ und experimentlose Einfachheit entgegenzustellen. Selbstkritisch erkennt er, dass seine bisherige Lyrik unter unnötiger Kompliziertheit der Syntax und Inversionen gelitten habe; und somit unter Symptomen einer Rilke-Imitation, die er fraglos zu überwinden hoffte. Nicht die ›Duineser Elegien‹, nicht die ›Sonette an Orpheus‹ wählt er jetzt als Vorbild; sein Ideal heißt: die Einfachheit der griechischen Hymnik zu erreichen, gar zu überbieten.[40])

Diesen Gedanken hatte Lernet-Holenia jedoch schon ein Jahr zuvor in einem ausführlichen Brief an Rilke entwickelt, in dem er das ‚Neue‘ in seinem beginnenden hymnischen Schaffen betont hatte, ‚neu‘ freilich nur, was ihn selbst und seine eigene Entwicklung anging:

Ich weiß, welcher tragenden Hilfen ich mich begeben habe, seit ich den Formen meines früheren Buches nicht mehr zugewendet bin. Allein hier nun, glaube ich, wo ich eben jetzt stehe, setzt das Eigentliche ein. Ich kann nicht mehr vollends gelten lassen, was ich aus dem Griechischen überliefert lese. Es ist so viel Neues inzwischen zu Neuem gekommen, dass alle diese zukünftigen Hymnen eigentlich auf völlig noch unbegangenem Gebiete entstehen müssten.

Aber ähnlich wie in der Antike aus nichts als aus dem Marmor und der jedem vertrauten, alltäglichen Gestalt des Menschen das unsägliche Kunstwerk sich hob, hätte es hier zu geschehen, aus der puren, ununterstützten Sprache und aus dem Sinn. Das Schwebendste kann nur mit dem geringsten Maße an Mitteln erreicht sein. Ich weiß, dass Sie das alles wissen, Ihre Gesänge sprechen davon und vor allem der siebente und der achte Vers des zweiundzwanzigsten Sonetts im zweiten Teil.[41]) So mögen auch die Hügel der Nike reden, der, soviel ich weiss, von Samothrake genannten.[42])

Als Lernet sich anschickte, ‚Neues‘ zu wagen, wurde die Szenerie allmählich Abschied. Abschied von Rilke. Ein Abschied in Etappen. Lernet-Holenia schrieb

---

[38]) Bemerkenswert ist jedoch, dass er nach dem Tod seines Vaters (1924) meinte, jetzt nicht mehr dazuzugehören; gemeint war die Familientradition, das ‚Blut‘, das er, wie er Rilke schrieb, „verlassen“ habe. Der Vater, so Lernet weiter, sei der „letzte gewesen“ (Brief vom 20. September 1924, Rilke-Archiv, Gernsbach, vgl. Anm. 8). In dieser Tonlage ist auch sein elegischer Nachruf auf den Vater gehalten. Vgl. dazu Zit. nach Roček, Die neun Leben (zit. Anm. 6), S. 36.

[39]) LG, 278.

[40]) Zit. nach Roček, LG, 636.

[41]) „Oder die eine, in Karnak, die Säule, die Säule, | die fast ewige Tempel überlebt.“ KA 2, 268.

[42]) Brief vom 27. Mai 1923 (Rilke-Archiv, Gernsbach, vgl. Anm. 8).

noch dann und wann zwischen 1923 und 1926; aber seine an den ‚Herrn von Rilke' gerichteten Briefe blieben unbeantwortet; so auch der letzte große Brief, den Lernet aus St. Wolfgang an Rilke gerichtet hatte. Er muss zu dieser Zeit (August 1925) das starke Bedürfnis verspürt haben, sich Rilke, quasi entschuldigend, aber auch selbstrechtfertigend, zu erklären und um Verständnis für seine veränderte Lage und seine andere Art zu schreiben zu werben. Nachfolgend der zweite Teil des Briefes, der eine bezeichnende Mischung aus beträchtlichem Selbstwertgefühl und künstlerischem Problembewusstsein verrät:

> Ich habe seit der Vollendung des Kanzonnairs noch einige hundert Verse geschrieben, die hier und hier in Zeitschriften verstreut sind, aber ich habe alle Produktion von Gedichten, seit einem Jahr etwa, durchaus aufgegeben und ein Theaterstück geschrieben, jenen bis dahin eigentlich immer noch unvollendet gewesenen Demetrius, und das mit solcher Gewalt, als ob ich die Enden des odysseischen Bogens zusammenböge. Ich kann es ruhig zugeben, dass ich diese Tragödie für eines der Besten existierenden Stücke halte, wenn ich dazufüge, dass mir nichts daran liegt, und dass ich ich ein grenzenloses Heimweh nach dem Gedicht habe: denn das Gedicht ist alles. Was bedeuten mir schließlich die glanzvollen Theater, die das Stück in diesem Winter aufführen werden, wenn ich bedenke, dass ich darin fast nichts von dem sagen konnte, was mich bewegt.[43])

Die Nachricht von Rilkes Tod veranlasste Lernet-Holenias zu einem ersten lyrischen Abschiedsversuch, einer Hymne ›Auf Rainer Maria Rilkes Tod‹. Sie kann allenfalls blass, genauer: ‚verfehlt' genannt werden. Die bemüht einfache Sprache führte zu unbotmäßiger Gedankenverdünnung. Ganz anders verhält es sich mit seiner ›Szene als Einleitung zu einer Totenfeier für Rainer Maria Rilke‹, aufgeführt im Theater in der Josefstadt am 23. Januar 1927 und der poetisch wohl bedenklichste, wenngleich originellste Nekrolog auf Rilke. Lernet-Holenia, inzwischen mit dem Kleist-Preis ausgezeichnet, versteht sich bereits auf die Gesetze der Bühnenkunst. Er weiß nun auch, wie man das Publikum gewinnt, nennt sich einen „Beethoven, der Shimmies komponiert", sprich: einen seine eigentliche Kunst bewusst um des Lebensunterhaltes willen veruntreuenden Schriftsteller. Mit einem Mal zieht er alle Register, setzt Schillers ›Demetrius‹ fort in Gestalt einer expressionistischen Sprachexplosion, entwirft Komödien, als käme es für ihn darauf an, der Nestroy der Ersten Republik zu werden, empfängt dann aber inmitten dieser überhektischen Betriebsamkeit, plötzlich Teil einer respektvoll erschütterten Nachwelt geworden, die Nachricht vom Tode Rilkes, vom Ableben seines großen Vorbilds, seines nicht erreichbaren eigentlichen Anspruchs in der Sprachkunst. Wie man weiß, wird Karl Kraus diesen Vielkönner Lernet alsbald einen „Puerilke" und „Sterilke" nennen.

Man muss sich das vorstellen: Für den 28. Januar 1928 kündigt das Josefstädter Theater die Uraufführung von Lernets ›Österreichischer Komödie‹ an. Und erst vier Tage zuvor hob sich dort der Vorhang zu dessen szenischer Hommage an seinen einst rückhaltlos verehrten Mentor, zu einer Szene wie aus anderer Zeit, mit Fanfaren, einem Herold und Kornett, Rittmeistern und zwei persischen Falkonieren.

---

[43]) Brief vom 20. August 1925 (Rilke-Archiv, Gernsbach, vgl. Anm. 8).

Lernet hat Geschmack an der Ironie gefunden; er parodiert jetzt, was ihm über den Weg läuft, schreibt dem Publikum auf den Leib, was es hören und sehen will, auf dass ihm gleichzeitig Hören und Sehen vergehe; er parodiert die Kultur, den Staat, die Vorbilder, sich selbst. Wovor Rilke den jungen Dichter Kappus gewarnt hatte, vor der Oberfläche der bloßen Ironie, die beständig in Sarkasmus umzuschlagen droht, kapituliert jetzt Lernet-Holenia; er möchte Kapital schlagen aus seiner Sprachvirtuosität, gleichzeitig aber seine eigentliche Kunst, die Lyrik, ‚rein' und zunehmend im Verborgenen halten. Der Zwiespalt zwischen kommerziell verwertbarer Fertigkeit und Sprachkunst offenbart sich nun jedoch in Lernet-Holenias szenischem Rilke-Nekrolog, der bislang kaum kritische Beachtung gefunden hat.

Trauer setzt sich in Szene, Trauer über einen Letzten. Ein Herold, der sich im Dienste seines Herren Rilke wähnte, verkündet, dass Schauspieler einen „Dichter des Todes" öffentlich betrauern wollen. Sein Herr habe, so der Herold, „so viel vom Tode gedichtet, daß man, als er starb, eher behaupten konnte, er habe den Tod erreicht, anstatt daß er gestorben sei. Der Tod war für ihn voll Existenz."[44])

Dichtung sieht sich hier als Verwandlung zum Tode vorgestellt. Entsprechend sagt der Herold weiter: „Alles war längst schon durch den Tod gegangen, auf was er [Rilke, R. G.] sich berief."[45]) Was folgt, ist ein Totengespräch, in dem ein vor zweieinhalb Jahrhunderten mit einer Standarte im Arm gefallener Kornett auf den letzten Herrn von Rilke wartet: „Wir warten auf den Letzten. Aber es kommt niemand. Wo ist er hin, dieser Letzte von uns, der gestorben ist? Wir sind nicht vollzählig ohne ihn."[46]) Damit ist nicht nur bereits das Schlüsselmotiv von Lernet-Holenias bekanntestem Roman ›Die Standarte‹ benannt, sondern eine szenische Situation entworfen, die uns seit ›Warten auf Godot‹ allzu sprichwörtlich vertraut ist. Aber dieser ‚Letzte' kommt nicht mehr. Der Herold schlussfolgert: „Er gehört nicht den Geistern [einer bestimmten Familie, R. G.] an, sondern dem Geist."[47])

Auch die nachfolgende allegorische Szene mit Kammerherr und Falkonieren hat im Grunde nur eine Funktion: Sie will den Zustand der Entfremdung von diesem aus der Zeit gefallenen Toten schildern. Rilke verkörperte für Lernet die Zeitgenossenschaft des Anachronistischen, ein Gedanke, den auch Robert Musil in seiner zeitgleich in Berlin gehaltenen Gedenkrede auf Rilke vertrat.[48]) Lernet-Holenia konnte nicht wissen, dass Rilkes letzte poetisch ausformulierte Worte eben jenen Zustand der völligen Isolation betrafen: „Niemand der mich kennt".[49]) Nicht einmal die Erinnerungen konnten Trost bringen. Selbstentfremdung drohte: „Bin ich es noch, der da unkenntlich brennt?"[50]) das letzte anerkannte Gegenüber, das im Inneren brennend aufgeht, war der „heillose Schmerz".

---

[44]) LG, 355.
[45]) Ebenda.
[46]) Ebenda, S. 357.
[47]) Ebenda, S. 358.
[48]) In: Rainer Maria Rilke. Insel-Almanach auf das Jahr 1997, hrsg. von Vera Hauschild. Frankfurt/M. und Leipzig 1997, S. 55–73, bes. S. 57.
[49]) KA II, 412 (Z. 16).
[50]) Ebenda (Z. 13).

Es ist nicht bekannt, wann genau Lernet-Holenia die an ihn gerichteten Briefe Rilkes verbrannt hat. In jedem Fall muss es nach der Aufführung dieser Szene gewesen sein. Offenbar wollte er einen Kehraus veranstalten, um scheinbar ‚unbelasteter' weiterarbeiten zu können. In Wahrheit jedoch blieb Rilkes Anspruch im *Lyriker* Lernet-Holenia erhalten, ein Anspruch, der sich mit dem Erbe Pindars und Hölderlins verband und zeitweise die Expressivität Benns streifte, aber um unterwegs zu bleiben, ganz in Rilkes Sinne, in Richtung des einen großen Gedichts; es war Lernet-Holenia gegeben, ein solches zu vollenden, die Elegie ›Germanien‹ im Jahre 1946, eine Dichtung über das Letzte, was deutscher Kultur in ihrem klassischen Verständnis anzuerkennen blieb: Abgrundtiefe Schuld.[51]) Nur wenige Epigonen Rilkes haben sich im Nachahmen so und sei es nur eine, freilich entscheidende Dichtung lang selbst übertroffen.

PROTOKOLLE VOM ÜBERLEBEN?

Albert Drachs ›Unsentimentale Reise‹ und Max Riccabonas ›Auf dem Nebengeleise‹[1])

Von Andrea Reiter (Southampton)

Albert Drach (1902–1994) und Max Riccabona (1915–1997), zwei österreichische Rechtsanwälte aus großbürgerlichem bzw. aristokratischem Haus, kamen beide erst in fortgeschrittenem Alter zu schriftstellerischem Ruhm und Ansehen. Beide entwickelten sie in ihren Werken einen idiosynkratischen Stil, auf dessen Nähe zur Berufspraxis auch einige Titel ihrer Werke hinweisen. Als Beispiele seien hier Drachs ›Großes Protokoll gegen Zwetschkenbaum‹ und Riccabonas ›Bauelemente zur Tragikkomödie des x-fachen Dr. von Halbgreyffer oder Protokolle einer progressiven Halbbildungsinfektion‹ genannt.

Die Kritik wies von den späten 80er-Jahren an neben der Ähnlichkeit der Autoren selbst – Helmuth Schönauer spricht von „zwei halbdefekte[n] alte[n] Männer[n], die neben dem Stock einen hellwachen Geist zur Fortbewegung benützen“[2]) – ebenfalls auf die von beiden bevorzugte Gattungsbezeichnung des Protokolls hin. Drach hat sich darüber hinaus auch theoretisch mit dem Protokollbegriff auseinandergesetzt. Er war davon überzeugt, dass die Form des literarischen Protokolls, als deren Schöpfer er sich sah, geradezu identisch sei mit dem modernen Roman.[3])

Neben dem Genre hat der Brotberuf Drachs und Riccabonas auch ihre sprachlichen Mittel geprägt. Beide bedienen sich eines weitgehend substantivischen Diskurses mit langen Perioden, angereichert mit Ausdrücken aus dem Gerichtsjargon, in dem mancher Rezensent Anklänge an den Sprachstil Herzmanovsky-Orlandos

---

[1]) Mein Dank gilt dem Innsbrucker Zeitungsarchiv und besonders Frau Petra Nachbauer vom Forschungsinstitut Brenner-Archiv der Universität Innsbruck (zuvor: Felder-Archiv in Bregenz) für die freundliche Übersendung von Rezensionen und Artikeln zu den beiden Autoren.

[2]) Helmuth Schönauer, Nackte Normalsauen. Max Riccabonas ›Poetastrophen‹, in: Gegenwart 20 (1994), S. 48.

[3]) Zum Protokollbegriff Drachs siehe z. B. Eva Schobel, Albert Drach oder das Protokoll als Wille und Vorstellung, in: In Sachen Albert Drach. Sieben Beiträge zu seinem Werk, hrsg. von Bernhard Fetz, Wien 1995, S. 8–13.

zu erkennen glaubte,[4]) was Drach – dies nur als Marginalie – allerdings bis zur gerichtlichen Klage zurückwies.[5]) Die aus der Sphäre der Rechtssprechung stammende Form verliert auf dem Weg ihrer Umwandlung in Literatur freilich einige charakteristische Merkmale. So wird die Objektivität der Darstellung, die eben der substantivistische Stil im Gerichtsprotokoll gewährleisten soll, im literarischen Text dadurch konterkariert, dass der Erzähler mittels Ironie und Sarkasmus, insbesondere in Wortschöpfungen und Namen, einen überaus subjektiven Blick auf die geschilderten Ereignisse richtet. Es ist offensichtlich, dass die beiden Autoren den Protokollstil keineswegs zu dokumentarischen Zwecken einsetzen. Die große Detailschärfe, die sie ihren Erzählern bei der Wiedergabe von deren Beobachtungen gewähren, erlaubt es ihnen darüber hinaus, sich selbst eines Urteils zu enthalten und dieses dem Leser zu überlassen.

Außer der stilistischen gibt es auch eine biographische Parallele zwischen Drach und Riccabona: Beide zählten sie zur Gruppe der vom NS-Regime Verfolgten. Der niederösterreichische Jude Drach floh 1938 über Jugoslawien nach Südfrankreich, wo er sich nach mehrmaliger Internierung in französischen Auffanglagern bis zum Kriegsende in einem Gebirgsdorf nahe der italienischen Grenze versteckt hielt. Der Vorarlberger Riccabona kam wegen monarchistischer Widerstandstätigkeit 1941 in Polizeigewahrsam, wurde Anfang 1942 in das Konzentrationslager Dachau deportiert und dort 1945 von den Amerikanern befreit. Beide Autoren berichten später über diese Erfahrung: Drach schreibt seinen Bericht ›Unsentimentale Reise‹[6]) bereits unmittelbar nach 1945, findet aber erst 1966 in Langen-Müller einen Verleger. Es dauert dann noch weitere 22 Jahre bis er den Büchner-Preis erhält und das Buch die ihm zustehende Aufmerksamkeit. Riccabona begann 1966 mit seinen Aufzeichnungen ›Auf dem Nebengeleise‹,[7]) die 1995 posthum als Fragment von Ulrike Längle veröffentlicht wurden. Sowohl Drach als auch Riccabona übertragen den im fiktionalen Werk entwickelten Stil auf die später entstandenen autobiographischen Berichte über ihre Verfolgung und Lagerhaft während des Dritten Reiches. Im Vergleich mit dem Gros der Lagerberichte galt dies, zumindest zum Zeitpunkt des Erscheinens der beiden Texte, als revolutionär ja, gemessen an den horrenden Ereignissen, geradezu als Sakrileg. Dies empfanden jedenfalls nicht

---

[4]) Z. B. Anton Thuswaldner, Das Herz der Massen ist leer. Albert Drach, die unbekannte Grösse, in: Die Presse Nr. 11.928, 12./13. Dezember 1987, Beil. Spectrum, S. VI.

[5]) Ulrich Weinzierl, Unsentimentale Reise. Albert Drachs Flucht vor der Gestapo, in: Frankfurter Allgemeine Zeitung 75, 29. März 1988, Beil. Literatur, S. 1.

[6]) Albert Drach, Unsentimentale Reise. Ein Bericht, München: Hanser 1988. (Erstausgabe München und Wien: Langen-Müller 1966), (zit. unter Sigle UR mit Seitenangabe). Dieser Text stellt den mittleren der drei autobiographischen Bände Drachs dar. Die beiden anderen sind: Z. Z. das ist die Zwischenzeit. Ein Protokoll, München: Hanser 1990 (Erstausgabe: Hamburg: Claassen 1968); Das Beileid nach Teilen eines Tagebuchs, Graz und Wien: Droschl 1993 (Lizenzausgabe des Hanser-Verlags), (zitiert unter der Sigle B mit Seitenangabe).

[7]) Max Riccabona, Auf dem Nebengeleise. Erinnerungen und Ausflüchte, hrsg. von Ulrike Längle, Innsbruck: Haymon 1995. (Zitate aus dem Werk werden mit der Sigle N und der Seitenangabe versehen.)

zuletzt die Kritiker der ersten Ausgabe von Drachs ›Unsentimentale Reise‹. So glaubte beispielsweise Karl Heinz Kramberg, der bis dahin die in Jahresabständen erscheinenden Bände von Drachs Gesammelten Werken mit großem Wohlwollen begleitete, „zum erstenmal Grund [zu haben], an der literarischen Distinktion dieses Exzentrik-Talents zu zweifeln."[8]) Wie er, stößt sich auch Elisabeth Pablé an Drachs Sprache, an den „gewaltsam gesuchten skurrilen Wort- und Satzbildungen, die dem Grauen der beschriebenen Zeit und ihren Greueltaten den Ernst, die Wahrhaftigkeit und Wahrheit" nähmen.[9]) Zwanzig Jahre später scheint sich allerdings die Einstellung geändert zu haben. Drachs Text wird nun gefeiert, sein Stil nicht mehr als Verhöhnung der Opfer empfunden, sondern als Möglichkeit des Erzählers/Autors, mit dem Erlebten fertig zu werden. Diese neue Rezeptionshaltung hängt möglicherweise damit zusammen, dass Bücher wie die Drachs und Riccabonas einen ähnlich ungewohnten und damit neuen Blick auf das historische Ereignis erlauben, wie die aus der Kinderperspektive geschriebenen Berichte.[10]) Anhand einiger konkreter Beispiele möchte ich im Folgenden diesen ‚neuen' Stil der beiden Autoren vorstellen. Dabei wird sich auch zeigen, dass jeder seinen eigenen Protokollstil entwickelt hat und sie bei genauerem Hinsehen eigentlich nur den Ausgangspunkt miteinander teilen.

I.

Zum Stil Drachs gehören traditionelle ironische Strategien wie das Wörtlichnehmen von Metaphern und Redensarten nach dem Muster: „[...] ich werde mich über die öffentliche Meinung hinwegsetzen müssen. Nur ist dieses Hinwegsetzen schwer, wenn man gefangen ist und mit ihr in einem Wagenabteil" (UR 16) genauso wie der Gegensatz zwischen Ausgedrücktem und Gemeintem: „Es ist glücklicherweise immer wer da, der wen angibt" (UR 19), Auch das *epitheton ornans*, mit dessen Hilfe der Erzähler in einem äußeren Merkmal eine Charaktereigenschaft seiner Trägerin sichtbar werden lässt, findet sich in Drachs Text, wenn der Erzähler Kucku etwa zwei Frauen als „die hermelinene Zirkusreiterin und die hasenfellige Politische" (UR 60) apostrophiert und damit nicht nur ihre Deplatziertheit im Lager Rives Altes, wo er sie angetroffen hatte, anzeigt, sondern gleichzeitig auch seiner eigenen Verwunderung über ihre bewusste Selbsttäuschung Ausdruck gibt. Sich vorgeblich an Äußerlichkeiten haltend, meint Drachs Erzähler tatsächlich oft etwas ganz anderes als er explizit sagt. Drach ist ein Meister des

---

[8]) Karl Heinz Kramberg, Forcierte Reise, in: Süddeutsche Zeitung 293, 8. Dezember 1966, Buch und Zeit. Vorweihnachtliche Literaturbeilage, S. 15.

[9]) Elisabeth Pablé, Das grosse Unbehagen, in: Wochenpresse 15, 9. April 1969, S.16.

[10]) Siehe Andrea Reiter, Die Funktion der Kinderperspektive in der Darstellung des Holocausts, in: „Für ein Kind war das anders". Traumatische Erfahrungen jüdischer Kinder und Jugendlicher im nationalsozialistischen Deutschland, hrsg. von Barbara Bauer und Waltraud Strickhausen, Berlin 1999, S. 215–229.

indirekten Ausdrucks. Wie virtuos er ihn beherrscht, zeigt sich dort, wo die sprachliche Form gleichzeitig der Inhalt ist, wie im folgenden Dialog:

‚Haben Sie keine Braut?' fragt sie [d. i. die den Deportationszug begleitende Krankenschwester] wieder den jungen Soldaten, dessen Fall oder auch nur dessen Person ihr interessanter vorzukommen scheint. Wahrscheinlich hat er eine, aber er ist diskret oder intelligent genug, sie nicht zu nennen. Die Krankenpflegerin addiert indessen seine Frontzeiten. Die *drole de guerre* war zu kurz, und er ist zu jung. Er hat sich tapfer gehalten, um so besser. Dann war die Sache aus, um so schlimmer. Sie wird ihr Möglichstes tun, trotzdem. (UR 13)

Der Sinn liegt hier nicht unbedingt in den Lexemen, sondern in ihrer Vertextung. Dazu gehört nicht nur der Wechsel von Erzählerbericht und -kommentar, über den der Text zur erlebten Rede gelangt („die *drole de guerre* war zu kurz und er ist zu jung" etc.), sondern auch die pseudodialektisch aufeinander bezogenen Kurzurteile „um so besser", „um so schlimmer", „trotzdem". Indem der Erzähler auf die Wiedergabe des Vergleichsadjunkts[11]) verzichtet, unterstreicht er nicht nur den mündlichen Sprachduktus, sondern weist diesen auch als oberflächliches Redegeplänkel aus, das in krassem Widerspruch steht zur Situation der Diskursteilnehmer, umso mehr, als es auch die erotischen Hintergedanken der Sprecherin offenbart. Mit Hilfe dieser Erzähltechnik macht Drach hier und anderswo im Text die Verlogenheit einer Sprache durchsichtig, die selbst ohne das Vokabular des Unmenschen[12]) menschenverachtend war.

Nicht nur der Entlarvung dient Drachs durchaus in der Tradition der österreichischen Sprachkritik stehender Stil, sondern auch der Vermeidung jeder Sentimentalität, die dem Erzähler in seiner Situation als selbstzerstörerisch gilt. Weder könne ein Witz „diese" Zeit vertreiben (UR 49), noch dürfe mit dem romantischen Klang von Namen wie „Caminflour" oder „Darling" irgendeine Hofnung auf Rettung verbunden werden. Nur jenseits der unmittelbaren Lebensgefahr biete die „Flucht ins Irreale" eine Möglichkeit, „unabwendbare Realitäten, die einen von Rechts wegen erdrücken und zermalmen müßten, die Stirn zu bieten" (UR 158). Jedoch auch dann holt sich der Erzähler immer wieder schnell in die bedrohliche Realität zurück. Ihre scheinbar sachliche Beschreibung dient dabei nicht nur dem Selbstschutz (Vermeidung von Sentimentalität), sondern eignet sich auch zur Abbildung jener Gefühlskälte, mit der die faschistischen Mörder ihre Verbrechen begingen.[13]) Wie im folgenden Zitat sahen sie den Menschen lediglich als Summe seiner Teile: „Der Kopf des verhinderten Flüchtlings schlägt springend wie ein Ball an die Wagenwand und macht dort Lärm. Das Ergebnis wird zugedeckt weggetragen" (UR 19). Das Individuum, insbesondere das jüdische, galt den nationalsozialistischen Ideologen bekanntlich nichts. Der „Untermensch" war weniger wert als das Vieh, dessen Waggons ihn zur Vernichtung brachten. Nur nach der Wiederver-

---

[11]) Harald Weinrich, Textgrammatik der deutschen Sprache, Mannheim 1993, S. 796.

[12]) Dolf Sternberger/Gerhard Storz/Wilhelm Süsskind, Aus dem Wörterbuch des Unmenschen, Hamburg 1957.

[13]) Siehe George Steiner, Language and Silence. Essays 1958–1966, London 1967.

wertbarkeit seiner Körperteile (etwa Haare, Fett und Goldzähne) beurteilt, war er bereits im Deportationszug zum Objekt degradiert. In drastischer Weise, aber treffend, evoziert Drach hier metaphorisch also jene Verdinglichung, die die Ermordung ganzer Völker erst ermöglichte. Die Sprache des Unmenschen inkarnierte seinen Charakter, was Drach im Bürokratendeutsch folgendermaßen bloßstellt: „[...] da Hitler zu Ermordungszwecken nach und nach alle Juden dringend braucht" (UR 23) oder: „Hier werden bestimmungsgemäß alle Krematoriumsanwärter gesammelt, sondiert und dann exportiert" (UR 50). Der Zynismus in diesen Zitaten verweist auf die Organisation der Massentötungen, die Aktenberge der SS und Schreibtischtäter wie Adolf Eichmann. Kuckus „sachlicher" Diskurs spiegelt also die Menschenverachtung des Herrenmenschen und entfaltet dadurch sein kritisches Potential. Gerade durch seine Nüchternheit eignet er sich aber auch besonders zur Schilderung des Überlebenskampfes. Was andere Verfasser von Lager-Erinnerungen meist nur intuitiv erkennen,[14]) begründet Drach im Hinweis auf die unterschiedlichen Erzählformen in seinen Erinnerungsberichten damit, dass ein vom Tode bedrohter Erzähler, wie Kucku, eben nur „registrieren" könne,

> während gegen den Menschen protokolliert werden darf [...]. Denn das Protokoll läßt den Menschen zu, wenn es auch nur das wider ihn sagt, was er nicht ist. Den Wesenlosen aber vermag es kaum ganz zu erfassen, sein Spuk entschlüpft zwischen den Zeilen. (B 196)

Drach selber also sah ›Unsentimentale Reise‹ nicht als Protokoll, obwohl er auch in diesem Text keineswegs auf dessen sprachliche Strategien verzichtet. Der Untertitel bezeichnet das Werk als „Bericht" und suggeriert damit eine dokumentarische Darstellung der Ereignisse aus persönlicher Sicht. Dass der Text diesen Anspruch nicht einlöst, wird allerdings klar, wenn man ihn anderen KZ-Texten gegenüberstellt. ›Unsentimentale Reise‹ zeichnet sich durch einen in der ironischen Erzählhaltung des Ich-Erzählers begründeten Gestaltungswillen aus, der bei den Texten von Überlebenden ohne schriftstellerische Erfahrung und Ambition fehlt.[15]) Der Unterschied zwischen dem Protokoll „gegen" den Menschen in ›Z. Z.‹ und den Aufzeichnungen des Gespenstes[16]) in ›Unsentimentale Reise‹ liegt in dem verschieden großen Abstand, den der Autor zu den jeweiligen Abschnitten seiner Biographie zu gewinnen vermochte. Solange die Lebensbedrohung nur mittelbar ist, kann, wie auch im fiktionalen Werk (z. B. ›Das große Protokoll gegen Zwetschkenbaum‹) ironisch der Betroffene selbst für sie verantwortlich gemacht werden. Die unmittelbare Todesgefahr lässt sich indessen nur noch sarkastisch oder gar zynisch konstatieren. Folgerichtig protokolliert Drach in ›Unsentimentale Reise‹ also nicht „gegen" sich selbst, wie er das in ›Z. Z.‹ tut, sondern er macht den Ich-Erzähler zum Anwalt

[14]) Siehe ANDREA REITER, „Auf daß sie entsteigen der Dunkelheit". Die literarische Bewältigung von KZ-Erfahrung, Wien 1995, S. 191–193.

[15]) Ebenda, S. 222.

[16]) RUTH KLÜGER verwendet den Begriff übrigens ebenfalls, wenn auch in einem spezifischen Sinn; für sie deute Gespenst eben auf ein „unverarbeitetes Verbrechen" hin. Siehe: Spuren der Verfolgung. Seelische Auswirkungen des Holocausts auf die Opfer und ihre Kinder, hrsg. von GERTRUD HARDTMANN, Gerlingen 1992, S. 220.

in eigener Sache. Plädoyers (zu Gunsten anderer) werden nicht mehr aufgezeichnet, sondern gehalten.[17])

*

Die Texte Max Riccabonas sind ebenfalls durch das Metier ihres Schöpfers geprägt. Auch ›Auf dem Nebengeleise‹ weist ironische Epitheta auf. Bereits beim Titel handelt es sich um ein solches. Der Deportationszug brachte den Erzähler – er hatte Glück – nicht an die Endstation, sondern stellte ihn lediglich auf dem Nebengleis Dachau ab, zog ihn also nur temporär, wenn auch wider Willen aus dem Verkehr.[18]) Am auffälligsten an Riccabonas Erzählsprache sind allerdings die parodistischen Komposita wie „gedankenproduktionsverspätung" (N 62), oder „lebensdreckfetzenkarussell" (N 64) sowie die Verschmelzung ganzer Syntagmen wie „GeistplusSeeleplusHandarbeitsplusSchreibmaschinentippgebilde" (N 12).[19]) Riccabonas Lagerbericht scheint auf den ersten Blick mit Drachs ›Unsentimentaler Reise‹ nur das Thema zu teilen. Er besitzt keinen Plot. Er reiht vielmehr Erinnerungsblöcke aneinander und tut dies nicht einmal chronologisch, sondern in immer neuen Ansätzen, die schließlich auch mitten im Satz enden. Während sich Riccabona im ersten Teil seines Textes noch bemüht, seine Reminiszenzen in ein zeitlich-räumliches Koordinatensystem einzuschreiben, fehlt im zweiten Teil bereits die zeitliche Komponente. Der Mangel an temporaler Perspektive drückt sich grammatikalisch im Text in der Vorliebe für Präsenspartizipien aus.[20]) Teils individualisierend, teils typisierend liefert Riccabona im Abschnitt II Porträts einiger seiner Mitgefangener. In den beiden folgenden Teilen III und IV verschmilzt die erzählte Welt mit der Umwelt des Berichterstatters zunehmend. Dabei wirkt das Schreibambiente als „Automatismus" (N 13) auf die Schilderung ein. Die Umgebung des Erzählens wird mitreflektiert, wird zum Stichwortgeber, mit dessen Hilfe sich Abschnitte wie der Folgende erschließen:

> Es könnte also in meinem Kopf eine Art geistiger Acker angelegt werden, diese alten, verrotteten Erinnerungsmistquanten entweder als spirituell-spirituoses, also flüssiges Dunggemisch darin oder darüber – je nach Phantasie gedacht – ausgeleert oder auch mit der Mistgabel eines relativen Fleißes ausgebreitet werden. (N 11)

Den Anstoß für diese scheinbar abstruse Bemerkung liefert die kurz zuvor gemachte Beobachtung, dass auf dem Feld vor dem Fenster des Erzählers gerade die Jauche verteilt würde, was mit einer als „archaisch" bezeichneten Geruchsentwicklung verbunden sei. Darüber hinaus gewinnt dieses agrarische Bild noch eine engere

---

[17]) Ulrich Weinzierl ist hier zuzustimmen, dass Kucku keine Plädoyers in eigener Sache hält. Als Text des Überlebenden Drach legt Unsentimentale Reise aber sehr wohl Rechenschaft ab (siehe Weinzierl, Unsentimentale Reise, zit. Anm. 5).

[18]) Den Titel habe Riccabona, wie er mitteilt, von einem Referenten eines Kongresses über die Probleme des dialektischen Materialismus übernommen (N 69f.).

[19]) Siehe dazu auch Christoph König, Provinz-Literatur. Positionen der Prosa Vorarlbergs in synchroner Sicht (= Innsbrucker Beiträge zur Kulturwissenschaft: Germanistische Reihe 20), Innsbruck 1984, S. 238–244.

[20]) Harald Weinrich charakterisiert das Präsenspartizip als „Neutral-Partizip", das „weder Voraus- noch Rück-Perspektive" aufweise (Textgrammatik, zit. Anm. 11, S. 540.)

themabezogene Bedeutung. Im Laufe des Berichts assoziiert Riccabona nämlich die fäkalische Atmosphäre im Lager mit der braunen Farbe der nationalsozialistischen Uniformen:

> die luft war durchtränkt von unerträglicher dumpfheit, als physikalisches korrelat zur athmosphäre[!][21]) definierbar, in welcher jenes wanzenungeziefer unserer bewacher im geiste weste, also selbst in dieser richtung gezwungenermaßen im geiste mitmarschierte, jenes kruppzeug, das seine dreckexistenz naturgemäß mit der braunen farbe symbolisierte und dort, auf dem thron eines imaginären, durch darmproduktion ordinärstem fraß entwichenen, durch und durch plebejisch zerstunkenen gegenreiches [...]. (N 75)

Gleich darauf heißt es lakonisch: „... davon geträumt, total von flüssigem scheißdreck bedeckt gewesen zu sein.“ (N 76) Riccabonas scheinbares Kauderwelsch uneigentlichen und eigentlichen Sprechens montiert hier Versatzstücke, die zusammen eine Charakteristik nationalsozialistischer Ideologie abgeben: Dummheit paart sich mit Pseudowissenschaft, und „west“ gemahnt an Heidegger; die Schwerindustrie liefert dazu nicht nur die ökonomische Basis, sondern wird auch zum Stichwortgeber für deutsche Primärtugenden.

Riccabona schreibt auf Bahnhöfen, in Cafés und Restaurants. Selbst der musikalische Hintergrund spielt eine Rolle beim Schreiben: Soldatenlieder und NS-Liedgut treten dabei nicht als Kontrast zum Erzählten auf, sondern sie schaffen die Atmosphäre des Erinnerten und enthalten gleichzeitig die implizite Kritik der Schreib-Gegenwart als deren Inbegriff der Autor die Jukebox zu sehen scheint.[22])

Was im fiktionalen ›Halbgreyffer‹-Projekt auf eine an Joyce gemahnende Erzähltechnik beschränkt bleibt,[23]) gewinnt im Überlebensbericht eine interpretatorische Funktion: Die Gegenüberstellung von Schreibsituation und Erzählung, von Erinnertem und Erinnerung auslösender Gegenwart macht deren Unvereinbarkeit offenbar, lässt Kritik an beiden zu. Dabei entsteht kein geschlossenes Bild: Die Wiederholungen in den zahlreichen Anläufen, mit denen sich Riccabona seinen Lagereindrücken nähert, lassen bei der Fülle von Details das Geschilderte seltsam vage. Wortreich manifestiert sich hier die Unmöglichkeit der Darstellung, z. B. des vom Karren baumelnden Kopfes des toten schwedischen Gewerkschaftsfunktionärs (N 42ff.). Neben dieser und anderen mehrmals geschilderten Episoden weist der Text gegen sein Ende zunehmend Lücken auf und mündet schließlich in ein Gestammel abgebrochener Sätze. Der verwirrende, konfus erscheinende Erzählstil und die von Riccabona selbst gewählten Textbezeichnungen „Entwurf“, „Skizze“ und „Bauelemente“ rücken den Bericht in den Bereich des Vorläufigen, Nicht-Fertigen. Gerade dieser Erzählstil wird aber letztendlich dem Thema gerecht: Es

---

[21]) Riccabona „verarbeitet“ Tippfehler und bedient sich einer idiosynkratischen Orthographie, die Wörter auf assoziative Bedeutungen durchsichtig macht.

[22]) Peter Handkes 1990 erschienener ›Versuch über die Jukebox‹ (Frankfurt/M.), in dem der Erzähler-Schriftsteller die Schaffung seines Schreibambientes zelebriert, mythisiert die Musikkonserve zwar in einem Maße, das Riccabona abgelehnt hätte, wie diesem ermöglicht sie aber auch Handke das Schreiben.

[23]) Siehe König, Provinz-Literatur (zit. Anm. 19), S. 243.

gibt keinen zusammenhängenden Bericht über eine Welt, die aus den Fugen geraten ist. Über KZ-Erinnerungen lässt sich nicht erschöpfend, das heißt, sinngebend erzählen. Nur Einzelheiten lassen sich detailliert schildern, bestimmt nicht nur aus Angst davor, Wesentliches zu vergessen, sondern auch in der illusorischen Hoffnung, dass sich in den Details doch noch der Sinn des Ganzen offenbare. Sinn äußert sich bei Riccabona jedenfalls, wenn überhaupt, nur darin, dass die Form seines Werkes die Sinnlosigkeit der Lager spiegelt. In seiner Fragmentiertheit, deren sich Riccabona zwar bewusst ist, die er aber nicht ändern kann – er schreibe „zunächst allen mist nieder", der ihm einfalle (N 65), und bei seinen Aufzeichnungen handele es sich einfach um lautes Denken (N 12) – zeigt ›Auf dem Nebengeleise‹ eher Journalcharakter, was die Datierung mehrerer Schreibabschnitte noch unterstreicht. Riccabonas Bericht ist daher der Form nach Drachs ›Beileid‹ näher als der ›Unsentimentalen Reise‹. Wo Drach souverän Assoziationen zur zeitlichen Perspektivierung und thematischen Verknüpfung der Zeit vor und im Lager einsetzt, konstatiert Riccabona lediglich den Gang seiner Gedanken, den er aufgrund einer „beschreibungsimpotenz" (N 91) literarisch nicht fruchtbar machen könne. So erinnert er sich beispielsweise an seine TB-Erkrankung und den dadurch bedingten Aufenthalt im Vorkriegs-Davos. Daneben stellt er unvermittelt seine Erfahrungen in Dachau: „ich sagte, daß ich in eleganten verhältnissen vor dreiunddreißig jahren kränkelte, 1932 . . 1942–1944 war ich zeitweise zuerst pfleger, dann schreiber auf der tbc-station auf dem nebengeleise . ." (N 90). Es gibt tatsächlich keine Verbindung zwischen diesen beiden Lebensabschnitten, daher auch keine narrative. Der Text macht daraus „Bauelemente". Die harte Fügung überlässt es den Lesern, eigene Schlüsse zu ziehen.

Der Vorläufigkeit, Unvollständigkeit der Form – Riccabona wollte aus den Bauelementen einen Briefroman machen –[24]) entspricht ein salopper Umgang mit der Sprache. An bewusst falsch gebrauchten Fremdwörtern, Dialektausdrücken, Lesefrüchten, freudschen Versprechern, ja sogar an Tippfehlern entzündet sich das Assoziationsgewitter des Erzählers.[25]) Sprache ist Material. Selbst im Sinnlosen hat sie Bedeutung. „Alberne Poetastereien" nennt Riccabona sein kreatives Spiel mit der Sprache (N 10), das er bereits in seinem Buch „Poetastrophen" zum Prinzip seiner Weltbetrachtung macht.[26]) Im Überlebenstext geriert sich der Erzähler aber auch aus Not als Redemaschine, die paradoxerweise eine manieristische Literarizität erzeugt. Das Unvermögen, das Unbeschreibbare in Worte zu kleiden, artet bei Riccabona auf weiten Strecken in einen (parodierenden) Wortschwall aus, der dem „Kopfgemurmel" Thomas Bernhards nicht ganz unähnlich ist[27]).

---

[24]) Siehe ULRIKE LÄNGLE, Auf dem Nebengeleise. Zu Max Riccabonas Erinnerungen an das KZ Dachau, in: Max Riccabona, hrsg. von HELMUT SWOZILEK für das Vorarlberger Landesmuseum, Bregenz 1989, S. 61.

[25]) Siehe dazu KÖNIG, Provinz-Literatur (zit Anm. 19), S. 242.

[26]) Hrsg. von WILHELM MEUSBURGER und HELMUT SWOZILEK, Innsbruck 1993.

[27]) Siehe KARLHEINZ ROSSBACHER, Thomas Bernhard, Das Kalkwerk, in: Deutsche Romane des 20. Jahhunderts. Neue Interpretationen, hrsg. von PAUL MICHAEL LÜTZELER, Königstein

II.

Aus den wenigen angeführten Beispielen soll klar geworden sein, dass die Texte Albert Drachs und Max Riccabonas nicht nur tatsächlich wenig Ähnlichkeit zeigen, sondern dass man ihnen wohl auch mit einem Gattungsbegriff, wie dem des Protokolls, nicht gerecht wird. Was sie vereint, ist allerdings die ironisch-sarkastische Sprechhaltung, die beide dem literarischen Protokoll angedeihen lassen. Im Überlebensbericht dient sie nicht zuletzt dazu, eine gewisse gedankliche Distanz zwischen dem Erlebten und dem späteren Erzählen zu schaffen. Diese Sprechhaltung, die bei beiden in der Verachtung für das Mittelmaß, als dessen Ausgeburt sie die braunen Horden und ihre Anhänger erkannten, gründete (UR 71f.), ist auch das eigentlich stilistisch Neue an den beiden Texten im Vergleich mit anderen Erinnerungen an die Internierung. Dabei lassen die Autoren keinen Zweifel darüber aufkommen, dass ihr Sarkasmus zur Strategie gehört, mit dem Erinnerten nicht nur literarisch, sondern auch psychisch fertig zu werden. Riccabona rechtfertigt Ironie denn als ein Instrument gegen das Pathos:

> ‚Ich halte dafür, daß nicht', schreibe ich jetzt, um mich entsprechend geschraubt auszudrücken und zugleich, um jeden Versuch, in eine das Thema durch Pathetik und Feierlichkeit pervertierende unfreiwillige Komik zu verfallen, noch rechtzeitig hier lächerlich zu machen. (N 9)
>
> [...] ich muß mich entschuldigen, solche monströsen Satz- und Wortkompositionen von mir zu geben. Aber ich kann nicht anders. Ich habe Angst davor, Feierlichkeit wie Winde von mir zu lassen, was der Absurdität des kommenden, hier geschilderten Geschehens Abbruch täte. (N 12)

Kucku wappnet sich mit dem ironisch-distanzierten Diskurs, auch über sich selbst, gegen die Sentimentalität, der sein Schöpfer und *alter ego* im Titel seines Werkes eine programmatische Absage erteilt.[28]) Die ironische Spaltung des Ichs,[29]) die in den beiden Texten nicht nur Selbstironie meint, ist es denn auch, die sie vom Großteil der übrigen KZ-Memoiren-Literatur unterscheidet.[30]) Ironie ist nicht nur eine Sprechhaltung, der sich ein Autor oder eine Autorin aus psychologischen oder ästhetischen Gründen bedient, sondern sie kann, wie Drachs Text vorführt, auch eine Lebensanschauung sein und als Zynismus – „ein Anwendungsfall der Ironie"[31]) –, zur Überlebensstrategie werden.

1983, S. 380. – Dieses Stilmerkmal bestimmt allerdings auch Riccabonas Hauptwerk, die ›Tragikkomödie des x-fachen Dr. von Halbgreyffer‹, und wird dort gleichzeitig als Symptom „progressiver Halbbildung" gedeutet (siehe König, Provinz-Literatur, zit. Anm. 19, S. 242f.).

[28]) Zur Diskussion von ›Unsentimentale Reise‹ als Kontrafaktur von Lawrence Sternes ›Sentimental Journey‹ siehe z. B. Reiter, „Auf daß sie entsteigen der Dunkelheit" (zit. Anm. 14), S. 84–99.

[29]) Paul De Man, Die Ideologie des Ästhetischen, hrsg. von Christoph Menke (= es 1682, NF 682), Frankfurt/M., S. 112.

[30]) Eine ähnliche Sprechhaltung verwendet Imre Kertész im ›Roman eines Schicksallosen‹ (Reinbeck 1995).

[31]) Anna Zaschke, Hoffnung und Skepsis. Aus einem Interview, in: Albert Drach, „Der Zynismus ist ein Anwendungsfall der Ironie" (= Bogen. Autoren, Texte, Bücher 23), München 1987, zit. nach André Fischer, „Der Zynismus ist ein Anwendungsfall der Ironie". Zum Humor bei Albert Drach, in: Albert Drach, hrsg. von Gerhard Fuchs und Günther A. Höfler, Graz 1995, S. 33.

Nietzsches „Cynismus“, auf den sich Drach beruft,[32]) definiert Peter Sloterdijk in seiner ›Kritik der zynischen Vernunft‹ als eine Art strategischen Denkens, das als Form existentiell bedingter Frechheit zur „Lebensphilosophie der Krise“ werden könne.[33]) Frech in der ursprünglichen Bedeutung, d. h. kühn ist sicher Kuckus Trick der Reinterpretation der in seinem Heimatschein vermerkten Abkürzung seiner Religionszugehörigkeit „IKG“ (für Israelitische Kultusgemeinde) zu „Im katholischen Glauben“. Durch das Vorweisen der Papiere seiner Halbschwester in Frankreich ließ er sich dies auch amtlich zu „rel. cath.“ beglaubigen, was ihn zu einem so genannten Halbjuden machte und ihm das Leben rettete. Diese Frechheit bezahlt der Erzähler allerdings mit Gewissensbissen gegenüber seiner leiblichen Mutter.

Der Freche ist notwendig Einzelgänger, hält sich außerhalb der Gemeinschaft, eine Charakterdisposition, die Internierungs- und Konzentrationslager begünstigten.[34]) Im Lager wurde die Isolierung der Eingeschlossenen nicht nur von der Leitung gefördert, um Gruppenbildung möglichst gar nicht erst entstehen zu lassen, sondern überleben konnte, wenn überhaupt, nur der Einzelne. Viele Berichte ehemaliger Internierter bestätigen, dass im Lager letztendlich jeder sich selbst der Nächste war. Obwohl es sich bei der Vorbereitung von Flucht oder Aufstand (etwa der Krematoriumsarbeiter von Auschwitz) durchaus um Gemeinschaftsaktionen handelte, blieben diese doch vereinzelt und ohne wesentlichen Einfluss auf das Gros der Internierten. Die Einsamkeit des zum Überleben Entschlossenen wird in Drachs Bericht besonders deutlich. Als verfolgter Exilant stellt Kucku den Typ des Außenseiters *par excellence* dar, mit dem Gefühl,

> nirgends hinzugehören, nicht zu den Juden, die die Horah tanzten, als es ans Sterben ging, nicht zu jenen, die mich bei Nacht und Nebel aus dem Haus der Withorse drängten [...] und ganz bestimmt nicht zu Darling Withorse, die sechzehn ist und gut aussieht und nicht in besonderer Gefahr ist, während bei mir durchaus andere Gegebenheiten vorliegen. (UR 169)

Es ist bezeichnend für den Ironiker, dass er sich eine derartige Melancholie nur äußerst selten erlaubt und sie prompt jedes Mal durch die Wiederherstellung der ironischen Sprechhaltung ablöst. Es wird klar, dass die Außenseiterposition, die auch Teil des Selbstbewusstseins des um Anerkennung ringenden Schriftstellers ist, in der Krise nur mit größter Mühe aufrechterhalten werden kann. Daher scheint hier (wie an ähnlichen Stellen) in der Verzweiflung des Erzählers zugleich auch das authentische Ich des Autors durch, das sich normalerweise hinter der ironisch-zynischen Pose verborgen hält. Zynismus hat bei Drach also weniger mit Aufklärung zu tun[35]) als mit der Überbrückung der Abgründe der Hoffnungslosigkeit.

---

[32]) Siehe Eva Schobel, Albert Drach – Ein lebenslanger Versuch zu Überleben, in: Fuchs/Höfler, Albert Drach (zit. Anm. 31), S. 369, Anm. 48.

[33]) Peter Sloterdijk, Kritik der zynischen Vernunft, Bd. 1, Frankfurt/M. 1983, S. 12, 203, 246f.

[34]) Siehe Sonja Vikas, Der Aussenseiter Albert Drach, in: Fuchs/Höfler, Albert Drach (zit. Anm. 31), S. 235–252.

[35]) Sloterdijk, Kritik der zynischen Vernunft, Bd. 1 (zit. Anm. 33), S. 37.

Oder, wie Ulrich Weinzierl es ausdrückt: „Den Irrsinn der Geschichte will er [Drach] mit dem – literarischen – Prinzip des bösen Blicks bannen.“[36]) Dass Ironie und Zynismus im Zusammenhang mit den Ereignissen in den Konzentrationslagern, wiewohl ästhetisch plausibel,[37]) von den Rezipienten keineswegs umstandslos akzeptiert werden, beweist nicht zuletzt die Ehrenrettung, die der polnische Dichter und Übersetzer Czesław Miłosz seinem ehemaligen Freund Borowski schuldig zu sein glaubte. Tadeusz Borowski überlebte Auschwitz und veröffentlichte Ende der fünfziger Jahre den Erzählband ›Bei uns in Auschwitz‹, in dem er aus autobiographischer Perspektive die Übernahme des Zynismus der Mörder durch die Internierten als Überlebensstrategie darstellt. Miłosz betont nun, dass nach „Berichten seiner [d. i. Borowskis] Mithäftlinge [...] sein Verhalten heldenhaft und ein Vorbild der Kameradschaftlichkeit“ gewesen sei.[38]) Auch Kucku glaubt, sich rechtfertigen zu müssen: Alles ihm Mögliche habe er nach seiner Entlassung getan, die Aufträge seiner Leidensgenossen zu erledigen, obwohl sie schließlich doch nicht zu deren Befreiung geführt hätten. Sein zynischer Kommentar: „Auch können meine Auftraggeber mich nicht benörgeln, zumal sie zur Vergasung fahren“ (UR 95) richtet sich daher nicht so sehr gegen die unglücklichen Opfer als gegen die Verursacher ihres Verderbens.

*

Ironie und Sarkasmus sind oft mit einer Charakterzeichnung verbunden, die man als picaresk bezeichnet. Tatsächlich wurden sowohl Kucku als auch Riccabonas Erzähler in diesem Sinne gesehen. [39]) Zumindest Riccabona leistet einer solchen Interpretation auch explizit Vorschub, wenn er betont, dass ihm „jeglicher ‚Lebensernst'“ abgehen würde (N 5). Wenn man sich dieser Sichtweise nun anschließen wollte, so müsste man bei Riccabona das Picareske im Erzählstil, bei Drach dagegen in der Person des Ich-Erzählers suchen. Der Vergleich hinkt aber bei beiden.[40]) Während nämlich der Schelm sich allenfalls gegen eine chaotische Zeit zur Wehr setzt, sieht sich Kucku-Drach als Individuum aufgrund der nationalsozialistischen Ausrottungsideologie verfolgt und Riccabona einer auf Vernichtung angelegten Reglementierung von Regimegegnern ausgesetzt. Insbesondere der Erzähler in Drachs Text kann sich folgerichtig aus dieser Situation nicht einmal durch nachträgliche ironische Distanz befreien, er befindet sich mitten im Geschehen, registriert

---

[36]) Weinzierl, Unsentimentale Reise (zit. Anm. 5).

[37]) Siehe Tadeusz Borowski, Bei uns in Auschwitz. Erzählungen (= SP 258), München 1982, bes. das Nachwort von Andrzej Wirth: „Der Massenmord zwingt den Schriftsteller zur ‚Revision seiner künstlerischen Mittel“ (S. 272); „Die neue Konzeption der Tragik [...] bedingt einen Unterton scheinbaren Zynismus, moralischer Indifferenz“ (S. 275).

[38]) Cesław Miłosz, Verführtes Denken (= st 278), Frankfurt/M. 1974, S. 128.

[39]) Jürgen Manthey, Schwejk kommt ins KZ, in: Die Zeit 22, 27. Mai 1988, S. 55; – Christian Loidl, „dressurakte, kläffen“. Hohn und Gelächter des Max Riccabona, in: Die Presse 14.227, 29./30. Juli 1995, Beil. Spectrum, S. VI.

[40]) Siehe dazu auch Ernestine Schlant, Albert Drach's ›Unsentimentale Reise‹: Literature of the Holocaust and the Dance of Death, in: Modern Austrian Literature 26,2 (1993), S. 35–62, hier: S. 42.

sozusagen simultan im Präsens und versagt sich auch jede Souveränität der Bewertung seiner Erfahrungen. Wenn er sich denn eine Freiheit vorbehält, dann diejenige der Entscheidung, das Ende seiner Reise nicht erreichen, ja es nicht einmal kennen zu wollen. Insofern wird auch die Reise als solche konterkariert. Sie besteht nicht in der Fortbewegung, sondern gerade in deren Vermeidung. „Die Reise dauert an und ist durchaus unsentimental. Sofern sie ein Ziel hat, ist es das, wohin ich nicht will, wohin man einen bringt und wo die Reise nicht mehr weitergeht“ (UR 197).[41])

Trotz dieser Einschränkungen zeigen sowohl ›Unsentimentale Reise‹ als auch ›Auf dem Nebengeleise‹ Eigenschaften, wie sie Michail M. Bachtin mit seiner Theorie der Lachkultur beschrieben hat.[42]) Bachtin sieht in der Lachkultur, deren Beginn er historisch im Mittelalter als das „komische Gegenstück zur tragischen Trilogie des offiziellen christlichen Kults und Glaubens“ verortet, einen Ausdruck der Freiheit, der (wenn auch ephemeren) Überwindung der (moralischen) Furcht: „Mit dem Entsetzlichen wird ein Spiel getrieben, es wird ausgelacht. Das Furchtbare wird zu einem fröhlichen Popanz gemacht“.[43]) Das Entsetzliche hing im Mittelalter allerdings mit dem Glauben und dem Jenseits zusammen, war daher leichter wegzulachen als die realere, weil diesseitige Lebensbedrohung Kuckus und Riccabonas durch das Nationalsozialistische Regime. Deshalb gibt Drach seinem Humor auch einen sarkastischen Unterton und richtet ihn gleichermaßen gegen den „Feind“ wie gegen den Berichterstatter. Im Kontext des Konzentrationslagers kam dem Lachen auf der Handlungsebene eine wichtige Funktion als Überlebensstrategie zu, wie von zahlreichen Überlebenden bezeugt wird.[44]) Erst in jüngster Zeit hat der italienische Regisseur Roberto Benigni diese Tatsache in seinem Holocaust-Film ›La vita e bella‹ dramatisch vorgeführt. Auf der Ebene des Berichts wirkt das Lachen, auch das sarkastisch-sardonische, subversiv-aufklärend,[45]) was übrigens die ältere Holocaust-Forschung, insbesondere in Amerika, nicht gelten ließ. Humor im KZ-Text galt im Hinblick auf die Ermordeten als Sakrileg, der Text selber gemäß jüdisch-historiographischer Tradition als religöse Feier.[46]) Dieser Standpunkt verstellte allerdings auch die Sicht darauf, dass das Lachen – wie insbesondere Riccabonas Werk beweist – „eine bestimmte, jedoch nicht in die Sprache der Logik übersetzbare ästhetische Einstellung zur Wirklichkeit, eine bestimmte Weise, die Wirklichkeit künstlerisch zu sehen und zu erschließen“[47]),

---

[41]) In Anlehnung an David Roussets Begriff vom *universe concentrationnaire* interpretiert Schlant Kuckus unsentimentale Reise als eine Folge von konzentrischen Kreisen (siehe ebenda).

[42]) Michail Bachtin, Literatur und Karneval. Zur Romantheorie und Lachkultur (= FiTB 7434), Frankfurt/M. 1990. – Schlant hat ›Unsentimentale Reise‹ als mittelalterlichen Totentanz interpretiert, was aber meines Erachtens im Vergleich mit Bachtins Theorie des Lachens zu spezifisch ist (siehe Schlant, Albert Drachs ›Unsentimentale Reise‹, zit. Anm. 41).

[43]) Bachtin, Literatur und Karneval (zit. Anm. 42), S. 32, 35, 36.

[44]) Siehe Reiter, „Auf daß sie entsteigen“ (zit. Anm. 14), S. 144–157.

[45]) Bachtin, Literatur und Karneval (zit. Anm. 42), S. 37

[46]) Siehe z. B. Alvin H. Rosenfeld, The Problematics of Holocaust Literature, in: Confronting the Holocaust. The Impact of Elie Wiesel, hrsg. von Alvin Rosenfeld und Irving Greenberg, Bloomington and London 1978, S. 1–30, 213ff.

[47]) Bachtin, Literatur und Karneval (zit. Anm. 42), S. 66.

sein kann. Im autobiographischen, stark reflektierend angelegten Text Riccabonas manifestiert sich das karnevalistische Moment in einer Sprache, die ihre Mitteilungsfunktion durch Aberration und Übergenauigkeit *ad absurdum* führt und sich damit zum Darstellungsmittel einer absurden Welt eignet.

Obwohl Bachtin seine Betrachtungen ausschließlich auf den karnevalistischen Roman bezieht, d. h. eine Fiktionalität, in der „die Distanz zwischen Held und Autor" gewahrt bleiben müsse,[48]) lassen sie sich zumindest auf ›Unsentimentale Reise‹ beziehen, da Drach die autobiographische Erzählhaltung ja insofern verschleiert, als er mit der Figur des Kucku einen personalen Erzähler einführt. Diesem fehlt wie seinem Schöpfer Drach das letzte Phonem, was auf seine autobiographische Qualität hindeutet; darüber hinaus verweist sie aber auch auf die ironische Disposition ihres Trägers sowie eben auf ihr vages Vorbild, den Picaro. Ironie und Zynismus sind in der ›Unsentimentalen Reise‹ sowohl dem erlebenden als auch dem Erzähler-Ich zuzuordnen bzw. ebenso dem Autor, der für sein *alter ego* die uneigentliche Sprechhaltung schafft. Die von Jürgen Petersen konstatierte „Bipolarität" der Ich-Form in der Autobiographik als erzählendes und erlebendes Ich,[49]) wird in ›Unsentimentale Reise‹ lediglich an jenen Stellen offenbar, wo das erzählende das erlebende Ich sozusagen zur Ordnung ruft. Auch die Wahl des Präsens als Erzählzeit suggeriert die Identität von erlebendem und erzählendem Ich. Diese Identität unterscheidet Drachs Werk nicht nur von Riccabonas Text, sondern auch von anderen ironischen KZ-Berichten, wie beispielsweise dem von Imre Kertész. Handelt es sich bei der blauäugigen Naivität des Erzählers im ›Roman eines Schicksallosen‹ um einen Zynismus auf der Ebene der Reflexion und liegt die Strategie der Erlebnisbewältigung nach dem Überleben, d. h. im Schreibakt, so wird bei Drach der Zynismus zur Strategie des Überlebens selbst, was eben nicht zuletzt die Wahl des Tempus suggeriert: Das Präsens als Erzählzeit spiegelt eine Simultaneität von Erleben und Erzählen vor. Die Frage des Tempus ist bei Drach daher nicht nur eine inhaltliche, wie Bernhard Fetz konstatiert: „Die Zeit wird präsentisch. Wo es keine Zukunft geben kann für den Deportierten [weil diese mit dem Tod identisch wäre; A. R.], da erstreckt sich die Gegenwart bis an den Rand des Denkbaren",[50]) – das Tempus is vor allem strukturell bedingt. Drachs Präsens ist also nur mit Vorbehalt als episches zu bezeichnen, es hat tatsächlich Gegenwartsbedeutung, selbst wenn bei der Lektüre dies über weite Strecken nicht direkt bewusst wird. Seine zeitliche Funktion manifestiert sich in jenen Momenten, in denen der Erzähler rückblickend von Ereignissen spricht, die sich zeitlich vor dem Berichteten zugetragen hatten. Er tut dies konsequent im Präteritum und schafft so zeitliche Plastizität. Der Übergang vom Simultan- zum Erinnerungsbericht vollzieht sich dabei inhaltlich als assoziativer Rückblick auf eine bereits gemachte Erfahrung und dient der Erklärung einer

---

[48]) Ebenda, S. 91.

[49]) Jürgen H. Petersen, Erzählsysteme. Eine Poetik epischer Texte, Stuttgart und Weimar 1993, S. 56.

[50]) Benhard Fetz, Das Opfer im Zerrspiegel, in: Fuchs/Höfler, Albert Drach (zit. Anm. 31), S. 67.

bestimmten Haltung des Erzählers: Kucku schreibt beispielsweise im Unterschied zu seinen Mitreisenden keine Briefe im Deportationszug und erinnert sich stattdessen an einen, den er vor seiner Verhaftung geschrieben hat (UR 23). In dieser durch den Brief motivierten Rückschau, kann der Erzähler dann auch gleichzeitig die Vorgeschichte zur geschilderten Situation nachliefern.

Wenn Kucku also chronologisch im Präsens seinen Überlebenskampf registriert[51]) und so den Leser an seinem Erleben unmittelbar teilhaben lässt,[52]) bedient er sich einer, zumindest in der Autobiographie, ungewöhnlichen, weil der genrebedingten Lesererwartung widersprechenden Erzählstrategie.[53])

III.

Stärker als die Ironie ist der Zynismus mit einer bestimmten Persönlichkeitsstruktur verbunden. Wie der antike Zyniker (Kyniker), scheinen auch Drach und Riccabona, zumindest in ihren letzten Lebensjahren, einzelgängerische Käuze gewesen zu sein, provozierende, eigensinnige Moralisten, distanzerzeugende Spötter. Nicht zuletzt in seinem Heimatort Mödling war Drach als bissiger Individualist bekannt. Beide waren sie, wie der antike Kyniker, städtische Figuren, allerdings ohne Teil einer deklassierten oder plebejischen Intelligenz zu sein.[54]) Drach entstammte einer relativ begüterten jüdischen Familie und Riccabona einem italienischen Adelsgeschlecht. Erst nachdem Drach 1988 den Büchnerpreis erhalten hatte, nimmt ihn die Kritik als „Schwierigen" wahr[55]) und neutralisiert damit die subversive Kraft des Zynikers. „Der 87jährige Nonkonformist aus Mödling bei Wien" wird von den Rezensenten als „eigensinniger Finsterling, individualistisch bis zum Starrsinn, der sich wie ein Fremdkörper in der zeitgenössischen Literaturlandschaft ausnimmt [...]" geradezu gefeiert.[56]) Wie Adorno in ›Kulturkritik und Gesellschaft‹ gezeigt hat,[57]) kann das Selbstverständnis des Außenseiters konterkariert werden durch eine Gesellschaft, die den Autor für ihre Zwecke nützt.[58]) Nur der Umstand, dass die Kritik oft das Außenseitertum der Autoren gegenüber dem Werk priorisiert, beweist, dass dieses sich einer Vereinnahmung entgegenstellt. Zumindest

[51]) Ich muss hier Eva Schobel widersprechen, die in ›Unsentimentale Reise‹ keine Chonologie sieht (in: FUCHS/HÖFLER, Albert Drach, zit. Anm. 31, S. 356).

[52]) Im Unterschied dazu verwendet Drach in ›Z. Z.‹ einen Er-Erzähler und Präteritum; ›Das Beileid‹ ist ein Tagebuch.

[53]) Episches Präsens wird von Petersen in der neueren Literatur als verbreitet und mithin dem Leser als vertraut bezeichnet (siehe PETERSEN, Erzählsysteme, zit. Anm. 49, S. 24f.).

[54]) SLOTERDIJK, Kritik der zynischen Vernunft, Bd. 1. (zit. Anm. 33), S. 34.

[55]) WEINZIERL, Unsentimentale Reise, (zit. Anm. 5).

[56]) Z. B. ANTON THUSWALDNER, Ein Einzelgänger protokolliert die Banalität des Bösen, in: Salzburger Nachrichten, 6. September 1990.

[57]) In: Prismen (= stw 178), Frankfurt/M. 1955, S. 7–31.

[58]) Ein anschauliches Beispiel dafür ist die Rezeption Thomas Bernhards, der zu Lebzeiten als Staatsfeind beschimpft, nun seit seinem Tod vom Kulturbetrieb usurpiert wird (siehe z. B. SIGRID LÖFFLER, Wiedergänger und Kultfigur, in: Die Zeit 7, 11. Februar 1999, S. 37.

Riccabonas sperriger, fragmentarischer Stil verweigert sich immer noch dem Konsum. Bereits die Statistik (z. B. die Anzahl der Preise, Auflagen und Rezensionen) führt hier den Unterschied zu Drach vor Augen. Auch als Randerscheinung sind Riccabonas Texte noch nicht rezipiert worden. Andererseits können sie daher auch nicht dieselbe Wirkung entfalten wie Drachs Werk, was aber gerade beim Thema Holocaust wünschenswert wäre. Muss doch die Literatur hier eine kritisch-analytische Funktion übernehmen, der die Philosophie nicht gewachsen ist.[59]) Neben der filmischen Darstellung z. B. in ›Holocaust‹, ›Schindlers Liste‹ obliegt es nämlich der literarischen, wie bei Drach, Riccabona oder Kertész, durch die Aneignung beispielsweise seines Zynismus und seiner Euphemismen das Wesen des Faschismus zu ergründen. ›Unsentimentale Reise‹ und ›Auf dem Nebengeleise‹ können mithin auch als zwei mögliche Antworten auf den institutionalisierten faschistischen Zynismus gelesen werden. Selbst wenn Riccabonas Einsatz der sprachlichen Mittel teilweise akzidentiell sein dürfte, tut dies ihrer Wirkung auf den Leser und ihrer Bedeutung für die Darstellung von Lagererfahrung keinen Abbruch.

Abschließend bleibt im Hinblick auf ein Typologie der Konzentrationslager Texte noch die Frage danach, ob die ironisch-distanzierte Sprechhaltung als geschlechtsspezifisch interpretiert werden könne oder anders gefragt: Sprechen die Erzähler von ›Unsentimentale Reise‹ und ›Auf dem Nebengeleise‹ aus einer dezidiert männlichen Perspektive? In ›Untersuchung an Mädeln‹,[60]) einem jüngeren Werk, hat Drach den männlichen Diskurs selbst zum Thema gemacht. Die Protokollform dient ihm dort zur Aufdeckung von Männerphantasien. Drach porträtiert auch Kucku auf nicht allzu sympathische Weise als einen nur durch die Umstände der Verfolgung verhinderten Erotomanen, was mit Kenntnis des chronologisch folgenden autobiographischen Bandes, ›Das Beileid‹, aber durchaus wieder als selbstironisch zu verstehen ist. Ironie, Sarkasmus und Zynismus zeigen in Drachs und Riccabonas Überlebensberichten Parallelen zu dem bereits erwähnten ›Roman eines Schicksallosen‹ von Imre Kertész, wo sie ebenfalls der Herstellung einer bewussten Distanz zwischen dem lebensgeschichtlichen Ereignis (Verfolgung, Exil, Lager) und dem Bericht darüber dienen. Mit dieser narrativen Strategie befinden sich die drei Männer in scheinbarem Gegensatz zu Ruth Klüger, die diese Distanz zwar leugnet und sich gegen eine von der neueren Autobiographie-Theorie postulierte Nichtidentität von Autorin und autobiographischem Ich wehrt, sie aber nichtsdestoweniger durch ihren feministischen Blickwinkel gerade herstellt.[61]) Wenn Klügers feministische Interpretation ihrer Erinnerungen an die Zeit der Verfolgung sich dennoch als grundverschieden von Drach, Riccabona oder Kertész ausnehmen mag, so ist dieser Unterschied dennoch nicht generalisierend als

---

[59]) Vgl. Sloterdijk, Kritik der zynischen Vernunft, Bd. 1 (zit. Anm. 33), S. 43.

[60]) Kriminalprotokoll (= Gesammelte Werke 8), Hamburg und Düsseldorf 1971.

[61]) Siehe Ruth Klüger, „Zum Wahrheitsbegriff in der Autobiographie“, in: Autobiographien von Frauen. Beiträge zu ihrer Geschichte, hrsg. von Magdalena Heuser, Tübingen 1996, S. 405–410, – und Andrea Reiter, „Ich wollte, es wäre ein Roman“. Ruth Klügers Entwurf vom Überleben, in: literatur für leser 22,4 (2000), S. 214–230.

geschlechtsspezifisch zu interpretieren, nicht zuletzt deshalb, weil sich eine geschlechtsspezifische Schreibweise bislang empirisch noch nicht nachweisen und begründen lassen hat.[62]) Eine metaphorische Definition für „weibliches Schreiben", wie sie Jacques Derrida auf beide Geschlechter bezogen und im Gegensatz zum phallogozentrischen Schreiben vorschlägt,[63]) scheint mir aber bei den diskutierten Texten ebenfalls nicht zielführend. Ich habe bereits darauf hingewiesen, dass der Zynismus in den Texten Drachs und Riccabonas mit einer durch die Erfahrung betonten Persönlichkeitsstruktur korrespondiert. Die zynisch-ironische Ausdrucksweise reflektiert damit in erster Linie die Weltsicht der beiden Spötter. Man könnte darin natürlich auch männliche Aggressionsbereitschaft sehen. Dies ist allerdings dann mehr eine Frage der Geschlechterpsychologie als eine der Literaturwissenschaft.

---

[62]) Jutta Osinski, Einführung in die feministische Literaturwissenschaft, Berlin 1998, S. 99.
[63]) Ebenda, S. 171.

TITELPROBLEME IN DER ANGLISTISCHEN LITERATUR- UND ÜBERSETZUNGSWISSENSCHAFT

Von Christa Jansohn (Bamberg)

Es ist ein charakteristisches Merkmal sowohl der anglistischen Literatur- als auch der Übersetzungswissenschaft, dass der literarische Titel, seine Genese und Bedeutung im Original und in der Übersetzung bisher nur wenige Kritiker interessiert zu haben scheint.[1]) So liegen für die englische Philologie keine ausführlichen Arbeiten vor, wie dies etwa v. a. für den romanistischen bzw. germanistischen und linguistischen Bereich mit den Werken von Arnold Rothe, Girard Génette und Leo H. Hoek der Fall ist.[2]) Auch Christiane Nords, ›Einführung in das funktionale Übersetzen. Am Beispiel von Titeln und Überschriften‹ (Tübingen 1993) scheint mir trotz des umfangreichen Korpus von originalen und übersetzten Titeln und Überschriften zu einseitig, da sie die Probleme der Titelübersetzung fast ausschließlich in Beziehung zur funktionalen Translationstheorie sieht.

In neuerer Zeit bildet der Titel einen festen Bestandteil des Buches; er kann sowohl vom Autor selbst als auch vom Verleger ausgesucht werden und unterliegt nach Paragraph 16 des Gesetzes gegen unlauteren Wettbewerb dem Titelschutz, aber nur wenn der Titel „eigentümlich, kennzeichnend und unterscheidungs-

---

1) Bisher wurden lediglich Teilaspekte behandelt, so zum Beispiel: ANDRÉ BERNARD, „Now all we need is a Title". Famous Book Titles and How they Got That Way, New York 1995; – CHRISTA JANSOHN, Titelrevision und Zitat bei D. H.Lawrence: „I'm not good at titles", in: Anglia 109 (1991), S. 44–59; – KENNETH G. JOHNSTON, Hemingway's Search for Story Titles, in: The Hemingway Review 6 (1987), S. 34–37; – WOLFGANG KARRER, Titles and Mottoes as Intertextual Devices, in: Intertextuality, hrsg. von HEINRICH PLETT, Berlin 1991, S. 122–134; – Harry Levin, The Title as a Literary Genre, in: Modern Language Review 72 (1977), S. 23–36; – ROBERT A. MARTIN, Hemingway's Sun as Title and Metaphor, in: The Hemingway Review 6 (1986), S. 100; – ADRIAN ROOM, Dictionary of Translated Names and Titles, London 1986.

2) ARNOLD ROTHE, Der Literarische Titel. Funktionen, Formen, Geschichte, Frankfurt/M. 1986; – GÉRARD GENETTE, Seuils, Paris 1987; in deutscher Übersetzung: Paratexte. Aus dem Französischen von DIETER HORNIG, Frankfurt/M. 1987; – oder LEO H. HOEK, La marque du titre. Dispositifs sémiotiques d'une pratique textuelle, La Haye 1981. – Vgl. auch HANS J. WULFF, Zur Textsemiotik des Titels, 3., erweiterte Aufl., Münster 1985.

kräftig" ist.[3]) Hauptsächliche Funktion des Titels ist es zu informieren, sich von anderen Titel abzusetzen, aber auch eventuell eine Beziehung zu ihnen anzuknüpfen, zu klassifizieren sowie potentielle Leser zu gewinnen. Aus dieser Kurzdefinition des Titels, die die verschiedenen Funktionen deutlich macht, lässt sich für die Titelübersetzung in eine andere Sprache ableiten, dass es nicht ausreicht, den Titel einfach „wörtlich zu übersetzen, wenn das zielsprachliche System es zuläßt" und „nicht-wörtlich, wenn die Zielsprache [ZS] keine entsprechenden Strukturen zur Verfügung stellt". Vielmehr wird man pragmatische Faktoren bei der Titelübersetzung ebenso berücksichtigen „wie das soziokulturell bedingte Weltwissen der Ziel-Adressaten und kulturelle Faktoren wie kulturspezifisch unterschiedliche Gattungsaffinitäten bestimmter Titelmuster". Titel müssen auch in der Zielkultur die skizzierten Funktionen erfüllen, wobei die intendierte Wirkung des Ausgangstitels für die zielkulturellen Empfänger ebenfalls sinnvoll sein sollten. Damit ergibt sich, dass außer zielsprachlichen und -kulturellen Überlegungen auch literaturwissenschaftliche Fragen bei der Titelübersetzung verstärkt miteinbezogen werden sollten, etwa Fragen zur Genese und Bedeutung des Titels für das Werk und den Autor sowie die Beziehung des Titels zum Ko-Text.[4])

Im Folgenden soll es deshalb hauptsächlich darum gehen, an einigen ausgewählten Beispielen der Titelgebung im Original und deren Übersetzung, literaturwissenschaftliche Fragen mit Problemen der Übersetzungswissenschaft zu verbinden und auf weitere Forschungsaufgaben hinzuweisen.[5]) Für die Fallstudien werden vor allem drei Haupttexte und Autoren dienen, und zwar Shakespeares *The Tragedy of Othello, the Moor of Venice*, Geoffrey Beatties *Corners Boys* sowie Aldous Huxleys *Brave New World*. Von den Übersetzern dieser Werke sind unveröffentlichte und veröffentlichte Meinungen zum Titel überliefert, dazu Äußerungen der Verleger und Autoren, sodass hier eine Informationsbasis vorliegt, die man bei den meisten Autoren kaum oder nur sehr selten findet.

---

[3]) Einen guten Überblick bietet der Eintrag zum „Titel" von Hellmut Rosenfeld in: Reallexikon der Deutschen Literaturgeschichte. Begründet von Paul Merker und Wolfgang Stammler. Zweite Auflage. Band 1–3, hrsg. von Werner Kohlschmidt und Wolfgang Mohr. Band 4: SI-Z, hrsg. von Klaus Kanzog und Achim Masser, Berlin 1984, S. 439–454, hier: S. 439.

[4]) Zusammengefasst aus: Christiane Nord, Buchtitel und Überschriften, in: Handbuch Translation, hrsg. von Mary Snell-Hornby/Hans G. Hönig/Paul Kussmaul/Peter A. Schmitt, Tübingen 1998, S. 292–294, hier: S. 292. – Vgl. auch die Thesen zum „Titel" bei Hans J. Wulff, Zur Textsemiotik des Titels (zit. Anm. 2), S. 197f.

[5]) Eine Untersuchung eines größeren Textkorpus wäre wünschenswert, ist aber wegen der sehr hohen Zahl übersetzter englischsprachiger Titel – für das Jahr 1994 belief sie sich etwa auf 3291 belletristische Titel – kaum realisierbar. Vgl. Ingrid von Rosenberg, Englische Literaturen in Deutschland – Deutsche Literatur in England. Eine Analyse gegenwärtiger Verlagspolitik mit Blick auf die kulturpolitischen Folgen, in: Anglia 115 (1997), S. 1–28, hier: S. 4.

William Shakespeare, ›The Tragedy of Othello, the Moor of Venice‹

Ein besonders aufschlussreiches Beispiel für Titel-Probleme, die sich aus dem Transfer eines nur scheinbar zeitlosen literarischen Werkes über Zeit- und Sprachgrenzen ergeben können, wurde erst in neuerer Zeit entdeckt bzw. durch den vom Original durch vier Jahrhunderte getrennten Übersetzer – in dem vorliegenden Fall Frank Günther – geschaffen.[6]) Es handelt sich um den Titel von Shakespeares *The Tragedie of Othello, the Moore of Venice.* Für den elisabethanischen Leser und Zuschauer war die zweite Hälfte des Titels für die Kennzeichnung bzw. Lockwirkung des Stückes zweifellos wichtiger als der Name des Helden[7]), der in Shakespeares Quelle, Giraldi Cinthio's Novelle, ohne Namen, nur durch seine aus dem Rahmen fallende Rasse gekennzeichnet ist. So wird die Hauptfigur entweder als „Capitano Moro" oder „Moro" bezeichnet.[8]) Was für die Zeitgenossen Othello als Bühnenfigur auszeichnet, ist, wie im Falle von Marlowes Erfolgstragödie *The Famous Tragedy of the Rich Iew of Malta*[9]), jedenfalls nicht sein Name.

Dafür spricht auch, dass ‚Moor' untrennbarer Teil des Titels in allen zeitgenössischen Ausgaben, vom Titelblatt der drei Quarto-Ausgaben (1622, 1630, 1655) zum Seitentitel der First Folio ist, wo *the Moor of Venice* am Kopf jeder Recto-Seite erscheint. Jede historisch-kritische Ausgabe sollte daher den vollständigen Titel anführen, so wie dies auch die meisten frühen deutschen Übertragungen, angefangen mit Christoph Martin Wielands Übersetzung *Othello, der Mohr von Venedig* von 1766 taten. Es ist allerdings eine Tendenz zu beobachten, dass gerade neuere englische wie auch deutsche Ausgaben auf dem Titelblatt den vollständigen Titel

---

[6]) WILLIAM SHAKESPEARE, Othello. Zweisprachige Ausgabe. Deutsch von FRANK GÜNTHER. Mit einem Essay von DIETER MEHL (= dtv Klassik), München 1995. Nachdem zehn Übersetzungen von Shakespeares Dramen in der Reihe „dtv Klassik" (München) offensichtlich nicht den gewünschten Absatz verbuchen konnten, ist nun eine komplette Edition in 39 Bänden bei einem anderen Verlag, dem Caldolzburger ars vivendi Verlag, geplant. Bis 2009 sollen jährlich vier Bände erscheinen. (Auflage zwischen 3000 und 4000 Exemplaren, Stückpreis DM 49,00). Damit wäre Frank Günther der einzige Übersetzer, der alle Werke Shakespeares alleine ins Deutsche übertragen hätte. Inzwischen sind über 200 Theaterinszenierungen der Vorlage Frank Günthers gefolgt. – Zu den bei DTV erschienenen Dramen vgl. die Besprechungen von VOLKER SCHULZ, [Ein Sommernachtstraum, Der Kaufmann von Venedig, Was ihr wollt], in: Germanisch-Romanische Monatsschrift 48 (1998), S. 262–272, – und WERNER BRÖNNIMANN, [Romeo und Julia, Hamlet, Othello, Macbeth], in: Archiv für das Studium der Neueren Sprachen und Literaturen 236 (1999), S. 180–184. – Ebenfalls informativ: EIKE GRAMSS und FRANK GÜNTHER, Shakespeare übersetzen – Shakespeare Inszenieren, in: Deutsche Shakespeare-Gesellschaft West. Jahrbuch 1984, S. 13–31.

[7]) Dieses konkrete Beispiel zeigt, dass die Unterscheidung Leo Hoecks in Titel und Untertitel bzw. Titel und sekundärer Titel eigentlich nicht greift; auch die Unterscheidung von Duchet in Titel und Zweittitel. Hierzu vgl. GÉRARD GENETTE, Paratexte (zit. Anm. 2), S. 58–66.

[8]) Vgl. Othello, hrsg. von NORMAN SANDERS (= The New Cambridge Shakespeare), Cambridge 1984, S. 2–10, hier: S. 4.

[9]) E. v. BÜLOW übersetzt das Drama als ›Der Jude von Malta‹ gedruckt in: Alt-Englische Schaubühne. Teil 1, Berlin 1831.

oft zu *Othello* verkürzen.[10]) Offensichtlich hat die weltweite Rezeptionsgeschichte des Stoffes, auch auf der Opernbühne, den Namen des Helden so bekannt gemacht, dass der zweite Teil des Titels kaum mehr nötig erscheint.[11])

Soweit ich sehe, bereitete die vollständige Übersetzung des Titels *The Tragedy of Othello, the Moor of Venice* jahrhundertelang keinerlei Schwierigkeiten. Zwar wurde fast immer die Gattungsbezeichnung weggelassen, aber der Resttitel, nämlich *Othello, der Mohr von Venedig*[12]), war der unangefochtene Titel eines klassischen, oft gespielten und ebenfalls oft übertragenen Dramas, das einen festen Platz im deutschen Bühnenrepertoire einnimmt.[13]) Auch im englischsprachigen Raum gehört es bekanntlich zu den meistgespielten Stücken; hier allerdings äußert sich seit längerem ein gewisses Unbehagen, ausgelöst durch die lebhafte Diskussion über die Spielbarkeit dieser Tragödie. Sie ist offensichtlich verursacht durch eine durch Rassenkonflikte und durch das vielfach politisierte Thema der Hautfarbe sensibilisierte Öffentlichkeit: Ist in diesem Falle „colour-blind casting" legitim? Ist es ohne Diskussion heute noch möglich, dass ein weißer Schauspieler den Titelhelden spielt, wie in der vielleicht berühmtesten Inszenierung des letzten Jahrhunderts, im National Theatre, London, 1964–1965, wo Laurence Olivier ganz bewusst durch

---

[10]) Dies bezieht sich im Übrigen auf die meisten Titel Shakespeares in den englischen Reihen (Cambridge, Oxford und Arden), aber auch auf deutsche. Vgl. zum Beispiel WILLIAM SHAKESPEARE, Othello. Englisch/deutsch. Übersetzt von BERTHOLD BIEKER, HANNO BOLTE, DIETER HAMBLOCK, THEO KLAMT und REINHARD RAHMLOW, hrsg. mit Vorwort, Nachwort und Erläuterungen von DIETER HAMBLOCK, Stuttgart 1976; – und WILLIAM SHAKESPEARE, Othello. Englisch-deutsche Studienausgabe. Deutsche Prosafassung, Anmerkungen, Einleitung und Kommentar von BALZ ENGLER, München 1976. Im Kommentar geht Engler allerdings auf die Bedeutung des „Moore" ein (s. S. 286).

[11]) Ähnliche Titelkürzungen stellt FRITZ NIES auch bei französischen Klassikern fest: DERS., Erotischer Schnee. Übersetzte Bücher und ihre Titel, in: Übersetzungen und ihre Geschichte. Beiträge der romanistischen Forschung, hrsg. von VOLKER ROLOFF (= Transfer. Düsseldorfer Materialien zur Literaturübersetzung 7), Tübingen 1994, S. 41–54, hier: S. 44.

[12]) Eine Ausnahme bildet Hans Rothes Übersetzung, der den Titel mit *Othello, der Maure von Venedig* wiedergibt, und auch in den *dramatis personae* von „Othello, maurischer Feldherr in Venedigs Diensten" spricht. In seiner kurzen Einleitung schreibt Rothe: „Noch heute übersetzt man das Wort „Mohr", das schon im Titel vorkommt, mit Mohr. Aber die ursprüngliche Bedeutung des Wortes moor oder moro bezog sich in der Renaissance auf einen Mauren, einen Araber, einen edler Afrikaner. unter dessen Befehl zu stehen für Weiße keine Schande war. Sogar die Tochter eines venezianischen Senators konnte ihm „zukommen". Der Neger hieß zu jenen Zeiten „Black-a-moor", also Schwarzer Maure. Auch der Prinz von Marokko ist Maure. Als Neger hätte er es nicht wagen können, um Porzia zu werben. Jago gebraucht, meistens in seinen Unterhaltungen mit Rodrigo, das Wort moor herabsetzend, als ob jeder Afrikaner etwas Minderwertiges sei. Aber Othellos Beruf ist Condotiere. Othellos Eifersucht stammt aus einer akzeptierten, nicht aus einer unbekannten Welt", in: WILLIAM SHAKESPEARE. Dramen. Dritter Band 1599–1604. In Übersetzungen und Neufassungen von HANS ROTHE, München 1963, S. 345f. und S. 349.

[13]) Einige Aufführungen werden besprochen in WILHELM HORTMANN, Shakespeare on the German Stage. The Twentieth Century. With a Section on Shakespeare on Stage in the German Democratic Republic by Maik Hamburger, Cambridge 1998, u. a. S. 63–71, S. 107f., S. 24f., S. 262–267. Siehe auch die umfangreiche Studie von MARVIN ROSENBERG, The Masks of Othello, 2. Aufl., Newark, N. J. 1993.

Sprache, Make-up und Bewegung einen möglichst authentischen Farbigen zu spielen sucht? Weniger als ein Vierteljahrhundert später (1987) äußerte der Schaupieler Sir Ian McKellen die Überzeugung, dass weder er noch ein anderer weißer Schauspieler heute noch Othello darstellen sollte.[14])

Ob man dies als grundsätzliche Schwierigkeit einer veränderten Gesellschaft betrachtet oder nur als eine Frage der „political correctness", jedenfalls wird es von dem heute meistgespielten deutschen Übersetzer, Frank Günther, als Problem der sprachlichen Umsetzung empfunden, ohne dabei den historisch-kulturellen Kontext des Dramas zu Shakespeares Zeit genügend mit in die Diskussion einzubeziehen. In seiner neuen, 1995 publizierten Übersetzung des *Othello* erklärt er den englischen Titel schlicht für unübersetzbar, weil das deutsche „Mohr"[15]) durch Assoziationen mit ›Struwwelpeter‹ (der „kohlpechrabenschwarze Mohr"), Mohrenkopf und Sarotti-Mohr, dem Inbegriff aller „scheinbar kulleräugigen Unschuld" „untauglich" geworden sei. Das eigentliche Wort „Mohr" stehe heute nicht mehr für eine Realität und könne daher auch keine Realität mehr transportieren (S. 273). Zudem sei keine denkbare Alternative akzeptabel, zumal sich der deutsche Titel *Othello, der Mohr von Venedig* zu sehr in unserer kulturelles Gedächnis eingegraben habe.[16]) Deswegen und vor allem aufgrund des historisch-kulturellen Wandels wird the „Moor of Venice" von Frank Günther im Titel schlicht weggelassen, im Personenverzeichnis erscheint Othello als „Schwarzer General", und die sechsundfünfzig Belege für „Moor" im englischen Text werden je nach Kontext unterschiedlich übersetzt.[17]) Die Entscheidung für die schwarze Hautfarbe schließt im Übrigen die in der englischen Forschung diskutierte und für die Bühnenrealität wichtige Frage aus, wie Othello zu besetzen sei: „Should the Moor of Venice be played as a black, or as an ‚olive-coloured' Moor of north Africa?"[18])

---

[14]) Virginia Mason Vaughan, Othello. A Contextual History, Cambridge 1994, S. 197.

[15]) In seinem Nachwort „Aus der Übersetzungswerkstatt" geht Günther auf die Ethymologie des Wortes ein: „Das Dudenherkunftswörterbuch (1963) definiert so: »Die heute veraltete (familiäre) Bezeichnung für ‚dunkelhäutiger Mensch, Neger' geht zurück auf mhd.-ahd. *mor*, das aus lat. *manus* ‚Bewohner Mauretaniens, dunkelhäutiger Nordafrikaner' entlehnt ist…«" (S. 271). Ähnlich auch im OED unter „Moore".

[16]) Vgl. S. 273f.: „Und weil es angesichts des tradierten feststehenden Begriffs ‚Der Mohr von Venedig' nicht möglich ist, ‚Der Schwarze von Venedig', ‚Der Afrikaner von Venedig', ‚Venedigs schwarzer General', ‚Der Neger von Venedig' o. ä. zu sagen (weil das schon wieder Programm wäre!), so muß der anscheinend so einfache Untertitel ›Der Mohr von Venedig‹ als unübersetzbar entfallen."

[17]) Es sei angemerkt, dass auch eine entsprechende Stelle in *Merchant of Venice* (III.5.36), nämlich Lorenzos „the Moor is with child by you Launcelot" mit „die Schwarze, die Du geschwängert hast". Siehe hierzu auch seinen Kommentar auf S. 250 in: William Shakespeare, Der Kaufmann von Venedig. Zweisprachige Ausgabe. Deutsch von Frank Günther. Mit einem Essay von Wolfgang Weiss, München, 1995.

[18]) Othello, hrsg. von E. A. J. Honigmann (= The Arden Shakespeare. Third Series), Walton-on-Thames 1996, S. 14–26, hier: S. 14. Honigmann verknüpft auch die Datierung des Dramas mit Othellos Herkunft. So hielt sich vom August 1600 der Gesandte des „King of Barbary" mit Gefolge für mehrere Monate in London auf und erregte beträchtliches Aufsehen. Ein zeitgenössisches Portrait (S. 3), das auch als Modell für Ben Kingsleys Darstellung

Zum ersten Mal wird das Wort im Drama ausgesprochen, als in der Eingangsszene der verbitterte Jago sich als „God bless the mark – his moorship's ancient" (I.1.33) bezeichnet und damit von Anfang an dessen Obsession mit Othellos Rasse und Hautfarbe unterstreicht. Baudissin und die große Mehrzahl deutscher Übersetzer seither, sahen offensichtlich keine Schwierigkeit darin, dies mit „seiner Mohrschaft Fähnrich" zu übersetzen. Frank Günther dagegen tut sich aus den von ihm selbst angegebenen Gründen sehr viel schwerer und übersetzt „Fähnrich seiner – pstpst! – Schwärzlichkeit". Im weiteren Verlauf wird „Moor" immer da mit „Schwarzer" übersetzt, wo ein deutlich gehässiger, ja rassistischer Ton mitschwingt, d. h. vor allem im Munde Jagos, der durchweg von „Schwarzer" spricht, während das bei Shakespeare ja durchaus auch neutral oder in positivem Zusammenhang gebrauchte „Moor" den Übersetzer offensichtlich zu verbalen Kompromissen oder Auswegen veranlasst. An einer Reihe von Stellen, wo weder rassistische Aggressivität noch ein betont apologetischer Ton nötig erscheint, lässt Frank Günther das Wort ganz aus. „The moor" wird dann nur als Feldherr, Mann oder ähnlich bezeichnet. Desdemona etwa spricht in dieser deutschen Version von ihrem Gatten nie als „Schwarzer". Ihr eindrucksvolles öffentliches Bekenntnis „That I did love the Moor to live with him" in der dritten Szene des ersten Aktes wird geglättet zu „Daß ich den Afrikaner liebe, mit ihm leben will" (I.3.244), und Lodovicos Frage in IV.1.261: „Is this the noble moor?", an der sich einst ein berühmter Kritikerdisput entzündete[19]), wird bei Frank Günther zu „Ist das der edle Afrikaner?" Ein wichtiger Aspekt der provozierenden Ärgerlichkeit des Textes wird damit desinfiziert und durch den deutschen Text wird eine Inszenierung präjudiziert, die dem Gebot der „political correctness" folgt. Dies widerspricht aber nicht nur dem Wortlaut des Textes, wo gerade im dramatischen Gebrauch desselben Wortes ein wichtiges sprachliches Charakterisierungsmittel zu suchen ist. Die sprachliche Umdeutung greift auch in die historische Substanz des Stückes ein, das die Funktionsmechanismen rassistischer Stereotypie im Rahmen der „orientalist and colonial discourses" auf der Bühne darstellt.[20]) Dies kommt in der deutschen Übersetzung kaum zum Ausdruck. Man kann dies mit der nötigen Rücksicht auf ein heutiges Publikum rechtfertigen[21]), und Äußerungen, wie der bewusst provozierende Vortrag im Rahmen einer Vortragsreihe zu „Race and Class in the Renaissance" des farbigen

---

in Terry Hands' Inszenierung (Stratford, 1985) diente, zeigt ihn unverwechselbar als vornehmen, maurischen Muslim, nicht als konventionellen Mohren. Dieser zeitgenössische Bezug läßt Honigmann im Gegensatz zur Mehrzahl der Kritiker neben anderen Kriterien für ein früheres Datum (1600/01) plädieren (S. 14–26).

19) Hierzu vgl. Dieter Mehl, Shakespeare's Tragedies. An Introduction, Cambridge 1986, S. 72f.

20) Ania Loomba, Sexuality and Racial Difference, in: Critical Essays on Shakespeare's Othello, hrsg. von Anthony Gerard Barthelemy, New York 1994, S. 162–186, hier: S. 172.

21) Zu Günthers Übersetzungsvorstellungen siehe seinen Beitrag ›Über die Shakespeare-Übersetzerei. Ein Dialog‹ im Editionsbändchen zur Shakespeare-Gesamtausgabe bei ars vivendi: Was wollt ihr mehr. William Shakespeare übersetzt von Frank Günther, Cadolzsburg 2000, S. 14–28.

Schauspielers Hugh Quarshie, mögen dies sogar geraten erscheinen lassen;[22]) aber es zeigt doch besonders deutlich die kulturbedingten Dimensionen scheinbar harmloser Übersetzungsfragen, vor denen sich der praktizierende Übersetzer nicht drücken bzw. nicht rücksichtsvoll nivellieren sollte. Vor allem sollte der Übersetzer das historisch-kulturelle Potential des Textes nicht einfach in „unsere Zeit" übertragen. Damit wird das rassistisch geprägte Vokabular im Original verleugnet, das durchaus den Konventionen der damaligen Zeit entspricht. Die literarische Konvention des „Moor" oder im Deutschen des „Mohren" ist ja seit der Bibel mit „sin" and „shame" verbunden, wie auch Virginia Mason Vaughan in ihrer Studie *Othello: A Contextual History*[23]) betont und wie von Hugh Quarshie zu Recht hervorgehoben wird: „Othello is seen as an archetype" (S. 20). Gleichzeitig fordert der Schauspieler konsequent: „black actors should continue to play the role; the racist conventions have persisted for so long precisely because not enough of us have played the role and challenged the conventions" [...] „I think it would be possible to produce a play which shifts the focus away from race and onto character" (S. 20f.).[24]) Damit wäre gerade eine wortgetreue deutsche Übersetzung durchaus vereinbar. Diese Realisierung von Quarshies Forderung sollte freilich vornehmliche Aufgabe des Schauspielers sein, nicht des Übersetzers. Letzterer sollte nicht stereotype und eindeutig rassistische Charakterzeichnungen durch angeblich neutralere Begriffe, wie etwa „der Schwarze" zu korrigieren versuchen. Den vollständigen Titel *The Tragedy of Othello, the Moor of Venice* unübersetzt zu lassen, ist letztendlich als Kapitulation einer in der zweiten Hälfte der 1980er-Jahre initiierten Form neuer, teils zur Zensur avancierten Sensibilisierung zu sehen, deren PC-Bewegung „mit großer Entschlossenheit und moralischem Eifer gegen jegliche Diskriminierung von Minoritäten" angeht.[25]) Eine weitere Konsequenz ist, dass ein einst werbewirksamer Titel, der ja auch gleichzeitig Informationen zu Gattung und Herkunft des Protogonisten lieferte, zu einer bloßen Namensnennung reduziert wird.

---

[22]) Vgl. Second Thoughts about *Othello* (= International Shakespeare Association. Occasional Paper NO. 7) Chipping Campden printed for the International Shakespeare Association 1999.

[23]) „Black skin signified, in addition to visual ugliness, an ingrained moral infection, a taint in the blood often linked to sexual perversion and the desire to possess a white woman – her body, her status, her wealth, or her power", S. 62, und S. 69: „Shakespeare plays with us throughout *Othello*, exploiting stereotypes, arousing expectations, alternately fulfilling, and frustrating our preconeceptions."

[24]) Eindrucksvolle Beispiele liefern Trevor Nunns Inszenierung mit der *Royal Shakespeare Company*, 1989 (hierzu vgl. MASON VAUGHAN, Othello (zit. Anm. 14), S. 217–232), sowie die erste professionelle *Othello*-Inszenierung von Janet Suzman in Südafrika (1987). Vgl. die anregenden Ausführungen von JANET SUZMAN, South Africa in *Othello*, in: Shakespeare and the Twentieth Century. The Selected Proceedings of the International Shakespeare Association World Congress Los Angeles, 1996, hrsg. von JONATHAN BATE, JILL L. LEVENSON, and DIETER MEHL, Newark 1998, S. 23–40.

[25]) Einen prägnanten Forschungsüberblick gibt ULRIKE FISCHER in dem Eintrag „Political correctness (PC)", in: USA-Lexikon. Schlüsselbegriffe zu Politik, Wirtschaft, Gesellschaft, Kulutr, Geschichte und zu den deutsch-amerikanischen Beziehungen, hrsg. von RÜDIGER B. WERSICH, Berlin 1996, S. 573f., hier: S. 574.

Das Übersetzungsbeispiel *The Tragedy of Othello, the Moor of Venice* berührt aber auch ein allgemeineres Problem, nämlich das der Kulturkompetenz des Literaturwissenschaftlers und Übersetzers. Versteht man Kultur als „die Gesamtheit der Faktoren, die das Verhalten von Mitgliedern einer Gesellschaft ‚regeln'", so bedeutet dies zum einen, dass Sprache und Kultur sich einander bedingen, zum anderen heißt Kulturkompetenz, dass der Übersetzer diese Faktoren erkennt und umsetzt.[26]) Eine Übersetzung ist demnach nicht einfach „die Transkodierung von Wörtern oder Sätzen aus einer Sprache in eine andere, sondern eine komplexe Handlung, in der jemand unter neuen funktionalen und kulturellen und sprachlichen Bedingungen in einer neuen Situation über einen Text (Ausgangssachverhalt) berichtet, indem er ihn auch formal möglichst nachahmt."[27])

In unserem Fall von *The Tragedy of Othello, the Moor of Venice* ist deutlich geworden, dass der Übersetzer die kulturelle sowie sprachliche Problematik der Bezeichnung „the Moor" erkennt und sich damit sogar in seinem Nachwort auseinandersetzt. Dieses Nachwort sowie seine Übersetzungen haben aber gezeigt, wie seine eigene Kulturgebundenheit, die den Begriff des Mohren aus den genannten Gründen offensichtlich nicht mehr zulässt, den Übersetzer veranlasst haben, den Titel nicht und die anderen sechsundfünfzig „Moores" unterschiedlich zu übersetzen. Diese Vorgehensweise, fremde Kultur der Eigenkultur anzupassen, entspricht Frank Günthers Übersetzungskonzeption, die den alten Text in unseren Gegenwart weiterschreiben möchte.[28]) Man hätte sich freilich eine stärkere Reflexion über die eigene Kulturgebundenheit sowie eine gleichzeitig stärkere Distanz zu ihr gewünscht, vor allem eine intensivere Einbeziehung des historischen Kontextes und auch der englischsprachigen Theaterrealität, wo ja das Drama auch nicht in einer gereinigten Form auf die Bühne gebracht wird. Mir scheint insgesamt Günthers Beachtung der zielkulturellen Konventionen und Normen zwar in sich konsequent, aber doch insgesamt so übersteigert, dass das Drama an dramatischem Potential verliert und weniger provozierend wirkt als das Original oder auch andere Übertragungen, etwa die von Werner Buhss, die bereits mit einer neuen Titelübersetzung, nämlich *Othello, Venedigs Neger*[29]), aufhorchen lässt. Es ist gut, dass neben Günthers Übersetzung auch immer wieder andere, alte und neue Übertragungen (etwa Fried, Flatter etc.) inszeniert werden, und dass gerade Theatertexte stets von

---

[26]) Heidrun Witte, Die Kulturkompetenz des Translators – Theoretisch-abstrakter Begriff oder realisierbares Konzept?, in: TextconText 2 (1987), S. 109–136, hier: S. 110. – Vgl. auch Katharina Reiss und Hans J. Vermeer, Grundlegung einer allgemeinen Translationstheorie, 2. Aufl., Tübingen 1991, S. 45ff.

[27]) Hans J. Vermeer, Übersetzen als kultureller Transfer, in: Übersetzungswissenschaft – Eine Neuorientierung. Zur Integrierung von Theorie und Praxis, hrsg. von Mary Snell-Hornby, 2. durchges. Aufl., Tübingen 1994, S. 30–53, hier: S. 33.

[28]) Vgl. Frank Günther, Über die Shakespeare-Übersetzerei, (zit. Anm. 21), S. 19: „Meine Sprache ist die meiner eigenen Lebens- und Erfahrungswelt, für die ich den Text schreibe…".

[29]) Gespielt wurde es in Braunschweig (Premiere: 1. Dezember 1996). Vgl. Ingeborg Boltz, Verzeichnis der Shakespeare-Inszenierungen und Bibliographie der Kritiken, in: Shakespeare-Jahrbuch 134 (1998), S. 212–240, hier: S. 226.

Regisseuren und Dramaturgen auf ihre Zeit- und damit Kulturgebundenheit überprüft werden.[30])

Geoffrey Beattie, ›Corner Boys‹

Auch wenn der Übersetzer kulturelle Kompetenz sowohl in der Ausgangs- als auch in der Zielsprache besitzt und diese für die Translation gewinnbringend einsetzt, kann es durchaus vorkommen, dass das Original als schlichtweg unübersetzbar eingestuft wird. Ein solcher Fall wurde mir von Christa Schuenke (Juni 2000) mitgeteilt, die zusammen mit ihrer Lektorin des Klett-Cotta-Verlags wochenlang über einen deutschen Titel für Geoffrey Beatties Roman-Debüt *Corner Boys* (Stuttgart 2000) nachdachte. Der Roman handelt von dem 17-jährigen James Roberts aus Nord-Belfast, der die Schule geschmissen hat und als kleiner Betrüger seine Zeit an immer der gleichen Straßenecke totschlägt; er ist ein „Corner boy", ein Eckensteher ohne Ausblick. Da im Deutschen das Wort „Eckensteher" freilich auch noch andere Konnotationen impliziert, ein anderer möglicher Titel, nämlich *Die Clique*, bereits durch die gleichnamige deutsche Übersetzung des amerikanischen Erfolgsroman *The Group* von Mary McCarthy[31]) und der gleichnamigen Verfilmung (1965, Regie: Sidney Lumet) besetzt war, und der Titel *Die Clique an der Ecke* als mögliche Alternative aufgrund des unfreiwillig komischen Binnenreims von Christa Schuenke abgelehnt wurde, haben Lektorin und Übersetzerin sich letztendlich entschlossen, den englischen Titel in der deutschen Übersetzung zu belassen, ein Phänomen, das in den bisherigen Titelstudien meines Wissens noch keine Beachtung gefunden hat, obgleich es den übermächtigen Einfluss der englischen Sprache auf die Deutsche besonders stark zum Ausdruck bringt.[32]) Offensichtlich ist dieser so intensiv, dass auch deutschsprachige Autoren bei ihrer Titelsuche mittlerweile gerne auf englisch-sprachige Titel zurückgreifen. Benjamin Leberts Roman-Debüt *Crazy* bei Kiepenheuer und Witsch (Köln, 1999) ist das jüngste Beispiel[33]), andere, ältere wären die Dramen des österreichischen Schriftstellers Wolfgang Bauer, der seine Stücke bereits in den siebziger Jahren Englisch betitelte. Die Titel *Magic Afternoon*, *Change* und *Party for Six* stehen dabei in einem

---

[30]) So auch Volker Canaris, Literaturübersetzen aus der Sicht des Theaters, in: Ist Literaturübersetzen lehrbar?, hrsg. von Fritz Nies, Albert-Reiner Glaap, Wilhelm Gössmann (= Transfer. Düsseldorfer Materialien zur Literaturübersetzung 1), Tübingen 1989, S. 63–72, hier: S. 64.

[31]) New York 1963; Die Clique, übersetzt von U. v. Zedlitz, München, Zürich 1964.

[32]) Andere Beispiele wären: Nick Horny, Fidelity. Aus dem Englischen übertragen von Clara Drechsler und Harald Hellmann, München 1999; – Nick Horny, About a Boy. Aus dem Englischen übertragen von Clara Drechsler und Harald Hellmann, München 2000; – Shakespeare in Love. Das Drehbuch von Marc Norman und Tom Stoppard. Aus dem Englischen übertragen von Andreas Jäger, München 1999.

[33]) Besonders das Wort „crazy" scheint gerne im Deutschen benützt zu werden. So verzeichnet http://www.amazon.de insgesamt 27 Produkte (Bücher, CDs, Kalender) mit dem Stichwort „crazy".

besonderen Spannungsverhältnis zu Bauers Einsetzung des österreichischen Dialekts als Instrument illusionsloser Ironie.

Wenn in der Übersetzung, wie etwa bei *Corner Boys,* Ausgangs- und Zieltitel identisch sind, darf man dennoch nicht davon ausgehen, dass die englisch- und deutschsprachigen Empfänger aus einem ähnlichen sozio-kulturellen Milieu kommen bzw. ihre Leseerfahrungen und Erwartungen mehr oder weniger ähnlich sind. Den Ausgleich von Wissensdefizit beim Zielpublikum muss dann natürlich der Inhalt des Buches liefern, er kann aber auch schon durch den Waschzettel bzw. Klappentext vorbereitet werden, so etwa auch bei *Corner Boys*, wo der erste Satz des Klappentextes direkt in die Handlung einführt: „Arbeit gibt es keine in Belfast für die Clique an der Ecke, zu der James gehört." Somit schafft der Titel zusammen mit dem Klappentext eine Beziehung zum Ko-Text. Als echte Paratexte im Sinne Gérard Genets zeichnen sie sich aus durch „gleichzeitig[e] Nähe und Entfernung, Ähnlichkeit und Unterschied, Innerlichkeit und Äußerlichkeit [...], etwas, das zugleich diesseits und jenseits einer Grenze, einer Schwelle oder eines Randes liegt, den gleichen Status besitzt und dennoch sekundär ist."[34])

Die Diskussion über den Status des Titels als Paratext schiebt freilich andere, ebenfalls wichtige Fragestellungen etwas zur Seite, etwa Fragen des Urheberrechts und des Titelschutzes,[35]) Fragen zu Funktionen und Formen des Titels[36]) oder Fragen, wer den Romantitel zu verantworten hat. Letzteres Problem kann einerseits aus erzähltheoretischer Sicht, also werkintern, behandelt werden, wobei als Ergebnis sicherlich die janusköpfige Funktion des Titels festzuhalten ist, der oft „gleichsam die reale Welt des Autors mit der fiktionalen Welt der Figuren" verbindet.[37]) Andererseits lässt sich an der Titelsuche für die Übersetzung gut nachvoll-

---

[34]) J. Hill Millers Definition zitiert nach GENETTE, Paratexte (zit. Anm. 2), S. 9.

[35]) Hierzu ARNOLD ROTHE, Der Literarische Titel (zit. Anm. 2), S. 38ff. – Vgl. auch bes. Kapitel V. „Schutz des Werktitels" in: Urheberrecht. Kommentar, hrsg. von GERHARD SCHRICKER München 1987, S. 109. Dort ist der für Literatur- und Übersetzungswissenschafter denkwürdige Kommentar zu lesen: „Sowohl für einen Schutz als selbstständiges Werk als auch für einen Schutz als Werkteil [...] ist aber Vorraussetzung, daß der Werktitel eine persönliche geistige Schöpfung darstellt [...]. Diese Voraussetzung wird, was durch die bisherige Rechtsprechung belegt wird, nur in Ausnahmefällen erfüllt sein. Vielen Titeln fehlt die erforderliche Individualität schon deswegen, weil sie rein beschreibender Natur [...]. Aber selbst originelle und geistreiche Titel erreichen nicht die notwendige Gestaltungshöhe. Auch wenn es für die Schutzfähigkeit auf den quantitativen Umfang eines Sprachgebildes grundsätzlich nicht ankommt, lassen sich doch in wenigen Worten meist nicht geistiger Gehalt und Individualität im erforderlichen Maß zum Ausdruck bringen. [...] In der Regel steht bei Titeln die das Werk kennzeichnende Funktion im Vordergrund, die rechtlich in das Wettbewerbsrecht und nicht in das Urheberrecht einzuordnen ist."

[36]) Hierzu ist besonders ARNOLD ROTHES, aber auch die anderen in Anm. 1 und 2 aufgeführten Studien empfehlenswert. – Vgl. auch GÉRARD GENETTE, Structure and Functions of the Title in Literature, in: Critical Inquiry 14 (1988), S. 692–720.

[37]) Hierzu vgl. die anregende Auseinandersetzung von WOLFGANG BRANDT, Wer verantwortet den Romantitel? Überlegungen zu einem erzähltheoretischen Problem, in: Erzähler, Erzählen, Erzähltes. Festschrift der Marburger Arbeitsgruppe Narrativik. Für Rudolf Freudenberg zum 65. Geburtstag, hrsg. von WOLFANG BRANDT, Stuttgart 1996, 87–102, hier: S. 101.

ziehen, wie diese Symbiose zwischen Autor bzw. Erzähler und Text aufgehoben wird, und anstelle einer möglichst getreuen Wiedergabe oft ein ganz neuer Titel tritt, um die Erwartungen und Konsumgewohnheiten des heimischen Adressatenkreises zu befriedigen. Zudem kommt es vor, dass im Laufe der Zeit die Titel durch neue ausgetauscht werden. Diese Umetikettierungen sind für den Bereich der englischen Literatur ausgesprochen häufig, und es wäre eine eigene Untersuchung wert, die Gründe für diese sicherlich zeit-und kulturspezifischen Tendenzen bei den Titeländerungen näher zu analysieren.[38])

Aldous Huxley, ›Brave New World‹

Anstelle eines quantitativen Überblicks über auffällige Titeländerungen im Bereich der englischen Literatur auf dem deutschen Büchermarkt soll im Folgenden an einem Beispiel, nämlich Aldous Huxleys *Brave New World*, näher auf die Hintergründe und Konsequenzen der deutschen Titelgebung eingegangen werden. Dieses Beispiel wurde gewählt, da zum einem die im Weimarer Goethe-Schiller-Archiv[39]) aufbewahrte unveröffentlichte Korrespondenz des Insel-Verlags eine Reihe von Briefen zwischen den Verlegern Anton und Katharina Kippenberg mit dem Übersetzer Herbert E. Herlitschka enthält, die Einblicke in die gemeinsame Titelsuche gewähren; zum anderen geht *Brave New World* bekanntlich auf ein Zitat aus Shakespeares *The Tempest* zurück; es gehört somit zu der beliebten Gruppe der Titelzitate[40]), die sich gleichermaßen bei der Trivialliteratur und bei literarisch anspruchsvollen Autoren finden lassen[41]), so etwa auch bei Aldous Huxley, wo die meisten seiner Titel Zitate bzw. Anspielungen aus Marlowe, Milton, Shakespeare und Tennyson sind, etwa *Antic Hay, After Many a Summer, Ape and Essence, Brave New World, Eyeless in Gaza, Those Barren Leaves*[42]), *Time Must Have a Stop,*

[38]) Einen Versuch startet Fritz Nies in seinem Beitrag, Erotischer Schnee. Übersetzte Bücher und ihre Titel, in: Übersetzungen und ihre Geschichte (zit. Anm. 11), S. 42f.

[39]) Im weiteren abgekürzt mit GSA.

[40]) Das Zitat wird definiert als ein wortlautliches, rein quantitativ nicht zu bestimmendes „aus einem Prätext abgeleitetes Sprachsegment, das in einen (Folge-)Text eingelassen ist, wo es ein proprie-Segment substituiert“; es stellt somit in seiner neuen Umgebung einen Fremdkörper dar, „der ein virtuelles ‚eigentliches‘ oder originäres Segment ersetzt.“ Zitiert nach Christa Jansohn, Zitat und Anspielung im Frühwerk von D. H. Lawrence (= Studien zur Englischen Philologie 1), Münster 1990, S. 14.

[41]) Herman Meyer, Das Zitat in der Erzählkunst. Zur Geschichte des europäischen Romans. 2., durchges. Aufl., Stuttgart 1967 [1. Auflage, 1961]), S. 24.

[42]) Zur Titelauswahl existieren ebenfalls Briefe zwischen Herlitschka und dem Inselverlag. So schreibt am 11. Februar 1929 der Übersetzer an den Verlag: „Ich konnte mich nie mit dem Titel ‚Welkende Blätter‘ (oder auch ‚welke‘, was das anbelangt) befreunden und kann es auch jetzt nicht. Es trifft nicht nur den Sinn (Unfruchtbarkeit!-‚barren‘) nicht, sondern geht, abgesehen von der etwas gezwungen wirkenden Form „welkende“, so knapp an der wörtlichen Übersetzung vorbei, dass er einer Fehlübersetzung unangenehm gleichsieht. Ich bitte Sie, die Sache Herrn Prof. Kippenberg unbedingt nochmals vorzulegen, und ihn in meinem Namen zu ersuchen, entweder ‚Fallobst‘ oder ‚Dürre Blätter‘ zu wählen. Was ausgedrückt werden soll, ist nicht das Welken, sondern das für die Zukunft Untauglichsein. Im Englischen

Tomorrow and Tomorrow and Tomorrow.[43]) Neben der Evozierung gewisser Stimmungen sollen die zitathaften Titel einerseits „dem Leser die Befriedigung schenken, daß er das Zitat als solches erkennt“[44]), andererseits wird durch den intertextuellen Verweis oft das Romangeschehen in einen literarischen Kontext gestellt bzw. wird dem Text eine weitere Bedeutungsebene hinzugefügt[45]), wobei das Zitat in besonderer Weise für das ganze Werk steht, aus dem es stammt.

Huxley selbst äußerst sich eher selten zu seinen Titeln, was eventuell mit seiner recht pragmatischen Einstellung zu ihnen zusammenhängen mag.[46]) So schreibt er zum Beispiel, dass er seinen Roman *Ape and Essence* nach einer Zeile aus *Measure for Measure* (II.2.124) nennen werde: „as one can't go far wrong with the Bard“.[47]) Auch bei der Titelsuche für seinen Roman *Time must have a Stop* hatte er ursprünglich vor, den Roman einfach nach den Protagonisten *The Barnacks* zu nennen, da ihm *Glassy Essence* und *Time's Fool*, beides Zitate aus *Measure for Measure* bzw. *Henry IV, Part 1*, ungeeignet erschienen.[48])

---

erhält der Titel übrigens seine Bedeutung – was deutsch natürlich verloren geht – dadurch, das er das Fragment eines Zitats ist. [Der letzte Satz wurde handschriftlich von Herlitschka hinzugefügt, Anm. von C. J.] Am 16. Februar 1929 erwidert der Verlag: „Was den Titel anbetrifft, so haben wir uns nach langer Überlegung zu dem uns vom Dichter selbst vorgeschlagenen Titel ‚Parallelen der Liebe‘ entschlossen. Damit werden Sie sich gewiß auch gern einverstanden erklären.“ – Der neue Titel wird von Felix Stössinger in seiner Besprechung ›Alter und neuer Huxley‹ heftig kritisiert: „Es ist daher Verdienst des Steinbergverlags, den frühen und den heutigen Huxley durch sukzessiv paarweise Veröffentlichung seiner Bücher uns als Gesamterscheinung zugänglich zu machen. Gerade das wäre Anlass gewesen, einen falschen Buchtitel des Inselverlags preiszugeben und den Parallelen der Liebe eine Entsprechung ihres englischen Originaltitels *Those barren leaves* zu geben. Denn Abfall vom Lebensbaum sind die meisten englischen Gäste, die Mrs. Lillian Aldwinkle auf ihr italienisches Schloss zusammenschleppt […]. (Weltwoche [Zürich] 17. Jg., Nr. 803 vom 1. April 1949, S. 5.

43) Zu Huxleys Shakespeare-Kenntnissen vgl. Jeromie Meckier, Shakespeare and Aldous Huxley, Shakespeare Quarterly 22 (1971), S. 129–135.

44) Hermann Meyer, Das Zitat in der Erzählkunst (zit. Anm. 41), S. 24.

45) So Ulrich Broich, Formen der Markierung von Intertextualität, in: Intertextualität. Formen, Funktionen, anglistische Fallstudien, hrsg. von Ulrich Broich und Manfred Pfister, Tübingen 1985, S. 31–47, hier: S. 36.

46) Hierzu vgl. zum Beispiel die Titelsuche für seinen Roman *The Genius and the Goddess* (Herlitschkas Titel lautet: *Das Genie und die Göttin* [München, 1956]). Dieser Titel wurde vom Verlag anstelle von Huxleys Alternativvorschlag *The Past is Prelude* bestimmt. Dazu schreibt Huxley am 18. Dezember 1954 an Ian Parsons: „In some ways I prefer *The Past is Prelude*; but have no positive objection to The Genius and the Goddess, which is straightforward, appealling and has a good precedents, like *The Virgin and the Gypsy*. Meanwhile which do you like best. The title doesn't have to be the same in the two editions. So if you prefer The *P is P* to *The G and the G* stick to it.“ (Letters of Aldous Huxley, hrsg. von Grover Smith, London 1969, S. 715). Der Titel ist eine Anspielung auf „the past is prologue“ aus *The Tempest*, II.1.258.

47) Brief an Cass Canfield vom 24. Februar 1948, in: Letters of Aldous Huxley (zit. Anm. 46), S. 581. In der deutschen Version lautet Herlitschkas Titel *Affe und Wesen*, München 1959.

48) Vgl. Huxleys Brief an Cass Canfield vom 7. Dezember 1943, Letters of Aldous Huxley (zit. Anm. 46), S. 499. *Time must have a Stop* ist ebenfalls aus *Henry IV, Part 1*, V.4. 81–82 entnommen. Die Übersetzung von Herberth E. Herlitschka lautet: *Zeit muß enden*, Steinberg und Zürich 1950.

Die kulturbedingte Stellung der Zitate bringt freilich auch neue Übersetzungsprobleme mit sich, die Arnold Rothe lakonisch mit den Worten umreißt: „Andere Nationen, andere Klassiker [...]. Daher die Schwierigkeit oder Unmöglichkeit, Zitattitel zu übersetzen", weshalb er es als glücklichen Einfall des französischen Übersetzers von *Brave New World* wertet, das englische Zitat durch ein französisches zu übersetzen, und zwar durch ein Phrase aus Voltaires *Candide ou l'optimisme* (*Le Meilleur des mondes*).[49]) Dies ist freilich nur eine Möglichkeit mit intertextuellen Referenzen in der Zielsprache umzugehen. Andere Übersetzungsverfahren wären auch denkbar; so könnte zum Beispiel das Zitat in der Zielsprache folgendermaßen behandelt werden:

(a) Übernahme: das Ausgangszitat wird aus dem Ausgangstext unverändert übernommen.
(b) Transkription/Transliteration: Das Ausgangszitat wird in das zielkulturelle Alphabet transkribiert oder transliteriert [...]
(c) Substitution: Das Ausgangszitat wird in einer vorhandenen zielsprachlichen Fassung (mit dem entsprechenden Nachweis, wenn nötig) wiedergegeben
(d) Wörtliche Übersetzung: Das Ausgangszitat wird möglichst wörtlich, mit zielsprachlich normgerechter Idiomatik und Syntax in die Zielsprache übersetzt.
(e) Paraphrase: Das Ausgangszitat wird in der Zielsprache sinngemäß wiedergegeben und nicht als „wörtlich" gekennzeichnet.
(f) Adaptation: Das Ausgangszitat wird durch ein funktionsentsprechendes zielsprachliches Originalzitat ersetzt.
(g) Expansion/Reduktion: Im Zitatkontext wird eine auf das kulturelle Vorwissen des Zielempfängers abgestimmte Erläuterung hinzugefügt bzw. eine auf das Vorwissen des Ausgangsempfängers abgestimmte Erläuterung weggelassen.
(h) Auslassung des Zitat bzw. evtl. Ersatz durch ein anderes Mittel zur Erzielung der intendierten Wirkung.[50])

Die Diskussion zwischen Katharina und Anton Kippenberg und dem Übersetzer, Herberth E. Herlitschka über die Titelübersetzung von *Brave New World* zeigt, dass die drei ebenfalls einige der kurz skizzierten Übersetzungsverfahren bei ihren Überlegungen mit einbrachten. Der Titel des Romans bereitete Übersetzer und Verlag offensichtlich Kopfzerbrechen, da hier mit der Schlegel-Tieck'schen-Version „Wackre Neue Welt" ein bereits im Deutschen klassisch übersetztes Zitat vorlag[51]), dessen Übernahme jedoch zunächst nicht akzeptabel erschien, aus Grün-

---

[49]) Arnold Rothe, Der literarische Titel (zit. Anm. 2), S. 97. Kritisiert werden Rothes Ausführungen von Christiane Nord, Einführung in das funktionale Übersetzen. Am Beispiel von Titeln und Überschriften (= Uni-Taschenbücher 1734: Übersetzungswissenschaft), Tübingen 1993, S. 245. Der französische Titel ist insgesamt noch satirischer als „brave new world". Im ersten Kapitel spricht der Hauslehrer und Pedant Pangloss von „dieser besten der möglichen Welten", womit Voltaire den popularisierten Leibniz heftig angreift.

[50]) Christiane Nord, Zitate und Anspielungen als pragmatisches Übersetzungsproblem, in: TextconText 5 (1990), S. 1–30, hier: S. 13.

[51]) Es sei angemerkt, dass die Schlegel-Tieck'sche Version von „Brave New World" als „Wackre Neue Welt" nicht unbedingt zum klassischen Zitatenschatz deutscher Kritiker gehört. So betitelte ein deutscher Kritiker – vor Erscheinen der deutschen Übersetzung – seine Besprechung des Originals mit „Tapfere Neue Welt" und benutzte diesen Titel auch durchweg in seiner Rezension. Vgl. [Von unserem Londoner Korrespondenten], Tapfere Neue Welt.

den, die die ganze Schwierigkeit eines solchen Transfers vielschichtiger Sprachprägungen beleuchten.

Schon am 7.5.1932 schrieb Anton Kippenberg an den Übersetzer: „Sehr gespannt bin ich auf den Titel, den Sie für „Brave New World" finden werden." Nach einer längeren Bedenkpause schickte Herlitschka am 30.5.1932 eine Liste von Vorschlägen mit seinem Kommentar:

Wackere neue Welt,
Fortschritt wohin?
Welt am laufenden Band,
Herrlich weit gebracht.

Der letzte scheint mir am meisten die hier wünschenswerte ironische Note zu enthalten und am besten der Gewohnheit Huxleys, halbe Verszeilen als Titel zu verwenden (der englische ist dem „Sturm" entnommen), zu entsprechen. (GSA)

Kippenberg erwiderte bereits nach zwei Tagen, dass ihm keiner dieser Titel zusage. Fast zwei Monate später (22. Juli 1932) äußerte sich Herlitschka sehr dezidiert gegen den inzwischen vorgeschlagenen Titel „Herrliche neue Welt" und fuhr fort:

Wenn wir uns schon möglichst an den Originaltitel anschliessen wollen, der übrigens im Text wiederholt als Zitat vorkommt, muss es wie bei Schlegel-Tieck „Wackre neue Welt" heissen, was aber immer noch die hier sehr gefährliche Missdeutung auf Amerika nahe legt. Ich bin selber von „Welt am laufenden Band" abgekommen, weil es an einen Arbeiterroman denken lässt, und bitte Sie nun dringend, bei „Wohin, Welt?" zu bleiben; es ist das Treffendste und Einprägsamste. Und jedenfalls wäre der Untertitel „Ein Roman der Zukunft" zu setzen. (GSA)

Kippenberg behielt sich auch wie bei anderen Titeln das letzte Wort vor (28. Juli 1932):

„Wackre neue Welt" kommt nicht in Betracht, da man den doppelten Sinn daraus nicht ersieht. So bleibe „Wohin, Welt?", zu dem meine Frau den ausgezeichneten Vorschlag macht, die beiden Wörter umzustellen und zu sagen: „Welt – Wohin?" Das klingt sehr suggestiv und zugleich dichterisch. (GSA)

Am 21. September 1932 berichtete Kippenberg dem Übersetzer:

Meine Reisenden berichten, dass der Titel „Welt – wohin?" beim Sortiment ausserordentlich anspricht. Wenn er auch den Inhalt nicht ganz deckt, so ist der Titel doch wohl verhältnismässig der beste. (GSA)

Dem schloss sich auch der Übersetzer an (24. September 1932): „Dass der Titel anspricht, freut mich sehr. Ich glaube bestimmt, dass dieser gemeinsam gefundene bei weitem der beste ist, der sich finden liesse" (GSA). Wie diese Titelwahl zeigt, ging es dem Verleger hauptsächlich um die appellative Funktion des Titels, der stark rezipientenorientiert ist.

Im Haupttext selbst benutzte der Übersetzer freilich die Schlegel-Tieck'sche Übersetzung, sodass die Zitathaftigkeit beibehalten und zudem durch die Markie-

---

Aldous Huxleys Utopie, in: Stuttgarter Neues Tagesblatt, 7. April 1932, o. Pag. Der Titel wird ebenfalls als *Tapfere neue Welt* wiedergegeben in: [RFF.], „Der Fürst wurde nicht ermordet", In: Hessische Allgemeine 204 (4. September 1982), o. Pag.

rung als Shakespeare'scher Prätext noch verstärkt wurde.[52]) Dies wurde auch von einem Kritiker hervorgehoben, der in seiner Besprechung die entsprechenden Passagen im Roman besonders hervorhebt und schreibt:

Es ist ein genialer Einfall Huxleys, daß dieser Wilde an einem nur noch in der Reservation vorhandenen einzigen Exemplar von Shakespeares Dramen lesen gelernt hat, so daß er nun, in oft genug bitter-komischem Unverstand, fortgesetzt in Shakespeare-Zitaten redet. [...] Entsetzlich rächt sich des Wilden anfängliches Entzücken beim ersten Anblick der Zivilisationsmenschen, das er mit Mirandas Worten aus dem „Sturm" äußert: „Wackre neue Welt, die solche Bürger trägt!" (Diese bittere Ironie gibt dem Buch übrigens den Originaltitel: „Brave new world")[53])

Auffällig ist, dass er es bei dieser Kritik belässt, obgleich die Übersetzung des Wortes „brave" mit „wacker" nicht unbedingt dieselben Assoziationen suggeriert wie das Original. „Wacker" ist insgesamt doch mehr im Sinne von „wachsam, munter, tüchtig" zu verstehen[54]), wobei ein gewisser ironischer Unterton durchaus vorhanden ist, aber dennoch nicht dem englischen Wort „brave" entspricht, das das OED als ein „general epithet of admiration or praise" definiert im Sinne von „worthy, excellent, good [...] to express the superabundance of any valuable quality in men or things".[55])

Im Laufe des Literaturimports des Romans von Aldous Huxley blieb es jedoch nicht bei dem Titel *Welt – Wohin? Ein Roman der Zukunft*. Es wurden mehrere Umetikettierungen vorgenommen, auf die abschießend noch kurz eingegangen werden soll. Nach einer politisch bedingten Zwangspause besann man sich 1950 erneut auf den inzwischen wieder als sehr aktuell empfundenen Roman, und gab ihm, in der alten Übersetzung Herlitschkas, den durch Schlegel-Tieck und die Mehrzahl aller bisherigen Shakespeare-Übersetzungen sanktionierten Titel: *Wackere neue Welt*.[56]) Drei Jahre später kam der Roman in das Sortiment des Fischer-Verlags, und bei dieser Gelegenheit wurde der Titel nochmals geändert, sodass er seit 1953 als *Schöne neue Welt. Ein Roman der Zukunft* auf dem Büchermarkt angeboten wird. Nach Auskunft des Verlages (28. Juni 2000) wurde dieser Titel

[52]) Vgl. die englische Ausgabe von Chatto & Windus, London 1960, S. 130, 171, 172 und die Übersetzung, S. 192f., S. 251. Zur Interpretation vgl. Christoph Bode, Aldous Huxley. Brave New World, München 1985, S. 80f.

[53]) Die Besprechung von Ernst Krenek ist abgedruckt in: Die Tatwelt 9.3 (1933–1934), 155–158, hier: S. 156f.

[54]) Vgl. den Eintrag in: Deutsches Wörterbuch von Jacob und Wilhelm Grimm. Bd. 27. Dreizehnter Band: W-Wegzwitschern [-zwiesel]. Bearbeitet von Dr. Karl von Bahder und Mitwirkung von Dr. Hermann Sickel, München 1984.

[55]) So übertragen alle niederländischen Übersetzer den Titel mit *Heerlijke nieuwe wereld*, und Ulrich Suerbaum, der das Drama für die Englisch-deutsche Studienausgabe, Stauffenburg-Verlag, übersetzen wird, teilte brieflich mit (13. Juli 2000): „In der Übersetzung wird es wohl bei *Schöne Neue Welt* bleiben. (Sicher nicht *Wackere neue Welt*, obwohl diese Version Schlegels sich noch bis in die Gegenwart gehalten hat; Erich Fried übersetzt noch so. Eschenburg schrieb *Herrliche Neue Welt*)."

[56]) Übersetzt von Herberth E. Herlitschka, Zürich: Steinberg Verlag/Nürnberg: Nest-Verlag 1950. Die 1959 in London erschienene Abhandlung von Aldous Huxley, *Brave New World Revisited*, wurde ein Jahr später für den Münchner Piper-Verlag ebenfalls von Herberth E. Herlitschka übersetzt und erschien unter dem Titel *Dreißig Jahre danach, oder Wiedersehen*

sowie die gesamte Übersetzung von Aldous Huxley als die einzig gültige autorisiert.[57]) Dazu kommt freilich 1978 eine weitere neue Übersetzung, die unter anderem auch Herlitschkas Verlegung des Schauplatzes nach Berlin rückgängig macht, ebenfalls sämtliche Namen, Bezeichnungen und Anspielungen, die bei Herlitschka eingedeutscht wurden. Diese in der ehemaligen DDR publizierte Übersetzung stammt von Eva Walch und trägt den Titel *Schöne neue Welt. Utopischer Roman.*[58]) Zur Begründung führt die Übersetzerin an:

Ich habe den mir am geläufigsten, einprägsamsten erscheinenden Titel gewählt. Der Bezug ist schon der auf das Shakespearezitat, aber nicht in der altväterischen Schlegelübersetzung mit „wackre", sondern – leicht ironisch klingend womöglich – „schöne". Ohne übersetzerische philologische Ambition, sondern nur auf Wirkung orientiert.[59])

Auffällig ist, dass sich auch der Untertitel im Laufe der Zeit gewandelt hat. Während das Original lediglich mit *Brave New World. A Novel* auf den Markt kam und somit nur recht allgemein die Gattung signalisierte, verweist besonders Eva Walchs Untertitel ›Utopischer Roman‹ konkret auf eine literarische Gattung, die der Leser gemeinhin mit Werken von H. G. Wells (*A Modern Utopia*) und George Orwells *1984* in Verbindung bringt. Als Intertextualitätssignal markiert der Untertitel nicht nur den Bezug des Textes auf die literarische Gattung, er charakterisiert ebenfalls das zum geflügelten Wort gewordene Shakespeare-Zitat, das im OED unter dem separaten Eintrag folgendermaßen definiert wird: „'brave new world' [...] the title of a satirical novel (1932) by Aldous Huxley [...] portraying a society in which 'progress' has produced a nightmarish 'utopia'".

Die ‚neue' Titelformulierung entspricht zwar nicht der klassischen Shakespeare-Übersetzung von Schlegel-Tieck; sie taucht aber bereits in einigen *Tempest*-Übertragungen seit dem 19. Jahrhundert auf und wird bis heute – etwa auch von Frank

---

mit der ›Wackeren Neuen Welt‹. In der ersten Fußnote (S. 9) merkt der Übersetzer an, dass Huxley den Titel aus Shakespeares *Sturm* nahm, „wo Miranda, in Schlegels Übersetzung sagt: ‚O wackre neue Welt, die solche Bürger trägt!'". 1994 brachte der Piper-Verlag anlässlich des 100. Geburtstages des Autors eine leicht überarbeitete Version dieser Übersetzung heraus, wo die Anmerkung getilgt und der Buchtitel sowie seine Nennung in der Abhandlung zu *Wiedersehen mit der Schönen Neuen Welt* geändert wurde.

[57]) Aldous Huxley, Schöne neue Welt. Ein Roman der Zukunft, Frankfurt/M.: Fischer 1953.

[58]) Aus dem Englischen von Eva Walch. Mit einem Nachwort von Horst Höhne, Berlin: Verlag das Neue Berlin 1978. In seinem Nachwort zitiert Höhne das *Tempest*-Zitat mit beiden Varianten („Wackere [schöne] neue Welt"), um der Schlegel-Tieck-Übersetzung und Walchs Übersetzung gerecht zu werden (S. 253). Christoph Bode kennt offensichtlich diese ausgesprochen gelungene Übersetzung nicht. Seine Ausführungen zu Herlitschkas Übersetzungsdefiziten sind recht hilfreich bei der Beurteilung von Walchs Übertragung. Vgl. Aldous Huxley. Brave New World (zit. Anm. 52), S. 144ff.

[59]) In ihrem Brief (25. Juli 2000) führt Eva Walch fort: „Ich habe ganz schlechte Erfahrungen mit eingebürgerten Titeln gemacht, wo ich vermeintlich zutreffender oder genauer übersetzen wollte, aber nichts als Befremden oder Ablehnung geerntet habe: *Le malade imaginaire*, von mir als *Der gesunde Kranke* übersetzt, wurde von den Theatern immer mit dem alten Titel gespielt, wofür sie sich jedes Mal die Genehmigung geholt haben. Ein anderer Fall wäre vielleicht, *Die fröhlichen Frauen von Windsor*, einzuführen, was auch völlig vergeblich wäre."

Günther benützt.[60]) Es ist allerdings recht schwer festzustellen, ob dies dem deutschen Leser etwas bedeutet. Bemerkenswerter scheint mir dagegen die Ausstrahlung dieses neuen Titels im deutschen Sprachraum, wo „Schöne neue Welt" aufgrund des Romans selbst zu einem Zitat geworden ist, das eine Art Eigendynamik entwickelt und Anspielungen provoziert hat, die sich kaum mehr auf Shakespeare, sondern in erster Linie auf Huxleys negative Utopie beziehen.[61]) Beispiele wären etwa: *Internet. Schöne, neue Welt? Der Report über die unsichtbaren Risiken*; *Multimedia. Die schöne neue Welt auf dem Prüfstand*; *Die Suppe lügt. Die schöne neue Welt des Essens*; *Schöne neue Welt? Russischer Alltag 1992–1995*; *EXPO 2000. Alptraum der Zukunft. 1001 nachhaltige Gründe gegen die Schöne Neue EXPO-Welt.*[62])

In dem vorliegenden Beitrag ging es weniger um eine Kategorisierung von verschiedenen Titeltypen und deren Funktionen, sondern es sollte am Beispiel des Originals das kulturelle und literarische sowie sprachliche Potential eines Titels aufgezeigt werden. Besonders die einzelnen Informationen der Übersetzer und Verleger über die Übersetzungsmöglichkeiten verschiedener Titel sollte den angehenden Übersetzer für seine eigene Tätigkeit sensibilisieren oder zumindest ein gewisses Rüstzeug mitliefern, wenn er oder sie sich mit dem Lektor über einen adäquaten deutschen Titel zu einigen hat. Diese Diskussion sollte, wie Bärbel Flad, Lektorin beim Kölner Verlag Kiepenheuer & Witsch, formuliert, „produktiv und kreativ" sein. Das letzte Wort, so schließt sie ihre Ausführungen „sollte aber immer der Übersetzer haben. Sein Name steht auf dem Titelblatt, es ist auch urheberrechtlich gesehen seine Übersetzung, und selbst wenn ich nicht von seiner Formulierung überzeugt bin, muß ich sie akzeptieren."[63])

---

[60]) So z. B. in: William Shakspeare's dramatische Werke. Übersetzt und erläutert von Adelbert Keller und Moriz Rapp. Bd. 5, 2. Ausgabe, Stuttgart 1854, S. 108: „Wundervoll, | Wie stattliche Geschöpfe giebt's hienieden; | Wie herrlich ist das menschliche Geschlecht! | O schöne neue Welt, so reich bevölkert!". Frank Günther übersetzt: „Ein Wunder! | Wie viele herrliche Geschöpfe hier! | Wie schön die Menschheit ist! O schöne, neue Welt, | Die solche Wesen trägt!". William Shakespeare, Der Sturm. Zweisprachige Ausgabe. Deutsch von Frank Günther. Mit einem Essay von Günter Walch, München, 1996, S. 155. – In der Ausgabe des Fischer-Verlags wird diese Stelle aus dem *Tempest* (zusammen mit Nikolai Berdjajews Ausführungen zur Utopie) als Motto dem Roman vorangestellt, sodass die intertextuelle Referenz besonders deutlich ins Auge sticht.

[61]) Zutreffend äußert sich dazu Rüdiger Heimlich, Der Dichter einer schönen neuen Welt, in: Kölner Stadt-Anzeiger 170, 25. Juli 1994, S. 23: „[...] dieses Buch [wird] immer dort zitiert, wo Zweifel am wissenschaftlich-technischen Fortschritt geäußert werden, oft zur politischen Formel verkürzt, die den philosophischen Impetus des Buches vergessen macht."

[62]) Dies trifft auch auf englische Titel zu. Die Bücher behandeln ebenfalls fast durchweg Probleme des technischen bis hin zum medizinischen Fortschritt. Beispiele sind: *Ethics for a Brave New World*; *Remaking Eden; Cloning and Beyond in a Brave New World*; *Designing Babys: The Brave New World of Reproductive Technology*; *Whose Brave New World? The Information Highway and the New Economy*; *Beyond Valium: The Brave New World of Psychochemistry*.

[63]) Bärbel Flad, „Wer hat das letzte Wort", in: Literaturübersetzen: Englisch. Entwürfe, Erkenntnisse, Erfahrungen, hrsg. von Herwig Friedl, Albert-Reiner Glaap, Klaus Peter Müller (= Transfer. Düsseldorfer Materialien zur Literaturübersetzung 4), Tübingen 1992, S. 223–234, hier: S. 233. – Zum Verhältnis „Übersetzer und Lektor" vgl. auch den gleichnamigen Artikel von Elisabeth Borchers in: Ist Literaturübersetzen lehrbar? (zit. Anm. 30), S. 45–61.

VERZEICHNIS DER LITERATURWISSENSCHAFTLICHEN HABILITATIONEN AN ÖSTERREICHISCHEN UNIVERSITÄTEN

Vorbemerkung der Redaktion

Ab 1985 bringen wir das ›Verzeichnis‹ in jedem zweiten Halbband eines Jahrganges. Für diese Dokumentation laden wir neu Habilitierte ein, ihre Anzeige an die Redaktion ›Sprachkunst‹ (Österreichische Akademie der Wissenschaften, Kommission für Literaturwissenschaft, Dr.-Ignaz-Seipel-Platz 2, A-1010 Wien) jeweils bis spätestens Ende Juli zu schicken. Folgende Angaben werden erbeten: Name, Geburtsjahr, Beruf, Titel der Dissertation, Publikationsverzeichnis, Titel und Kurzfassung (bis zu 20 Zeilen) der Habilitationsschrift, Venia, Institutszuordnung.

Univ.-Doz. Dr. Irmgard Egger

Geboren: 1953
Beruf: Univ.-Doz. am Institut für Germanistik der Universität Wien.

Dissertation:

Lederstrumpf – ein deutsches Jugendbuch: 1845–1980, Wien 1985, 511 S.

Publikationen:

Monographien:

- ›Lederstrumpf‹ – ein deutsches Jugendbuch. Untersuchung zu den Bedingungen und Strukturen literarischer Transformation, Wien, Verlag der wissenschaftlichen Gesellschaften Österreichs 1991.
- Diätetik und Askese. Zur Dialektik der Aufklärung in Goethes Romanen, München: Fink 2001 *(s. Habilitationsschrift).*

Aufsätze, Tagungsbeiträge (Auswahl):

- Mehrsprachigkeit. Zu einem Motiv der österreichischen Literatur am Beispiel von Ingeborg Bachmann, in: Deutsche Vierteljahrsschrift 70 (1996), Heft 4, S. 692–706.
- „... den Faden aus dem Gewebe“: zur Großstadtwahrnehmung in Heimito von Doderers Wiener Romanen, in: Erst bricht man Fenster. Dann wird man selbst eines. Heimito von Doderer 1896–1966, Hrsg. Wendelin Schmidt-Dengler und Gerald Sommer, Riverside (Ariadne University Press) 1997, S. 23–34.
- „... vorsorgliche Anstalten“: Landschaftspark und Seelendiätetik in Goethes ›Wahlverwandtschaften‹, in: Germanisch-Romanische Monatsschrift 47 (1997), Heft 1/2, S. 151–157.

- „... ihre heiter-grünen Formen". Die Natur in Heinrich Heines italienischen Reisebildern, in: „Ich Narr des Glücks". Heinrich Heine 1797–1856. Bilder einer Ausstellung, hrsg. von JOSEPH A. KRUSE, ULRIKE REUTER, MARTIN HOLLENDER, Stuttgart und Weimar 1997, S. 275–285.
- „... eine Art von Experiment". Goethes Kritik szientifischer Methoden und die ›Wilhelm Meister‹-Romane, in: Jahrbuch des Freien Deutschen Hochstifts (1997), S. 69–92.
- „... ihre große Mäßigkeit". Diätetik und Askese in Goethes Roman ›Die Wahlverwandtschaften‹, in: Goethe-Jahrbuch 114 (1997), Weimar 1998, S. 253–263.
- Goethe liest Zimmermann. Die Bedeutung der ‚Einsamkeit' für ›Wilhelm Meisters Lehrjahre‹ und die ›Wahlverwandtschaften‹, in: Johann Georg Zimmermann 1728–1795, hrsg. von HANS-PETER SCHRAMM, (= Wolfenbütteler Forschungen), Wiesbaden 1998, S. 169–177.

Habilitationsschrift:

Diätetik und Askese. Zur Dialektik der Aufklärung in Goethes Romanen, München (Fink) 2001. (Zugleich Habil.-Schrift, Wien 2000, 329 S.)

Kurzfassung:

Ausgangspunkt dieser Untersuchung ist eine Reihe geheimnisvoller Lebensweisen und Todesarten in den großen Romanen Goethes und ihrem zeitgenössischen Umfeld, deren synchrone wie diachrone Texturen bislang weitgehend unerforscht geblieben sind. Zwei Diskurse haben sich dabei als dominierend erwiesen: die laizistische Diätetik und die philosophisch-religiöse Askese. – Den Beginn dieser Verläufe beherrscht stets das moderne Experiment – hier das der diätetisch durchgeplanten Lebensführung bis hin zu Gartengestaltung, Gesundheitsvorsorge und Tageseinteilung, wie Goethe sie aus der populären Medizinpublizistik der Zeit kannte (Tissot, Unzer, Hufeland u. a.). Rätselhaftes tritt in diesen *díaitai* jedoch bald zutage: eine zunehmende Semiotisierung des Vitalen, ein wachsendes Mißverhältnis von Körper und Seele, an dem sich erste Erosionen der verordneten Harmonie abzeichnen, und zwar sowohl in den historischen Brüchen der Rede vom ganzen Menschen als auch in deren Verflechtung in das Netzwerk von Goethes Œuvre, das so gleichsam zu einer Transversale des Zeitalters wird. Die Welt der allzu Organisierten überschattet nun geradezu atavistisch anmutende Vorstellungen und Verhaltensweisen (Mesmerismus, Sympathetik, Melancholie; Zimmermann, Schelling, Ritter u. a.) bis hin zum Umschlagen der diätetischen Mäßigkeit in die Askese des maßlosen Maßhaltens, in den radikalen anachoretischen Rückzug. – In der paläographischen Lektüre der Zeiten und der Texte treten deren tiefste Schichten als Züge orphisch-pythagoreisch-platonischer Askese zutage, sodann als Zitate patristischer Hagiographie und am Ende als Tableaus spätmittelalterlicher Heiligenverehrung, wie Goethe sie aus dem Rheinland und aus Italien kannte, aber auch aus intensiver Lektüre. Die Ohren gegen den Gesang der Sirenen verschließend, waren die Protagonisten der Romane beständig vorangeschritten, oder jedenfalls schien es so. Je weiter sie jedoch nach vorne zu gelangen meinten, desto tiefer waren sie am Ende in die tödliche Wiederkehr des Verdrängten zurückgefallen, bis schließlich jene, die um des auf Erden verfehlten Glücks den Märtyrertod erleiden, zu Bildern und zu Zeichen werden.

Venia:

Neuere deutsche Literatur.

Institutszuordnung:

Institut für Germanistik der Universität Wien.

Univ.-Doz. Dr. Rudolf Weiss

Geboren: 1951
Beruf: ao. Univ.-Prof. am Institut für Anglistik und Amerikanistik der Universität Wien.

Dissertation:

Illusion und Realität in den Short Stories William Somerset Maughams. Wien 1981, 457 S.

Publikationen:

Aufsätze:

- Fact and Fiction in W. Somerset Maugham's ›Ashenden‹, in: A Yearbook of Studies in English Language and Literature 1982/83 (= Wiener Beiträge zur englischen Philologie 79), hrsg. von Siegfried Korninger, Wien 1984, S. 63–78.
- Form und Funktion des Monologs im englischen Gegenwartsdrama. Bond, Shaffer, Keeffe, Edgar, in: Studien zur Ästhetik des Gegenwartstheaters, hrsg. von Christian W. Thomsen, Heidelberg 1985, S. 225–239.
- „Why don't you tell me more?" or „Try the pulpit!" Der Confident/Raisonneur bei A. W. Pinero, in: Maske und Kothurn 31 (1985), S. 219–240.
- The Barker Inheritance. Berte Thomas und Harley Granville Barker: ›The Family of the Oldroyds‹, in: A Yearbook of Studies in English Language and Literature 1985/86 (= Wiener Beiträge zur englischen Philologie 80), hrsg. von Otto Rauchbauer. Wien 1986, S. 249–265.
- Versions of Emancipation. The Dramatic World of Elizabeth Baker, in: Sprachkunst 20 (1989), S. 305–316.
- Elizabeth Baker, Dramatist. Two New Manuscripts and a Printed Text, in: Notes and Queries 37 (1990), S. 434f.
- John Galsworthy's ›Strife‹. Striving for Balance or the Audience as Jury, in: Theatre Research International 20 (1995), S. 7–18.
- „A pack of blinded hounds" oder „The foundations of society"? Das Volk in John Galsworthys Dramen, in: Das verführte und betrogene Volk auf der Bühne, hrsg. von Ulrich Müller, Anif/Salzburg 1995, S. 177–187.
- Sir George Alexander, in: International Dictionary of Theatre, Bd. 3, hrsg. von David Pickering, Detroit 1996, S. 10–13.
- Harley Granville Barker. The First English Chekhovian?, in: New Theatre Quarterly 53 (1998), S. 53–62.
- Terra incognita, Populärkultur, intellektuelle Akrobatik. Das englische Drama im Wiener Theater der Jahrhundertwende, in: Beiträge zur Rezeption der britischen und irischen Literatur des 19. Jahrhunderts im deutschsprachigen Raum, hrsg. von Norbert Bachleitner, Amsterdam/Atlanta 2000, S. 345–405.

Habilitationsschrift:

Der Januskopf der traditionellen Moderne. Die Dramenästhetik St. John Hankins und John Galsworthys. Wien 1999.

Kurzfassung:

Die rezeptionsästhetische und ideengeschichtliche Studie der Komödien St. John Hankins und der bedeutendsten Stücke John Galsworthys zeigt die Position der beiden Neuen Dramatiker im

Übergang vom traditionellen zum modernen Drama. Vergleiche mit der viktorianischen Dramatik wie mit der kontemporären Bühnenkunst relativieren die oft erhobenen Vorwürfe der Inoriginalität und des Konservativismus. Sowohl Hankin als auch Galsworthy haben eine individuelle Dramenästhetik entwickelt, die im inhaltlichen wie im formalen Bereich innovative Akzente setzt. Ohne völlige Abkehr von der Tradition manifestiert sich die Moderne in ihrem dramatischen Œuvre in aufgebrochenen oder invertierten dramatischen Strukturen, in ambivalenten Charakteren und einer weitgehend offenen Perspektivenstruktur, die eine komplexe Sympathielenkung bedingen und eine unzweideutige Rezeption verhindern. Desgleichen werden konventionelle szenische und motivische Elemente in einen neuen Kontext gestellt, ironisiert und umgedeutet. Im Rahmen seiner Ästhetik der Negativität hat St. John Hankin der Gesellschaftskomödie eines Oscar Wilde durch neue Rezeptionsstrategien sowie eine thematische Erweiterung ein edwardianisches Gepräge verliehen. Im Kontext seiner gemäßigt naturalistischen Ästhetik der Objektivität hat John Galsworthy das spätviktorianische Problemstück von populären Ingredienzien als auch von formelhaften Strukturen befreit. In ihrer Relativierung herrschender Sinnsysteme ohne Vorstellung von konkreten Zukunftsperspektiven können Hankin und Galsworthy als typische Exponenten einer Übergangsepoche – zwischen 19. und 20. Jahrhundert, zwischen Tradition und Moderne – gelten.

Venia:

Anglistik: Literaturwissenschaft.

Institutszuordnung:

Institut für Anglistik und Amerikanistik der Universität Wien.

BERICHTE UND BESPRECHUNGEN

Miszelle

DIE SINNENHAFTIGKEIT DER POESIE

Eine Wahrnehmungspsychologie literarischer Texte*)

Von Robert Vellusig (Graz)

Die Psychoanalyse hat sich in der Literaturwissenschaft als die ‚bessere' Psychologie etabliert; sie überbietet das alltagspsychologische Räsonnement über den Charakter literarischer Figuren und die Motive ihres Handelns, indem sie deren unbewussten Seelenregungen nachspürt. Gleichwohl ist auch dem tiefenpsychologischen Verstehen der Vorwurf nicht erspart geblieben, den die philologische Psychologismus-Kritik dem naiven Psychologisieren gemacht hat: Sie verkennt den Zeichencharakter literarischer Figuren, das heißt, sie verkennt, dass wir es nicht mit Menschen, sondern mit intentionalen Konstrukten zu tun haben, über die wir nur das wissen, was uns der Text verrät, und deren Gestaltung überdies historischen Konventionen folgt.[1]) Dieser Einwand, so berechtigt er ist, ist als solcher auch unzureichend; denn er vernachlässigt die „Illusionsmächtigkeit literarischer Figuren"[2]); Geschichten lesend, sind wir nicht damit beschäftigt, Informationen über intentionale Konstrukte zusammenzutragen, sondern imaginieren wir Personen und machen dabei unwillkürlich selbst eine personale Erfahrung. Wie aber geschieht dies? Wie erwecken wir verbale Sequenzen zum Bewusstseins-Leben?

Die Frage „Wie aus Sätzen Personen werden" schließt eine der elementarsten Bestimmungen ein, die man über Poesie treffen kann. Poesie ist, mit Aristoteles zu sprechen, Mimesis des *bios* und der *praxis*, die nachahmende Darstellung des menschlichen Lebens und Handelns. Ihr Darstellungsgegenstand ist das sinnenhaft erlebende und sich in seinem Erleben zur Geltung bringende Einzel-Ich, die „konkrete Subjektivität", wie Hegel formulieren würde. Ungefragt zuständig für die Deutung literarischer Texte konnte sich die Psychoanalyse ja auch nur deshalb fühlen, weil sich die Poesie als ein solches verbales Nachstellen des Lebens und Erlebens begreifen lässt.

---

*) Vortrag am 10. Internationalen Germanistenkongress im Rahmen der Sektion „Literatur und Psychologie" (Wien, September 2000). Eine stark gekürzte Fassung des Textes erscheint unter dem Titel ›Die Sinnenhaftigkeit der Poesie. Eine Literaturpsychologie ohne Freud‹ in den im Verlag Peter Lang publizierten Kongressakten.

[1]) Vgl. statt anderer MARIANNE WÜNSCH, Zur Kritik der psychoanalytischen Textanalyse, in: Methoden der Textanalyse, hrsg. von WOLFGANG KLEIN (= Medium Literatur 3), Heidelberg 1977, S. 45–60.

[2]) HERBERT GRABES, Wie aus Sätzen Personen werden... Über die Erforschung literarischer Figuren, in: Poetica 10 (1978), S. 405–428, hier: S. 405.

Wie aber kommen wir überhaupt auf die Idee, poetische Figuren als Personen wahrzunehmen? Anderer Menschen Verhalten zu verstehen, indem wir uns Gedanken über ihre Überzeugungen und Wünsche machen, gehört zu unseren elementarsten kognitiven Operationen. Wenn wir jemanden weinen sehen, dann wäre es absurd, dies mit der Annahme zu erklären, dass der Flüssigkeitspegel in den Tränenkanälchen so angestiegen ist, dass der Druck die Oberflächenspannung um soundso viel überstiegen hat.[3]) Wir nehmen stattdessen einfach an, dass die Person traurig oder gerührt ist. Und wir haben Recht. Wir alle sind intuitive Psychologen, und unsere entsprechenden Verstehensleistungen beruhen darauf, dass wir über eine von der kognitiven Psychologie so genannte ‚Theorie des Geistes' verfügen, die uns befähigt, zu denken, was andere denken, und darüber hinaus, zu denken, was andere denken, dass wir denken usw. Autistische Kinder sind in dieser Hinsicht ‚geistesblind', das heißt, sie sind nicht in der Lage, andere Personen als denkende Wesen zu denken.[4])

Es liegt nahe, unsere Theorie des Geistes – diese Basis unseres poetischen Bewusstseins – als eine evolutionäre Errungenschaft zu begreifen, die wir unserem anthropologischen Status verdanken, Gruppentiere zu sein, für die die Wahrnehmung von Artgenossen und ihren Absichten zu einer der elementarsten Überlebensnotwendigkeiten zählt.[5]) Affen sind dazu nur beschränkt imstande; Kinder erwerben diese Fähigkeit im Laufe der ersten drei, vier Lebensjahre. Zu dieser anthropologischen Grundausstattung gehört auch das Vermögen, Gesichter zu sehen[6]), und so wie die Fähigkeit, das Denken anderer Menschen zu denken, defekt sein kann (ohne dass andere komplexe kognitive Operationen eingeschränkt sind), so kann auch die Fähigkeit, Gesichter zu sehen, verloren gehen, ohne dass deshalb die visuelle Gestaltwahrnehmung generell gestört wäre.

In einem bemerkenswerten Experiment haben die Sozialpsychologen Fritz Heider und M. Simmel gezeigt, wie wirkungsmächtig unsere Neigung ist, unsere Umwelt in sozialen Begriffen wahrzunehmen. Grundlage des Versuchs war folgender Film:

> Ein Pünktchen bewegt sich ein Stück weit entlang einer geneigten Linie nach oben, wieder zurück und wieder nach oben, bis es beinahe oben angelangt ist. Ein anderes Pünktchen prallt heftig mit ihm zusammen, und es rutscht wieder hinunter. Ein drittes Pünktchen berührt es sanft und bewegt sich gemeinsam mit ihm bis zum höchsten Punkt der Steigung.[7])

Den Testpersonen war es praktisch unmöglich, diese kurze Sequenz *nicht* als Interaktionsfolge zu verstehen: als Bemühung eines kleinen Helden, ein Ziel zu erreichen, als Angriff eines Widersachers und als erfolgreiches Eingreifen eines Helfers. Die Bewegungen der geometrischen Figuren wurden „in Begriffen der Handlungen von Personen organisiert"[8]). – Kleinkinder erleben eine Videosequenz, in der ein großer Ball auf einen kleinen Ball springt, typischerweise als Akt der Aggression.[9])

---

[3]) Vgl. Steven Pinker, Wie das Denken im Kopf entsteht. Aus dem Amerikan. von Martina Wiese und Sebastian Vogel, München 1998, S. 407ff.

[4]) Ebenda, S. 412f.

[5]) Vgl. Robin Dunbar, Klatsch und Tratsch. Wie der Mensch zur Sprache fand. Aus dem Engl. übertr. von Sebastian Vogel, München 1998, S. 110–137.

[6]) Vgl. Terry Landau, Von Angesicht zu Angesicht. Was Gesichter verraten und was sie verbergen. Mit einem Nachtrag von Karl Grammer (= rororo 9747), Reinbek bei Hamburg 1995, S. 71–95. Gesichter sind „bevorzugte Muster" (Gombrich).

[7]) Pinker, Wie das Denken im Kopf entsteht (zit. Anm. 3), S. 398f.

[8]) Fritz Heider, Psychologie der interpersonalen Beziehungen. Aus dem Amerikan. von Gerhard Deffner (= Konzepte der Humanwissenschaften), Stuttgart 1977, S. 45.

[9]) Vgl. William F. Allman, Mammutjäger in der Metro. Wie das Erbe der Evolution unser Denken und Verhalten prägt. Aus dem Engl. übers. von Gerald Bosch. Heidelberg und Berlin 1999, S. 73f.

Die Versuchung, die Welt als epischen Interaktionskosmos zu begreifen, ist so groß, dass es einer eigenen Anstrengung bedarf, die Welt selbst nicht als das Ergebnis eines planvollen Handelns zu denken – unsere Mythen erzählen uns das Gegenteil –, und manchmal fällt es uns sogar schwer, uns bewusst zu machen, dass die Welt der Dinge nicht von Absichten regiert wird. Denn auch wenn wir beispielsweise *wissen*, dass unser PC kein menschliches Wesen ist, bleibt uns das *Erleben* weiterhin vertraut, dass er gelegentlich verrückt spielt und dass wir ihn deshalb am liebsten prügeln würden.[10])

Dieses personale Welterleben ist der Darstellungsgegenstand der Poesie, und auch im Alltag neigen wir unwiderstehlich dazu, die Welt – redend – als Interaktionskosmos wahrzunehmen: Der Wind bläst und treibt die Wolken vor sich her, die Sonne versteckt sich hinter den Bergen. Sprachphilosophen tendieren dazu, dies als Täuschung zu verstehen, der wir aufgrund der agentivierenden Struktur unserer Sprache unterliegen; aber plausibler ist es wohl anzunehmen, dass unsere Sprache diese agentivierende Struktur besitzt, weil unser *primäres Welterleben* – wie Piaget gezeigt hat – tatsächlich egozentrisch, animistisch und interaktionsbezogen ist.[11])

Ich komme nach diesen grundsätzlicheren Überlegungen zur Frage zurück, was es heißt, eine verbale Sequenz als Erlebnisfolge und Sätze als Personen zu imaginieren. Die Literaturwissenschaft verfügt über keine hinreichend ausgearbeitete Theorie der Vorstellungsbildung – ein Defizit, das vermutlich damit zu tun hat, dass wir dazu neigen, kognitive Prozesse auf verbale Prozesse zu reduzieren. Die alltägliche Erfahrung lehrt das Gegenteil, und die Forschungen zum Thema „Visual Cognition"[12]) bestätigen den Verdacht, dass sich unser Denken nicht nur im Medium der Sprache vollzieht.

Das zeigt sich beispielsweise daran, dass unser Wissen nicht allein begrifflich organisiert ist. Wenn man danach fragt, ob eine Biene einen Stachel hat, dann lässt sich dies umstandslos beantworten, weil der Stachel zum begrifflichen Schema gehört, das wir von einer Biene haben. Bemerkenswerte Eigenschaften von Gegenständen sind in unserer Begriffsdatenbank als explizite Aussagen gespeichert. Wenn man aber die Frage stellt, welchen Farbton Tiefkühlerbsen haben, dann wird man gezwungen sein, sich Tiefkühlerbsen vorzustellen; um solch abgelegene Einzelheiten wahrzunehmen, müssen wir uns den Gegenstand als geistiges Bild vergegenwärtigen und mit Hilfe unseres mentalen Formenanalysators bearbeiten.[13])

---

[10]) Vgl. Karlheinz Jakob, Naive Techniktheorie und Alltagssprache, in: Die Erscheinungsformen der deutschen Sprache. Literatursprache, Alltagssprache, Gruppensprache, Fachsprache. Festschrift für Hugo Steger, hrsg. von Jürgen Dittmann, Hannes Kästner und Johannes Schwitalla, Berlin 1991, S. 125–136.

[11]) Vgl. Jean Piaget, Das Weltbild des Kindes. Einführung von Hans Aebli. Aus dem Franz. von Luc Bernard (= dtv 15044), München 1988, S. 157–225.

[12]) Richtungsweisend sind die Arbeiten von Stephen Michael Kosslyn (bes. Image and Mind, Cambridge, Mass./London 1980) und Allan Paivio (bes. Imagery and Verbal Processes, Hillsdale, N. J. 1979). Ich orientiere mich an der Darstellung von Steven Pinker (zit. Anm. 3).

[13]) Vgl. Pinker, Wie das Denken im Kopf entsteht (zit. Anm. 3), S. 363f. – Bemerkenswerterweise ist unser mentales Lexikon selbst so organisiert, dass wir diejenigen Begriffe favorisieren, die vorwiegend durch sensorische Merkmale bestimmt sind. Zeigt man Versuchspersonen Bilder einer Eiche, einer Meise, einer Banane und eines Revolvers und bittet sie, diese Gegenstände zu benennen, dann werden sie mit sehr hoher Wahrscheinlichkeit die Eiche als Baum (und nicht als Eiche oder Pflanze), die Meise als Vogel (und nicht als Meise oder Tier), die Banane als Banane (und nicht als Obst), den Revolver als Revolver (und nicht als Waffe) klassifizieren. Der intuitiv gewählte Abstraktionsgrad der begrifflichen Kategorisierung orientiert sich offensichtlich an sensorischen und nicht rein kategorialen Gegenstandsmerkmalen. Als „die allgemeinsten konkreten Begriffe" (Auto und nicht Fahrzeug, aber auch nicht Jeep) nehmen diese so genannten „Primärbegriffe" im Begriffssystem natürlicher Sprachen einen besonderen Stellenwert ein. – Vgl. Angelika Linke/Markus Nussbaumer/Paul Portmann, Studienbuch

Unsere Vorstellungstätigkeit ist aber nicht auf die visuelle Imagination beschränkt. Wir können uns Stimmen vorstellen, Gesichter, Bewegungen, selbst Gerüche oder auch gustatorische Sensationen, und wir können alle diese kognitiv repräsentierten Sinnesmodalitäten in ihren jeweiligen Submodalitäten differenzieren.

Unsere Vorstellungsbilder[14]) sind ihrer physiologischen Natur nach keine exakten Reproduktionen wahrgenommener Dinge, sondern Rekonstruktionen, die durch die (von so genannten dipositionellen Repräsentationen angeregte) Reaktivierung neuronaler Entladungsmuster in den entsprechenden Wahrnehmungszentren des Gehirns erzeugt werden. In physiologischer Hinsicht unterscheiden sich die imaginierten Bilder, Töne etc. unseres Geistes nicht grundlegend von wirklichen Bildern, Tönen etc.; sie werden in denselben Bereichen des Gehirns erzeugt – was unter anderem durch die Tatsache bestätigt wird, dass Personen, die an Wahrnehmungsstörungen leiden, etwa am Verlust der Farbwahrnehmung, auch nicht mehr in der Lage sind, die entsprechenden Vorstellungen, in diesem Falle also Farbimaginationen, zu bilden.

Aber geistige Bilder sind Bruchstücke (und sie lassen sich auch nicht zu einer einheitlichen visuellen Karte zusammenfügen).[15]) Unsere Vorstellung eines Gegenstandes ist – anders als dessen Wahrnehmung – perspektivisch nicht gebunden. Wenn wir uns einen Gegenstand vorstellen, betrachten wir ihn aus verschiedenen Blickwinkeln; das vollständige Bild gleicht dann einer Collage von Einzelansichten. Diese Eigenheit der Imagination macht verständlich, weshalb die perspektivische Malerei erst relativ spät entwickelt wurde. Wir sehen perspektivisch, aber unsere Vorstellungsbildung verläuft „aspektivisch"[16]) – weshalb die Art und Weise, wie die altägyptische Kunst den menschlichen Körper darstellt und wie unsere Kinder ihn heute noch zeichnen – nämlich als Konglomerat von Einzelansichten – zwar nicht unserer *Wahrnehmung* entspricht, unsere *geistige Bilderwelt* aber ausdrucksstark abbildet.

Die Facettenhaftigkeit der Vorstellungsbildung kennzeichnet auch unsere Erinnerungen und – dementsprechend – die Struktur unseres Erzählens. Erinnerungen sind Formen des Erlebens,[17]) und poetische Geschichten antworten – dementsprechend – nicht auf die Frage, wie etwas geschehen ist, sondern, wie ein personales Subjekt dieses Geschehen erlebt hat. Und wie die kognitionspsychologisch inspirierte Forschung gezeigt hat, heißt, eine Geschichte zu erzählen, primär, eine Imaginationsfolge zu verbalisieren.[18]) Das zeigt sich beispielsweise daran, dass wir unsere Erzählungen unwillkürlich gestisch, mimisch und artikulatorisch aufführen; erzählend, verwandeln wir uns in Schauspieler und machen unsere Zuhörer zu Augen- und Ohrenzeugen einer Erlebnis-Gegenwart. Die expressiven Gesten, die wir dabei verwenden sind – im Gegensatz zu den formloseren *beats*, mit denen wir unsere sonstigen Äußerungen akzentuieren – „zeichenhaft verkürzte Spielhandlungen"[19]), und typischerweise gehen diese bildhaften Gesten, insofern sie den geistigen Bildern folgen, der verbalen Artikulation voraus.

Linguistik. Ergänzt um ein Kapitel „Phonetik und Phonologie" von Urs Will (= RGL 121), 3., unveränd. Aufl., Tübingen 1996. S. 348–352. – Die Theorie der Primärbegriffe stammt von Joachim Hoffmann, Wird Wissen in Begriffen repräsentiert?, in: Mentale Repräsentationen, hrsg. von Johannes Engelkamp und Thomas Pechmann, Bern [u. a.] 1993, S. 81–92.

[14]) Vgl. Antonio R. Damasio, Descartes' Irrtum. Fühlen, Denken und das menschliche Gehirn. Aus dem Engl. von Hainer Kober (= dtv 33029), München 1997, S. 144ff.

[15]) Vgl. Pinker, Wie das Denken im Kopf entsteht (zit. Anm. 3), S. 365–368.

[16]) Vgl. Emma Brunner-Traut, Frühformen des Erkennens. Aspektive im alten Ägypten, 3. Aufl., Darmstadt 1996, S. 7–70.

[17]) Vgl. Daniel L. Schacter, Wir sind Erinnerung. Gedächtnis und Persönlichkeit. Deutsch von Hainer Kober, Reinbek bei Hamburg 1999, bes. S. 37–70.

[18]) Zum Folgenden vgl. Johannes Merkel, Spielen, Erzählen, Phantasieren. Die Sprache der inneren Welt. München 2000, bes. S. 158–183. – Merkel stützt sich u. a. auf Arbeiten von Allan Paivio.

[19]) Ebenda, S. 173.

Das bedeutet aber nun nicht, dass wir uns die Lektüre eines poetischen Textes als Inszenierung eines inneren Films vorzustellen hätten. Poetische Geschichten sind, wie gesagt, als Folge einzelner Bildvorstellungen organisiert – und sie verlangen vom Leser, dass er die verbale Sequenz seinerseits in eine phrasierte Bilderfolge rückübersetzt. Sie stimulieren die Imagination, und sie können dies, weil die mentale Repräsentation von Worten immer schon die unterschiedlichsten Empfindungen und Handlungen wachzurufen imstande ist, die mit einem Objekt oder einer Kategorie von Objekten zusammenhängen.[20])

Ich will dies anhand eines Beispiels zumindest andeutungsweise konkretisieren. Die kurze Erzählung, die ich dazu wähle, eine Anekdote, stammt von Kleist und ist unter dem Titel ›Der Branntweinsäufer und die Berliner Glocken‹, am 19. Oktober 1810 in den ›Berliner Abendblättern‹ erschienen:

Ein Soldat vom ehemaligen Regiment Lignowsky, ein heilloser und unverbesserlicher Säufer, versprach nach unendlichen Schlägen, die er deshalb bekam, daß er seine Aufführung bessern und sich des Branntweins enthalten wolle. Er hielt auch, in der Tat, Wort, während drei Tage: ward aber am Vierten wieder besoffen in einem Rennstein gefunden, und, von einem Unteroffizier, in Arrest gebracht. Im Verhör befragte man ihn, warum er, seines Vorsatzes uneingedenk, sich von Neuem dem Laster des Trunks ergeben habe?

„Herr Hauptmann!" antwortete er; „es ist nicht meine Schuld. Ich ging in Geschäften eines Kaufmanns, mit einer Kiste Färbholz, über den Lustgarten; da läuteten vom Dom herab die Glocken: „*Pom*meranzen! *Pom*meranzen! *Pom*meranzen!" Läut, Teufel, läut! sprach ich, und gedachte meines Vorsatzes und trank nichts.

In der Königsstraße, wo ich die Kiste abgeben sollte, steh ich einen Augenblick, um mich auszuruhen, vor dem Rathaus still: da bimmelt es vom Turm herab: „Kümmel! Kümmel! Kümmel! – Kümmel! Kümmel! Kümmel" Ich sage, zum Turm: bimmle du, daß die Wolken reißen – und gedenke, mein Seel, gedenke meines Vorsatzes, ob ich gleich durstig war, und trinke nichts.

Drauf führt mich der Teufel, auf dem Rückweg, über den Spittelmarkt; und da ich eben vor einer Kneipe, wo mehr denn dreißig Gäste beisammen waren, stehe, geht es, vom Spittelturm herab: „Anisette! Anisette! Anisette!" Was kostet das Glas, frag' ich? Der Wirt spricht: Sechs Pfennige. Geb' er her, sag' ich – und was weiter aus mir geworden ist, das weiß ich nicht."[21])

[20]) Bemerkenswerterweise werden diese Repräsentationen in ganz unterschiedlichen Hirnregionen reaktiviert. Vgl. Antonio R. Damasio und Hanna Damasio, Sprache und Gehirn, in: Signale und Kommunikation. Mechanismen des Informationsaustausches in lebenden Systemen. Mit einer Einf. von John Dittami (= Verständliche Forschung), Heidelberg, Berlin, Oxford 1993, S. 140–148. – A. und H. Damasio liefern neurophysiologische Befunde für die Hypothese, dass das Gehirn Sprache in drei wechselwirkenden Gruppen von Strukturen verarbeitet: (1) einer Gruppe neuraler Systeme, die all das kategorisiert und klassifiziert, was eine Person tut, wahrnimmt, denkt oder fühlt; (2) einer kleineren Anzahl neuronaler Systeme, die Phoneme, Phonem-Kombinationen und syntaktische Regeln für die Kombination von Wörtern repräsentiert, und schließlich (3) eine Gruppe von Strukturen, die zwischen den ersten beiden Systemen vermitteln. – Wie eng die verschiedenen mentalen Repräsentationen interagieren und wie suggestiv dementsprechend die Verbalisierung eines Ereignisses für die Bildung von Erinnerungen ist, zeigt folgendes Experiment: Versuchspersonen, denen man einen kurzen Film mit einem Verkehrsunfall vorführte, erinnerten Details des Ereignisses anders, je nachdem ob man den Unfall danach als „Aufeinandertreffen" oder als „Ineinanderkrachen" zweier Autos bezeichnete. Personen aus der zweiten Gruppe schätzten die Geschwindigkeit der beteiligten Fahrzeuge deutlich höher ein und glaubten zudem, sich daran zu erinnern, Glas an der Unfallstelle wahrgenommen zu haben. Vgl. John Kotre, Der Strom der Erinnerung. Wie das Gedächtnis Lebensgeschichten schreibt. Aus dem Engl. von Hartmut Schickert (= dtv 36089), München 1998, S. 50f.

[21]) Ich zitiere nach der Ausgabe Heinrich von Kleist, Sämtliche Werke und Briefe. Bd. 3: Erzählungen, Anekdoten, Gedichte, Schriften, hrsg. von Klaus Müller-Salget (= Bibliothek Deutscher Klassiker 51), Frankfurt/M. 1990, S. 360. Die Absatzgliederung stammt von mir. –

Der Witz dieser schönen Geschichte liegt darin, dass der „heillose und unverbesserliche" Säufer seine Trunksucht als Verführung durch den Teufel erlebt, – und Kleist alles daran setzt, uns diesen Kampf gegen die Versuchung mit- und nacherleben zu lassen.

Erstens lässt er den Soldaten seine Geschichte selbst erzählen; er übersetzt die Erzählung vom Verhör durch den Unteroffizier in die Rede-Handlung des Delinquenten und lässt uns dessen Sätze als personale Selbstdarstellung wahrnehmen. Der Rahmen und die Erzählung verhalten sich zueinander komplementär, und es erhöht den Reiz der Geschichte, dass wir eingangs erfahren, *was* vorgefallen ist, und nun neugierig wissen wollen, *wie* es dazu kommen konnte. Was wir zunächst hören, steigert unsere Erwartung noch mehr: Der Soldat, den man „besoffen" in einem Rinnstein aufgefunden hat, sagt: „Herr Hauptmann! [...] es ist nicht meine Schuld." Dieser Satz besitzt personale Qualitäten; man muss ihn stimmlich artikulieren und wird dabei unwillkürlich wahrnehmen, wie der Sprecher verbal und körperlich Haltung annimmt, und man wird auch den Brustton der Überzeugung vernehmen, mit dem er jede Schuld von sich weist. Bereits dies – die komplexe Vergegenwärtigung einer Form, sich als Person leibhaftig darzustellen – ist dazu angetan, der Figur personale Prägnanz[22]) zu verleihen.

Zweitens gibt Kleist der Erzählung des Soldaten die Form der Erinnerung; ihre Pointe liegt ja darin, dass der Mann zwar erzählen kann, was geschehen ist, dass er am Ende aber doch nicht recht weiß, *wie ihm geschehen ist.* Erinnerungsförmig nenne ich diese Geschichte aber auch deshalb, weil uns die Erzählung die Ereignisse als szenisches, interpersonales Geschehen vergegenwärtigt. Der Text macht uns zu unmittelbaren Ohrenzeugen einer auditiven Halluzination und eines Wortwechsels.[23]) Und auch hier ist die direkte Rede eine Mimesis des Sprechens, deren artikulatorischen Gestus und deren die Rede begleitenden körperlichen Gesten wir imaginativ nachvollziehen: Wir hören das Läuten der Glocken als klanglich differenzierte Rede – erst dunkel, schwer und träge (*Pom*meranzen!), dann hell, hektisch und drängend (Kümmel! Kümmel! Kümmel!), schließlich kurz und bestimmt (Anisette! Anisette! Anisette!) – und wir verstehen unmittelbar, dass der Erzähler die Glocken als teuflische Marktschreier erlebt. Wir hören die Widerrede des Soldaten, und wir vernehmen, wie er sich zunächst nicht beirren lässt („Läut, Teufel, läut! sprach ich, und gedachte meines Vorsatzes und trank nichts."), wie er dann, aufgebracht, gegen den bimmelnden Turm wütet und verbal die Fäuste ballt („Ich sage, zum Turm: bimmle du, daß die Wolken reißen"), wie er dies mit einem Stoßseufzer begleitet, der die Anstrengung verrät, die es ihm kostet, sich zu besinnen („und gedenke, mein Seel, gedenke meines Vorsatzes, ob ich gleich durstig war, und trinke nichts"); und wir erleben schließlich mit, wie der Widerstand des Soldaten bricht und er sich, besinnungslos nun, in die nächste Kneipe wirft: „Was kostet das Glas, frag' ich? Der Wirt spricht: Sechs Pfennige. Geb' er her, sag' ich – und was weiter aus mir geworden ist, das weiß ich nicht."

Zu Kleists Vorlage vgl. HELMUT SEMBDNER, Die Berliner Abendblätter Heinrich von Kleists, ihre Quellen und ihre Redaktion (= Schriften der Kleist-Gesellschaft 19), Berlin 1939, S. 91f. – Ein Vergleich zwischen Kleists Anekdote und dem „Beispiel eines neuen Heroismus" würde ergeben, dass Kleist seine Quelle poetisch überbietet, indem er auf explizite psychologische Deutungen verzichtet.

[22]) Vgl. DIETER HENRICH, Ästhetische Perzeption und Personalität, in: Positionen der Negativität, hrsg. von HARALD WEINRICH (= Poetik und Hermeneutik 6), München 1975, S. 543–546.

[23]) Es heißt ja eben nicht, dass die Glocken klangen, als ob sie „*Pom*meranzen!" riefen, oder gar, dass der Soldat, an Durst leidend, glaubte, dass die Glocken dies taten. Sie tun es einfach, und es klingt zum Schluss sogar so, als hätte auch der Wirt die Anisette-Rufe vom Spittelturm herab vernommen.

Drittens fällt auf, dass Kleist der Ereignisfolge die prägnante Form einer dreimaligen[24]) Versuchung verleiht. Diese elementare narrative Sequenz ist kein bloßes Nacheinander von einzelnen Augenblicken, sondern ein den Text phrasierendes[25]) Bewegungsmuster. Es hebt prägnante Momente – Momente der Plötzlichkeit – hervor und setzt rhythmische Markierungen. Die gesamte Sequenz bildet, rhythmisch bewegt, ab, wie die Aufmerksamkeit des Soldaten in dem Maße gefesselt wird, in dem er sich der Last seiner geschäftlichen Verpflichtung entledigt. Innerhalb der jeweiligen Wahrnehmungsspannen der Geschichte variiert Kleist das Tempo; dieses spezifisch phrasierte Tempo des Textes vermittelt uns: ein Weiterschreiten gesetzten Schritts, einen Zögern und Stocken, schließlich die atemlose Folge von Rede und Gegenrede. Auch diese Abfolge verschiedener sprachlich artikulierter Bewegungsformen ist poetisch sprechend, denn sie bildet in den äußeren Bewegungen eine innere Bewegung ab: Bewusstsein lähmt und braucht Zeit, und die Energie und Hast, mit der sich der Säufer – seiner Verpflichtungen ledig – sein erstes Glas Anisette bestellt, ist deshalb mit seiner Besinnungslosigkeit identisch.

*

Ich fasse zusammen: Kleists Text vergegenwärtigt in komplexen sinnlichen Modalitäten eine imaginative Geschehensfolge, in der für uns eine Person in ihrem Erleben Gestalt gewinnt. Es wäre aber reduktionistisch, die personale Prägnanz der Darstellung psychologisch auf den Begriff zu bringen. Wollte man die Vergegenwärtigungsleistung des Textes begrifflich vergegenständlichen, würde man ihr den Reiz rauben.[26]) Kleists Geschichte ist poetisch wahr, weil sie eine Form des Erlebens so gestaltet, dass wir unser eigenes Erleben darin wieder erkennen können – ohne dass wir uns deshalb seiner bewusst zu werden brauchen. Allenfalls wissen wir nach der Lektüre dieser Anekdote etwas, was als intuitives Wissen in der verblassten Metaphorik unserer expressiven Alltagsrede immer schon aufbewahrt ist: dass auch uns die Versuchung anlacht, dass auch wir uns gerne verlocken oder zu etwas Unüberlegtem hinreißen lassen.

Poetische Geschichten lesend, erleben wir uns – die Erlebnisdimension unseres Lebens – im Spiegel imaginierter Personen – und ihres Erlebens – wieder. Wir tun dies und wir können dies tun, weil uns unsere je individuellen Erinnerungen auch als intuitives Wissen über Strukturen der Erfahrung zur Verfügung stehen.[27]) Oder mit Aristoteles zu sprechen: Die Geschichtsschreibung hat es mit dem Besonderen zu tun; die Poesie teilt im Besonderen das Allgemeine mit. Poetische Geschichten gestalten in ihrer personalen Konkretheit solche Muster des Wiedererkennens. Ihre Sätze sind mentale Attraktoren, denen wir uns trancehaft hingeben. Und deshalb ist, wenn ein Text poetisch gelingt, die Frage, weshalb wir ihn als schön erleben, mit der Frage identisch, weshalb wir das Leben genießen.[28])

---

[24]) Zur Dreizahl als Elementarform poetischer Geschichten vgl. Axel Olrik, Epische Gesetze der Volksdichtung, in: Zeitschrift für deutsches Altertum und deutsche Litteratur 51 (1909), S. 1–12.

[25]) Zu den folgenden Überlegungen vgl. das Rhythmus-Kapitel bei Robert Jourdain, Das wohltemperierte Gehirn. Wie Musik im Kopf entsteht und wirkt. Aus dem Engl. übers. von Markus Numberger und Heiko Mühler, Darmstadt 1999, S. 159–198. – Entsprechend gilt: Spannung ist keine informationstheoretische Kategorie, sondern eine körperliche Erfahrung.

[26]) Zur entsprechenden Unterscheidung von „poetischer Vergegenwärtigung“ und „psychologischer Vergegenständlichung“ vgl. Gisbert Ter-Nedden, Die Unlust zu fabulieren und der Geist der Schrift. Medienhistorische Fußnoten zur Krise des Erzählens im 18. Jahrhundert, in: Jahrbuch der Jean-Paul-Gesellschaft (1997/98), S. 191–220.

[27]) Zur Unterscheidung von episodischem und semantischem Gedächtnis vgl. Schacter, Wir sind Erinnerung (zit. Anm. 17).

[28]) Vgl. Pinker, Wie das Denken im Kopf entsteht (zit. Anm. 3), S. 668.

Heidrun Ehrke-Rotermund und Erwin Rotermund, Zwischenreiche und Gegenwelten. Texte und Vorstudien zur ‚Verdeckten Schreibweise' im „Dritten Reich", München (Fink) 1999, 626 S.

Mit der umfangreichen Studie ›Zwischenreiche und Gegenwelten‹ zieht das Ehepaar Rotermund Resümee aus seiner langjährigen Beschäftigung mit der Thematik[1]) und legt gleichzeitig ein Grundlagenwerk zum Phänomen der Verdeckten Schreibweise vor. Ausgewählte Texte von 24 nicht systemkonformen deutschen Autoren und Journalisten der NS-Zeit werden einer Analyse unterzogen und in Hinblick auf ihre Wirkung auf ein ebenfalls nicht systemkonformes Adressatenpotential untersucht. Dass dies in derartiger Ausführlichkeit erst mehr als fünfzig Jahre nach Kriegsende geschieht, hängt mit der Problematik des Gegenstandsbereiches zusammen: Verdeckte nonkonformistische Äußerungen von AutorInnen im Dritten Reich werden dem Terminus Innere Emigration zugeordnet. Im Unterschied zu ExilautorInnen appellierten Innere EmigrantInnen nicht an den Widerstandsgeist ihrer Rezipienten, sondern versuchten ‚zwischen den Zeilen' eine Anleitung zum geistig-moralischen Überleben im totalitären Staat zu geben. Wie Gisela Berglund nachweist,[2]) war mit Innerer Emigration ursprünglich eine Haltung des Widerstandes gemeint. Der Begriff veränderte sich in Richtung Verweigerung, Verstummen, d. h. Innere Emigration entfernte sich von der ursprünglichen Zugehörigkeit zum Komplex Widerstand. Vor allem die Diskussion unmittelbar nach Kriegsende zwischen dem „äußeren" Emigranten Thomas Mann[3]) und dem sich als Wortführer der Inneren Emigration gebärdenden Frank Thiess trug viel zur Demontage des Begriffes bei.[4]) Seine These, die Exilanten hätten das Land aus eigennützigen Gründen verlassen, während er und andere „Deutschland die Treue gehalten"

---

[1]) Heidrun Ehrke-Rotermund, Camoufliertes Malen im „Dritten Reich". Otto Dix zwischen Widerstand und Innerer Emigration, in: Aspekte der künstlerischen inneren Emigration 1933–1945, hrsg. im Auftrag der Gesellschaft für Exilforschung von Claus-Dieter Krohn, Erwin Rotermund, Lutz Winckler und Wulf Koepke (= Exilforschung 12), München 1994, S. 126–155. – Dies., Pragmatisch-zeitgeschichtliche Aspekte der „Verdeckten Schreibweise", in: Literatur der ‚Inneren Emigration' aus Österreich, hrsg. von Johann Holzner und Karl Müller (= Zwischenwelt 6), Wien 1998, S. 39–45. – Erwin Rotermund, Artistik und Engagement. Aufsätze zur deutschen Literatur, Würzburg 1994. – Ders., Vorüberlegungen zur Poetik, Rhetorik und Hermeneutik der „Verdeckten Schreibweise" im ‚Dritten Reich', in: Holzner/Müller (Hrsgg.), Literatur der ‚Inneren Emigration' aus Österreich, S. 27–38. – Heidrun Ehrke-Rotermund und Erwin Rotermund, Literatur im „Dritten Reich", in: Geschichte der deutschen Literatur vom 18. Jahrhundert bis zur Gegenwart. Bd. III/1, 1918–1945, hrsg. von Viktor Zmegac, 2. Aufl., Weinheim 1994, S. 318–384. [Auswahl.]

[2]) Gisela Berglund, Einige Anmerkungen zum Begriff der „Inneren Emigration", in: Dies., Der Kampf um den Leser im Dritten Reich, Worms 1980, S. 213–244.

[3]) „Es mag Aberglaube sein, aber in meinen Augen sind Bücher, die von 1933 bis 1945 in Deutschland überhaupt gedruckt werden konnten, weniger als wertlos [...] Ein Geruch von Blut und Schande haftet ihnen an". Thomas Mann, Warum ich nicht zurückkehre! In: Augsburger Anzeiger vom 12. Oktober 1945. Zitiert nach Reinhold Grimm, Innere Emigration als Lebensform, in: Exil und Innere Emigration. Third Wisconsin Workshop, hrsg. von R. G. und Jost Hermand (= Wissenschaftliche Paperbacks Literaturwissenschaft 17), Frankfurt/M. 1972, S. 31. Die modifizierte Fassung von Grimms Artikel erschien mit dem Titel ›Im Dickicht der inneren Emigration‹ in: Die deutsche Literatur im Dritten Reich. Themen – Traditionen – Wirkungen, hrsg. von Horst Denkler und Karl Prümm, Stuttgart 1976, S. 406–426.

[4]) Die große Kontroverse. Ein Briefwechsel um Deutschland, hrsg. von J[ohannes] F[ranz] G[ottlieb] Grosser, Hamburg 1963, S. 31.

hatten,[5]) fand unter den dagebliebenen AutorInnen breite Zustimmung; für Walter A. Berendsohn stand hinter der Begriffsbildung die Absicht, „die Emigranten herabzusetzen, sich selbst als die besseren Deutschen über sie zu erheben".[6]) Die heftig geführte Kontroverse verstärkte die Kluft zwischen Emigranten und „Dagebliebenen" und verhinderte für lange Zeit sowohl eine fundierte Auseinandersetzung mit dem Thema Innere Emigration als auch eine Reintegration der ExilautorInnen in den Kanon deutschsprachiger Literatur. Bis heute ist der Begriff Innere Emigration ein eher schwammiger geblieben, ohne klare Abgrenzungen, Definitionen, Zuweisungen. Bei näherer Betrachtung zeigt sich, dass der wissenschaftliche Diskurs vor allem auf ästhetisch-textanalytische sowie auf begriffsgeschichtliche Studien rekurriert.[7]) Im Mittelpunkt stehen literarische Werke, die, meist isoliert von ihrer institutionellen funktionalen Einbettung, in Hinblick auf textimmanente Merkmale des Gegenstandsbereiches untersucht werden. Innere Emigration wird u. a. mit den Begriffen Verdeckte Schreibweise, (historische) Camouflage und Sklavensprache charakterisiert. Sie machen jedoch nur dann einen Sinn, wenn sie als Verhaltensweisen auf die äußeren Bedingungen des Schreibens, die Einbindung von AutorInnen in das offizielle literarische System des Nationalsozialismus gesehen werden. Gerade in einem diktatorischen Regime ist diese Dimension von großer Bedeutung, da Literatur und deren VerfasserInnen in höchstem Maße institutionalisiert wurden. Die Reaktionsformen bzw. die Texte der AutorInnen können „nur vor der Folie der Kenntnis des kulturellen und politischen Gesamtzusammenhangs beschrieben und gedeutet werden".[8]) Erst in jüngster Zeit haben sich Ansätze einer differenzierten sozialhistorischen Fragestellung herausgebildet, welche die Reaktionsform Innere Emigration in den Gesamtkomplex Nationalsozialismus einbindet.[9])

Heidrun und Erwin Rotermund analysieren die Texte im Licht der „[s]pezifische[n] Kommunikationsbedingungen"[10]) des NS-Regimes; dem Umfeld der Texte wie auch den zeithistorischen bzw. individuellen Lebens- und Publikationsvoraussetzungen der Autoren wird breiter Raum gegeben. Ausgehend von Bertolt Brechts ›Fünf Schwierigkeiten beim Schreiben der Wahrheit‹ (1935/1949) erläutern Rotermunds zunächst allgemeine poetologisch-rhetorische sowie hermeneutische Grundfragen im Zusammenhang mit Verdeckter Schreibweise. Auf Basis der vier Änderungskategorien der klassischen Rhetorik entwerfen sie anschließend ein allgemeines Beschreibungsmodell für getarnte, subversive Texte. Aus einem „oppositionellen Klartext" entsteht der offiziell genehmigte, nicht systemkonforme Text: „1. durch Hinzufügung eines affirmativen Elementes (bzw. affirmativer Elemente) oder 2. durch Wegnahme eines oppositionellen Elementes oder 3. durch Umstellung oppositioneller Elemente oder 4. durch Substitution eines affirmativen oder neutralen Elementes" (17). Tarnung des Subtextes durch Absicherung der scheinbaren Lesart des Textes kennzeichnet die Methode der Verdeckten Schreibweise. Um die Hürde der Zensur zu überwinden, musste die primäre Lesart der Texte ns-konform sein. Allen Texten gemeinsam ist deshalb eine Doppelstrategie, die auf Täuschung der NS-Institutionen abzielte.

---

[5]) Frank Thiess, Die innere Emigration, in: Münchner Zeitung vom 13. August 1945. Vgl. auch Grosser (Hrsg.), Die große Kontroverse (zit. Anm. 4), S. 22–25.

[6]) Walter A[rthur] Berendsohn, Innere Emigration. 1971, S. 4. [Hektographierte Stellungnahme.] Zitiert nach Grimm, Innere Emigration als Lebensform (zit. Anm. 3), S. 1.

[7]) Zur Begriffsbildung vgl. u. a. Grimm, Innere Emigration als Lebensform (zit. Anm. 3) und Ralf Schnell, Literarische Innere Emigration 1933–1945, Stuttgart 1976.

[8]) Uwe Baur, Einleitung, in: Macht *Literatur* Krieg. Aspekte österreichischer Literatur im Nationalsozialismus, hrsg. von Uwe Baur, Karin Gradwohl-Schlacher und Sabine Rupp (= Fazit 2), Wien 1998, S. 12.

[9]) Eine umfangreiche ›Auswahlbibliographie Innere Emigration‹ bietet Michael Philipp in: Rotermund/Winckler/Koepke (Hrsgg.), Aspekte der künstlerischen Inneren Emigration 1933–1945 (zit. Anm. 1), S. 201–216.

[10]) N. N., Vorwort. Ebenda, S. 7.

Vielfältige Kontroll- und Lenkungsinstanzen bestimmten das literarische Leben; jede Publikation von Texten erforderte zumindest die formale Akzeptanz des Systems. Eine gewisse Unterwerfung war bereits durch das Aufnahmeverfahren in die Reichsschrifttumskammer gegeben, da ansonsten jede Publikationstätigkeit unmöglich gewesen wäre. Alle VertreterInnen der Inneren Emigration, die in ihren offiziell publizierten Texten der Verdeckten Schreibweise huldigten, mussten also diese Hürde geschafft haben, um literarisch überhaupt in Erscheinung treten zu können. *Aber:* Bestimmten Personengruppen war eine Entscheidung für und wider Innere Emigration generell versagt. Jüdische sowie politisch missliebige SchriftstellerInnen konnten in der Mehrzahl bestenfalls im Exil bzw. im Untergrund überleben. Hatten die auf den ersten Blick systemkonformen Texte die Zensurinstanzen passiert, war eine zweite Lesart möglich, die ein anderes Bezugsfeld eröffnete. Insofern konnten gewisse Texte durchaus eine oppositionelle Haltung der Adressaten unterstützen. Da die Systemkritik sehr geschickt „verpackt" werden musste, eröffnete dies, je nach Erwartungshaltung des Rezipienten, verschiedene Zugriffsmöglichkeiten. Nur ein kleiner elitärer Kreis war in der Lage, die Texte im Sinne der Autorenintention zu „dechiffrieren". Dass einem Großteil der Leserschaft dieser Zugang fehlte, liegt in der Natur der Sache.

Veranschaulicht wird die Anwendung des theoretischen Ansatzes anhand von zwei exemplarischen Analysen, *Tarnung und Absicherung in Rudolf Pechels Aufsatz „Sibirien"* (25–39) und *Herbert Küsels „Dietrich Eckart"-Artikel vom 23. März 1943* (40–55). Dass das NS-Regime gegen als doppeldeutig erkannte Texte rigoros vorging, belegt Herbert Küsels Artikel aus der ›Frankfurter Zeitung‹. Er lieferte den Anlass, den Autor zu verhaften und die Zeitung zu verbieten. Den Hauptteil des Buches bilden 22 Text- bzw. Autorenportraits, die in vier – nach ideologischer Ausrichtung der Autoren gegliederte – Abschnitte unterteilt sind. Das Spektrum ist weit gestreut; neben christlichen, liberalen und so genannten „linksliberalen" finden sich auch Protagonisten der „Konservativen Revolution", neben bekannten wie Reinhold Schneider (276–314) und Ernst Wiechert (103–151) auch wenig bekannte wie Gerhard Nebel (547–561) und Hans Gerth (485–494). Den Texten angegliedert ist ein – je nach Quellenlage – mehr oder weniger umfangreicher Kommentarteil, der biographische Daten zum Autor, Entstehungsgeschichte bzw. zeitgeschichtlichen Hintergrund der Texte, Selbstaussagen der Autoren zu den Texten sowie deren Rezeption umfasst. Die akribisch recherchierten, unglaublich zahlreichen Quellenzitate veranschaulichen in oft beklemmender Weise die eingeschränkten Handlungsspielräume oppositioneller AutorInnen in der NS-Diktatur. Solcherart gibt die Studie auch Einblick in die NS-Kulturpolitik. Propagandaminister Joseph Goebbels versuchte in der Anfangsphase, arrivierte nicht ns-konforme AutorInnen für den Literaturkanon des Dritten Reiches zu gewinnen. Da das System – zumindest bis zu seiner Konsolidierung ca. 1937/38 – bestrebt war, den Anstrich von Liberalität sowie eine gewisse bildungsbürgerliche Fassade zu vermitteln,[11]) duldete es Persönlichkeiten wie Ricarda Huch und Ernst Wiechert. Letzterer setzte sich für den verfolgten Pastor Martin Niemöller ein und kam dafür einige Monate in das Konzentrationslager Buchenwald. Obwohl Wiechert ständig von der Gestapo überwacht wurde und Goebbels ihm die Rückführung in das KZ „auf Lebenszeit und mit dem Ziel seiner physischen Vernichtung" androhte (129), erlebten Wiecherts Werke im Nationalsozialismus ungewöhnlich hohe Auflagen. Der Autor, dessen oppositionelle Haltung außer Zweifel steht, profitierte also in finanzieller Hinsicht in hohem Maße von einem Regime, das er bekämpfte. Auch Werner Bergengruen (258–275), Hans Carossa (223–240) und Ernst Jünger (315–393) zogen aus den hohen Auflagen ihrer Werke finanzielle Vorteile. Daneben finden sich mit Fritz (Percyval) Reck-Malleczewen [d. i. Friedrich Reck] (527–546) und Albrecht Haushofer (59–102) Autoren, die ihr oppositionelles Engagement mit dem Leben bezahlten.

---

[11]) Zu den vorhandenen Freiräumen vgl. Hans Dieter Schäfer, Das gespaltene Bewußtsein. Deutsche Kultur und Lebenswirklichkeit 1933–1945 (= Ullstein-Buch 34178), Frankfurt/M., Berlin, Wien 1984.

Reck verstarb 1945 im Konzentrationslager Dachau, Haushofer wurde 1945 von der SS ermordet. Sie können wohl schon allein aufgrund ihrer persönlichen Lebenstragödien nur bedingt mit einem Autor wie Hans Carossa, der sich 1941 – zwar widerstrebend, aber doch – zum Präsidenten der nationalsozialistischen Europäischen Schriftstellervereinigung ernennen ließ, gleichgestellt werden. Hier zeigen sich Widersprüchlichkeiten und Grenzen Innerer Emigration bzw. Verdeckter Schreibweise. Problematisch und praktisch unauflösbar bleibt aber, dass die AutorInnen „ eine distanzierte Haltung gegenüber dem NS-Regime eingenommen haben und doch in widerspruchsvoller Weise auf den Nationalsozialimus fixiert geblieben sind".[12])

Keine Berücksichtigung in der Studie finden österreichische SchriftstellerInnen. Obgleich die Voraussetzungen für Innere Emigration in der „Ostmark" zum Teil andere waren als jene im so genannten „Altreich", gab es auch hierzulande Personen, die mittels Verdeckter Schreibweise in ihren Texten eine oppositionelle Haltung zu transportieren versuchten.[13]) Als Beispiel sei Erika Mitterers Roman ›Der Fürst der Welt‹ genannt, der 1941 sogar Aufnahme in eine NS-Empfehlungsliste fand. In weiterer Folge erkannten die Zensurinstanzen jedoch die wahre Intention des Buches, woraufhin es vom Markt verschwand und nicht mehr aufgelegt wurde.

Mit der Erwähnung einer Autorin ist das zweite Desiderat der Studie angesprochen: Der aufgenommene Personenkreis rekrutiert sich ausschließlich aus männlichen Vertretern des Genres. Das ist insofern bedauerlich, als auch Autorinnen und Journalistinnen ihren Beitrag zum „anderen Deutschland" bzw. zum „anderen Österreich" geleistet haben. Verwiesen sei auf oben erwähnte Ricarda Huch, die mit ihrem Austritt aus der Preußischen Akademie der Künste sowie mit ihrer Stellungnahme gegen das NS-Rassenprogramm eindeutig Position bezog.

Alles in allem ist Heidrun Ehrke-Rotermund und Erwin Rotermund ein mit erheblichem Rechercheaufwand erstelltes, für weiterführende Forschungsarbeiten zum Komplex Innere Emigration/Verdeckte Schreibweise unverzichtbares Grundlagenwerk gelungen, das über weite Strecken Werner Bergengruens Diktum einer „unterirdische[n] Literaturgeschichte des Dritten Reiches" (15) erfüllt.

Karin Gradwohl-Schlacher (Graz)

Ingeborg Bachmann, Ich weiß keine bessere Welt. Unveröffentlichte Gedichte, hrsg. von Isolde Moser, Heinz Bachmann, Christian Moser, München und Zürich (Piper) 2000, 195 S.

Monika Albrecht und Dirk Göttsche (Hrsgg.), „Über die Zeit schreiben" 2. Literatur- und kulturwissenschaftliche Essays zum Werk Ingeborg Bachmanns, Würzburg (Königshausen & Neumann) 2000, 228 S.

Sigrid Weigel, Ingeborg Bachmann. Hinterlassenschaften unter Wahrung des Briefgeheimnisses, Wien (Zsolnay) 1999, 605 S.

27 Jahre nach Ingeborg Bachmanns Tod entschließen sich deren Erben, die bis dahin alles Private der Autorin restriktiv zu verbergen suchten[1]), unter dem Titel ›Ich weiß eine bessere Welt‹ 103 „Unveröffentlichte Gedichte" zu veröffentlichen, die Privatestes ausbreiten oder jedenfalls

---

[12]) Ralf Schnell, Innere Emigration, in: Literaturlexikon. Begriffe, Realien, Methoden, hrsg. von Volker Meid, Bd. 13, Gütersloh und München 1992, S. 438.

[13]) Vgl. Karin Gradwohl-Schlacher, Innere Emigration in der „Ostmark"? Versuch einer Standortbestimmung, in: Holzner/Müller (Hrsgg.), Literatur der ‚Inneren Emigration' (zit. Anm. 1), S. 73–87.

auszubreiten scheinen: Aufschreie einer zutiefst verletzten Frau, die aus einer zerbrochenen Liebesbeziehung zerstört hervorgegangen ist (z. B.: „Liebe verschlammt" – 45, „Verloren, verramscht, eine Liebe | ins Versatzamt getragen" – 120), der die Welt abhanden zu kommen droht (vgl. etwa 13), die der Sprache verlustig gegangen ist (vgl. 65, 71, 126 u. ö.), der statt der „Gnade des Worts" und der „Gnade Handhalten" nur mehr „die Gnade Morphium" (53, vgl. auch 54, 55, 78, 116) bleibt, deren Wahrnehmung von Zerstörung geprägt ist (durchgehend beobachtbar, vgl. insbes. 33, 120) und deren Fluchtpunkt der Tod ist (ebenfalls durchgehend, vgl. insbes. etwa 85, 100).

Die Titelangabe „Unveröffentlichte Gedichte" weckt falsche Erwartungen: Erstens sind fünf der 103 Gedichte bereits 1998 von Hans Höller veröffentlicht worden, mit fotomechanischen Wiedergaben nicht nur, sondern mit Erläuterungen und Kommentaren versehen, die eine genaue Einbettung in den Kontext des Werks der Autorin gestatten.[2]) Und genau dies lässt die vorliegende Edition nicht zu. Zweitens handelt es sich bei den nun veröffentlichten Texten nicht um ausgearbeitete „Gedichte", sondern durchwegs um Entwürfe, häufig rasch hingeworfene, abgebrochene Ansätze zu Gedichten. Nicht dass diese Gedichte veröffentlicht wurden, ist allerdings zu kritisieren[3]), sondern wie sie präsentiert werden.

Das Vorwort der Geschwister der Autorin bleibt im Vagen: Die Kriterien der Textauswahl werden ebenso wenig genannt wie die der Anordnung der „Gedichte", die „zwischen 1962 und 1964, einige auch später" (5) entstanden seien. Woraus schließen die Herausgeber dies? „Eine genaue chronologische Zuordnung der Texte" sei nicht möglich, behaupten sie. Sehr wohl aber hätte man sich um eine annähernde bemühen können. Die Editoren des „›Todesarten‹-Projekts"[4]) haben mögliche Wege aufgezeigt. Auch den Herausgebern der „Unveröffentlichten Gedichte" ist „die Verbindung mit dem Prosawerk" sowie die Wiederkehr von „Motive[n] und Zitate[n]" (5) aufgefallen, diesbezügliche Sachkommentare unterbleiben jedoch. Die augenfälligen Bezüge zum ›Todesarten‹-Komplex allgemein (vgl. etwa 60, 76, 95, 100, 109, 113, 123, 129, 130[5])), zu ›Malina‹ (vgl. 62, 65, 91, 94, 116, 171), zum ›Franza‹-Fragment (vgl. 156, 169), zur Büchner-Preisrede ›Ein Ort für Zufälle‹ (vgl. 68, 95, 99 106, 130, 131, 133, 149) oder auch zu Gedichten wie ›Keine Delikatessen‹ (vgl. 11, 168) oder ›Enigma‹ (vgl. 39, 51, 112, 155, 156) im Besonderen bedürften nicht nur eines kurzen Hinweises, sondern eines genauen Kommentars, der die Gedichtfragmente den Kontexten anderer Texte und Fragmente zuordnete. Denn nur in diesen Kontexten sind die jetzt edierten Fragmente interessant. Sie eröffneten weitere Einblicke in

---

[1]) Man erinnere sich daran, dass für den Band ›Ingeborg Bachmann. Bilder aus ihrem Leben‹, hrsg. von Andreas Hapkemeyer, München und Zürich 1983, von den Erben der Abdruck eines Bildes von Bachmanns zeitweiligem Lebensgefährten Max Frisch verboten wurde, mit dem Erfolg, dass erst recht über diese Beziehung und ihre Auswirkungen auf die Autorin spekuliert wurde. Vgl. beispielsweise Marcel Reich-Ranicki, Fälschung. Die Ingeborg-Bachmann-Legende wuchert weiter, in: FAZ vom 12. Oktober 1983.

[2]) Ingeborg Bachmann, Letzte, unveröffentlichte Gedichte, Entwürfe und Fassungen, Edition und Kommentar von Hans Höller, Frankfurt/M. (Suhrkamp) 1998. Es handelt sich um die Gedichte bzw. Gedichtentwürfe ›Schallmauer‹, ›In Feindeshand‹, ›Wenzelsplatz‹, ›Jüdischer Friedhof‹ und ›Poliklinik Prag‹. Vgl,. auch die Rezension des Verf. in: Sprachkunst 30 (1999), Halbbd. 1, S. 186–190.

[3]) Vgl. die vehemente Ablehnung dieser Edition durch Peter Hamm in der Kontroverse mit Reinhard Baumgart, Ingeborg Bachmann. Ihre Gedichte aus dem Nachlass sind das Dokument einer Liebes- und Lebenskrise, in: die zeit vom 5. Oktober 2000, S. 61f.

[4]) Ingeborg Bachmann, ›Todesarten‹-Projekt. Kritische Ausgabe. Bd. 1–4 (5 Teil-Bde.), unter Leitung von Robert Pichl hrsg. von Monika Albrecht und Dirk Göttsche, München und Zürich (Piper) 1995. Im Folgenden im Text mit der Sigle TA, einfacher Bandangabe mit römischen sowie einfacher Seitenangabe mit arabischen Ziffern.

[5]) Hier und im Folgenden sind nur die deutlichsten, bei weitem nicht alle Bezüge genannt.

die Werkstatt der Dichterin (und weniger Durchblicke durch das Schlüsselloch auf deren Privatleben[6])).

Höchst interessant wären auch Hinweise auf nicht gerade seltene intertextuelle Bezüge, die einzelne Gedichtentwürfe ganz in die Nähe des Romans ›Malina‹ rücken, in dem sich dieselben Bezüge finden. Dazu gehört selbstverständlich der von den Herausgebern in ihrer Edition ebenso wie von Bachmann in drei ihrer Texte (vgl. 116, 20, 124) als Motto vorangestellte Vers von Gaspara Stampa, den das Ich des Romans im Traumkapitel im Gespräch mit Malina zitiert (vgl. TA III, 542), hier ebenso wie in ›Alla piu umile, alle piu umana, alla piu sofferente‹ (116f.) im Zusammenhang mit dem Motiv der vergeblichen Erwartung von Hilfe seitens der Schwester (vgl. TA III, 541f.). Dazu gehören aber auch Anspielungen auf das Finale von Giacomo Puccinis ›Tosca‹, ebenfalls in dem eben genannten Text ›Alla piu ...‹, oder auf Isoldes Schlussgesang in Richard Wagners ›Tristan und Isolde‹, der mit der Formel „Mild und leise" einsetzt (vgl. 97, 99, 100, 106 und geradezu leitmotivisch 104f., vgl. auch in ›Malina‹, vgl. TA III, 546). Wagners Oper zitieren auch die Verse „Tot ist alles. Alles tot." (100, 101, 106) beziehungsweise „So stürben wir | um ungetrennt" (111, 112), wiederum wie das Traumkapitel von ›Malina‹ (vgl. TA III, 518).

Nicht weniger interessant als Hinweise auf diese und andere intertextuelle Bezüge wären Antworten auf die Fragen, wie etwa der Gedichtentwurf ›Der gefundene Ton‹ (137) zum Gedicht ›Schallmauer‹ und zum ›Ort für Zufälle‹ steht oder ›Heimkehr über Prag‹ (161) zu den anderen Prag-Gedichten der Autorin. Und auch nicht uninteressant wäre es zu erfahren, wer die Personen sind, die in den Texten ›Für E. C. (27), ›Wiedersehen‹ (›Variation auf ein Gedicht von Plaga‹, 29) oder ›In memoriam K. A. Hartmann‹ (35) genannt sind, oder dass es sich – unschwer zu eruieren – beim zweimal (60, 146) genannten „Nembutal" um ein hochwirksames, heute nur mehr in der Veterinärmedizin eingesetztes Schlaf- und Beruhigungsmittel handelt.

Die vorliegende Edition macht erneut das Desiderat einer kritischen Gesamtausgabe des Werks von Ingeborg Bachmann bewusst, innerhalb derer der Stellenwert dieser Texte im Schaffensprozess der Autorin, in ihrem Ringen um mehr als nur einen Ausdruck persönlicher Leiderfahrungen erkennbar würde. Dann würde weniger biographisches Interesse oder die Überraschung, dass Bachmann auch blasphemische und obszöne Verse schreiben konnte (vgl. 78f.), im Mittelpunkt der Lektüre stehen als vielmehr der auch in diesen unausgefeilten Texten erkennbare scharfe Verstand der Dichterin und ihre Sprachmächtigkeit. So beweist die alltägliche Realität die bleibende Gültigkeit eines Vers wie „Die Ehre, verkauft an jedem Stammtisch" (aus: ›Eintritt in die Partei‹, 9). Und im Kontext des Gesamtwerks der Autorin ließe sich möglicherweise ein Grund dafür finden, dass sie die jetzt veröffentlichten Textvorhaben ebenso wie das ›Franza‹-Projekt aufgegeben hat. Hier wie dort (vgl. z. B.: 9, 85) dürfte ihr die allzu leichtfertig Identifikation Franzas beziehungsweise des lyrischen Ichs mit Opfern aller Art problematisch erschienen sein.

Dass es um die Editionssituation im Fall von Bachmanns Werk insgesamt nicht gut steht, beweist auch die „Kritische Ausgabe" von fünf ‚Ausgewählte[n] nachgelassene[n] kritische[n] Schriften" der Autorin, die bereits in der Werkausgabe von 1978 abgedruckt wurden[7]), in dem

---

[6]) Auf dieses Angebot zielt aber zumindest der Verlag. Denn anders, als dessen marktschreierisch die gegenständliche Edition als „eine literarische Sensation" ankündigender Waschzettel glauben machen will, handelt es sich bei den vorliegenden Texten nicht um „Ingeborg Bachmanns aufwühlendes poetisches Vermächtnis". Eher schon stimmt der Hinweis auf die Preisgabe der „persönlichste[n] Gedichte".

[7]) Es handelt sich um die Entwürfe von Artikeln über Giuseppe Ungaretti, Georg Groddeck, Leo Lipski, Sylvia Plath und Thomas Bernhard. Vgl. Ingeborg Bachmann, Werke, hrsg. von Christine Koschel, Inge Von Weidenbaum und Clemens Münster, Bd. 4. München und Zürich (Piper) 1978, S. 331f., 346–353, 354–357, 358–360, 361–364.

von MONIKA ALBRECHT und DIRK GÖTTSCHE herausgegebenen Sammelband, ›„Über die Zeit schreiben“ 2‹ (161–225). Dem „Textkritischen Kommentar“ kann entnommen werden, dass es sich möglicherweise um den Vorabdruck eines größeren Projekts „einer Neuedition der zu Lebzeiten unveröffentlichten kritischen Schriften Ingeborg Bachmanns“ (199) handelt. Die fünf Texte sind durchaus wichtig, ihre kritische, den Prinzipien der Ausgabe des „›Todesarten‹-Projekts“ folgende Edition weist auch manche Abweichung von derjenigen der Werkausgabe von 1978 auf, wie beispielsweise eine plausiblere Abfolge der Textteile im Groddeck-Entwurf, insgesamt aber stellt sich doch die Frage, ob es nun mit Bachmanns Texten so weitergehen soll, dass Jahr für Jahr und scheibchenweise an verstreuten Orten etwas veröffentlicht und so eine Zusammenschau immer schwieriger wird. Die Bachmann-Forschung ist selbstverständlich für jede Möglichkeit der genaueren Kenntnis von Textzeugen dankbar, eine breitere Leserschaft wird allerdings so nicht zu gewinnen sein – und das zielt vor allem gegen den neuen Lyrik-Band, der zwar ansehnlich aufgemacht ist, dessen „Gedichte“ aber wohl eher verunsichern.

Erfreulich ist hingegen, dass das Werk von Ingeborg Bachmann die Literaturwissenschaft nach wie vor zu lebhaften Diskussionen reizt. Zwei neue Bücher sind anzuzeigen, der schon angesprochene, von Albrecht und Göttsche herausgegebene Sammelband und eine umfassende Monographie von SIGRID WEIGEL. Der Sammelband umfasst außer der genannten Edition sechs Essays und ein Gespräch von LESLIE MORRIS mit dem Komponisten HANS WERNER HENZE aus dem Jahr 1999 mit dem Titel ›Das Leben, die Menschen, die Zeit‹ (143–159). Aus den Äußerungen des zeitweiligen Lebensgefährten der Dichterin lassen sich wenig relevante Aufschlüsse über sie beziehungsweise über ihr Werk gewinnen: Wir wissen nun allerdings, dass *Henze* Hofmannsthal-Gedichte auswendig kann (vgl. 145), dass auch *er*, und nicht nur Bachmann, sich das Schlüsselbein gebrochen hat (vgl. 147), wie es zu *seiner* aktiven politischen Parteinahme im Rahmen der Studentenbewegung der sechziger Jahre kam (vgl. 151), wir erfahren aber immerhin auch, dass Bachmann Grenzpolizisten scherzhaft zu überlisten verstand (vgl. 144).

Im Gegensatz zum Henze-Gespräch vermitteln die Essays interessante neue Einsichten und Anregungen. So schon der erste, etwas umfangreichere von SARA LENNOX über ›Repräsentationen von Weiblichkeit in Ingeborg Bachmanns *Der gute Gott von Manhattan*‹ (15–48).[8]) In dieser Michel Foucault folgenden (vgl. 22) diskursanalytischen Studie beobachtet die Verfasserin den Widerspruch von zwei „Konzepten der Beziehung von Macht, Sexualität und Geschlechtsidentität“ (16). Ganz im Sinne von Herbert Marcuses ›Triebstruktur und Gesellschaft‹ erscheint auf der einen Diskursebene Sexualität als ordnungsgefährdend, daher von der Gesellschaft unterdrückt gezeichnet. Dieser „Repressionshypothese“[9]) zufolge untergräbt sie die Macht des „Guten Gotts“, der Personifikation der gesellschaftlichen Ordnung und „des repressiven Leistungsprinzips“ (27), der auch „als eine verinnerlichte Figur der Herrschaft betrachtet werden“ kann, liest man das Bachmanns Hörspiel „als nach außen verlegte Darstellung von innerpsychischen Vorgängen“ (28).

Die Repressionshypothese ist im Werk Bachmanns durchgehend dominant, ihr folgt auch das Gros der feministischen Interpretationen. Lennox erkennt aber neben diesem zeittypischen Diskurs im berühmtesten Hörspiel der Autorin einen zweiten. Sie beobachtet, dass in der Beziehung zwischen Jan und Jennifer von Anfang an Gewalt herrscht, dass die Frau, die als autonom und emanzipiert eingeführt wird, sich lustvoll der Herrschaft des Mannes unterwirft und die Opferrolle hinnimmt. So gesehen ist das Hörspiel auf der zweiten Diskursebene auch als „eine Erzählung von der sozialen Konstruktion weiblichen Begehrens“ (41) lesbar, die im Widerspruch zur ersten Ebene stehe. Es lohnt zweifelsohne, weitere Überlegungen anzustellen, wie erster und zweiter Diskurs, die sich nicht nur im ›Guten Gott von Manhattan‹, sondern auch

---

[8]) Dieser Essay ist von den Herausgebern aus dem Amerikanischen übersetzt. Er erschien zuerst 1996.

[9]) Den Begriff übernimmt Lennox von Foucault (vgl. 18).

in anderen Texten der Dichterin „überschneiden" (47), zusammenzudenken sind, ob sie tatsächlich nur im Widerspruch zu einander stehen. Wichtig wäre es in diesem Zusammenhang auch, eine andere Anregung von Lennox aufzugreifen und der „ironische[n]" Erzählhaltung (46) in der Prosa Bachmanns mehr Aufmerksamkeit zu schenken.

Ebenfalls diskursanalytisch verfährt Britta Herrmann in ihrem Beitrag über ›Ingeborg Bachmanns *Malina* – eine Poetik der Kritik‹ (49–74). Herrmann erkennt, dass sich in diesem auf Verwirrung angelegten Roman, der zahlreiche Lesarten herausgefordert hat, verschiedene in ihm aufgegriffene und kritisierte Diskurse durchkreuzen. Bachmanns 1971 veröffentlichte ›Todesarten‹-„Ouvertüre"[10]) ist auf Widerspruch gegen die Auffassung von der Möglichkeit eines subjektiven Wirklichkeitsentwurfs und damit vorweg gegen Positionen der Neuen Subjektivität der siebziger Jahre ebenso angelegt wie gegen Konzepte einer Utopie weiblichen Schreibens: Malina ersetzt als Erzählinstanz das Ich (59f.), seine „Lektüre bestimmt die Existenz des Ich" (69), aber er erzählt nicht weiter (vgl. 67), vielmehr schreibe sich „der (paternal-männlich markierte) Text [...] gnadenlos immer fort – durch das Ich hindurch, über es hinweg und jenseits von ihm" (72). Herrmanns Widerspruch gegen eine der feministischen Lesarten von ›Malina‹ wird weitere Diskussionen in Gang halten, die Frage des Weitererzählens aber muss offen bleiben, weil die Autorin nach der „Ouvertüre" am „noch nicht geschriebenen Buch ›Todesarten‹"[11]) eben nicht mehr weitergeschrieben hat.

Die Frage der weiblichen Identität stellt auch Leslie Morris in ihrem Beitrag über ›The Ladies Lazarus: Sylvia Plath und Ingeborg Bachmann‹, den sie als „Versuch einer vergleichenden Lektüre" (75–91) versteht. Bedenkenswert insbesondere ist der Hinweis, dass hier wie dort im Werk die Identifikation mit Holocaust-Opfern beziehungsweise dem Judentum stattfindet, Einwände sind jedoch in zwei Punkten angebracht; zum Ersten: Morris sieht eine „poetische Korrespondenz" (91) darin, dass die beiden Autorinnen „in ihrer Abwesenheit präsenter als zu Lebzeiten" (77) seien, was jedenfalls im Fall von Ingeborg Bachmann nur bedingt stimmt, deren Werk und Person seit der ersten Lesung bei der Gruppe 47 im Jahr 1952 sehr wohl „präsent" waren, wenngleich sich selbstverständlich nach ihrem Ableben, vor allem nach der Veröffentlichung von ›Todesarten‹-Fragmenten in der Werkausgabe von 1978 die Einschätzung grundlegend verändert hat. Morris verweist zum Zweiten zu Recht darauf, dass nichtjüdische deutsche Autoren nach 1945 in ein Dilemma kommen, wenn sie „sich in den Holcaust" einzuschreiben versuchen, weil es für sie auch ein Problem ist, „wenn sie es *vermeiden*, den Holocaust zu behandeln" (87). Für Schriftstellerinnen und Schriftsteller österreichischer Herkunft stellt sich als weiteres Problem, dass die offizielle (Kultur-)Politik Österreichs der Nachkriegszeit das Land, obwohl Heimat zahlreicher Täter, als Opfer des Nationalsozialismus sieht, mithin eine Position vertritt, gegen die Bachmann immer anzuschreiben bemüht war.

Der neben dem Essay von Lennox bedenkenswerteste und anregendste Beitrag des vorliegenden Sammelbandes ist der von Maria Behre über ›Das Gedicht als existentiale Methode des Lebens im Immerzu-ans-Sterben-Denken bei Ingeborg Bachmann‹ (95–110). Ausgangspunkt ihrer Überlegungen ist die frühe Beschäftigung der Dichterin mit der Psychologie Viktor Frankls, die bekanntlich von dessen persönlichen KZ-Erfahrungen geprägt ist und von seinem Überleben her Überleben allgemein an (philosophisches) Denken und Sprache bindet. Mit Frankl liest Behre Bachmanns Gedicht ›Hinter der Wand‹, in dem sich das lyrische Ich als „der großen

---

[10]) ›Malina‹ als „Ouvertüre" für das „noch nicht geschriebene Buch ›Todesarten‹" anzusehen, hat Bachmann selbst in einem Gespräch mit Toni Kienlechner aus dem Jahr 1971 nahe gelegt. Vgl. Ingeborg Bachmann, „Wir müssen wahre Sätze finden". Gespräche und Interviews, hrsg. von Christine Koschel und Inge Von Weidenbaum, München und Zürich (Piper) 1983, S. 95.

[11]) Ebenda.

Weltangst Kind“ begreift, gegen bisherige Interpretationen: „in der Benennung der Angst und in ihrer doppelten Steigerung und Übertreibung im Attribut und Bestimmungswort des Kompositums als ‚große Weltangst‘ [werde] eine antiphobische Haltung in Szene gesetzt“ (103). Demnach wäre der auf den „Leitsatz der rationalistischen Philosophie“ (102) beziehbare Kehrvers des Gedicht, „Ich bin das Immerzu-ans-Sterben-Denken“, nicht Ausdruck einer „Identitätskrise aufgrund negativer Wirklichkeitserfahrungen“[12]), sondern ein zielgerichtes Denken, das eine befreiende „neue ‚Ich-bin‘-Bestimmung“ erlaubt (103). Zweifelsohne wäre es lohnend, nach Spuren eines solchen Denkens im übrigen Werk der Bachmann zu suchen.

Lennox bemängelt in ihrem Essay, dass das Problem des Masochismus in der Bachmann-Forschung bislang (mit Ausnahme von Beicken in seiner Monographie) nicht angemessen beachtet worden sei (vgl. 39). Barbara Mennel tut in ihrem Essay mit dem Titel ›„Euch auspeitschen, ihr ewigen Masochistinnen, euch foltern, bis ihr den Verstand verliert“. Masochismus in Ingeborg Bachmanns Romanfragment *Das Buch Franza*‹ (111–125) einen ersten Schritt zur Abhilfe. Anknüpfend an feministische Masochismus-Diskussionen, die sich gegen die Gleichsetzung von Masochismus und Weiblichkeit in der Tradition der Leopold von Sacher-Masoch, Richard von Kraft-Ebbing und Sigmund Freud richten und Masochismus als „subversiv“ (114) verstehen, sieht die Verfasserin im Gegensatz zum wiederholten Durchleben traumatischer Situationen in der bewussten Übernahme der Opferrolle durch Franza (Bitte um Tötung durch einen ehemaligen KZ-Arzt) einen Akt der Selbstbestimmung. Ob Mennel damit Bachmann gerecht wird, lässt sich deshalb schwer beurteilen, weil es sich beim ›Buch Franza‹ um ein Fragment handelt, das möglicherweise deshalb Fragment geblieben ist, weil die Autorin mit der Opferrolle Franzas nicht einverstanden war. Aber das bleibt Mutmaßung. In Überlegungen zu den Franza-Textzeugnissen wäre aber jedenfalls die Reflexion über deren Fragmentcharakter angebracht.

Im letzten der sechs Essays werden von Jost Schneider ›Historischer Kontext und politische Implikationen der Büchnerpreisrede Ingeborg Bachmanns‹ (127–139) sehr genau erfasst. Schneider deckt zahlreiche, zum Teil schwer erkennbare „Anspielungen auf konkrete Sachverhalte und Geschehnisse“ (135) auf und stellt ›Ein Ort für Zufälle‹ (1964) in den literarhistorischen Kontext der sechziger Jahre, in dem diese „Rede“ keineswegs vereinzelt dasteht (vgl. 139). Unter anderem verweist der Verfasser auf die vor dieser entstandenen Texte von Margret Boveri, ›Im Irrgarten der Mauern‹ (1962), und von Wolfdietrich Schnurre, ›Mit der Mauer leben‹ (1963), sowie auf die ›Zwei Ansichten‹ (1965) von Uwe Johnson, mit dem Bachmann während ihres Berlin-Aufenthaltes engen Kontakt pflegte.

Mit ihrer 1999 erschienenen Monographie über ›Ingeborg Bachmann. Hinterlassenschaften unter Wahrung des Briefgeheimnisses‹ hat Sigrid Weigel zwar nicht, wie der Waschzettel des Verlags behauptet, „die erste Gesamtdarstellung ihres [des Bachmannschen] Œuvre s“ vorgelegt – erinnert sei an Hans Höllers Buch von 1987[13]) –, aber zweifelsohne die umfassendste. Als großes Verdienst ist der Verfasserin anzurechnen, nicht nur zur Wallfahrtsstätte der Bachmann-Forschung, zum Nachlass der Dichtern in an der Österreichischen Nationalbibliothek in Wien gepilgert zu sein, sondern verschiedenste Forschungsstätten und Archive aufgesucht zu haben, um „Bachmanns Korrespondenz mit (in alphabetischer Reihenfolge) Theodor W. Adorno, Alfred Andersch, Hannah Arendt, Wolfgang Hildesheimer, Uwe Johnson, Hermann Kesten, Joachim Moras und Hans Paeschke [den Herausgebern der Zeitschrift „Merkur“], Hans Werner Richter, Siegfried Unseld (und etliche verstreute, einzelne Briefe an weitere Adressaten)“ einzusehen (18).

[12]) So zitiert Behre (101, Fußn. 22) Kurt Bartsch, Ingeborg Bachmann, 2. Aufl., (= Sammlung Metzler 242), Stuttgart und Weimar 1997, S. 35.

[13]) Vgl. Hans Höller, Ingeborg Bachmann. Das Werk. Von den frühesten Gedichten bis zum ›Todesarten‹-Zyklus, Frankfurt/M. 1987.

Dabei ging es ihr nicht darum, das „Briefgeheimnis" zu verletzten – der Untertitel des Buchs spielt auf eine Aussage des Ichs in ›Malina‹ an – und Material für biographistische Kurzschlüsse zu entdecken, sondern um eine genauere Verortung von Bachmanns „Arbeit als Schriftstellerin und Intellektuelle" im Kontext ihrer Zeit, insbesondere die starke Affinität der Autorin zur „Kritischen Theorie" nachzuweisen.

Es ist im Rahmen einer begrenzten Besprechung auch nicht annähernd möglich, alle Einsichten und Erkenntnisse dieses einen Prolog und zehn Kapitel umfassenden 600-Seiten-Buches zu würdigen, auf einige wichtige sei hingewiesen. Im Prolog zeichnet Weigel den Dialog nach, den Bachmann mit Gershom Scholem geführt hat. Bei dessen Rom-Aufenthalt im Januar 1967 ist es auf Vermittlung Adornos zu einem persönlichen Zusammentreffen der beiden gekommen. Im Februar „antwortet" Scholem auf die Ghettoszene in Bachmanns 1955 verfasstem Essay ›Was ich in Rom sah und hörte‹ mit dem Gedicht ›An Ingeborg Bachmann nach ihrem Besuch im Ghetto von Rom‹[14]) mit Anerkennung, aber auch mit einer „Geste des Einwurfs" (7). Dieser richtet sich gegen das messianische Motiv im Essay, das nach Auschwitz unmöglich geworden sei. Zum Zeitpunkt der Entstehung von Scholems Gedicht ist die Autorin allerdings schon „desillusioniert" und teilt mit ihm das „Wissen um die Unmöglichkeit einer messianischen Deutung des Jüngstvergangenen" (14). Weigel stellt den „Dialog mit Scholem" bewusst als Prolog an den Anfang ihrer Ausführungen, weil sich in ihm beispielhaft die Intellektualität Bachmanns erweise, die in der Auseinandersetzung mit ihrem Werk zu wenig Beachtung gefunden habe, „ihr Ort als Intellektuelle, die sich engagiert und mit Leidenschaft nicht nur um eine sprach- und geschichtstheoretisch reflektierte Ästhetik bemüht, sondern – mit zunehmendem Alter bewusst und aktiv – auch den Dialog mit den Erfahrungen von Überlebenden und Exilierten und die Auseinandersetzung mit einem ‚Denken nach Auschwitz' gesucht hat (15).

Im ersten Kapitel macht Weigel in der Erzählsammlung ›Das dreißigste Jahr‹ (1961) gewissermaßen eine Bruchlinie im Werk von Bachmann aus, insofern sie ein „Resümee der eigenen intellektuellen Geschichte" (42) zieht, nicht mehr ein Nebeneinander von verschiedenen literarischen Genres und philosophischem Schreiben pflegt und gewissermaßen Rückschau hält auf eine ästhetisch und intellektuell noch weniger anspruchsvolle Prosa. Die Autorin findet „komplexere Lösungen im Umgang mit der Erzählperspektive" und kreiert eine ihr eigene, bis zum Roman ›Malina‹ weitergeführte „Schreibweise der Dialogizität und Polyphonie" (227).

In der Episode vom Wegwerfen einer Reproduktion des Bildes „L'espérance" von Puvis de Chavannes aus der Titelgeschichte der ersten Erzählsammlung von Bachmann erkennt Weigel eine immanente ästhetische Reflexion: die zwanghafte Erinnerung des Dreißigjährigen an sein bisheriges Leben verläuft oberflächlich nach dem traditionellen Erzählmodell der „Lebensgeschichte als Reise" (30), unterläuft dieses jedoch und präsentiert ein „Denkbild" (42). Mit dem Wegwerfen des Bildes wird eine verfestigte allegorische „Vorstellung von Hoffnung" verworfen, nicht die Hoffnung selbst, ja dieser Akt ist die Voraussetzung für „Hoffnung als eine Haltung des Subjekts" (40).

Das zweite Kapitel ist dem „Verhältnis von Philosophie und Literatur" (74) gewidmet. Im Prosatext ›Das Lächeln der Sphinx‹ (1949) beobachtet Weigel zum ersten Mal im literarischen Werk die Auseinandersetzung mit philosophischen Problemen, nicht jedoch mit Gedanken von Martin Heidegger oder Ludwig Wittgenstein, wie man in einem Text aus dem Jahr des Abschlusses ihrer Dissertation über ›Die kritische Aufnahme der Existentialphilosophie Martin Heideggers‹ annehmen könnte. Die ‚Dialektik der Aufklärung' ist es vielmehr, die erstmals Spuren im Werk Bachmanns hinterlässt. Von da an bleiben die Kritische Theorie Max Horkheimers und Theodor W. Adornos sowie Walter Benjamin wichtig für die Autorin. Mit diesem setzt

[14]) In der Datierung des Gedichts tut sich bei Weigel ein Widerspruch auf. Einmal nennt sie den 7. Februar (6), dann den 4. Februar (10) als Entstehungsdatum.

sie sich erstmals im Essay ›Was ich in Rom sah und hörte‹ auseinander. Die wesentliche Einsicht der Dichterin ist, dass nach Auschwitz herkömmliche „Geschichtsvorstellungen" unhaltbar geworden sind und „eine andere Art von Erkenntnis" (106) notwendig wird. Am Rom-Essay ist auch beobachtbar, dass Bachmann sich nicht mehr als Philosophin äußert, sondern dass sie philosophische Reflexion hinfort ihrer Literatur einschreibt (vgl. 111). So findet Benjamins Auffassung vom „Sündenfall des Sprachgeistes" (126) Niederschlag in der Erzählung ›Alles‹ aus dem ›Dreißigsten Jahr‹, in der die Illusion von einer Rückkehr zu einem „Sprachzustand vor dem Sündenfall" (127) zerstört wird. In verschiedenen Erzählungen des ersten Prosabandes von Bachmann wird wie in ›Alles‹, da sich die messianischen Erwartungen, die der Vater auf seinen Sohn projiziert, nicht erfüllen, die Unmöglichkeit von ‚universellen Erlösungsmodellen' thematisiert.

Das dritte Kapitel widmet sich dem für Bachmann so wichtigen Verhältnis von Musik und Dichtung, der Auseinandersetzung der Autorin mit dem Orpheus-Mythos, die zur Aufgabe des unreflektierten Lyrik-Verständnisses der Frühzeit führt, und vor allem auch dem Schlusstext des ›Dreißigsten Jahrs‹, ›Undine geht‹, wobei Weigel z. T. auf Erkenntnisse rekurriert, die sie in ihrem 1997 veröffentlichten Aufsatz über ›Die Erinnerungs- und Erregungsspuren von Zitat und Lektüre. Die Intertextualität Bachmann-Celan, gelesen mit Benjamin‹[15]) bereits bekannt gemacht hat. Unter anderem beobachtet die Verfasserin in diesem Kapitel am viel interpretierten Gedicht ›Erklär mir, Liebe‹ zurecht „nicht nur ein[en] Bruch in der geläufigsten Formel aus dem Archiv der Liebessprache, der Liebeserklärung, sondern auch ein[en] Bruch in der Form" (152). Ob allerdings das Verhältnis von lyrischem Ich und Salamander wirklich nicht deutbar ist (vgl. 154), bleibe dahingestellt.

Es ist bekannt, dass Bachmann eine leidenschaftliche Leserin war, die Zitate aus der Literatur auf eine Erregung durch diese zurückführt.[16]) Weigel verfolgt im vierten Kapitel der „faszinierende[n] Dauerspur", die „die Erinnerung an Gelesenes" im „Schreiben" (188) der Dichterin hinterlassen hat. Von besonderer Bedeutung ist die Proust-Lektüre. Die „Affinität" zu dessen Werk macht der „Zusammenhang zwischen dem ‚grausamen Gesetz der Liebe' und dem ‚grausamen Gesetz der Kunst'" (211) deutlich, wie er in der „mythischen Figur" Undines „verkörpert" und späterhin, in ›Malina‹, „konstitutiv für die Erzählkomposition" (212) geworden ist.

Im fünften Kapitel verfolgt Weigel die Entwicklung einer eigenen Schreibweise der Autorin von der eher klischeehaften frühen Lyrik, die geprägt ist von gängigen Daseins-Metaphern, aber noch ohne historische Verortung bleibt. Dies gilt mit Ausnahmen (etwa ›Früher Mittag‹) auch noch für die Gedichte der ersten Lyriksammlung ›Die gestundete Zeit‹ (1953), während die der zweiten, ›Anrufung des großen Bären‹ (1956), konkreter werden. So die Italien-Gedichte, in denen herkömmliche Bilder und „kulturelle Erinnerungsformeln mit symbolischen Wahrnehmungs- und Erinnerungsspuren" (247) überschrieben sind. Im frühen Prosatext ›Auch ich habe in Arkadien gelebt‹ (1952) wird nicht nur eine Verfälschung des Mythos, die Verdrängung des Todes, korrigiert, sondern auch im finalen Heimatbild der Verdrängung historischer Schuld begegnet (vgl. 258). An diesem Beispiel ließe sich zeigen, dass Adornos häufig missverstandenes Verdikt über Lyrik nach Auschwitz keine Frage der literarischen Gattung ist, vielmehr ein Problem der „Metaphernsprache" und der „Umgangsweise mit tradierten poetischen Topoi" (259).

Im selben Kapitel wird von Bachmanns Position innerhalb des Wiener Literaturbetriebs, dem sie sich zunehmend entfremdet, und innerhalb der Gruppe 47 gehandelt, von der sie sich

---

[15]) Vgl. Sigrid Weigel, Die Erinnerungs- und Erregungsspuren von Zitat und Lektüre. Die Intertextualität Bachmann-Celan, gelesen mit Benjamin, in: Ingeborg Bachmann und Paul Celan. Poetische Korrespondenzen, hrsg. von Bernhard Böschenstein und S. W., Frankfurt/M. 1997, S. 231–249.

[16]) Vgl. ihr Gespräch mit Dieter Zilligen vom 22. März 1971, in: Bachmann, „Wir müssen wahre Sätze finden" (zit. Anm. 10), S. 69.

innerlich ebenfalls distanziert, wie Briefen an Wolfgang Hildesheimer und einem Entwurf für einen Erinnerungstext über die Gruppe abzulesen ist. Dieser bricht mit der Erinnerung an ein Gespräch ab, in dem die Autorin vermeinte, sie „sei unter deutsche Nazis gefallen" (280).

Das sechste Kapitel setzt sich mit „biographische[n] Mythen und Konstruktionen" (295) auseinander. Mit der Autorin die Skepsis über biographisches Schreiben teilend, versucht Weigel unter „Wahrung des Briefgeheimnisses" Spuren von Erfahrungen der Bachmann in deren Schreiben nachzuzeichnen. Verkürzt gesagt, sieht sie in Uwe Johnsons Bachmann-Erinnerung ›Eine Reise nach Klagenfurt‹ eine gelungene Spurensuche, in Max Frischs ›Montauk‹ eine Indiskretion.

Im wichtigen siebten Kapitel wird der „Topographische[n] Poetologie" (352) im Werk der Autorin nachgefragt, die reale (Berlin, Rom, Wien, Klagenfurt) und imaginäre Orte („Ungargassenland") sowie die Überlagerung, das Ineinanderverschobensein von Orten – Weigel bedient sich des eisenbahntechnischen Begriffs des 19. Jahrhunderts für Zugunfälle: „téléscopage" (358) – kennt. Beispielhaft zeigt sich eine solche „Topographie der verschachtelten Geographie" (361) im letzten Gedicht der Autorin, ›Böhmen liegt am Meer‹, das ein Verfahren aufweist, das auch die spätere Prosa (das ›Franza‹-Fragment, ›Malina‹) bestimmt.

Im achten Kapitel wird der „Poetische und poetologische Dialog mit Paul Celan" dargestellt. Weigel stützt sich im wesentlich auf die im 1997 erschienenen, von ihr mitherausgegebenen Band über ›Ingeborg Bachmann und Paul Celan. Poetische Korrespondenzen‹[17]) gewonnenen Erkenntnisse, bietet in einer Synopse die zahlreichen Celan-Bezüge im Werk der Autorin übersichtlich dar (vgl. 420–424) und betont die zentrale Rolle Celans für die Entwicklung des geschichtlichen Bewusstseins der Autorin. Verwiesen wird auch auf deren im Gegensatz zu anderen „Freunden" wie Alfred Andersch entschiedenes Eintreten für Celan in der von Claire Goll angezettelten, jüngst übrigens umfassendst dokumentierten[18]) Plagiatsaffäre.

Das neunte Kapitel zeigt Bachmanns Stellung als Intellektuelle im Kontext der „Nachgeschichte des Nationalsozialismus" (454). Ihre Sensibilität, die sie insbesondere im Dialog mit Celan entwickelt hat, unterscheidet sie von den meisten ihrer Schriftstellerkollegen, die sich – wie auch etwa Uwe Johnson (vgl. 457) – „die Erbschaft der Nazizeit vom Leibe zu halten" versuchten.

Das letzte Kapitel rückt die ›Todesarten‹ in den Mittelpunkt. Gegen die kritische Edition des „›Todesarten‹-Projekts", die ohne Zweifel mit einer problematischen Nachlasssituation zu kämpfen hatte, wendet Weigel zu Recht ein, dass Texte seit den fünfziger Jahren aufgenommen wurden, die kaum zu diesem Projekt gezählt werden können. Den Beginn allerdings mit 1967 festzusetzen (vgl. 513), erscheint ebenfalls nicht gerechtfertigt. Bachmann änderte in diesem Jahr zwar ihr Konzept grundlegend, zahlreiche Textzeugnisse aus der Zeit davor jedoch stehen sehr wohl in einem genetischen Zusammenhang mit dem späteren Todesarten-Umfeld. Ob sich aus dem noch nicht zugänglichen Teil des Nachlasses noch Genaueres wird erschließen lassen, ist derzeit allerdings nicht einmal zu mutmaßen.

Die bekannten Fragmente lassen jedenfalls die Arbeit der Autorin an einem Projekt erkennen, in dem Geschlechterbeziehungen in die Geschichte nach 1945 eingeschrieben werden sollen. Das Franza-Fragment kann „als Archäologie des individuellen und kollektiven Gedächtnisses" angesehen werden (517), führt aber – dem Eigenverständnis Bachmanns zufolge – in eine Sackgasse, mutmaßlich wegen „der Fixierung Franzas in einer Opferposition", möglicherweise auch wegen des „als Botschaft" interpretierbaren „Moment[s] einer quasi-feministischen Trinitätskritik (Mann-Vater-Gott)" (525).

---

[17]) Vgl. Anm. 15.

[18]) Vgl. Paul Celan. Die Goll-Affäre. Dokumente zu einer „Infamie", zusammengestellt, hrsg. und kommentiert von BARBARA WIEDEMANN, Frankfurt/M. 2000.

Der polyphone Roman ›Malina‹, der These von Roland Barthes folgend, „daß der Roman, der einen Sieg des Er über das Ich darstelle, ein Tod sei" (529), ist ein Text, der in seiner „triadischen Konstellation [... in der Beziehung zu Malina und Ivan] den unmöglichen Ort eines weiblichen Subjekts und einer weiblichen Autorschaft" (531) vermittelt. Interessant auch Weigels Erkenntnis, dass dem Roman eine entwickelte medientheoretische Reflexion eingeschrieben ist, die sich in der Aufgabe der von der Liebe diktierten „flammenden Briefe und Reden" des Ichs und im Durchsetzen der „Medien des Aufschreibesystems der Moderne" durch Malina niederschlägt.

Angesichts der Fülle von Erkenntnissen und Anregungen in Weigels umfangreicher Monographie fallen einige Fehler im Detail meist wenig ins Gewicht. Dass sie Bachmann irrtümlich in einen „Kurs" einer „Lehrerfortbildungsanstalt" (228, 447 und Johnson falsch zitierend 478) schickt, statt den „Abiturientenkurs" (d. i. einjährigen Lehrgang mit spezieller Matura) der Lehrbildungsanstalt (in Österreich Vorläuferin der Pädagogischen Akademien) absolvieren lässt, spielt kaum eine Rolle, sehr wohl aber, dass sie das Ich und Ivan miteinander „auf slowenisch oder windisch" (TA III, 289) reden lässt (vgl. 532), was keinen Sinn ergäbe. Vielmehr sprechen Ich und Malina noch „manchmal" in dieser Sprache.

Kurt Bartsch (Graz)

Helmut Pfotenhauer, Sprachbilder. Untersuchungen zur Literatur seit dem achtzehnten Jahrhundert, Würzburg (Königshausen & Neumann) 2000, 260. S.

Seit den neunziger Jahren ist in der literaturwissenschaftlichen Diskussion das Stichwort der Intermedialität populär geworden. Das theoretische Interesse für die Interaktion zwischen den Medien liegt darin begründet, dass sich in Zeiten der Krise und des Umbruchs die Literaturwissenschaft vom intermedialen Ansatz eine neue Legitimierung verspricht. Historisch gesehen greift die intermediale Betrachtungsweise auf eine Tradition zurück, die in der Geschichte der Ästhetik tief verwurzelt und als Hintergrund zum Verständnis ihres innovativen Potentials berücksichtigt werden muss: indem diese Betrachtungsweise nach dem spezifischen, unverwechselbaren Charakter der Literatur, der Malerei, der Musik und des Films fragt, stellt sie den traditionellen Anspruch der philosophischen Ästhetik des 18. und 19. Jahrhunderts in Frage, die unterschiedlichen Kunstformen auf einen gemeinsamen ästhetischen Nenner zu bringen.[1]) Das Bewusstsein für mediale Differenzen entwickelt sich im Laufe der *pictura-poesis*-Debatte, die im Paragone die Literatur dem Anschaulichkeitsanspruch der Malerei der Natürlichkeit der Zeichen wegen unterordnet und von daher Mittel aufsucht, die Literatur zu einem Ensemble von natürlichen Zeichen zu machen. Lessing ist ein Wendepunkt in der Debatte, weil er die semiotischen Differenzen des literarischen Mediums (die Sukzession der Zeichen in der Zeit und die Arbitrarität der Zeichenrelation) erkennt, aber eine Reformulierung findet, durch die die Literatur den Sieg über die Malerei davon trägt. Nach Lessing kann es der Literatur durch Mittel wie Metapher, Interjektionen, Onomatopoiesis gelingen, die literarischen Zeichen zum Wert von natürlichen Zeichen zu erheben. In einer so verstandenen Literatur entsteht die Möglichkeit der Narration, die der Malerei aufgrund ihrer Räumlichkeit abgeht, und dadurch können Logos, Geschichte, Aufklärung transportiert werden.

---

[1]) Vgl. Peter V. Zima, Ästhetik, Wissenschaft und „wechselseitige Erhellung der Künste". Einleitung, in: Peter V. Zima (Hrsg.), Literatur intermedial. Musik – Malerei – Photographie – Film, Darmstadt 1995, S. 1–28.

Bei Lessing und der von ihm herbeigeführten Wende in der Geschichte der Ästhetik setzt Helmut Pfotenhauers Buch historisch und systematisch an. Die erklärte Absicht des Autors ist es, Formen und Funktionen von Intermedialität in der Erzählliteratur des 18. und 19. Jahrhunderts zu bestimmen, um die wesentlichen semiotischen Neuerungen dieser Zeit zu dokumentieren (12f.). Die im Titel genannten „Sprachbilder" sind eine Metapher für die Interaktion von Text und Bild und bezeichnen deshalb keine Bilder als rhetorische Stilmittel und auch keine metaphorische Bildlichkeit im engeren Sinn, sondern nicht-tropische, semiotische Bilder, die den referentiellen, repräsentativen Aspekt von Kunst in den Hintergrund stellen, um deren medialen Charakter hervortreten zu lassen. Solche Bilder glaubt der Autor vorwiegend in den Charakterisierungen von Gemälden, in den Schöpfungen der Phantasie und in den narrativen, die Linearität der Handlung und der Geschichte unterbrechenden Mustern vorzufinden. Letzere werden nicht zuletzt wegen ihres visuellen Charakters auch figurative „tableaux" genannt. Am Leitfaden dieser nicht-mimetischen, selbstreflexiven „Sprachbilder" will Pfotenhauer eine andere Geschichte der Moderne rekonstruieren, die den Anspruch auf Wahrheit und Repräsentation relativiert und sich durch semiotisches Selbstbewusstsein auszeichnet. Die Intermedialitätsgeschichte, die hier gemeint ist, ist „die Geschichte des Unbewältigten, der Irritationen, die immer wieder bearbeitet werden wollen", die Geschichte von Gefährdungen, die etwas „Anrüchiges" haben (10).

Die Untersuchung beginnt mit einer Reflexion auf das autobiographische Schreiben und situiert dessen systematischen Ort im Zwiespalt zwischen der Tendenz der Erinnerung, sich anschaulich und vor allem räumlich-visuell zu organisieren, und der Tendenz der Schrift, die Zeichen der Erinnerung einem Abstraktionsprozess zu unterziehen, um sie besser speichern und tradieren zu können (15–30). Infolgedessen erscheine Autobiographie *per definitionem* als ein „Ereignis an der Schwelle" zwischen Bild und Text, sie spiele *nolens volens* mit Medienüberschreitungen. Die Schwelle, von der hier die Rede ist, werde nie ganz überschritten, denn das Ich suche sich zwar „Schriftbilder", in denen die Zeit stillstehe, um den unaufhaltsamen Tod und dem Vergessen Einhalt zu gebieten, und könne dadurch wenigstens für kurze Augenblicke Unvergänglichkeit erreichen, aber die Utopie der Erlösung vom linearen, zum Tod führenden Geschehen könne in der Sprache nie vollständig eingelöst werden. Das Bewusstsein der zeichenhaften Verfasstheit der erlösenden Vorgänge bzw. Bilder verhindere dies. Ausgehend von Augustinus wird der Doppelcharakter dieser „Schriftbilder" an Beispielen der älteren und neueren Autobiographie (Karl Philipp Moritz, Stendhal, Canetti) illustriert. Ähnlich wie die ältere und neuere Autobiographie, so Pfotenhauer, suchen auch die Tagebücher von Ulrich Bräker den Bedarf an Unmittelbarkeit, Mündlichkeit und Sichtbarkeit zu erfüllen, die eine zur Abstraktion und zur Vernachlässigung der Körper tendierende Schrift immer wieder schafft (31–44). Sprachbilder wie „halt so fortfahren [...] ohne Kopf und ohne Schwanz", die auf den Prozess des Schreibens bezogen werden, erfüllen diesen Bedarf, haben jedoch nur punktuelle Geltung, denn der Wunsch nach Totalität, den sie transportieren, sei nicht erfüllbar. Das in ihnen enthaltene Versprechen werde also sinnfällig zum Ausdruck gebracht und zur gleichen Zeit zurückgenommen.

Die besonderen Sprachbilder, die einen Medienwechsel insinuieren, indem sie gleichsam das ikonische Komplement der Sprache in der Sprache sein wollen, nehmen laut Pfotenhauer in Goethes Prosa die Form von kleinen, alternativen Erzählformen und zwar von novellistischen Augenblicken an, die in die großen Romane als deren Kontrafaktur eingestreut werden (45–66). Formell erfüllen sie mehrere, miteinander verbunden Funktionen: Sie stellen die auf fiktionale Konsistenz und Wahrscheinlichkeit verpflichtete Geschichte in Frage, sie relativieren die zwingende Logik des lückenlosen Zusammenhangs, entziehen sich den Gesetzen der im 18. Jahrhundert geltenden Mimesis. Inhaltlich transportieren diese „tableaux" neue, unerklärliche und unerwartete Elemente in der Tradition der Novelle und thematisieren Regressionslust und andere psychische Komplexe, die im Widerspruch zum Prinzip der Bildung, der Reifung, der prozessual hergestellten Ich-Identität stehen. So gesehen wäre die Kontrafaktur zu den ›Lehrjahren‹ nicht erst von den Romantikern artikuliert worden, sondern von Goethe selbst. Das Gesamtbild von Goethes Prosa, das sich aus dieser Analyse ergibt, ist ein Bild von Erzähltexten und Erzählkomplexen, die sich nicht linear überbieten, sondern einander gegenüberstellen und ergänzen.

In einem weiteren Schritt spannt Pfotenhauer den Interpretationsbogen zur Romantik und stellt fest, dass die intermedialen Experimente von Brentanos ›Godwi oder das steinerne Bild der Mutter‹ denen der ›Lehrjahre‹ gleichen, nur dass Brentano sie weiter treibt als Goethe (67–84). Wenn die Personen selbst das Erzählen von Geschichten diskreditieren und dadurch die Fiktionsebenen durcheinander bringen, dann zerstören sie das Kontinuum der Geschichte und lenken die Aufmerksamkeit auf die Bilder des Romans, vor allem auf die fiktiven Gemälde und die plastischen Gebilde im Text. Durch die Hervorhebung der bereits im Titel angeführten Bildnisse der Mutter von Godwi wolle der Roman den exemplarischen Sieg des schönen Scheins gegen das Fortschreiten der Zeit und den Tod im romantischen Sinne: die Darstellung der Bildnisse würde die Phantasie anregen, die in ihnen erzählte Geschichte lebendig zu machen, gleichsam in Leben zurückzuverwandeln. Durch den rätselhaften Charakter der Bilder werde außerdem ein Deutungsprozess in Gang gesetzt, der nie zu einem Ende komme.

Wenn man in der Erzählkunst des 18. und 19. Jahrhunderts die medial inszenierte Spannung von Augenblick und Geschichte in den Vordergrund stellt, wie es im vorliegenden Buch geschieht, dann tun sich Bedrohungen und Abgründe der Subjektivität auf, die bei Jean Paul, E. T. A. Hoffmann und Heinrich Kleist beängstigend wirken. Manchmal ist es freilich notwendig, den Autor gegen den Strich oder gegen sein Selbstverständnis zu lesen, wie es Pfotenhauer etwa im Falle der Bilderphantasien im ›Hesperus‹ tut (109–122). Während Jean Paul seine metaphorischen Schöpfungen besonders hoch schätzt, weil sie getrennte Lebensbereiche zur Verschmelzung bringen können und an Korrespondenzen transzendenteller Art teilhaben, in denen die Zeichen mit den von ihnen bezeichneten Sachen zur Deckung kommen, sieht Pfotenhauer dessen metaphorische Spiele jenseits der Logik von Handlung und Geschichte zur Bilderflut schwellen und interpretiert sie als sprachliche Inszenierungen ohne ontologischen Rückhalt, als Signifikantenketten ohne evidentes Signifikat. Bei allem Triumph der Einbildungskraft, der im freien Spiel mit Bildern gefeiert wird, lassen die genannten Verbindlichkeitsdefizite den Status von Subjektivität nicht unberührt. Die poetischen Bilder nehmen immer mehr die Gestalt von Einbildungen und Sinnestäuschungen an, verursachen im Subjekt das Gefühl der Desorientierung oder Desintegration und führen seinen Versuch, die Welt zu ordnen und die Schöpfung nachzuvollziehen, zum Scheitern. An zwei Texten, die direkt von Bildvorlagen ausgehen, zeigt Pfotenhauer, was noch hinter Jean Pauls Bilderschrift stehen könne. In der ›Erklärung der Holzschnitte unter den zehen Geboten des Katechismus‹ aus dem ›Kampaner Tal‹ (1797) und im ›Leben Fibels‹ (1811) würden die Bilder umgeschrieben und zu Indices von Lebensgeschichten gemacht, wobei bei diesem Umschreiben Jean Paul von Ursprungstexten und Urszenen ausgehe, um sie literarisch kunstvoll umzuformen. Ohne es zu wollen, gebe Jean Paul dabei viel über die wunden Punkte seiner Zeichenwelten preis: die uferlosen Allmachtsphantasien würden verborgene Wünsche verraten, die der Autor immer wieder beschriften und überschreiben müsse, um sie zu verdecken. (123–136)

Während bei Jean Paul die Kraft der Phantasie seine Bilderschrift in eine Bilderflut verwandle, folge die Hoffmannsche Einbildungskraft in ihrem Umgang mit den Bildern dem Muster der Arabeske, wie insbesondere der ›Kater Murr‹ zeige. (137–157) Dies fange bei den von E. T. A. Hoffmann für den Roman gezeichneten Vignetten an, die das Prinzip der perspektivischen Ordnung und der illusionistischen Mimesis preisgeben sowie das Zweideutige und Bizzarre hervorheben, um den klassizistischen Geschmack zu irritieren. Die Arabesken und Grotesken der Vignetten seien strukturhomolog mit der Logik des Traums und der Einbildungskraft, die im Roman herrscht, und würden sich auch in der Form des Romans spiegeln, weil sie auf die intertextuelle Verflechtung und die intermediale Verschlingung der Medien – Bild, Musik, Wort –

programmatisch hinweisen. Narzisstische Visionen der Künstlerfigur, zyklische, zirkuläre Erzählweise und Parodie der klassizistischen Ideale würde in unterschiedlicher Form das Ideal der Arabeske in die Praxis umsetzen.

Bei aller Ähnlichkeit mit Jean Paul und E. T. A. Hoffmann, so Pfotenhauer im weiteren Verlauf seiner Überlegungen, illustriere das Kleistsche Werk eine neue Funktion des Denkens in Bildern und anhand von Bildern, die im 19. Jahrhundert bahnbrechend sein sollte. Nachdem Kleist das traditionelle Bezeichnen und Benennen spätestens seit 1801 fragwürdig geworden sei, suche er den Ausweg aus der Sprachkrise nicht in der Behebung, sondern in der Sichtbarmachung der Insuffizienz der Zeichen. In seinen Bemerkungen zur Technik des Panoramas und in seinen Bildkommentaren vertrete er deshalb eine Art potenzierten Realismus, der darin bestünde, die künstlerische Illusion und den Perspektivismus der Kunst nicht auszublenden, sondern hervorzuheben und zu optimieren. Diese Poetik ziele nicht auf Zeichenvergessenheit, auf Re-präsentation, sondern wolle Zeichenbesessenheit provokativ inszenieren. Der hyperrealistische Impuls, der die sprachliche Irritation visualisieren soll, mobilisiere die Kraft der Phantasie und fordere zu neuen poetischen Anstrengungen. Auf der anderen Seite haben das Bewusstsein der unausweichlichen zeichenhaften Verfasstheit jeglichen Weltzugangs und das Fehlen eines verbindlichen Sinns zur Folge, dass das Subjekt sich verwirrt und desorientiert fühlt, wie es in den Meditationen über Caspar Friedrichs Seelandschaft ›Mönch am Meer‹ klar wird. Eindringliche Tableaux aus ›Der zerbrochene Krug‹ und ›Die Familie Schroffenstein‹ führen die Folgen dieser Erfahrungen im zwischenmenschlichen Bereich vor und greifen wiederholt das Bedrängende und Verletzende auf, das daraus resultiert, jedoch nicht ohne auch ihre eigene extreme Künstlichkeit zu reflektieren.

Im letzten Teil seines Buches verfolgt Pfotenhauer die Art und Weise, in der sich der von Kleist gewählte zeichentheoretische Ansatz in der realistischen Literatur des 19. Jahrhunderts durchsetzt und originell fortgesetzt wird. In seinen Augen signalisieren besonders Medienwechsel, dass sich die in den realistischen Texten konstruierte Wirklichkeit vielfach als gebrochen erweise und dass gerade realistische Autoren diese Gebrochenheit nicht verdecken, sondern explizit thematisieren und manchmal in den Vordergrund stellen wollen. An zwei Künstlergeschichten von Stifter, den ›Feldblumen‹ (1841) und den ›Nachkommenschaften‹ (1864), ließe sich besonders klar zeigen, dass sich die darin formulierte Kritik an der romantischen Schwärmerei und der Anspruch, eine objektive Welt sprachlich verfügbar zu machen, nicht konsequent vertreten lassen. Die Voraussetzung der Kritik – die Idee nämlich, dass Wirklichkeit sprachlich vermittelt ist – richte sich gegen die Kritik selbst, denn nicht nur die Bilder, mit denen man die Wirklichkeit verwechselt, seien sprachlich vermittelt, sondern auch die Wirklichkeit, die man dagegen hält. Deshalb würden die Bilder und der Kampf gegen die Bilder als willkürliche Einbildungen beweisen, dass Zeichen und mediale Vermittlungen unhintergehbar seien. Je stärker man Zeichenvergessenheit erreichen wolle, etwa durch perfekte kunstlose „wirkliche Wirklichkeit", desto stärker trete, so eine der interessantesten Thesen des vorliegenden Buches, Zeichenbesessenheit hervor. Ähnliches gelte auch für Kellers ›Sinngedicht‹, das einerseits eine Wirklichkeit zu suggerieren scheine, die wirklicher sei als die Einbildungen und Deutungen, die sie erfahren könne, andererseits aber Schriftbilder enthalte, die mit ihrem Eigensinn und Gegensinn daran erinnern, dass die literarisch konstruierte Wirklichkeit nicht unmittelbar zu verstehen sei. Um vor plattem Verstehen zu schützen, plädiere Keller in den Novellen der ›Leute von Seldwyla‹ dafür, dass Lesen und Deuten thematisiert werden. (159–174) In der ersten Novelle aus der Sammlung, ›Pankraz der Schmoller‹, zeige sich besonders deutlich, dass die Bilder, die die Helden als Bildnisse hervorbringen, und die Bilder im Kopf mehr als willkürliche Einbildungen oder imaginäre Wünsche seien. Sie erscheinen, so Pfotenhauer, als „Vexierbilder des Erzählens" (182), in denen Verfehlungen oder Obsessionen transportiert werden, und unterminieren den exoterischen Sinn der Geschichte und der Entwicklung, der auf weltzugewandte Nüchternheit hinauslaufe. (175–185) Zu den Autoren der realistischen Literatur des 19. Jahrhunderts, die ähnlich wie Stifter und

Keller das Konzept preisgeben, dass Zeichenvergessenheit eine wirklichere Realität konstituiere, zählt Pfotenhauer auch Fontane (187–206). Dessen Altersroman ›Stechlin‹ zeichne sich durch einen paradoxen Realismus „ohne Realität" (187) aus, weil er zeichenversessenes Geschichtenerzählen als Ziel des Schreibens vorführe. Dies sei an den zahlreichen Details abzulesen, die keine symbolische Funktion erfüllen, sondern nur die Handlung anhalten, oder an den Bildern, die Freiräume für allerlei bizarre Ereignisse, Mutmaßungen und Zeichenreflexionen schaffen. Faktenverliebtheit und Zeichenversessenheit seien also bei Fontane zwei Seiten derselben Medaille.

Die skizzierten Phänomene der semiotischen Unsicherheit, die im 19. Jahrhundert mit dem Wandel der wirtschaftlichen und sozialen Verhältnisse einhergehen, symbolisieren für Pfotenhauer nicht nur die Zeichen einer neuen ästhetischen Sensibilität. Sie sind im gleichen Maße auch Ausdruck des graduellen Zerfalls einer säkularen Welt und ihrer Erscheinungsbilder. Deshalb schließt das Buch mit einem Aufsatz über Hofmannsthals Reisebilder, die die „Erosion des klassischen Italien-Bildes" markieren (207–226). Durch den rekurrierenden Vergleich von literarischer Sprache und bildender Kunst brechen sie mit einer langen Tradition, um die diskursiven Möglichkeiten des neuen Jahrhunderts zur Geltung kommen zu lassen: „die Historisierung der verbindlichen Vorbilder, die Diskussion der spezifischen Zeichenhaftigkeit der Künste, die tendenzielle Selbstreferentialität eines nicht nur abbildenden und nachahmenden, sondern sich seiner selbst vergewissernden Kunstschaffens" (207).

Pfotenhauers semiotisch und medientheoretisch orientierte Untersuchung ist eine verdienstvolle Arbeit, die die Moderne in ihrer Zwiespältigkeit beleuchtet und deshalb darin auch jene Phänomene der Diskontinuität zu integrieren vermag, die früher als deren unverständlicher Rest marginalisiert wurden. Sie führt zudem überzeugend vor, dass die Selbstreflexivität der Moderne mehr ist als bloße Erklärung oder Ergänzung der künstlerischen Praxis, weil sie den Prozess der Bewusstwerdung der medialen Differenz fördert und dadurch die künstlerische Tätigkeit um wesentliche Ausdrucksmöglichkeiten bereichert. Jedoch setzt der Autor falsche Erwartungen und positioniert sich zumindest irreführend, wenn er seine Studien unter dem Begriff der Intermedialität subsumiert. Denn mit Intermedialität im heute diskutierten Sinn[2]) (oder mit Multimedialität und Transmedialität) haben diese nur sehr bedingt etwas zu tun. Intermedialität ist streng genommen nur jene Form Interaktion zwischen Medienformen, die für die semantische Botschaft konstitutiv ist. D. h., Intermedialität im engsten Sinne ist nur dort gegeben, wo ein einziges Medium nicht ausreicht, um die intendierte Botschaft zu übermitteln. Pfotenhauer bezieht sich hingegen auf die Interpretation von literarischen Texten und poetologischen Zeugnissen. Es geht in seinem Buch um metakritische Analysen der Sprachbilder auf der poetologischen Ebene. Er analysiert quasi-epistemologische Zeugnisse zum Problemfeld „Anschaulichkeit" und untersucht die „textuelle Interaktion"[3]) und die Funktion von extra-diegetischen oder a-narrativen (digressiven) Passagen, die sich selbst als Visionen oder Träume qualifizieren. Von dort ausgehend untersucht er teilweise unter Benutzung modernen zeichentheoretischen Vokabulars den Zusammenhang zu Themen wie Subjektivität, Repräsentation, Sprache (Zeichen), usw. Darin liegen aber auch die großen Verdienste des Buches, zu denen unter anderem der Umstand zählt, dass der Autor die Folgen der linguistischen Wende für die Literaturbetrachtung zieht und jene bedeuten-

[2]) Vgl. im allgemeinen Werner Wolf, Intermedialität als neues Paradigma der Literaturwissenschaft? Plädoyer für eine literaturzentrierte Untersuchung von Grenzüberschreitungen zwischen Wortkunst und anderen Medien am Beispiel von Virginia Woolfs ›The String Quartet‹, in: AAA – Arbeiten aus Anglistik und Amerikanistik 21 (1996), S. 85–116; – Jörg Helbig (Hrsg.), Intermedialität. Theorie und Praxis eines interdisziplinären Forschungsgebiets, Berlin 1998.

[3]) Gerd Labroisse und Dick van Stekelenburg (Hrsgg.), Das Sprach-Bild als textuelle Interaktion (= Amsterdamer Beiträge zur neueren Germanistik 45), Amsterdam und Atlanta 1999.

den Anteile der Moderne in den Vordergrund stellt, die das nach Kant schwer vertretbare Ideal einer lückenlosen Repräsentation der Wirklichkeit verabschieden und neue ästhetische Möglichkeiten wie den potenzierten Realismus der Zeichenbesessenheit oder das Sprechen am Rande des Verstummens ausprobieren. In diesem Zusammenhang sei schließlich noch daran erinnert, dass die von Pfotenhauer anvisierten Möglichkeiten nicht die einzigen Auswege aus der Krise der Repräsentation sind. Gerade aus der von ihm immer wieder thematisierten Debatte über das Sprechen in Bildern oder über Bilder erwächst in der Moderne auch eine Tradition, die die erschließenden Potenzen von Sprache aufwertet und dadurch Literatur zu einem ausgezeichneten Instrument der Sinngebung und der Orientierung in der Welt macht.[4])

Arturo Larcati (Salzburg)

---

[4]) Vgl. Klaus Müller-Richter und Arturo Larcati, „Kampf der Metapher!" Studien zum Widerstreit des eigentlichen und uneigentlichen Sprechens. Zur Reflexion des Metaphorischen im philosophischen und poetologischen Diskurs, Wien 1996; – Klaus Müller-Richter und Arturo Larcati (Hrsgg.), Der Streit um die Metapher. Poetologische Texte von Nietzsche bis Handke, Darmstadt 1998.

Franziska Mosthaf, Metaphorische Intermedialität. Formen und Funktionen der Verarbeitung von Malerei im Roman. Theorie und Praxis in der englischsprachigen Erzählkunst des 19. und 20. Jahrhunderts (= Horizonte 25), Trier (Wissenschaftlicher Verlag Trier) 2000. 218 S.

Während in anglo-amerikanischer Forschung und ihrem Einflussbereich Beziehungen zwischen unterschiedlichen Medien bzw. Werken verschiedener Medien noch immer weitgehend mit den Begriffen ‚*interart relations*'[1]) oder ‚*intertextuality*'[2]) beschrieben werden, hat sich vor allem in der literaturwissenschaftlichen Forschung deutschsprachiger Länder seit Mitte der neunziger Jahre der Terminus ‚Intermedialität' fest etabliert. In seinem Zeichen ist inzwischen eine Fülle von Arbeiten, z. T. auch mit theoretischer und typologischer Ausrichtung, erschienen[3]), so dass gerade mit Blick auf die jüngsten Publikationen der „Mangel an einer systematischen Aufarbeitung der Intermedialität", den Franziska Mosthaf im hier zu besprechenden Buch bemerkt, nicht mehr in ganz so „beklagenswerte[m]" (4) Umfang besteht. Nicht zuletzt Mosthafs eigene Monographie hat hierzu wesentlich beigetragen.

---

[1]) Vgl. z. B. Kathleen Lundeen, Interart as a Deconstructive Device. Word-Image Syncopation in Matisse's *Jazz*, in: Interart Poetics. Essays on the Interrelations of the Arts and Media, hrsg. von Ulla-Britta Lagerroth, Hans Lund, Erik Hedling, Amsterdam 1997, S. 233–240.

[2]) Vgl. z. B. Brian McFarlane, Novel to Film. An Introduction to the Theory of Adaptation, Oxford 1996, S. 10.

[3]) Z. B. Literatur intermedial. Musik – Malerei – Photographie – Film, hrsg. von Peter V. Zima, Darmstadt 1995; – Jürgen E. Müller, Intermedialität. Formen moderner kultureller Kommunikation, Münster: Nodus, 1996; – Icons – Texts – Iconotexts. Essays on Ekphrasis and Intermediality, hrsg. von Peter Wagner, Berlin und New York 1996; – Intermedialität. Theorie und Praxis eines interdisziplinären Forschungsgebiets, hrsg. von Jörg Helbig, Berlin 1998; – Werner Wolf, The Musicalization of Fiction. A Study in the Theory and History of Intermediality, Amsterdam 1999; – Irina Rajewsky, Im Zeichen der Intermedialität. Intermediales Erzählen in der italienischen Literatur der Postmoderne. Von den *giovani scrittori* der 80er zum *pulp* der 90er Jahre, Phil. Diss., Berlin 2000.

Um es vorweg zu sagen: Diese Überarbeitung einer Kölner Dissertation ragt aus der gegenwärtigen ‚Dissertationsindustrie' unübersehbar heraus und stellt trotz einiger Unschärfen einen wesentlichen Fortschritt für die „literaturzentrierte Intermedialitätsforschung" (Vorwort) im Bereich der Beziehungen zwischen Malerei und Erzählkunst dar. Dies gilt, obwohl Verf. in ihrer „primär textimmanent vorgeh[enden]" Arbeit (82) – legitimerweise – nicht alle Aspekte dieser Relationen berücksichtigt und auch nur eine Variante von Intermedialität im Blick hat: nicht eine manifeste Intermedialität, die etwa durch die Kombination von Erzähltext und Bild in illustrierten Romanen entstünde[4]), sondern eine eher verdeckte Form, die Verf. – etwas unglücklich und leider kaum begründet (vgl. 7) – „metaphorische Intermedialität" nennt: die verbale Bezugnahme auf Malerei in der Erzählkunst.

Die Arbeit ist im Wesentlichen nach dem bewährten Schema ‚Theorie und Geschichte' zweigeteilt. Nach einleitenden Bemerkungen zum „Begriff der Intermedialität", „zur Forschungslage" und „Problemstellung" (Kap. 1) erstellt Verf. im Theorieteil ein „Beschreibungsmodell der Formen und Funktionen" der von ihr behandelten Spielart von Intermedialität (Kap. 2). Neben grundsätzlichen Reflexionen zur Mediendifferenz zwischen Erzählkunst und Malerei bietet Verf. hier eine Typologie ihres Gegenstandsbereichs, d. h. eine Übersicht über die Aspekte der Malerei, die sich literarischer Verarbeitung öffnen, wobei Verf. zu Recht nicht nur auf Gemälde als solche eingeht, sondern auch deren Produktions- wie Rezeptionsprozesse sowie diese steuernde Ästhetiken in ihre Betrachtungen einbezieht. Ferner führt sie eine Differenzierung von Hauptmodi solcher Verarbeitung ein: „Thematisierung" (das explizite Nennen von mit Malerei Zusammenhängendem) vs. „Inszenierung" (18f.). Allerdings ist dabei schade, dass der Begriff der „Inszenierung" in der ambivalenten Verwendung der Verf. die Identifikation und Beschreibung der spannendsten, von ihr im historischen Teil denn auch am stärksten berücksichtigten Kategorie erschwert, da sie mit diesem Terminus sowohl das eher unspektakuläre Erscheinen von mit Malerei Zusammenhängendem in der fiktiven Welt des Werks erfasst, z. B. die Darstellung von Malerfiguren, deren Schaffensprozess oder die Rezeption von deren Werken auf *histoire*-Ebene, als auch ein ungewöhnliches und daher besonders beachtenswertes *discours*-Phänomen: die „Imitation" (7, vgl. 19) des fremden Mediums mit den Mitteln des Erzählens, sodass dieses ‚piktoralisiert' bzw. ‚malerisch' wird[5]). Innovativ ist der im weiteren Verlauf des Theorieteils unternommene Versuch, in einem anderen Bereich ein verfeinertes intermediales Beschreibungsinstrumentarium zur Verfügung zu stellen: nämlich dort, wo Verf. malereibezogene Analogien zu narratologischen Kategorien wie Textebenen, Erzählsituationen oder Perspektivenstruktur in Form von „Bildebenen" (43)[6]), „Malsitua-

---

[4]) Daher geht Verf. auch auf den einzigen derartigen Fall in ihrem Textkorpus (ein in Kap. V/2 von Julian Barnes' ›A History of the World in 10 1/2 Chapters‹ behandeltes und abgebildetes Gemälde Géricaults) nicht näher ein.

[5]) Mit Hilfe einer Trennung dieser beiden Aspekte von ‚Inszenierung' hätte auch die beachtenswerte funktionsgeschichtliche These der Verf. zur Frage nach dem Warum? eines Auftretens von Intermedialität präzisiert werden können, der zufolge ein Ungenügen an den „Konventionen [der] eigenen Gattung und [des] eigenen Mediums" (201) einen starken Motor für Intermedialität darstellt: Dies überzeugt nämlich hauptsächlich bei ‚Imitation', weniger jedoch bei anderen Formen der Intermedialität.

[6]) Bei dem Schema auf S. 40, das Umsetzungsmöglichkeiten von Bildebenen auf der intra- und extradiegetischen Ebene in der Erzählkunst veranschaulicht, ist jedoch – zumal im Licht der Ausführungen der Verf. selbst (vgl. S. 43) – nicht recht einzusehen, wieso auf extradiegetischer Ebene als möglicher Inhalt intermedialer Referenz nur die „Darstellungsform des Bildgegenstandes" erscheint; schließlich kann die extradiegetische Ebene ebenso wie die intradiegetische darüber hinaus auch die Gesamtheit der Bildebenen, einschließlich von Bildinhalten, „Werkganze[m]" (39) und der „werkexterne[n] Ebene" (37) verarbeiten.

tion[en]" (49 und *passim*)[7]) und malerischer Perspektive herstellt. Bemerkenswert ist des Weiteren ein typologischer „Überblick über die Grundfunktionen" der Malereiverarbeitung im Erzählen (Kap. 2.2), wobei Verf. differenziert zwischen werkinternen Funktionen, die meist von „intermediale[n] Einzelaspekten" (Kap. 2.2.1) erfüllt werden (z. B. Charakterisierung von *histoire*-Elementen, Strukturierung des *discours*, thematische Funktionen), und kontext- bzw. rezipientenzentrierten „Funktionen des ‚intermedialen Romans'" ([Kap. 2.2.2] Intermedialität als Appell an die Sinne/‚Sensualisierung' der Literatur, Didaxis und Orientierung, sowie „‚kognitive Reflexionsfunktion'" [26], zu der auch [meta-]ästhetische Reflexion zählt[8])). Ebenfalls sehr verdienstvoll ist das Kap. 2.7, das dem Problem der „Markierung" von Intermedialität gewidmet ist, einem Bereich, der bislang in der Forschung unterbelichtet geblieben ist. Verf. unterscheidet hier verschiedene „Grad[e] an Explizität bei der Markierung" (73) und ordnet diese zwischen den Polen ‚explizite vs. implizite Markierung' an.

Im historischen Teil (Kap. 3) werden die meisten der theoretisch gewonnenen Kategorien illustriert. Er besteht aus vier chronologisch angeordneten Kapiteln zu exemplarischen Erzählwerken des 19. und 20. Jahrhunderts, in denen Malerei eine gewichtige Rolle spielt, und zwar jedes Mal – allerdings mit unterschiedlicher Gewichtung – auch im Sinn der versuchten Imitation malerischer Verfahrensweisen und Ästhetiken. Verf. diskutiert zunächst „Herman Melvilles *Moby Dick* als narrative Umsetzung der [romantisch-visionären] Ästhetik William Turners" (Kap. 3.1), sodann realistische Aspekte von „George Eliots *Adam Bede*", die Bezüge zur „niederländische[n] Genremalerei" erkennen lassen (Kap. 3.2), ferner „Virginia Woolfs [modernistisch-experimentelle] Romankonzeption von *To the Lighthouse* als literarische Umsetzung postimpressionistischer Prinzipien", wobei Verf. v. a. Parallelen zur Ästhetik Cézannes betont (Kap. 3.3), und schließlich vergleichend zwei postmoderne Erzählungen, John Fowles' ›The Ebony Tower‹ und Julian Barnes' ›A History of the World in 10 1/2 Chapters‹. Bei diesen Texten untersucht Verf. Intermedialität hauptsächlich insoweit, als diese hier die besonders wichtige und in der jüngsten Forschung zu Recht beachtete[9]) Funktion metatextueller bzw. (meta-)ästhetischer Reflexion erfüllt.

Das abgesehen von einigen Darstellungsschwächen, besonders in der Formulierung und logischen Transparenz[10]), insgesamt sorgfältig verfasste und strukturierte Buch dokumentiert

---

[7]) Bei der Ich-Erzählsituation fällt es Verf. allerdings im Gegensatz zur auktorialen und personalen Erzählsituation aus in der Natur des malerischen Mediums liegenden Gründen schwer, ein Korrelat in der Malerei zu finden (vgl. 50).

[8]) In diesem Zusammenhang wäre auch die Frage interessant gewesen, inwieweit sich Unterschiede des „Wirkungspotentials" (24) ergeben, je nachdem, ob die Referenz auf malerische ‚Prätexte' fiktiv oder real ist.

[9]) Vgl. Ulla-Britta Lagerroth, Reading Musicalized Texts as Self-Reflexive Texts. Some Aspects of Interart Discourse, in: Word and Music Studies. Defining the Field. Proceedings of the First International Conference on Word and Music Studies at Graz, 1997, hrsg. von Walter Bernhart, Steven Paul Scher, Werner Wolf, Amsterdam 1999, S. 205–220; – Martina Mai, Bilderspiegel – Spiegelbilder. Wechselbeziehungen zwischen Literatur und bildender Kunst im Malerroman des 20. Jahrhunderts, Würzburg 2000.

[10]) So kann eine „Zentripetalkraft" nicht als „Strukturprinzip" angesprochen werden (91), und es ist fraglich, ob eine „Suche nach dem inhärenten Sinn einer fragwürdigen Realität" als „epistemologisch" bezeichnet werden kann (102). Was die Logik anbelangt, so stören gelegentlich Widersprüche und unbereinigte Spannungen, z. B. wenn auf S. 113 Verf. zu Recht sagt, „Rembrandt nimmt keine physische Idealisierung seiner Figuren vor", dann aber S. 129 behauptet, „Rembrandts Realismus basiert auf idealisierten Darstellungsformen", wenn die Postmoderne einmal als „Höhepunkt an Intermedialität" (10) erscheint, ein andermal „in der Postmoderne [...] Malerei und Literatur [...] in einem [...] lockeren Verhältnis zueinander" (202) gesehen werden, oder wenn unmittelbar vor der Kapitelüberschrift von 3.3.6, „Die

profunde Text- und Sachkenntnis (sowohl im Bereich der Literatur- als auch Kunstwissenschaft[11])), vermittelt hochinteressante Einblicke in eine Reihe intermedialer Erzählwerke, die Verf. zwar nicht zu einer ‚Tradition' zusammenschließen will (vgl. 21), die aber doch in der Synopse die Bedeutung intermedialer Aspekte für die Interpretation von Literatur gerade der letzten beiden Jahrhunderte aufweisen. Dabei ist hervorzuheben, dass Verf. nicht nur offensichtliche Anleihen bei der Malerei in einigen Details der besprochenen Texte behandelt (wie die Bildbeschreibungen im Kap. „The Spouter-Inn" von ›Moby Dick‹ und im 17. Kap. von ›Adam Bede‹ oder das Auftreten von Malerfiguren wie derjenigen Lily Briscoes in ›To the Lighthouse‹), sondern dass sie auch durchgehend – wenn auch im Kapitel zur Postmoderne nur punktuell und daher schwer nachvollziehbar (vgl. 192, 193) – die Bedeutung der intermedialen Referenz für die Großstruktur der untersuchten Werke auslotet. Um ein Beispiel zu nennen, sei hier auf die besonders anschauliche Darstellung der Umsetzung postimpressionistischer Abstraktion verwiesen, wie sie Verf. für die dreiteilige Makrostruktur von ›To the Lighthouse‹ insgesamt sowie für die Mikrostruktur des Mittelteils ›Time Passes‹ nachweist[12]). Darüber hinaus muss gewürdigt werden, dass ihre Untersuchung von einem erfreulichen Willen getragen ist, Textinterpretationen theoretisch zu fundieren und dabei auch Neuland zu betreten. Obwohl die theoretischen Überlegungen der Verf. naturgemäß auf ihren Gegenstand zugeschnitten sind, liegt ein wesentlicher Gewinn der Ausführungen der Verf. gerade darin, dass ihre Erkenntnisse und Kategorien zu einem Teil auch auf andere Formen der Intermedialität übertragbar sind und also über den unmittelbar von ihr behandelten Gegenstandsbereich hinaus Relevanz besitzen. Dies trifft insbesondere auf die Funktionstypologie zu sowie auf den z. B. auch für den Literatur-Filmbezug fruchtbaren Versuch, narratologische Kategorien in andere Medien zu ‚übersetzen'.

Gerade angesichts der erzähltheoretischen Ausrichtung der Studie ist es bedauerlich, dass mitunter narratologische Terminologien und Konzepte wie ‚Ekphrasis', *mise en abyme* (z. B. 83, 93) oder ‚narrativer Kurzschluss' bzw. ‚Metalepse' (zur Beschreibung einer Tendenz, „Barriere[n] zwischen [...] Ebenen" fallen zu lassen [93]) nicht genutzt wurden, obwohl z. B. ‚Ekphrasis' im Theorieteil erwähnt wird (vgl. 8, 12) und diese Begriffe an manchen Stellen zur Prägnanz der Darstellung insbesondere im Interpretationsteil beigetragen hätten. Auch die zweite Großorientierung der Arbeit, ihre begrüßenswerte funktionsgeschichtliche Ausrichtung, hätte mancherorts etwas konsequenter in die Textinterpretation eingehen können. Beispielsweise vermisst man bei der Diskussion von Woolfs ›To the Lighthouse‹ den Rekurs auf die von Verf. selbst im Theorieteil eingeführte Funktionskategorie des ‚Appells an die Sinne': Gerade bei einer Autorin, die mit ihrem Erzählen erklärtermaßen nicht nur „the power of music", sondern auch „the stimulus of sight, the effect on us of the shape of trees or the play

Integration diskrepanter Figurenperspektiven als strukturelle Umsetzung von Lily Briscoes kreativem Akt", für ›To the Lighthouse‹ eine „Perspektivenstruktur mit einem geringen Grad an Integrativität" festgestellt wird (163). Bedauerlich ist auch, dass neben einer Verwechslung der „*Circe Episode* in *Ulysses*" mit dem ›Sirens‹-Kapitel (202) in einigen Fällen Zitate unvollständig und dadurch z. T. verzerrt wiedergegeben wurden (vgl. 127, 128), und dass – wie offenbar auch in deutschsprachigen Arbeiten zunehmend üblich – selbst ein bekannter französischer Autor wie Foucault nur mehr mit dem Titel seiner englischen Übersetzung zitiert wird (vgl. S. 116, Anm. 210).

[11]) Allerdings ist – etwa mit Blick auf Beispiele bürgerlicher Genremalerei wie Jan Steens ›St. Nikolausfest‹ im Amsterdamer Rijksmuseum – die Behauptung der Vf. einzuschränken, im weltlichen Bereich der niederländischen Malerei gebe es „prinzipiell keine ‚erzählende' Malerei" (123).

[12]) Daneben geht sie auch auf Parallelen in der Weltsicht ein, z. B. auf die manichäische Ambivalenz in der Sicht der Natur bei Turner und Melville oder – etwas weniger überzeugend – auf das Prinzip der Sympathie in der niederländischen Genremalerei und bei Eliot.

of colour“[13]) wiedergeben wollte, hätte eine solche Ausweitung der festgestellten Funktionen nahe gelegen. Mit Blick auf eine konsequente Umsetzung der eigenen Vorgaben ist in der publizierten Fassung des Werks ein weiteres Monitum womöglich noch offensichtlicher: Wenn hier Intermedialität schon der Gegenstand der Untersuchung ist und so ausführlich von Ästhetiken einzelner Maler, ja von einzelnen, ekphrastisch bearbeiteten Bildern die Rede ist, hätte man sich im Dienst einer leserfreundlichen Veranschaulichung der Ausführungen gewünscht, dass eine Unterform von Intermedialität, nämlich ‚Plurimedialität', bei der Gestaltung des Texts von Verf. selbst auch angewendet worden wäre, und zwar in Form einiger Illustrationen. Selbst wenn beim Druck von Dissertationen immer restriktivere finanzielle Rahmen gesetzt werden, sollte solcher ‚Luxus' zumal bei einer insgesamt so qualitätvollen Arbeit auch heute noch möglich sein.

Das Vor-Augen-Führen intermedialer Referenzwerke hätte möglicherweise auch einen Eindruck reduzieren können, der zumal skeptische Leser mitunter bei der Lektüre der Interpretationskapitel beschleichen mag. Ein Hauptgegenstand der Kapitel zu Melville, Eliot und Woolf ist für Verf. der Nachweis einer Imitation von Malerei und bestimmter malerischer Ästhetiken mit den Mitteln der Erzählkunst in den untersuchten Werken. Allerdings fragt man sich hier wie auch im Kapitel zu Fowles und Barnes des Öfteren, ob die angegebenen Verfahren wirklich alle als Indizien solcher intermedialer Imitation gewertet werden können. Dies gilt z. B. für „*Chiaroscuro* als Technik der Figurencharakterisierung“ in ›Moby Dick‹ (Kap. 3.1.7), für „Zeitdehnung, [...] Aussparung und [...] Pause“ als Mittel der Erzählzeitmodellierung (124) in ›Adam Bede‹, für Kontrast- und Korrespondenzrelationen im selben Roman sowie in ›To the Lighthouse‹ (vgl. Kap. 3.2.9 und 3.3.5), für den „Polyperspektivismus“ (148) in ›To the Lighthouse‹ oder auch für die „paradigmatisch[e] Variation[sstruktur]“ (192) in ›A History of the World‹. Verstärkt werden solche Zweifel durch diesbezügliche Einschränkungen der Verf. selbst, die manche Phänomene nur als „unterstützende[...] Element[e]“ gewertet wissen will (148, vgl. auch 124), sowie durch eine gewisse Sorglosigkeit bei der Belegung der behaupteten direkten ‚Umsetzungen' von einzelnen Gemälden oder Ästhetiken zumal im Bereich der werkexternen Markierung von Intermedialität (so fehlt z. B. jedes direkte Zeugnis aus der Feder Woolfs, das den behaupteten Stellenwert der Ästhetik Cézannes nachweisen würde; Ähnliches gilt für den Bezug Melville–Turner). Und schließlich nimmt Verf. auch bedauerlicherweise nicht immer die Chance wahr, ihre intermediale Lesart dort zur Diskussion zu stellen, wo dies besonders ergiebig gewesen wäre. Gerade im Fall von ›Adam Bede‹ hätte z. B. bei einer Interpretation der Landschaftsbeschreibung von Hayslope in Kap. 2 gezeigt werden können, wie hier ‚Perspektive' nicht nur in narratologischem Sinn, d. h. als Wiedergabe des begrenzten Informationsstandes eines intradiegetischen Reflektors, in diesem Fall eines anonymen Reisenden, verwendet wird (auf dieses Verfahren geht Verf. S. 120 ein), sondern auch in einem visuellen Sinn: insofern nämlich Eliot bei dieser Deskription augenscheinlich versucht (wie nach ihr noch intensiver – und mit fließendem Übergang zum ‚Filmischen' – Thomas Hardy), eine bildliche Wahrnehmung in Verbindung mit der Imitation optischer Perspektive verbal zu vermitteln. Dies geschieht durch eine Reihe von räumlich orientierenden und perspektivisch auf den internen Betrachterstandpunkt bezogenen Deiktika, durch die Beachtung perspektivisch bedingter Sichtbeschränkungen bzw. ‚Abschattungen', aber auch z. T. durch den Versuch, die Sequenz der optischen Wahrnehmung des Betrachters mit dem Mittel diagrammatischer Ikonizität in eine analoge Sequenz des Beschreibungsdiskurses und der durch ihn vermittelten Ansichten umzusetzen. Bei solchen Deskriptionen, welche die Feststellung der Verf. zu stützen scheinen, Eliot betreibe eine „Auflösung der Erzählung in Bilder“ (Kap. 3.2.6), ist jedoch nicht von vornherein ausgemacht – und ebendies müsste geklärt werden –,

---

[13]) Virginia Woolf, The Narrow Bridge of Art (1927), in: Virginia Woolf, Collected Essays, 4 Bde., London 1966–1967, Bd. 2., S. 218–229, hier: S. 229.

ob sie tatsächlich als verbale Korrelate perspektivischer Gemälde oder, wie Verf. wiederholt sagt, als Bildbeschreibungen, d. h. als Notate von *Gemälde*wahrnehmung, jedenfalls also als Formen intermedialer Imitation anzusehen sind, oder ‚nur' als Mittel der Intensivierung ästhetischer Illusion in einer möglichst wahrnehmungsanalogen Präsentation des Setting *ohne* Referenz zur Malerei[14]).

Der Eindruck einer gewissen Unspezifik mancher – keineswegs aller! – der behaupteten Verfahren einer Umsetzung von Malerei im Erzählen und damit eine nicht immer volle Überzeugungskraft einiger der behaupteten intermedialen Imitationen rührt zu einem Teil von einer in diesem Bereich wohl noch immer unterentwickelten theoretisch-typologischen Forschung und Reflexion, für die Verf. allerdings nicht verantwortlich gemacht werden kann. Es wäre vielleicht sinnvoll, den großen Bereich der Intermedialität (in einem weiten Sinn) aufzuteilen in zwei Unterbereiche: eine *werkinterne Intermedialität* (Intermedialität im engen, von Verf. zumeist verwendeten Sinn, der auf die *innerhalb* eines Werks nachweisbare Einbeziehung von mehr als einem Medium in dessen Bedeutungsgenerierung abhebt), und eine *werkübergreifende Intermedialität* (bei welcher der Bezug zu einem anderen Medium nur aus der Relation bzw. dem Vergleich *zwischen* einem Werk und einem bestimmten Kontext erschlossen werden kann). Zur werkinternen Variante zählen sowohl *Plurimedialität*, d. h. die offensichtliche Verwendung von mehr als einem Medium in einem Werk, als auch eher verdeckt *intermediale Referenzen*, die sowohl im Modus einer *expliziten Thematisierung* anderer Medien und damit Zusammenhängendem als auch im Modus einer *impliziten Imitation* eines Fremdmediums auftreten können. Zur werkübergreifenden Intermedialität gehören sowohl die *intermediale Transposition* (wie im bekannten Fall der Literaturverfilmung) als auch die *‚Transmedialität'*, die Existenz von primär nicht medienspezifischen Phänomenen, die gerade deshalb in mehreren Medien auftreten können[15]) und daher auch – und das ist wichtig für das vorliegende Problem – sekundär zu Zwecken einer intermedialen Imitation verwendbar sind. Die meisten der zunächst nicht voll überzeugenden intermedialen Verfahren, die Verf. in ihren Textinterpretationen anspricht, fallen in ebendiesen Bereich der Transmedialität. Hier gilt es nun zu fragen, wann und unter welchen Bedingungen transmediale Phänomene als Beitrag zu einer intermedialen Imitation gewertet werden können. In diesem Zusammenhang müsste nicht nur auf werkinterne, sondern selbst bei ansonsten dominant textimmanenter Ausrichtung auch auf werkexterne Markierungen Bedacht genommen werden, wobei diese vorzugsweise in Form von expliziten, auf die Intermedialität des untersuchten Textes bezogenen Thematisierungen auftreten sollten. Sind solche Markierungen vorhanden, könnte man auf der Basis der Formel ‚transmediales Element plus intermediale Markierung qua explizite Thematisierung erlaubt dessen Wertung als stützendes Element für die These einer vorliegenden intermedialen Imitation' einige der angesprochenen Zweifel zerstreuen.

Freilich muss die Ausarbeitung solcher Feinheiten weiterer Forschung vorbehalten bleiben. Insgesamt, das ist festzuhalten, können in Mosthafs Studie Zweifel allenfalls bezüglich einiger

---

[14]) Eine intermediale Lesart scheint bei Eliot insofern wahrscheinlich, als sich in ihrem Beschreibungsdiskurs ästhetisch-malerisch konnotierte Begriffe wie „beauty of the view, horizon, foreground" und nicht zuletzt „picture" finden (Adam Bede, hrsg. von Stephen Gill, Harmondsworth: Penguin 1980, S. 61f.). Das Problem kompliziert sich jedoch bei der Landschaftswahrnehmung noch zusätzlich dadurch, dass diese – wie der Terminus *‚landscape'* selbst – kulturgeschichtich zwar ursprünglich von der Malerei mitgeprägt ist, dieser Bezug aber im Laufe der Zeit durch die Ausweitung ‚malerischen Sehens' auf andere Medien und nicht zuletzt auf die Alltagswahrnehmung in den Hintergrund tritt und somit selbst Begriffe wie „picture" und „horizon" allenfalls auf ‚Transmedialität' (siehe unten), aber nicht mehr unbedingt auf intermediale Einflüsse verweisen.

[15]) Dieser Begriff wurde meines Wissens in diesem Sinn erstmalig von Rajewsky, Im Zeichen der Intermedialität (zit. Anm. 3), Kap. IV.4.3, verwendet.

Details aufkommen, in keinem Fall jedoch an der grundsätzlichen Tatsache, dass alle untersuchten Primärwerke in der Tat bemerkenswerte Beispiele einer formal wie funktional interessanten literaturzentrierten Intermedialität darstellen. Sich dieser Intermedialität, die mehr umfasst als den Versuch der ‚Piktoralisierung' des Erzählens, bewusst zu werden trägt in jedem Fall entscheidend zur Erhellung dieser Texte bei. Es ist das unbestreitbare Verdienst der Verf., dies in z. T. sehr detaillierten und auf einer wohl überlegten Theorie basierenden Interpretationen gezeigt zu haben. Es ist ein weiteres ihrer Verdienste, einen wegweisenden Beitrag nicht nur zur Geschichte, sondern auch zur Theorie eines bisher noch nicht in dieser fundierten Weise behandelten Teilgebiets der Intermedialitätsforschung geleistet zu haben. Und schließlich zeigt Verfs. Untersuchung, dass neue literatur- und medientheoretische Begriffe wie derjenige der Intermedialität – auch wenn sie nicht aus den vielfach so dominant wirkenden französischen und US-amerikanischen Theorien stammen – nicht einfach Früchte belangloser terminologischer Spielerei sind, sondern außerordentlich befruchtend wirken können und neue Horizonte zu eröffnen vermögen (insofern gilt für den Reihennamen ›Horizonte‹ von Verfs. Publikation: *nomen est omen*). Daher kann man sicher sein, dass die Hoffnung der Verf., ihr Werk möge „Anregungen für die zukünftige Analyse anderer Formen von Intermedialität geben" (Vorwort), durchaus berechtigt ist.

Werner Wolf (Graz)

Benjamins Begriffe, hrsg. von Michael Opitz und Erdmut Wizisla (= es 2048), Band 1. 2., Frankfurt/M. (Suhrkamp) 2000, 853 S.

In einem Lebenslauf, den Walter Benjamin um 1928 verfasste, schreibt er von seiner „Absicht, den Integrationsprozess der Wissenschaft, der mehr und mehr die starren Scheidewände zwischen den Disciplinen wie sie den Wissenschaftsbegriff des vorigen Jahrhunderts kennzeichnen, niederlegt, durch eine Analyse des Kunstwerks zu fördern" – und zwar in einer das konkrete Kunstwerk mit dem kulturellen Zusammenhang verbindenden Analyse, „die in ihm einen integralen, nach keiner Seite gebietsmäßig einzuschränkenden Ausdruck der religiösen, metaphysischen, politischen, wirtschaftlichen Tendenzen einer Epoche erkennt."[1])

Eine solche, den Kontext im Text aufweisende, integrale Analyse forderte Benjamin aber nicht nur theoretisch in polemischer Abgrenzung gegen eine „immanente" Literaturwissenschaft, wie sie seiner Meinung nach Oskar Walzels ›Das Wortkunstwerk‹ betrieb und dessen Formanalyse er das „synthetische Gebaren" und „den geilen Drang aufs Große Ganze" vorwarf.[2]) Die eigene Praxis setzte dieses Programm einer vom Einzeltext als Bündel kulturell-geschichtlicher Tendenzen ausgehenden Literaturwissenschaft schon in der (vom Frankfurter Germanisten Hans Cornelius abgewiesenen) Habilitationsschrift ›Der Ursprung des deutschen Trauerspiels‹ (1925) detailgenau um.

Benjamins Forderung, noch nicht aber die Genauigkeit seiner Praxis, wurden in den letzten Jahren aufs Neue aktualisiert, und zwar im Zusammenhang mit den in alle Fakultäten eindringenden Programm einer – wie immer ungeklärten – „Kulturwissenschaft". Hauptstoß-

---

[1]) Walter Benjamin, Gesammelte Schriften, hrsg. von Rolf Tiedemann und Hermann Schweppenhäuser, Frankfurt/M. 1991 [im Folgenden zit. mit Sigle GS und Bandangabe]. VI. Fragmente. Autobiographische Schriften, S. 217–219, hier: S. 219.

[2]) Benjamin, GS III. Kritiken und Rezensionen, S. 50f.

richtung der „Kulturwissenschaft[en]" ist der mehrere Disziplinen übergreifende und politische, wirtschaftliche, mediengeschichtliche Tendenzen einbeziehende Blick auf Phänomene, zu denen in einem (ebenfalls schon von Benjamin vollzogenen) erweiterten Kulturbegriff stark Alltags-, Massen- und ‚Trivial'-Kultur gehören. Allerdings verbinden sich die umfassenden Ziele solch propagierter Forschungsprogramme nur selten mit genauer Methodik, und so droht auch der Begriff „Kulturwissenschaften" immer vager zu werden, indem völlig unterschiedliche theoretische Konzepte – von Vorläufern wie Ernst Cassirer und der französischen Mentalitätsgeschichte bis zu den britischen „Cultural Studies" seit den späten Fünfzigerjahren, von den Popkulturstudien Lawrence Grossbergs bis zu den Shakespearestudien Steven Greenblatts im amerikanischen „New Historicism" – beliebig darunter subsumiert werden. In Ansgar Nünnings ›Lexikon zur Kulturtheorie‹ wird im Artikel „Kulturwissenschaft" eben diese Ungreifbarkeit eingeräumt:

> [...] der Terminus Kulturwissenschaften läßt sich bislang trotz vielfältiger Bemühungen deshalb nicht eindeutig definieren, weil darunter eine Vielfalt von unterschiedlichen Forschungsrichtungen und Tendenzen in den Geisteswissenschaften subsumiert wird, weil er als Sammelbegriff für einen offenen und interdisziplinären Diskussionszusammenhang fungiert und weil seine Reichweite umstritten ist.[3])

Für die konkrete Fragestellung sollte man es aber nicht bei dieser scheinbar demokratisch weiten Ungreifbarkeit belassen, sondern eine Funktionalisierung der Konzepte und eine Fokussierung versuchen.

Exakt aus diesem Grund kann und sollte man, gerade von der Literaturwissenschaft aus, auf Walter Benjamin zurückgreifen. Er könnte, aufgrund seiner unglaublichen Sensibilität für Texte und deren sprachliche Konstituierung, gerade für die Positionierung der Literaturwissenschaft im Rahmen einer – auch bei Ablehnung oder Abgrenzung unausweichlich anwesenden – Kulturwissenschaft zu einem wichtigen Leitbild werden: im Respekt vor Texten, in der Sorgfalt seiner Methode[n], in der gleich starken Ablehnung von Immanenz wie von ungenauer Kontextualisierung. Und schon aus diesem Grund einer neuen Aktualität in einer Methoden- und Fächerdiskussion ist ein lexikonartig aufgebautes Buch wie die vorliegende Neuerscheinung zu begrüßen: ›Benjamins Begriffe‹, hrsg. von Martin Opitz und Erdmut Wizisla. Es klärt Begriffe, was nicht nur in der Benjaminforschung, sondern allgemein keine selbstverständliche Tugend im Wissenschaftsbetrieb ist. Unumgänglich sind solche Klärungen und Differenzierungen gerade bei Benjamin und gerade für eine Literaturwissenschaft, die sich an seinen Arbeiten zu orientieren sucht.

Die Faszination, die für den Literaturwissenschaftler von Benjamins Denken ausgeht, hat nämlich immer zwei Grundprobleme zu bewältigen: Das erste liegt in der magisch anziehenden Kraft, die einige Wortprägungen Benjamins, ohne vorherige klärende Durchdringung, schnell zu Worthülsen werden ließ: „Aura", „Flaneur", „Passagen", „dialektisches Bild", „Eingedenken" usw. Solche Prägungen haben eine Suggestivität, die sich, wenn sie nicht tiefer durchdacht wird, auch schnell und gut als snobistischer Firnis, als Vortäuschung von Tiefgang über oberflächlich geschriebene Arbeiten breiten lässt. Inzwischen scheint schon die Nennung des Namens „Walter Benjamin" allein eine Aura zu verbreiten – und zwar genau jene „Aura", zu deren Zerschlagung Benjamin so vehement auffordert. Dazu kommt noch, dass viele Literaturwissenschaftler, die Benjamins Begrifflichkeit verwenden, sie nicht aus den philosophischen Zusammenhängen heraus verstehen, denen sie entstammen.

Das zweite Grundproblem stellt sich selbst und gerade dann, wenn man die Aura-Falle zu umgehen gewillt ist und die Begrifflichkeit in ihrer Komplexität rekonstruieren möchte. Diese Schwierigkeit liegt in der kaum zu bewerkstelligenden Systematisierung einer Interpretations-

---

[3]) Metzler Lexikon Literatur- und Kulturtheorie. Ansätze – Personen – Grundbegriffe, hrsg. von Ansgar Nünning, Stuttgart 1998, S. 299.

praxis und eines Denkens, das sich allzu schneller Systematisierung bewusst entzieht. Das heißt nicht, dass Benjamin unsystematisch wäre – auch wenn er axiomatische Systeme wie dasjenige Hegels ablehnt und stattdessen für ein „Gewebe", für Verflechtungen, für Erweiterungen in der Fläche, für „Konfigurationen" votiert. Jeder Begriff Benjamins steht in solchen Konstellationen und ist deshalb immer in der Struktur seines Gesamtwerks zu sehen, mit dessen Entwicklung er sich auch verschieben kann: Es gibt nicht „den" Begriff der „Erfahrung" bei Benjamin, es gibt nicht die eine „Aura", und es lässt sich nicht einsinnig von „Benjamins Begriff der Erzählung" sprechen. Benjamin selbst entwickelt seine Terminologie immer in der jeweiligen, konkreten Auseinandersetzung mit bestimmten Texten und hält sie so auch in einer Beweglichkeit – der adäquateste Umgang mit Benjamins Terminologie wäre also nicht die Zubereitung und Verfügbarmachung für den schnell aufschnappenden Wissenschaftsbetrieb, sondern die Forderung an jeden einzelnen Forscher, die Begriffe in konkreten eigenen Textinterpretationen produktiv und auch modifizierend einzusetzen und sie immer am jeweils behandelten Primärtext zu prüfen.

Die zwei Bände ›Benjamins Begriffe‹ sind von ihren Herausgebern Michael Opitz und Erdmut Wizisla nun genau in diese beiden Stoßrichtungen hin ausgerichtet: Destruktion des Scheins, „um voraussetzungslose Spekulationen bei der Interpretation Benjaminscher Texte und Motive künftig zu erschweren" (I, 11) und Konstruktion der Möglichkeit, aus den Schlüsselbegriffen heraus nicht ein „System Benjamin", wohl aber die untergründig systematische Vernetzung, die chronologische Entwicklung und die überaus genaue Konstruktion des Gesamtwerks sichtbar zu machen.

Die Herausgeber haben insgesamt dreiundzwanzig „Begriffe" ausgewählt, u. a. „Allegorie", „Aura", „Konstruktion/Destruktion", „Erinnern", „Geschichte", „Idee", „Sprache", „Mythos", „Erfahrung". Dabei nimmt schon der Titel des Werks eine Grundspannung Benjamins vorweg: Hat dieser doch gerade nicht in herkömmlichen und definierbaren Begriffen, sondern in deren Bindung an Bilder gedacht und wird doch Theodor W. Adorno in der Einleitung zitiert mit dem Diktum: „Im Gegensatz zu allen anderen Philosophen war sein Denken nicht eines, das, so paradox das klingt, im Bereich der Begriffe sich abspielt" (zit. I, 10). Und doch sind es „Begriffe", wenn auch in der für Benjamin typischen Verschiebung der Tradition – er selbst fordert schon im „Trauerspiel"-Buch die Verbindung von „Idee" und „Begriffen", welche die Einzelbeobachtungen organisieren, analytisch durchdringen und in gedankliche Zusammenhänge stellen. Doch sind diese Zusammenhänge sehr komplexe und vereinen Religions-, Sprach- und Geschichtsphilosophie: in diesen Kontexten entfaltet Benjamin seine Begriffe, die oft von der Tradition abweichen oder diese neu interpretieren – „Ursprung", „Rettung", „Aura", „Reproduzierbarkeit" usw. Das Erfreuliche am Konzept der Herausgeber ist nun, dass sie und die von ihnen ausgewählten Beiträger die Gewebe-Struktur von Benjamins Denken ernst genommen und dass ihr in Verästelungen innerhalb und zwischen den Begriffen nachgegangen wird. Damit setzen sie ein Programm um, das Benjamin in der „Erkenntniskritischen Vorrede" des Trauerspielbuchs entwarf und an das er sich lebenslang hielt: Statt Isolierung die Verbindung von Begriffen in „Konfigurationen".[4])

Was schon im Inhaltsverzeichnis bei den Namen der fast durchwegs der mittleren Generation angehörenden und meist eher am Rande des etablierten Wissenschaftsbetriebs stehenden Beiträger sofort in die Augen springt, ist ein Wiedererkennungseffekt: Es tauchen nämlich genau jene Namen auf, die einem beim Durcharbeiten durch einen Wust mythisierend-verklärender und oft ungenau-verschwommener Benjamin-Sekundärliteratur als die „anderen", die auf Klärung und Genauigkeit ausgerichteten, aufgefallen waren. So etwa Heiner Weid-

---

[4]) Vgl. Benjamin, GS I.1, S. 214: „Der Stab von Begriffen, welcher dem Darstellen einer Idee dient, vergegenwärtigt sie als Konfiguration von jenen."

MANN, der mit ›Flanerie, Sammlung, Spiel. Die Erinnerung des 19. Jahrhunderts bei Walter Benjamin‹ 1992 eine souveräne Diplomarbeit vorgelegt hatte und im vorliegenden Band über „Erwachen/Traum“ schreibt; oder WILLI BOLLE, der 1994 mit ›Physiognomik der modernen Metropole. Geschichtsdarstellung bei Walter Benjamin“ die erste sich wirklich auf den komplexen Nachlass einlassende Klärung von Benjamins neuer Theorie der Geschichtsschreibung unternahm und folgerichtig auch im vorliegenden Werk das Kapitel „Geschichte“ bearbeitet. Diese beiden sollten nur beispielhaft stehen für eine Auswahl, die auf Qualität und nicht auf Etabliertheit abzielt und für einige Begriffe auch Benjamin-„Außenseiter“ heranzieht, um erweiterte Perspektiven zu bekommen – so wurde zum Begriffskomplex „Idee“ einer der besten Kenner des deutschen Idealismus gebeten, nämlich HANS-HEINZ HOLZ, und man hätte sich höchstens – an Stelle der nicht gerade auf Begriffsklarheit konzentrierten Literaturwissenschaftlerin SIGRID WEIGEL – für den Artikel „Eros“ genauere Denkerinnen wie Krista Greffrath oder Rita Bischof wünschen mögen.

Die einzelnen Beiträge haben im Schnitt um zwischen dreißig und vierzig Seiten, was genügend Raum zur Entfaltung lässt. Die Beiträger hatten dabei zwar weitgehende Freiheit, waren von den Herausgebern aber gebeten worden, sich an bestimmten Kriterien zu orientieren: Die Begriffe sollten am Material entfaltet werden (weshalb jeder Beitrag mit einer längeren Liste an Belegstellen abschließt); analysiert werden sollten Kontinuitäten und Diskontinuitäten in Benjamins Begriffsgebrauch; dieser sollte auch eingebettet werden in den zeithistorischen Kontext und – ganz im Sinne Benjamins – in die Rezeption bis herauf zur Gegenwart.

Die meisten Beiträger halten sich an das Grundraster der Herausgeber, was vor allem für die Entwicklungslinien und auch Diskontinuitäten von Schlüsselbegriffen zu hilfreichen Entdeckungen führt, weil in der Entfaltung auch Briefe – auf welche Nicht-Experten erfahrungsgemäß leider selten zurückgreifen – beigezogen werden. Das macht Benjamin, der ja (im krassen Unterschied etwa zu Adorno) aus innerer Neigung und Begabung besonders im Frühwerk auch zu mystischer Spekulation neigt, auch gleich viel „irdischer“: So konnte bei Benjamins früher Sprachtheorie im Aufsatz ›Über Sprache überhaupt und über die Sprache des Menschen‹ (1916) angesichts der sich auf die Genesis beziehenden Spekulationen über den Fall der „adamitischen Namenssprache“ in die, von der Wort/Ding-Einheit auf immer getrennte, „Zeichen-Sprache“ zwar bisher Wilfried Menninghaus mit seinem Verweis auf das Sprachdenken Hamanns, in dessen Tradition Benjamin stünde, helfen.[5]) Aber viel zugänglicher wird Benjamins Pamphlet gegen die Reduzierung auf die „Mitteilungsfunktion“ von Sprache, wenn MICHAEL BRÖCKER in seinem Artikel ›Sprache‹ (II, 740–773) einen Brief zitiert, mit dem Benjamin 1915 die Einladung Martin Bubers, an dessen (politisch engagierter) Zeitschrift ›Der Jude‹ mitzuarbeiten, abschlägt:

> Es ist eine weitverbreitete, ja die fast allerorten als Selbstverständlichkeit herrschende Meinung, daß das Schrifttum die sittliche Welt und das Handeln des Menschen beeinflussen könne, indem es Motive von Handlungen an die Hand gibt. In diesem Sinne ist also die Sprache nur ein Mittel [...] Es ist das Charakteristische dieser Ansicht, daß sie eine Beziehung der Sprache zur Tat, in der nicht die erste Mittel der zweiten wäre, überhaupt gar nicht in Betracht zieht. [...] Schrifttum überhaupt kann ich mit dichterisch, prophetisch, sachlich, was die Wirkung angeht, aber jedenfalls nur magisch, das heißt unmittel-bar verstehen [...] In wievielerlei Gestalten auch die Sprache sich wirksam erweisen mag, sie wird es nicht durch die Vermittlung von Inhalten, sondern durch das reinste Erschließen ihrer Würde und ihres Wesens tun. (Zit. nach OPITZ/WIZISLA, II, 741.)

Hier wird klar, dass die Verweigerung von „Mitteilung“ in künstlerischer Sprache gerade nicht ‚l'art pour l'art‘ in eskapistischem Sinne ist, sondern aus einem Widerstand gegen politische Vereinnahmung in eine ‚Mitteilungssprache‘ herrührt: eine Verweigerung von Indienstnahme, die noch die Grundtendenz des Essays ›Das Kunstwerk im Zeitalter seiner

---

[5]) WINFRIED MENNINGHAUS, Walter Benjamins Theorie der Sprachmagie, Frankfurt/M. 1980.

technischen Reproduzierbarkeit‹ (1935) tragen wird, nämlich in dessen Polemik gegen die Ästhetisierung der Politik durch die Nationalsozialisten. (Eingeschoben sei hier eine Kritik: Gerade, weil diese Briefstelle so hilfreich ist, erstaunt weniger, dass sie im Beitrag Uwe Steiners zu ›Kritik‹ I, 482f. wiederkehrt – dies ist wohl der Umsicht der Herausgeber zu danken –, als dass sie falsch interpretiert wird, gipfelnd in der eigenartigen Conclusio: „Demnach beruht die tiefe Gemeinsamkeit der Sprache der Dichter, der Propheten und der Machthaber auf ihrer nicht-insturmentellen Auffassung der Sprache“: Die „nicht-instrumentelle Auffassung der Sprache“ richtet sich ja, und dies ist die zentrale Polemik Benjamins, gerade gegen instrumentalisierende Machthaber!).

Michael Bröcker gibt in seinem Beitrag aber auch noch den zeitgeschichtlichen Kontext der Jugendbewegung, aus welcher der junge Benjamin herkam: Sein Lehrer im Landschulheim Haubinda, Gustav Wyneken, stellte dem zweckrationalen Handeln in einer (von ihm kritisch gesehenen) modernisierten Welt das Ideal einer autonomen Lebensgestaltung entgegen, die einem Absoluten verpflichtet ist: „Der hermetische Duktus nicht allein der Sprachphilosophie ist somit auch als Ausdruck der Opposition gegen das eigene bürgerliche Milieu zu verstehen“ (II, 742).

Es ist eine wichtige Einsicht in „Benjamins Begriffe“, dass jeder einzelne von Benjamins Schlüsselbegriffen auf sprachtheoretischem und erkenntnistheoretischem Fundament aufbaut und deshalb in diesen Zusammenhängen gesehen werden müssen. Das ist auch wichtig im Rahmen einer im Zeichen der Computererfassung verhängnisvoll angewachsenen Tendenz bei Forschungsprojekten, für „Schlüsselwörter“ bloß mechanisch einen größeren Textkorpus daraufhin zu exzerpieren, was sich angesichts der im dann erstellten Korpus möglichen leichten Suche mit Suchprogrammen beim PC ja anbietet und aufdrängt. Aber, und dies machen die vorliegenden Bände klar: Eine Auflistung von Belegstellen ist zwar notwendige, aber keineswegs hinreichende Bedingung für sinnvolle, und das heißt in den Geisteswissenschaften immer noch: interpretierende, hermeneutische, Arbeit. Sinnvoll wird erst eine Arbeit mit dem Material, die Schlüsselwörter zurückbezieht auf die denkerischen Kontexte, in denen sie geprägt werden.

In diesem Zusammenhang ist es deshalb auch so schön und wohl auch nicht ganz unpolemisch, wenn Michael Opitz gleich im ersten Beitrag des Bandes, zum Begriff „Ähnlichkeit“, schreibt: „Auch wenn der Begriff der Ähnlichkeit von seiner Frequenz her in Benjamins Werk eine eher marginale Rolle zu spielen scheint, steht er in dem komplizierten Beziehungsgeflecht der Benjaminschen Begrifflichkeit an zentraler Stelle“ (I, 17). Das ließe sich über Benjamin hinaus verallgemeinern: Interpretierende Auseinandersetzung mit den Systemen von Autoren zeigt, dass quantitativ-archivierende Datenerfassung nicht ausreicht, sondern dass auch scheinbar – das heißt: rein statistisch - weniger zentrale Begriffe als Scharniere an ganz wichtigen Strukturstellen eines Werks stehen können und deshalb bedeutende Schlüsselwörter sind. Und genau hier kann der Beitrag der Geisteswissenschaften einsetzen.

Was aus diesen Einsichten und aus der Konzeption der Herausgeber konkret folgt und wie Einzelbegriffe hier entwickelt werden, soll kurz am Beispiel eines der wichtigsten Beiträge Benjamins zur Literaturwissenschaft, nämlich seinem Verständnis von „Allegorie“ verdeutlicht werden:

Burckhardt Lindner macht gleich zu Beginn seines Beitrages zu Benjamins Allegoriebegriff (I, 50–94, hier: 50) deutlich, dass allzu einfache und von konkreten Texten abgelöste Begriffsdefinitionen wie sie literaturwissenschaftliche Einführungswerke öfters bieten, für die Arbeit an Texten gerade nicht ausreichen, und dass diese durch Benjamins komplexes Verständnis korrigiert, erweitert, ja ganz neu praktisch anwendbar werden. Benjamin gibt bewusst und aus Einsicht heraus keine ‚allgemeine‘ Definition, weil er um die geschichtliche Prägung und Wandelbarkeit von Begriffen weiß, ja weil gerade die Ablagerung von ‚Kultur‘ in minimaler sprachlicher Form eine Haupteinsicht darstellt, weshalb sich konsequent mit dem Wandel des Kontextes auch die Funktion der Form verändern muss. Benjamin bindet deshalb die

Entfaltung von Begriffen immer an konkrete Texte und Epochen und betont deren Divergenz. So findet sich der Allegoriebegriff bei Benjamin folgerichtig sehr selten außerhalb zweier großer Untersuchungen, in denen er Konstanz wie Wandel der Allegorie an Textbeobachtungen knüpft: Einmal in ›Der Ursprung des deutschen Trauerspiels‹ (1925), und dann wieder, ein Jahrzehnt später, in seinen Baudelaire-Arbeiten. „Allegorie" ist aber in beiden Fällen nicht ident, denn: „Einmal ausgearbeitete Begriffe sind ihm nicht applikativ und klassifikatorisch zur Hand, sondern müssen am neuen Gegenstand neu entfaltet und ausgearbeitet werden" (LINDNER, I, 51). Und – was auch für alle anderen Schlüsselbegriffe Benjamins gilt: „Zugleich wird damit deutlich, daß ihn Allegorie nicht als konventioneller kunst- und literaturwissenschaftlicher Gegenstand interessiert, sondern daß er Konstellationen rekonstruiert, in die sie mit anderen Begriffen tritt" (ebenda).

Die barocke Ausprägung der Allegorie bezieht Benjamin – der Unterscheidung aus seinem ›Wahlverwandtschaften‹-Essay folgend – zunächst streng auf den „Sachgehalt" einer religiös und politisch zerrissenen Epoche, deren „Wahrheitsgehalt" die Form, welche Einheit verneint, zur Erscheinung bringt: Der Form voraus liegt also der Kontext, und umgekehrt gibt diese die gesellschaftlich-geschichtlichen Spannungen am genauesten wider. Dabei setzt Benjamin die Form geschichtlich ab von ihrer Verwendung im mittelalterlich-hierarchischen Heilssystem und entwickelt sie aus zwei Mentalitäts-Erfahrungen heraus: Der Versenkung des Melancholikers in Trümmer, die er – wie im allegorischen Verfahren – mit immer neuen Deutungen umstellt einerseits, und der Beziehung auf das nicht-sprachliche Medium des Bildes (Epigramm), das er historisch aus der Hieroglyphendeutung der Renaissance entwickelt. Die Allegorie wird so zur letzten Repräsentationsfigur des Mittelalters und zur ersten Projektionsfigur der moderner, von Hierarchien gelöster und in Deutungen sich suchender Subjektivität.

Ganz anders aber im 19. Jahrhundert, als im Kontext der Umbrüche in der Großstadtbildung und Industrialisierung Charles Baudelaire auf die Allegorie zurückgreift:

> Wurde das deutsche Trauerspiel als autorübergreifende Form der barocken allegorischen Epoche analysiert, so handelt es sich jetzt um einen einzelnen Autor und um dessen Außenseiterposition gegenüber den konventionellen Formen der Allegorie des 19. Jahrhunderts, wie sie in der neoklassizistischen Poesie, der politischen Propaganda, der beginnenden Reklame und der historistischen Kunst durchaus verbreitet war. (LINDNER, I, 71.)

Baudelaire forciert in seiner Großstadtlyrik vor allem die abstrahierenden, gedanklichen Potenzen der Allegorie – gegen eine künstlerische und soziale Umwelt, die angesichts der neuen Massenerfahrung sich der Sehnsucht nach Verschmelzung hingibt: „Nicht kreatürliche vanitas, der alles Weltliche und Geschichtliche zum Totenkopf erstarrt, sondern das Tödliche im Sekundentakt entleerter Zeit ist für die Großstadtallegorie prägend" (LINDNER, I, 74). Und deshalb schlägt Benjamin von seinen Textbeobachtungen bei Baudelaire aus auch Bögen zu anderen Grundbegriffen seines eigenen Denkgebäudes: Schockerfahrung der Moderne, leere Zeit in industriell standardisierten Abläufen, Entfremdungserfahrung, die sich in der allegorischen Form der Ware selbst spiegelt (wo der Tauschwert, wie die immer neu produzierten Allegorien den Gegenstand, den Gebrauchswert überwuchert). War im Barock die Allegorie aber noch eine Fluchtmöglichkeit, in welcher sich Subjektivität in ständiger Neuproduktion von Deutungen suchen konnte, so wird sie bei Baudelaire zum Mittel der Destruktion von Schein.

Benjamin, so wird hier sichtbar, verweigert gerade Festlegungen von Begriffen und fordert die Rückbindung an Texte ebenso wie an Kontexte, darüber hinaus aber auch die Bereitschaft, das sprachphilosophische und gesellschaftstheoretische Netz, das seine Schlüsselbegriffe untereinander verbindet, aufzusuchen: So steht die Allegorie u. a. in Zusammenhang mit dem (von Hans-Heinz Holz behandelten) Begriff der „Idee" und so muss umgekehrt ein scheinbar einfacher Begriff wie „Flaneur" sowohl mit dem Allegoriekonzept als auch mit Benjamins Vorstellungen von „Lesen“, „Erfahrung“, „dialektisches Bild“ und „Geschichte“ zusammengedacht und in seiner großen Komplexität begriffen werden. Übrigens fehlen auch – was die Herausgeber einräumen – wichtige Begriffe, wie eben „Flaneur“: Der Mangel, den jede Auswahl bedingt, ist aber in diesen Fällen kompensierbar, weil die Vernetzung mit anderen Begriffen klar ist und in den entsprechenden Artikeln auch immer auf den Flaneur etwa verwiesen wird.

Der Allegoriebegriff ist für das Gesamtnetz Benjamins auch deshalb zentral, weil er die ihn charakterisierende Verbindung von abstrahierend-analytischem mit Bild-Denken in der Form ausdrückt – und damit auch die Verbindung verschiedener Zeichenformen: Bild, Schrift, Buchdruck, Lithographie, Film. Auch in diesem „switchen“ zwischen medialen Ausdrucksweisen und in deren Analyse ist Benjamin ein Vorläufer kulturwissenschaftlicher Medien- und Gesellschaftsanalyse, die er immer umspannend in einer Veränderung gesellschaftlicher Wahrnehmungsweise verortet: Medien, Wahrnehmung, Rezipientenbezug und die – für Benjamin zentrale – Thematik von „Erinnerung/Gedächtnis“ sind Hauptforschungsgebiete gegenwärtiger kulturwissenschaftlicher Arbeit. Methodisch verfährt Benjamin aber viel strenger und auch mehrere Fächer umspannend, indem er von Sprachphilosophie und (wenngleich relativierter) Semiotik ausgeht und auch für seine Medienanalysen den Allegoriebegriff, gekoppelt mit dem Aurabegriff, ins Zentrum rückt. Die vorliegenden Bände haben unter anderem auch den Vorzug, die Komplexität und Genauigkeit dieses Denkens und dieser begrifflichen Arbeit am konkreten Detail sichtbar zu machen und so auch eine Mauer zu bauen vor allzu schneller Vereinnahmung oder vorschnellen Synthesen, und zwar auch in der eigenen Arbeit. Wer etwa den Artikel „Geschichte“ von Willi Bolle gelesen hat (I, 399–442) wird nicht mehr leicht und modisch von „Stadtlektüre“ und „Passagenwerk“ sprechen und überhaupt auch mit eigener Begrifflichkeit sehr vorsichtig werden:

Bolle macht nämlich – gestützt auf ein von Michel Espagne und Michael Werner 1982 in Paris gefundenes Nachlasskonvolut[6]) – deutlich, wie Benjamin jahrelang um theoretische und begriffliche Ordnung seiner riesigen Materialsammlung für das Passagenprojekt gerungen hat – und dass er tatsächlich sorgsam in verschiedenen Farbsiglen und Blattgrößen das kulturgeschichtliche Material in dreißig Kategorien, in Kapitelgliederungen und in Reflexionen zum Aufbau zu ordnen versuchte (I, 416–436). Was hingegen in Rolf Tiedemanns Edition als ›Passagenwerk‹ vorliegt, ist nur die zugrunde liegende Materialsammlung. Der Nachlassfund hingegen zeigt deutlich, in welch akribisch-durchdringender Arbeit Benjamin das Konkrete mit umspannender Konzeption, die Detailsammlung mit Theorie, den mikroskopisch genauen Blick mit der Analyse durchdringen wollte, auch hierin sein frühes Programm aus der „Erkenntniskritischen Vorrede“ umsetzend:

> Wie bei der Stückelung in kapriziöse Teilchen die Majestät den Mosaiken bleibt, so bangt auch philosophische Betrachtung nicht um Schwung. Aus Einzelnem und Disparatem treten sie zusammen [...] Die Relation der mikrologischen Verarbeitung zum Maß des bildnerischen und des intellektuellen Ganzen spricht es aus, wie der Wahrheitsgehalt nur bei genauester Versenkung in die Einzelheiten eines Sachgehalts sich fassen läßt.[7])

Auch diese Ernsthaftigkeit im Bemühen der Durchdringung des Details mit Theorie kann Modell werden, nicht nur für die Arbeit mit Benjamin, sondern als Bollwerk vor vorschnellen Synthesen in bequemer oder modischer Begrifflichkeit, der jede eigene Arbeit immer wieder zu verfallen droht.

Richard Reichensperger (Wien)

---

[6]) Vgl. Michel Espagne und Michael Werner, Vom Passagen-Projekt zum „Baudelaire“. Neue Handschriften zum Spätwerk Walter Benjamins, in: DVjs 58 (1984), S. 593–657.

[7]) Benjamin, GS I.1, S. 208.

SPRACHKUNST

Beiträge
zur Literaturwissenschaft
Jahrgang XXXI/2000

WIEN 2000

VERLAG DER ÖSTERREICHISCHEN AKADEMIE DER WISSENSCHAFTEN
A-1010 Wien, Dr.-Ignaz-Seipel-Platz 2

SPRACHKUNST
Beiträge zur Literaturwissenschaft

Herausgegeben im Auftrag der Österreichischen Akademie der Wissenschaften, Kommission für Literaturwissenschaft, von Herbert Foltinek und Walter Weiss.

›Sprachkunst‹ versteht sich als Organ der Literaturwissenschaft: Der europäischen Literatur verpflichtet, öffnet ›Sprachkunst‹ ein internationales Forum zur Erforschung und Vermittlung der verschiedenen literarischen Erscheinungsformen in Geschichte und Gegenwart. Der Name der Zeitschrift weist auf ihren thematischen Schwerpunkt. Sie folgt der Orientierung, dass ein zentraler Gegenstand der Literaturwissenschaft die Sprache der Literatur, die Sprachkunst ist. Dabei werden Arbeiten verschiedenster Methodik zu allen Literaturen und Epochen sowie prinzipienwissenschaftliche Überlegungen geboten. Ergänzend zu Abhandlungen, Berichten, Diskussionen bietet ›Sprachkunst‹ regelmäßig fachwissenschaftliche Besprechungen aktueller Neuerscheinungen. Darüber hinaus werden die in Österreich approbierten literaturwissenschaftlichen Dissertationen (jeweils im ersten Halbband eines Jahrgangs) bzw. Habilitationen (jeweils im zweiten Halbband) mit Kurzfassungen dokumentiert. Die Sprache der Beiträge ist Deutsch, Englisch, Französisch oder Russisch. ›Sprachkunst‹ ist ein Versuch, Brücken zu schlagen zwischen den einzelnen Forschungsrichtungen und Literaturen.

*

›Sprachkunst‹ is an Austrian periodical for literary studies. As an international forum for the publication of articles on literary history and poetics it also includes critical discussions and scholarly reviews; in addition, literary dissertations and Habilitationsschriften at Austrian universities are annually listed in summarised form. The accepted languages for publication are German, English, French or Russian. ›Sprachkunst‹ endeavours to mediate between different literatures and schools of research.

Gedruckt mit Förderung des Bundesministeriums für Bildung, Wissenschaft und Kultur in Wien.

Verantwortlicher Redakteur: Hermann Blume, Kommission für Literaturwissenschaft,
A-1010 Wien, Postgasse 7/2 (Tel. + 43-1/515 81/481 · Fax + 43-1/513 95 41)
Erscheinungsweise: jährlich zwei Halbbände. Anzeigen und Beilagen werden aufgenommen. Rezensionsexemplare erbitten wir direkt an den Redakteur. Eine Gewähr für die Berücksichtigung unverlangt eingesandter Bücher, Sonderdrucke etc. kann nicht übernommen werden.
Abonnement: ATS 614.–/DEM 84.–/CHF 76.–; Halbband: ATS 336.–/DEM 46.–/CHF 42.50

INHALTSVERZEICHNIS
Jahrgang XXXI/2000

Aufsätze

Miszelle:

Berichte und Besprechungen